21世纪 经济管理精品教材 工商管理系列

工商管理
前沿专题

毛蕴诗 ◎ 著

清华大学出版社
北京

内 容 简 介

改革开放以来，我国工商管理领域的研究生教育快速发展，招生人数大幅度增加。目前，国内对于工商管理研究生，特别是博士生的培养方案、教学内容、教学方式，以及理论素养与研究能力的提升都处于探索阶段。本书立足本土，围绕工商管理领域的主要内容探讨了一系列前沿问题，是编者多年指导博士研究生以来授课专题的探索与积累，书中专题涉及企业理论、知识经济与信息时代以及全球化环境下的企业行为，特别是伴随中国经济崛起的企业目标、行为，在国际竞争中角色、地位的变化等方面。例如，关于中国企业转型升级以及与之有关的重构全球价值链的专题，在理论和内容上有新意，有创见，有新的发现，同时得到了国内外学术界与稿件经济管理部门的认可。

本书可作为工商管理类博士生和高校教师的教辅用书，也可作为博士生、硕士生、高年级本科生的参考读物。

本书封面贴有清华大学出版社防伪标签，无标签者不得销售。
版权所有，侵权必究。举报：010-62782989，beiqinquan@tup.tsinghua.edu.cn。

图书在版编目（CIP）数据

工商管理前沿专题/毛蕴诗著. —北京：清华大学出版社，2018（2024.7重印）
（21世纪经济管理精品教材·工商管理系列）
ISBN 978-7-302-48745-6

Ⅰ.①工… Ⅱ.①毛… Ⅲ.①工商行政管理－高等学校－教材 Ⅳ.①F203.9

中国版本图书馆 CIP 数据核字（2017）第 272179 号

责任编辑：杜　星
封面设计：汉风唐韵
责任校对：宋玉莲
责任印制：沈　露

出版发行：清华大学出版社
网　　址：https://www.tup.com.cn, https://www.wqxuetang.com
地　　址：北京清华大学学研大厦 A 座　邮　编：100084
社 总 机：010-83470000　邮　购：010-62786544
投稿与读者服务：010-62776969, c-service@tup.tsinghua.edu.cn
质量反馈：010-62772015, zhiliang@tup.tsinghua.edu.cn
印 装 者：三河市君旺印务有限公司
经　　销：全国新华书店
开　　本：185mm×260mm　印　张：20　字　数：460 千字
版　　次：2018 年 6 月第 1 版　印　次：2024 年 7 月第 7 次印刷
定　　价：59.00 元

产品编号：070967-02

序

1994年,中山大学企业管理专业开始招收博士生,我开始为博士研究生开设企业理论与企业环境课程。本书论述的若干专题,是我自1994年指导博士研究生以来授课专题的探索与积累,也是我长期以来承担国家、省部级、企业课题及与国外合作研究后的科研成果。本书探讨工商管理领域的一系列前沿问题。有的专题是先在博士生课堂讲授主要观点,继后形成在研论文(working paper)在课堂讨论,再经多次修改而成的。不少专题是利用第一手资料进行的实证研究,并在国内外期刊上发表,这次做了少许修改、补充。

自改革开放以来,我国研究生培养得到快速发展,招生人数大幅度增加。特别是工商管理领域的研究生发展更快。但工商管理研究生的培养教育一直是高等教育的薄弱环节。目前,国内对于工商管理研究生教学方案,培养理论素养与研究能力的教学内容、重点及教学方式都处于探索阶段。本书作为工商管理领域的前沿研究成果,也是在这方面所做的探索。本书可作为管理类博士生和高校教师的教辅用书,也可作为硕士研究生的参考读物。希望本书有助于博士生辅助教学和研究生自学。

任何一门学科都有其前沿课题。课题的前沿性在理论上和内容上要有新意,有创见,有新的发现,具有探索的特点,包括修正传统范式、假定,提出新的论题等。

近几十年以来,国际经济技术环境的巨大变化对工商管理、经济学的教学和研究提出了挑战。管理的实践虽然受到巨大的影响,但也不断有重大创新。随着中国经济的高速成长,工商管理与现实经济管理问题的联系也越来越密切,因此在工商管理领域,需要围绕国内外的前沿问题进行探讨研究。

本书名为"工商管理前沿专题",书中包含了几种不同类型和形式的学术论文。

第一类是有关理论分析、理论概括方面的论文。这些包含了我的某些见解,这些见解对问题的探讨有一定的新意。例如,专题一"论企业与市场的关系"系统的分析与概括,并特别强调了企业与市场关系中的企业的能动作用。又如,专题二"硅谷机制与企业高速成长——再论企业与市场之间的关系"

对硅谷生态系统、机制特点的理论分析和概括,并从企业与市场关系的角度进行了深入探讨。专题三则从股市促进企业重组的功能再度探讨(三论)企业与市场关系。专题十五"公司重构的动因理论解释"旨在对其进行理论上的探讨。专题十三"行业边界模糊与基于行业边界模糊的价值网分析模式"对行业边界模糊产生的背景和动因进行了理论分析,并进一步探讨了其对传统分析范式:结构—行为—绩效(S—C—P)范式、波特的"五力"模型、多元化决策含义等的冲击等。专题六"传统经济学中生产——成本之间对偶关系不复存在的可能性分析",则对传统的边际分析前提的失效与固定成本行业的出现进行了理论上与实践上的探讨。专题十二"从微软的成功剖析标准之间的企业全球竞争"则立足于更深层面探讨了企业竞争的优势与泉源。

第二类是在理论分析的基础上提出若干命题、观点,并采用例证加以解释的论文。它们为下一步的研究提供了思路和方向。例如,专题八"多元化经营三维模型及多元化经营的几个命题"分别从多元化经营的内涵、多元化经营的难度、多元化经营的特征、多元化扩展与企业成败的关系及如何实施多元化等角度提出了命题并得出了若干推论。又如,专题九"世界500强的特征及其对中国企业的启示"对五百强的每个特征分别进行了例证说明。

第三类是有关经验研究的论文。例如专题十八"企业升级量表开发"论述了在相应理论框架的支撑下,采用问卷调查和统计分析的方式,首次开发了企业升级量表。

第四类是案例研究的论文。例如,专题七"对偶微笑曲线——广州互太与深圳南天油粕案例研究",通过对广州互太纺织有限公司和深圳南天油粕工业有限公司多次深入的调研和访谈,获取大量的一手资料,在此基础上撰写并得出若干发现与结论。

第五类是从一个小的问题入手,进行深入的展开剖析,并引发一些有意义的思考论文。例如,专题十九"规模经济还是规模经济性",从学术界对"Economy""Economies of Scale"的误译、误用着手,引用大量的文献和例证加以证明,说明用"规模经济"来代替"规模经济性"进行翻译是有失偏颇的;并引发读者对树立严谨治学态度、形成良好学术环境的重要性的深入思考。

我一向认为教学与科研不能分开。教师必须以科研成果为支持,强化其教学,尤其在研究生的教学中更要如此。教师将所在领域的研究成果融入教学之中,既能在教与学的互动中提高教学质量,同时也能将这些前沿课题的研究进一步明晰、深化。

毛蕴诗
中山大学管理学院
2017 年 6 月 19 日

目录

专题一 论企业与市场的关系 …… 1
 一、"国家调控市场,市场引导企业" …… 1
 二、企业、企业家、经理与市场互动——市场发现与企业
  试错过程 …… 1
 三、企业、企业家、经理对市场的能动作用——支配、
  创造、引导、替代市场 …… 2
 四、市场替代企业——外部化与内部市场 …… 4
 五、有组织的市场——企业间的长期交易 …… 6
 六、小结 …… 6

专题二 硅谷机制与企业高速成长——再论企业与市场之间
  的关系 …… 7
 一、硅谷系统的要素构件组成 …… 7
 二、硅谷机制特征与企业高速成长 …… 10
 三、硅谷机制特征的理论分析 …… 12
 四、硅谷机制对发展我国高科技企业的启示 …… 14
 五、小结 …… 15

专题三 股市推动企业重组的功能——三论企业与市场的关系 …… 17
 一、问题的提出 …… 17
 二、文献回顾 …… 18
 三、美国引领全球企业重组浪潮,并由此引发了对委托—
  代理、股市效率、公司治理结构等领域的国际比较研究 …… 22
 四、股市推动企业重组功能及其实现机制 …… 23
 五、美、日股市推动企业重组的制度比较 …… 25
 六、强化股市促进企业重组的功能,推动资本市场建设的建议 …… 29
 附录 2011年政协发言 …… 32

专题四 技术市场的不完全性与科研人员动态股权激励——达安基因与华中数控的比较案例研究 ························· 35

一、研究背景及问题的提出 ························· 35
二、文献综述 ························· 35
三、案例选择与研究方法 ························· 38
四、比较案例研究 ························· 40
五、结论与讨论 ························· 55

专题五 现代公司理论及其形成背景 ························· 57

一、问题的提出：什么是现代企业 ························· 57
二、企业演变过程：雇主的企业—企业家的企业—经理的企业 ························· 57
三、现代工商企业与经理阶层的形成 ························· 59
四、现代公司理论是面向经理的企业的理论及其委托—代理问题 ························· 59
五、股东权益理论与利害关系者权益理论 ························· 61
六、美、日模式的进一步分析 ························· 63

专题六 传统经济学中生产—成本之间对偶关系不复存在的可能性分析——"固定成本行业"与"正反馈"行业的投入与产出关系 ························· 67

一、问题的提出 ························· 67
二、文献研究 ························· 69
三、打破生产—成本的对偶关系隐含假定的第一种可能——"固定成本行业"的出现 ························· 71
四、生产—成本的对偶关系不复存在的第二种可能——"正反馈"行业的出现 ························· 73
五、进一步例证——IT行业兼具"正反馈"行业与"固定成本行业"的特点 ························· 76
六、小结——企业决策的战略含义 ························· 77

专题七 对偶微笑曲线——广州互太与深圳南天油粕案例研究 ························· 79

一、微笑曲线与对偶微笑曲线 ························· 79
二、企业升级的类型与微笑曲线的拟合 ························· 81

专题八 多元化经营三维模型及多元化经营的几个命题 ························· 106

一、问题的提出——关于多元化经营成败的不同观点简述 ························· 106
二、多元化经营的几个命题与推论 ························· 107
三、小结 ························· 115

专题九　世界500强的特征及其对中国企业的启示 ……………………………… 116
 一、引言 ……………………………………………………………………………… 116
 二、500强历史变动分析 …………………………………………………………… 116
 三、500强的成长特征分析 ………………………………………………………… 120
 四、500强的另一个侧面——亏损面分析 ………………………………………… 127
 五、500强成长特征对我国的启示 ………………………………………………… 127
 六、小结 ……………………………………………………………………………… 129

专题十　美日竞争力缘何逆转 ……………………………………………………… 130
 一、20世纪80年代日本企业竞争力超过美国,居于世界首位 ………………… 130
 二、20世纪90年代美日企业竞争力逆转 ………………………………………… 131
 三、原因分析 ………………………………………………………………………… 135
 四、小结 ……………………………………………………………………………… 138

专题十一　速度经济性与基于时间因素的竞争 …………………………………… 139
 一、引言 ……………………………………………………………………………… 139
 二、理论分析 ………………………………………………………………………… 139
 三、基于时间因素的竞争优势分析框架的构建 ………………………………… 142
 四、小结 ……………………………………………………………………………… 147

专题十二　从微软的成功剖析标准之间的企业全球竞争 ………………………… 148
 一、引言 ……………………………………………………………………………… 148
 二、通过委员会竞争形成的标准和通过市场竞争形成的标准 ………………… 149
 三、微软的基于标准的全球竞争 ………………………………………………… 152
 四、微软成为市场标准企业的竞争优势源泉 …………………………………… 154
 五、小结与启示 ……………………………………………………………………… 157

专题十三　行业边界模糊与基于行业边界模糊的价值网分析模式 ……………… 161
 一、问题提出 ………………………………………………………………………… 161
 二、行业边界模糊的特征与趋势 ………………………………………………… 163
 三、行业边界模糊与价值链分析模式的局限性 ………………………………… 165
 四、以顾客为中心的价值网模式 ………………………………………………… 166
 五、基于行业边界模糊的价值网分析模式及其对传统分析范式的冲击 …… 168
 六、行业边界模糊与企业扩展的经济学分析 …………………………………… 170
 七、基于行业边界模糊的价值网——以电信运营商为例
  （整合资源的几大主体） ………………………………………………………… 172
 八、美国、欧洲的反应与对我国产业政策调整的启示 ………………………… 174

专题十四 创新与变革——苹果公司转型与成功的逻辑分析 …… 178

一、苹果公司成功转型 …… 178
二、企业成功的文献研究 …… 178
三、苹果成功背后的逻辑 …… 180
四、苹果的成功实践为进一步研究跨产业升级提供了一个基本框架 …… 188
五、基于苹果成功实践的跨产业升级模型的提出 …… 188
六、从苹果的跨产业升级模型到企业跨产业升级的 S-O-S 模型 …… 190
七、跨产业升级的 S-O-S 模型的理论解释 …… 191
八、跨产业升级 S-O-S 模型的应用价值 …… 193
九、苹果面临的挑战 …… 194

专题十五 公司重构的动因理论解释——全球视野 …… 196

一、公司重构：企业成长的永恒主题 …… 196
二、文献研究 …… 196
三、公司重构的历史背景——对企业过度膨胀、过度多元化
　　的反思与矫正 …… 200
四、公司重组的内容 …… 201
五、公司重构的动因 …… 210
六、美国、德国公司重构的企业制度比较 …… 216
七、小结——公司重构的分析框架 …… 217

专题十六 重构全球价值链——中国企业升级的理论探讨 …… 238

一、引言 …… 238
二、文献研究与研究方法 …… 238
三、理论探讨与构建：重构全球价值链的基本含义与基本命题 …… 241
四、重构全球价值链的基本理论框架与研究结论 …… 248

专题十七 OEM 企业重构全球价值链 …… 251

一、捷安特——从代工迈向世界第一品牌 …… 251
二、东莞台升家具有限公司的反向收购 …… 260

专题十八 企业升级量表开发 …… 270

一、企业升级路径的界定及构成维度 …… 270
二、企业升级路径测量量表的预测试 …… 278
三、企业升级路径测量量表的复测及效度检验 …… 280
四、二阶验证性因子分析 …… 284
五、结论与讨论 …… 286

专题十九 "规模经济"还是"规模经济性" …………………………………… 290
  一、问题的提出 …………………………………………………………… 290
  二、"规模经济性"——"economies of scale"的正确翻译 ……………… 292
  三、结论与讨论 …………………………………………………………… 293

参考文献 …………………………………………………………………… 295

附录 A   如何制订研究计划 ………………………………………………… 304

附录 B   对"通论性文章"的反省[①] …………………………………………… 307

论企业与市场的关系

专题一

世纪之交,国际经济、技术环境正发生急剧而深刻的变化。中国企业面临体制转换与结构转换的双重使命,中国企业所处的市场环境也处于体制转换与结构转换的艰难历程。企业的体制转换、结构转换与市场的体制转换、结构转换相辅相成,互联互动。企业与市场的关系一直是我国经济体制改革中的重大问题。但是,企业与市场的关系并未得到认真的梳理、论析。有时它们之间的关系被简单化了,有时它们之间的关系又被复杂化了,也有时人们又将其关系片面化了。理论结合实际地论析企业与市场的关系,是对学术研究的挑战。

一、"国家调控市场,市场引导企业"

在经济学理论中,研究的重点是市场而不是企业。传统的经济理论认为,在市场机制下,企业和它的经营活动是由市场力量所支配的。市场检验企业的产出,企业必须对市场趋势做出反应,于是实现对资源的配置作用。这一作用的成立实际上隐含着一个重要的假定,即完全竞争的市场机制。在这一假定下,所有的企业都是同质的,并且是足够的多而小,因而企业对市场无法产生有意义的影响,而只能被动地对市场做出反应,听由市场决定其是。

在我国的经济改革过程中曾经提出过广为人知的改革导向——"国家调控市场,市场引导企业"。它强调了上述经济学理论有关市场对资源配置的作用。这固然是问题的重要一面,但是问题的另一面——企业、企业家、经理对市场的能动作用却在上述的命题中被忽略了。现实中的企业家、经理、企业不仅能对市场产生影响、支配作用,而且能够创造市场、引导市场、替代市场。而这被忽视的一面对企业来说有着重要的决策含义。

企业与市场的关系有着丰富的内涵。全面、正确地认识企业与市场的关系,应当从二者的相互作用出发,并特别注意被忽视的企业对市场的反作用。

二、企业、企业家、经理与市场互动——市场发现与企业试错过程

企业成长一直是理论与实践领域所关注的课题。企业理论家与实际的管理者都曾关注过微软。但微软的成长和成功是多种力量相互作用的结果。由微软与IBM相互作用的例子,可以提出如下观点:对微软而言,它是一个捕捉市场的机会,发展机会的试错过程;而对IBM而言,则是属于战略失误,战术失策的"错试"过程(我们假定拥有做出正确决策的信息)。

社会需要企业提供产品以满足其不断增长变化的需求。但是，企业提供的产品是否符合社会的需要却要由市场来检验。如果企业产品符合市场的需要，该产品就会被市场接受，企业也得到发展；如果企业产品不符合市场的需要，该产品甚至企业就会被市场淘汰，这就是所谓的市场发现与企业试错过程。

以哈耶克、米塞斯和柯兹纳为代表的市场过程理论认为，市场参与者在实践过程中会发现新机会并对新机会做出反应，市场是企业家争胜的竞争过程。哈耶克（Hayek，1978）认为，竞争是一个发现过程，信息是竞争过程的结果，"哪些产品是稀缺的或者哪些东西是产品，它们的稀缺程度有多大、价值有多高，这恰恰是竞争所要发现的事实"①。竞争是最有效率的发现程序，企业家的作用是发现尚未被注意的利润机会并且通过利用所发现的知识扩散这些机会。米塞斯（Mises，1949）认为，市场是一个不断矫正的过程，受到企业家行动推动并且由积极的企业家抓住利润的行为构成。② 柯兹纳（Kirzner，1985）甚至提出，企业家的本质是发现错误，市场过程就是企业家不断尝试各种方式改善自身处境的动态过程，是追求目标的市场主体不断试错的、没有终点的连续过程。③

三、企业、企业家、经理对市场的能动作用——支配、创造、引导、替代市场

与传统的经济理论相反，企业经济学理论研究的重点是企业而不是市场。企业经济学理论认为，市场是企业的外部环境因素，认为完全竞争的市场条件与企业的同质性在大多数环境下是不现实的。现实中的企业在规模、资源的占有、竞争能力、潜力、目标、行为等方面都存在明显差异。在决定企业做什么和不做什么方面，并不完全由市场决定。企业的决策，其目标、战略还要受其内部要素的制约。在企业与市场关系方面，二者之间存在相互作用。企业家、经理、企业的能动性表现在以下三个方面。

（一）大企业对市场有着不同程度的支配作用，大企业凌驾于市场之上，使市场成为它的工具

在不完全竞争的市场条件下，企业的某一竞争战略，会对市场、买方、供方、竞争企业产生不同程度的影响，甚至重大影响。在第二次世界大战结束后，以美、日、欧为代表的发达国家企业，不断扩大规模，使大企业在市场中的影响与支配作用日益增强，形成了称为"公司经济"（corporate economy）而表征经济活动主流的现代市场经济。在这一经济体系中，国家的商品和劳务产出的重要份额是由大公司提供；公司的大型规模使它们实际成为支配社会经济、政治的王国。④ 美国经济学家加尔布雷斯认为，美国的现代市场经济由两大部分组成。一部分是由1 200万个以上的小企业组成的小经济，即所谓的市场体系。

---

① Hayek. New studies in philosophy, politics, economics and the history of ideas[M]. Routledge & Kegan Paul, 1978.
② Mises. Human action: a treatise on economics[M]. New Haven: Yale University Press, 1949.
③ Kirzner. Discovery and the capitalist process [M]. Chicago: University of Chicago Press, 1985.
④ A Thompson Jr. Economics of the firm: theory and prqctice[M]. Third Edition, Prentice Hall, 1981.

这些众多的中小企业仍然听命于市场,随着市场的波动而摇摆不定。另一部分为高度组织化的大经济,即由1 000家大企业构成的所谓计划系统。这些大公司主宰着美国的经济。① 对这些大企业来说,"在决定资源是如何分配的这一点上,价格已不再具有突出的重要意义",依靠大企业在价格数量方面的长期契约,可将市场的不确定性的影响减低到最小程度。加尔布雷斯认为,"这样的公司不再受市场信息的限制,已凌驾于市场之上,市场成为它的工具"。②

(二) 企业、企业家或职业经理通过产品创新、制度创新、组织创新创造和引导市场

在相当多的情况下,企业通过发现、创造新的需求,创造市场③而改变市场活动的方向。人们的需求极其广泛,存在不同层次,并且在不断发展变化,不仅自发的需求在变化,而且派生的需求也在不断更新。因此,企业通过产品创新创造市场始终存在大量的机会与可能。这方面的例子可以举出许多,诸如20世纪以来杜邦公司所发明的一系列化纤产品,电子领域的彩色电视机、电子计算机、随身听、数码照相机等的发明都创造了规模巨大的新市场。

在另外的情形下,企业可以进行制度创新,寻找市场的启动力量。这方面的典型例子,如19世纪美国首创的消费信贷启动了闲置的农机生产能力,满足了农场主对农机的需求。这种制度后来在住宅、汽车及许多耐用品市场得到广泛应用,大大加速了企业与市场的成长。又如,银行信用卡的出现改变了金融服务的方式,对市场的扩展起到了积极的引导作用。

企业通过组织创新同样可以创造市场,很典型的例子,如连锁店这种企业组织形式的出现,使公司既能获取规模经济性,又能满足极其分散的消费者的市场需求。同样,麦当劳、肯德基也是组织创新从而创造出巨大市场的典范。

企业创造市场是通过企业家来实现的。许多学者尤其强调企业家对发现市场和创造市场的能动作用。最早提出企业家精神概念的是熊彼特(Schumpeter,1934),他甚至把企业家尊称为市场经济的英雄。这些观点都表明了企业家对市场的创造、发现和推动作用。④ 在现代的大工商企业里,由于职业经理部分代替了过去企业中企业家的决策作用,因此我们有理由认为,上述观点同样适用于这些高层的职业经理。

(三) 企业替代市场——内部化与企业的资源配置作用

著名的诺贝尔经济学奖得主美国教授科斯认为,由于存在不肯定与市场失效,如果市

---

① [美]加尔布雷斯.新工业国家[M].何欣,译.台北:台湾"国立编译馆",1972.
② 李非.企业集团理论·日本企业集团[M].天津:天津人民出版社,1994.
③ [美]柯兹纳(1985:68)认为,企业竞争过程在短期内通过发现推动市场均衡倾向的功能居于重要地位,在长期中通过发现、发明和创新实现经济增长和促进经济发展具有更为重要的意义。当然,长期的企业家过程可以理解为连续的短期过程或短期过程的扩展。其实,真正的发现必然含有或多或少的创造性成分。
④ Schumpeter J A. A theory of economic development[J]. Bloomsbury Business Library-Management Library, 1934, xlvi: 61-116.

场交易活动的成本难于衡量或过高,公司可能将市场交易活动放到组织内部进行,通过管理权力对资源进行有目的的配置、协调,以减少交易活动成本。或者说,当管理上的协调比市场机制的协调能带来更大的生产力、较低的成本和较高的利润时,公司就会设置新的业务机构,替代以前由市场提供的业务,从而在一定程度上企业起到了替代市场的作用。这就是内部化理论与"看得见的手"对资源配置的作用。它对现代公司活动及其与市场的关系提供了一种新的解释。钱德勒(1977)对美国近100多年以来所作的实证分析认为,自由市场上的交易逐渐被企业内部的管理协调所取代。

四、市场替代企业——外部化与内部市场

企业支配市场、创造市场、替代市场的结果造成了企业的大规模扩展。不过市场与大企业的关系远不是如此简单。首先,尽管企业替代市场的活动随着企业的成长、扩展而迅速增加,但是市场规模并未因此而缩小。相反,市场规模与企业规模都是同时扩大的。其次,大企业的过度扩展带来了新的管理问题。许多像国际商用机器 IBM、美国通用汽车(GM)、西门子(Seimens)这样的大公司,过去曾从其巨大的规模经济性、范围经济性中获得了压倒性的竞争优势,而现在与小而灵活的公司相比,规模太大反而会成为竞争的不利因素。

内部化的结果使大公司发展成如同整个国民经济那样庞大的经济体系,在企业内部形成高度集中的计划机制,造成组织失效。企业主管可以随意调动资源,指令某个单位以某种价位出售某种产品,或制定指令性财务指标,甚至追求与公司利益不一致的个人目标等。公司横向扩展的一个后果是对其成本的影响。当公司规模不断继续扩大并超过某一规模(最大有效规模)时,就会导致成本上升,即出现规模不经济性。规模不经济性常常体现在公司扩大后的管理、协调和控制方面。公司越大,需要向上层经理提供的用于决策的信息就越广泛并越昂贵。在大型企业中,上层决策者决策涉及的层次会较多,因而较不灵活。此外,加之企业过分庞大、层次机构过多和官僚主义盛行、权责不清、办事拖拉等,这种类似中央计划的机制对集团经济难以适合。为此,大企业必须寻找一种有效的组织形式,在规模与有效性之间、在范围与有效性之间做出一种选择与权衡。市场替代企业又反过来成为问题解决的选择方案。市场替代企业体现为两种方式:一种方式是外部化;另一种方式是在企业实行内部市场。

(一) 外部化

与内部化相反的是企业活动的外部化。外部化是对"组织失效的一种解决方案"。外部化有两种方式。一种方式是放弃原先由企业自行处理的业务,而交由市场解决。当企业内部的交易活动成本过高,或该项活动对企业较不重要时,或当业务处于困境,无成长希望时,外部化行为就可能发生。这样企业内部交易就变为一般的市场交易。外部化的另一种方式是企业分立。大企业将一些业务、职能部门分离出去成为独立的子公司以避免规模过大的缺点,并发挥不同业务、职能部门的能力。近10年来,率先由美国企业发起的企业重构(restructuring)的主要内容之一是业务重构,即将一些业务放弃或改由市场

提供。美国排名前500家的公司都已发展得如此庞大,以致现在不得不再将权力分散给一些独立的部门,这些部门也就成了独立的大厂商。如果将它们作为独立的公司来考虑,有许多部门甚至可登上美国前100家大公司的排名榜。例如,按德国西门子公司于1998年11月宣布的大调整计划,有50个业务部门脱离公司母体,与此相关的6万名员工也将同时分离出去。

甚至在企业管理的职能方面也出现了类似的现象。正如1910年公司上层管理职能的新职位是靠市场解决一样,20世纪90年代通过缩减规模,许多管理职能又更多地交由市场解决,因为庞大的内部机构的公司需要降低成本和增加灵活性。一些富于进取的(极富扩张性的)市场专门机构,如EDS和服务大师(Service Master)更多地承担大型层级结构公司过去的内部管理职能。在许多行业,在是选择公司自己还是选择市场专业机构的成本权衡上,天平似乎回到市场一边。而那些未能选择市场的公司,则在管理方面扩大了自治,因此这些公司的经理需要兼具高技术、专业化和协调等方面的工作与更广泛的管理责任。

(二)内部市场与组织制度创新

内部市场代表了并往往伴随组织创新。内部市场本质上是克服"市场失效"与"组织失效"的一种选择。内部市场缘于大企业由许多内部企业组成,这些企业之间相互进行业务交易,同时也与该大企业之外的客户进行交易。这种内部市场经济可使企业发生类似外部市场那样的快速而连续不断的结构变化。当企业要推出新产品、提供新服务、进行新交易时,不管是在内部市场还是外部市场,就会自动形成一种富于创造力的相互作用关系,使市场机制的长处得到充分的发挥。

近年来,西方一些大公司不断引进市场体系,超越层级结构的、称为内部市场的组织机构正在出现。这种组织机构越来越多地采用了"内部承包""内部顾客""模拟市场"及属于市场经济特性的其他形式内部关系。有些厂商甚至采用了"内部杠杆接管"(LBOs)(利用借入资金接管公司),以使经理们对这些企业实施真正的控制。有些全球性的公司,比如阿塞亚·布朗·博韦里(ABB),在世界各地有上千个利润中心,这些利润中心往往有它们自己的市场、顾客及竞争对手。中心也会向母公司的其他部门推销产品,为同一批顾客相互展开竞争,甚至还会将合同给予其他的公司竞争者。

内部市场在以下方面体现了企业的组织创新与制度创新。

首先,组织结构由层级结构转向内部企业结构。在这一过程中,传统的权力结构主要被"内部企业"所取代,公司由这些内部企业所构成。所有的内部企业都要对效益负责,但在执行业务活动时,享有如同外部企业那样的自主权。

其次,企业主管主要通过设计和调节企业的经济手段、政策,而不是用指令方式来实施管理。例如,通过财务、风险资本公司,信息,咨询,经销服务、战略、政策、激励、企业文化等方面的手段。领导的职能着重于搞好协调和合作。

内部市场当然也会引起任何市场机制本身的问题。不过,内部市场也具有外部市场的一些优点。一些已采用类似体制的公司的实例,包括我国的邯郸钢铁公司的实践说明这种做法可带来可观的效益。自20世纪90年代以来,一些大公司的权力金字塔已开始演变成一种扁平式的、分权的组织机构,形成众多个小型的利润中心,由一个网络将这些中心联结在一起。这一变动正形成一种趋势。

五、有组织的市场——企业间的长期交易

为了同时克服"市场失效"与"组织失效",企业可能选择一次性交易与内部交易之折中——长期交易。一次性交易代表了典型的市场机制行为,而内部交易则是企业内计划化的结果。长期交易方式的选择也是建立在对有关成本—效益的权衡之上。日本学者认为,支持长期交易的因素包括人质机制[①]作用和交易信息的积累与共享。在交易过程中,一方靠向另一方提供像"人质"那样的东西而使长期性交易更容易维持的事时有发生。所谓"人质",除了资本设备之外,还包括积累在企业中的人力资本和技术信息等。只要它们不是通用资本,都会成为"人质"。它是一种非契约的关系,与不同的文化传统有关;而交易信息的积累与共享则涉及信息成本方面,认为长期交易可降低信息成本。[②] 另外,在长期交易中,竞争内容不仅包括价格、质量、交货期,而且包括经营管理的其他方面。因为这些竞争内容在长期交易中可以被察觉与对比。当然,长期交易也存在若干弊端,如信息不公开、不透明,交易可能不公平,着眼于局部效率等。但是长期交易在英美之外的一些具有不同文化传统的国家、地区较为普遍(如日本),并有适用性。

六、小结

无形之手与有形之手共同调整着社会资源的分配。市场与企业孪生,企业存在于市场之中,市场存在于企业之间,二者相互作用,企业在不断创造市场的过程中,又与市场相互替代但终为相生相长。在市场经济的童年,企业犹如沧海一粟,但随着经济的发展,特别是在经济高速成长期,少数企业便向大规模化、集团化发展,即成长为股份集团公司,形成大公司经济。大公司经济的出现,本质在于巨大的企业或企业集团通过创新与内部的管理职能(有形之手)调节着社会资源的配置方向和数量,其已在相当程度上取代了无形之手——市场价格机制。另外,企业规模过大往往造成"组织失效",大企业通过不断调整与市场的关系,伴随组织与制度创新,又将市场机制引入企业的各个角落。可见,企业在克服"市场失效"、克服"组织失效"的过程中,探索适应不断变化环境下的有效的组织体制。

---

① 人质机制又称为抵押机制,是指交易双方做出不能在市场上自由交易的特殊投入,以增加双方退出交易关系的障碍,从而使交易关系趋于稳定。人质机制涉及长期交易中的多种交易,往往同时进行;涉及的不是通用资本而是专用资本设备、人力资本、技术信息等。如果一种交易终止,其他所有交易也都终止的话,人质机制就起作用。

② [日]今井贤一,小宫隆太郎.现代日本企业制度[M].陈晋,等,译.北京:经济科学出版社,1995.

硅谷机制与企业高速成长
——再论企业与市场之间的关系

美国硅谷自形成的几十年来,已创造出庞大的社会财富和个人财富,引导着全球新兴产业和技术革命的脚步。硅谷使美国经济在20世纪90年代持续增长,对经济增长的贡献率在30%以上。全球100家最大高科技公司中20%以此为大本营,这些公司的股票市值超过5 000亿美元,大大超过市值仅为1 100亿美元以生产汽车闻名的底特律和具有1 400亿美元市值的华尔街金融服务公司。

本专题从系统的角度深入探讨了美国硅谷高科技企业的高速成长机理,认为硅谷是由大学与科研机构、风险资本机构、综合服务机构、人才库、创业精神和创业板市场构成的一个特殊生态系统。作者重点从经济学的角度分析了硅谷生态系统运行的机制特征,认为硅谷机制作为一种新经济条件下的市场逐次定价机制,绝不会因目前暂时出现的周期性经济减速而失灵。相反,它所体现的公司经济与企业家型经济的融合,是对市场不完全性的克服,同时也是一种围绕知识聚集资本的新的要素组合方式。

如果说美国的通用电气公司、杜邦公司、德国的西门子公司等代表着传统大企业,其成长花费了大约70年时间的话,那么日本的三菱、日立、松下等现代企业成长为世界级企业则已经大大缩短为50年时间,而像韩国的三星、现代、LG等这些新型企业的成长更是只用了30年时间。如今,这一成长历程却在硅谷缩短为20年,硅谷模式也随着这些企业走向全世界,成为各国、各地区争相效尤的新模式。

在此,作者通过对硅谷机制与企业高速成长之间关系的进一步描述,再一次阐明公司经济与企业家型经济的融合所具有的强大市场生命力,同时也说明建构企业与市场之间新型关系对于促进高新技术企业高速成长的重要性。

一、硅谷系统的要素构件组成

一批高科技企业坐落在一起并不一定是真正的"硅谷"。硅谷类似一个生态系统,这个生态系统为企业的"灵活再循环"提供机制上的保障与环境条件。在这个稳定的机制框架下,形形色色的利益实体相互争食又共生共长、共同作用,就像大自然生态系统一样。硅谷生态系统主要由以下几个系统要素构件组成。

(一)作为技术创新基础和源泉的大学和研究机构

研究机构与一个地区的经济崛起是密不可分的,有学者甚至称大学为"地区发展的催化剂"。大学、公司及政府的研究机构是硅谷生态系统最明显的组成要素,这些机构既训练硅谷发展所需要的大批人才,也创造有待进入商品化的大量技术。因此,大学、公司及政府的研究机构是硅谷技术创新的基础和源泉,是硅谷生态系统的营养基。在硅谷,有许多相互竞争的公司为支持共同的研究目标而携手合作,这种非正式的合作与交流对形成"横向结构"(horizontal structure)与"集体学习"(collective learning)的模式至关重要。

(二) 不断促进创新和创业的风险投资机构

根据美国小企业管理局的统计,新公司创造的新产品数比大企业创造的新产品数多250%,而美国国家科学基金会的一项研究表明,每1美元研究与开发费用所获得的创新中,新公司大约是大公司的4倍,并且新公司可以在较短的时间内使创新进入市场,平均时间大约只需2.2年,而大公司则需要3.1年。[①] 风险投资机构在硅谷生态系统中扮演了不断促进创新和创业的重要角色:首先是金融支持;其次是人才支持;最后是管理支持。风险投资家们为注资的企业带来技术技能、操作经验和行业接触网络及现金资本。据统计,美国的风险投资公司有90%以上为独立的企业,一般的非金融机构和个人也积极介入风险投资活动,一半以上的资金来源为养老金基金。在投资企业的特征上,美国风险投资多偏好于投资初创期企业和高科技企业,从而获取高收益。投资于初创期企业的比例为30%,是日本的两倍。投资于计算机软硬件、生物技术、医药、通信等行业的投资占总投资额的90%左右。美国健全的风险投资体系为初创和成长中的风险企业不仅提供持续的资金支持,还提供从技术、管理、营销、财务到融资上市等一揽子综合性支持。

(三) 综合性服务基础设施为硅谷生态系统的高速运行提供基础性"硬件"与"软件"

硅谷是一个集工程师、电子公司、专家顾问、风险投资和基础设施供应商为一身的庞大专业协作体系。高科技企业实际上是将技术作为最核心的能力资源独立出来后创立的一种新的企业形态,它把技术作为专业化基础,而把传统企业的其他职能分离出去,并由不同的专业化公司完成。硅谷专业化服务与设施的结合足以为企业的正常运行提供"整套服务"。如合同管理样品、试验品甚至产品的生产都可以交给专业化的生产公司;公共关系公司为产品包装设计、销售战略、市场推广等提供帮助;会计服务公司提供记账、缴税、理财服务;猎头公司可以为企业网罗所需要的各种人才;专业设备公司可以按公司的生产流程设计出专门的设备;法律服务机构可以解决公司的注册、分立、收购、兼并协议和专利技术保护等问题;另外,甚至包括如专门负责消毒实验室的清洁公司、每日输送液态石油气的煤气行,以及销售耐力测量仪器的机械商店等。高效率的专业化服务带来时间与管理成本的节约,使新创高科技企业能专注于技术创新和产品开发,而无须关心市场开拓、内部管理、财务运作、管理人员配备等问题。具备充分的信息流与快速而高度专业化的市场服务体系,无疑大大提高了硅谷新创企业的经营效率,使企业的创业与成长更加容易。硅谷高科技企业真正要面对的主要是技术开发及其商品化。

---

① 郁义鸿,等.创业学[M].上海:复旦大学出版社,2000:14.

（四）具有世界背景的精于高技术而且经验丰富的脑力资源人才库

硅谷也是优秀人才的集中地，早在20世纪80年代，硅谷就聚集了6 000多位博士，占加州博士总数的1/6，而加州是美国受过高等教育人士密度最大的州。人才库对不断创新、技术含量高的硅谷来说也是重要的组成要素。20世纪80年代与90年代，有专业技能的移民在硅谷的数量不断上升，占到了大多数技术公司工程师总数的1/3。截至1998年，来自中国和印度的工程师所创建的企业，占到了硅谷技术产业的1/4，这些公司销售额加总超过168亿美元。[①] 相关数字如表2-1所示。各国、各个领域的专门人才被硅谷的繁荣吸引过来，形成庞大的人才库。这些人才的世界背景，又使他们在进入硅谷的公司后，通过自行回国创业、派往回国等方式迅速将新技术、新产品扩散到自己国家，从而使硅谷企业一开始就是全球化的，在企业全球化经营中具有特殊的、有利的地位。

表2-1　硅谷高新技术产业人才主要受教育程度

受教育程度	印度人		华人		白人	
	数量/位	%	数量/位	%	数量/位	%
硕士—博士	4 043	55	7 612	40	34 468	18
本科	1 581	22	5 883	31	59 861	31
某些大学	792	11	3 551	19	64 081	34
高中毕业	600	8	1 002	5	23 488	12
低于高中毕业	279	4	1 170	6	9 319	5

资料来源：U. S. census 1990 PUMS.

另外，硅谷的新移民企业家建立了越来越多的专业和社交网络，跨越了国家界限，使资本、技能和技术的流动更为容易。他们建立了跨国团体，提供信息共享、联系和信任，使当地的生产者能够参与日益全球化的经济。事实上，世界上少有地方能像美国那样具有国际化的人才环境，有像硅谷这样具有如此多的精于高技术而且经验丰富的脑力资源人才库。

（五）勇于创新、乐于冒险、不怕失败的创业精神

从20世纪60年代开始，许多具有创业精神的科学家、研究者建立了数以百计的研究企业。在硅谷形成了一种鼓励创新、宽容失败的文化环境。创业者在不断进行"试错"活动。硅谷每天都有大量的公司死亡，也有新的公司不断地创立。正是在失败中积累的源源不断的经验，不断地实践和善于从失败中学习，才孕育了硅谷企业走向成功的种子。企业家勇于创新、乐于冒险、崇尚开拓进取，以及敢于承受失败的精神支撑着硅谷公司不断推陈出新。在硅谷，创业者艰苦工作、勤于思考，他们总是力求将投资者的主意和自己一个个美妙的想法变成现实，即使暂时失败了，也会不屈不挠地寻求新的成功。正是这种创

---

① 钱颖一，肖梦.走出误区：经济学家论说硅谷模式[M].北京：中国经济出版社，2000：27.

业精神,才形成了硅谷生态系统中无限的创新动力和繁衍生息能力;也正是通过这种"创造性破坏",资源流向了那些最具竞争力的企业与最有能力的企业家手中。正如熊彼特所说的:"不要以为技术创新就好像是在公园里散步,每个人都能高高兴兴;技术创新是一个很残酷的过程,如果你成功了,你将毁掉别人的事业。"

(六)提供社会融资和资本退出的创业板市场

美国的全国证券交易商自动报价系统(NASDAQ)股票市场为硅谷公司的上市创造了十分有利的条件,被誉为"风险投资的温床"。[①] 绝大多数的硅谷企业谋求上市时业绩欠佳,所以没有资格在纽约证券交易所(NYSE)上市。而纳斯达克对上市公司的历史业绩要求不严,过去的表现不是融资的决定性因素,关键是公司是否有发展前景和空间,这就为新兴高技术企业创造了十分有利的条件。尽管纳斯达克的创业板市场不在硅谷,但它与硅谷差不多同时起步,紧密关联,成为硅谷系统中一个重要的要素。随着高科技企业的技术逐步成熟,企业盈利稳定增加,产品成为成熟的市场产品,高科技企业就通过在创业板市场上市。创业板市场为硅谷高科技企业的社会融资提供了条件,使硅谷高科技企业能聚集大量的社会资本,同时也为风险资本退出高科技企业创造了条件。

上述六大要素构件彼此联系、相互影响,形成了如图 2-1 所示的硅谷生态系统。

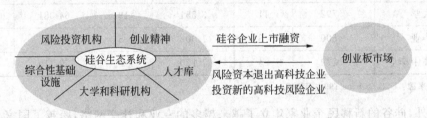

图 2-1 硅谷生态系统

二、硅谷机制特征与企业高速成长

硅谷企业创造了一个又一个快速成长的奇迹,一些公司甚至在短短若干年内便完成了从起步到世界 500 强的蜕变。应该说,它们能够突破企业成长的瓶颈,排除成长的障碍,是与硅谷独特的运行机制密不可分的。正是通过这种机制的作用,使这些分布在生态系统内各要素构件能够不断地进行"灵活再循环",进而维持硅谷企业的持续高速成长。

总体而言,硅谷机制与企业高速成长间的新型关系体现在以下几个方面。

---

① 严恒元.美国纳斯达克,推动新经济发展的火车头[N].经济日报,2001-09-15.

(一) 在缺少硅谷机制的条件下，小企业与独立发明者的成果往往为大公司所占有

在20世纪80年代以前，硅谷机制尚未形成，小企业与独立发明者的成果往往为大公司所占有，大公司是技术成果转化的主要承担者。这是由于大公司对技术成果的转化有充足的资金、人才、设备和市场设施的保障，而小公司相对于大公司来说，在资金、技术、人才和企业规模等各方面都处于劣势，对于自己开发的新产品和技术，往往难以在短时期内进行大规模生产，即使是小公司耗尽资金和时间首先推广这种新技术或产品，也会因为大公司的市场竞争优势，以及广告、价格、促销等使小公司难以扩大市场。这就迫使小公司将技术成果转让给大公司，由大公司来完成技术成果的市场化过程，如空调、喷气发动机、直升机等。同样在缺少硅谷机制的情况下，许多独立发明者的重要发明，也只能最终为大公司所占有。这方面典型的例子有钛金属、柯达彩色胶卷、杜邦公司的涤纶纤维和施乐公司快速复印机的开发与市场化。

(二) 硅谷机制催生了世界级的大公司

在硅谷机制下，小企业与独立发明者的首创大批技术成果得以迅速市场化，甚至成长为全球性的产品。例如，对当今世界影响深远的袖珍计算机、影像游戏机、个人计算机、无线电话、激光技术、微处理器，以及浏览器、JAVA、搜索引擎等产品和技术，都是由硅谷的中小高科技企业发明并推广的。硅谷通过其特有的生态系统，为个人利用技术、实现技术成果市场化，并迅速筹集社会资金扩大生产，形成规模，提供了一种新的机制，弥补了小企业和独立发明者由于资金、市场、规模上的劣势而难以承担技术成果转换风险的不足。因此，硅谷机制催生了世界级的企业，使许多创业者在有生之年就能看到自己的企业成为世界级的大企业。在硅谷机制下，任何一个企业，包括那些看似具有垄断地位的大公司，如果不注意技术创新和科技成果的转化，也会在市场竞争中居于不利地位。例如，在20世纪80年代曾独霸计算机业的IBM公司，由于忽视技术创新和市场新的需求，在个人计算机领域被惠普(HP)等小公司后来居上，一度面临困境。

(三) 企业在频繁的新陈代谢中得以超高速成长

硅谷公司间的信息交流异常活跃。当一家公司创造出新产品、新技术时，往往会以召开新闻发布会、展示会等形式宣传展示新技术，传递各自掌握的各种技术、产品信息。伴随信息的快速传播，各个公司原以为可以保持很久的技术秘密逐渐地被公开，成为推动整个硅谷技术创新的共享成果，同时促使新产品的生命周期不断缩短。产品生命周期的缩短，又反过来促使技术以更快的速度更新，以适应开发新产品和市场竞争的需要。因此，硅谷生态系统机制在加速信息传播的同时，也促进了技术的不断创新。硅谷依靠"知识"这种独特的营养基，不断地吸收来自环境的养分，促进系统内部的新陈代谢。这种新陈代谢的具体表现是新企业的不断涌现和大量企业的被淘汰。据统计，在美国，1996年，新创建风险投资企业52万家，同年有24.5万家风险投资企业倒闭。硅谷每天要面对最多的就是失败。因为硅谷人知道，正是在失败中积累起来的经验，以及不断地实践、不断地从

失败中学习,孕育了硅谷企业走向成功的种子。例如,著名的 Sun 公司,它们从 20 世纪 90 年代初开始研制代号为 Oak 的一种新型网络语言,历经 4 年,研制工作陷入困境。但是,基于对这种语言广阔前景的认识,Sun 公司更加重视并加大对这种新型程序开发的投入,终于在 1995 年研制出风行全球的新一代互联网语言——JAVA 语言。从实践中学习,在失败中孕育成功。硅谷为企业在激烈的高科技竞争中,创造了高速成长的机制。

三、硅谷机制特征的理论分析

(一)硅谷不仅仅是一个科技园区,它代表的是一种系统

作为一个"以地区网络为基础的工业体系",或称其为"技术复合群体",硅谷代表的是一种系统和一种机制,它能够有效促进各个专业制造商集体学习和灵活调整一系列相关的技术。该地区密集的社会网络和开放的劳工市场有效弘扬了不断试验探索和开拓进取的创业精神。系统内各公司之间开展激烈的竞争,与此同时又通过正式与非正式的交流和合作,相互学习技术和变化中的市场营销方法。在硅谷,大多数公司采用的组织方式是松散联系的班组结构,这种结构十分类似由工程师组成的合作组,能够有效地鼓励公司各部门之间以及各部门与公司以外的供应商和消费者之间进行充分的交流。在网络系统中,公司内各部门职能界限相互融合,各公司之间的界限和公司与贸易协会、大学等当地机构之间的界限也被打破,它们常常为了共同的研究目标而相互展开合作。像硅谷这样类似生物圈的网络系统,在地区经济聚合的时候最能显示出卓越的生命力。制造商之间不断相互作用,最终使各公司无论是在组织结构上还是在管理模式上都有不少共同点,与此同时,该地区企业之间的竞争也在不断加剧,激烈程度非同一般,这就从整体上提升了该地区企业的竞争力。这种聚集式的网络体系极度依赖非正式的信息交流和合作,企业要素也正是在这种环境中才能够迅速流动,从而形成了一种独特的、更为灵活的要素运行机制。

(二)硅谷机制是新经济框架下的一种逐次定价机制,同时也是解决市场不完全性的一种选择

市场并不是万能的。例如,技术作为一种特殊商品,要进行合理定价十分困难。技术商品的取得需要投入有形的试验设备、原料、人力资本,以及许多看不见的知识、智力、思想等无形资源。技术商品一旦形成,进行再复制时,生产的边际成本就主要来自边际固定资产,并随着数量的增加趋近于零。与此同时,技术的不确定性与易变性所带来的风险也极大。因此,这些因素均大大增加了技术产品定价的难度。而硅谷机制却较好地解决了技术商品难以定价这一问题。简单来讲,这种机制是对技术入股一次性定价的修正。在硅谷,如果一个创业者拥有技术发明或一个好的创意,但他手中的技术并没有一个确切的市场价格,合伙开创公司仅仅是基于对技术发展前景的认同。这时,可以对各要素进行初次定价。当风险投资家开始购买公司股份时,由于有新的要素投入或投入的增加,以及对公司、技术的市场前景又有了新的认识,故可以对各要素投入进行第二次定价。当公司进

一步发展到在创业板市场上市时,则可进行再次定价。公司上市后,公司技术商品的价值逐渐得到认可,二板市场上的股票价格开始回升。但若是公司的技术开发失败或市场前景不好,则股价下降,甚至遭到淘汰。这就从技术本身的风险角度使技术的价格得到修正,是技术商品价值的回归。若公司成长良好,对各要素投入的定价也通过股市价格而得到反映和回报。技术的定价通过公司股票价格上升被反映出来,并且在资本市场上得到不断修正。因此,硅谷机制可以理解为技术商品的一种定价机制,它是对技术商品市场不完全性的克服。这就使原来一次完成的对技术的定价,变成多次定价并过渡到创业板市场上进行定价。

在硅谷机制下,企业的其他要素(6M+T)也都相应得到了合理的报酬。作为一种新经济条件下的定价机制,硅谷机制同时也是解决市场不完全性的一种有效的选择。

(三) 硅谷机制凸显了新经济特征,即围绕知识聚集资本——新的要素组合方式体现

在硅谷,企业生产要素的组合突破了原有的方式,它利用知识聚集资本,体现了知识经济条件下一种新的要素组合方式。在硅谷机制下,技术作为核心的生产要素被凸显出来。

传统的生产要素组合方式是资本—劳动力—技术—生产,这种机制的核心和起点是资本。只要获得足够的资本和适当的商业机会,资本所有者就可以购买生产资料和技术,利用劳动力进行生产。这是资本在选择劳动力和技术。硅谷机制使传统的生产要素组合方式颠倒过来:科技人员(长期智力投资)—拥有技术和发明—获得风险资本—组织生产。科技人员及其拥有的技术、发明是组织生产的起点,也是生产要素组合的核心。它的实质是劳动改造和利用资本,是对传统经济机制改造的直接结果。知识经济时代,劳动者成为"资本拥有者",不是因为公司股票的所有权扩散,而是因为劳动者掌握了具有经济价值的知识和技能,这种知识和技能在很大程度上是投资的结果,从而同其他人力投资结合在一起形成生产优势。

(四) 硅谷的成功,表明美国市场有很高的自组织能力[①]和很强的生产要素动员能力

美国不仅有世界上最先进的科学技术,最大、最完善的证券交易市场及制度,还有完善的公司制度和发达的投资中介组织(如投资银行、共同基金)、社会服务中介机构(如律师、会计师、资产评估量事务所)等。这些机构的竞争性互动使硅谷系统在客观上形成了有序结构,系统中的每个个体都具有不断向环境学习的能力和自适应性,硅谷也就成了一个具备高度自组织能力的系统。所有这些条件决定了在美国以知识要素动员其他生产要

---

① 复杂适应系统包括了无数主体之间相互作用及其与外部环境之间的相互作用,似乎总是处于无政府的混乱状态。实际上,复杂系统总是表现出一定程度的秩序,而且秩序是自发出现的。Simpson(2001:9)称看似混乱的现象中出现的自发秩序现象为自组织。Kauffman(1993)认为,自组织可以被定义为最初无组织的系统,在复杂环境中获取日益增强的自我控制能力之过程,这一过程是在没有任何主题控制或者没有任何外部控制作用于系统的情况下经济主体之间自发相互作用的结果。

素的硅谷机制的形成。在硅谷机制下,知识和技术成为最重要的生产要素,发达的市场体系和市场制度为知识、技术要素,动员资本、土地、机器等生产要素提供了一套完善的评估和引入,以及实现公司化、规模化的坚实基础。

钱德勒在其名著《看得见的手》中提出,"当管理的协调比市场机制的协调能带来更大的生产力、较低的成本和较高的利润时,现代多单位的工商企业就会取代传统的小公司"[1]。然而,硅谷高科技企业成长的实践表明,生产资源配置的天平似乎更多地倾向于大公司的"看得见的手"又转向"看不见的手"——市场机制,或者说,是"看得见的手"与"看不见的手"的互动与交替作用。

(五) 硅谷高科技企业的迅速成长体现了公司经济与企业家型经济的迅速融合

自 20 世纪初以来,美、日、西欧各国的企业,不断扩大规模,使大企业在市场中的影响与支配作用日益增强,完成了企业家型的家族企业向经理型企业的转换,形成了所谓的"公司经济"。但是这一转换往往需要一两代甚至更长时间的家族企业家支配企业的渐进过程。

而自 20 世纪 80 年代以来,著名的硅谷高科技企业的迅速崛起,表明"企业家型经济"又开始发挥重要作用,标志着企业家型经济和公司经济的迅速融合。企业家型经济主要是把创新的理念转变为有组织的实际行动,把零散的力量转化为有系统的管理和突出重点的策略。在这些企业中,第一代的创业者作为一个群体(而不是少数家庭成员)控制着公司,短短几年时间就成为上市公司,实现向现代大公司的过渡。企业保留了企业家型企业的优点,避开了其不足的同时吸取了大公司管理方面的优点,创造了一种全新的体制。许多创业者同时也是职业经理人,这种新创的高科技企业的成功不只是对资本要素的报酬,往往是对所有要素都给予回报。

四、硅谷机制对发展我国高科技企业的启示

硅谷模式所取得的巨大成功是诱人的,硅谷系统与硅谷机制是发人深省的。近年来,全世界都刮起了"硅谷风",硅谷也成为了见之于各大媒体的热门话题。我国也不例外,江苏无锡的硅谷计划正式启动,广州力建中国"南部硅谷",上海在 2001—2005 年投资 1 500 亿元人民币建设"中国硅谷",还有广西柳州、河北燕郊、四川绵阳、北京、深圳等均在建设自己的"硅谷"。[2] 因而,我们需要认真探讨硅谷内在的系统与机制特征,以及其促进高科技企业的高速成长对我国高科技企业发展的重要启示。

(1) 建设"中国硅谷"首先必须着眼于系统和机制的创新性建设。硅谷的成功本质上是系统的成功、机制的成功。硅谷生态系统中的各部分相互依存,共同发展,促进了系统的演进,形成了不可估价又无法替代的"组织资本"。因此,建设"中国硅谷"首先必须着眼

---

[1] 小艾尔弗雷斯·D. 钱德勒. 看得见的手[M]. 重武,译. 北京:商务印书馆,1987.
[2] 美国纽约 2001 年 3 月中举行了第二届"硅谷峰会"[N]. 中国证券报,2001-04-17.

于系统和机制的创新性建设,解决当前阻碍中国高新技术企业形成规模的主要因素。

　　第一,高科技企业银行融资渠道不畅。高科技企业具有高风险、高回报的特点,而在我国目前的金融体系中,中小企业不能与资金市场对接。银行对中小企业的贷款要求很严格,而且一般还要求有资产抵押或者法人担保,从而在资金上大大约束了许多高科技企业的发展与壮大。

　　第二,风险资本市场发育不全。风险资本市场发育不全主要体现在风险资本不足,来源单一,风险投资机构运作不规范。目前,我国的风险资金主要来自政府,表明我国风险资本市场离真正有效的"市场"还有较大的距离。另外,我国尚没有建立高科技企业上市机制,创业板市场迟迟未能推出,这也就不能为风险投资的有效退出提供条件。

　　第三,缺乏高效的专业性市场服务机构。市场化的综合性服务机构使企业的创立与成长更为便捷。目前,我国还缺乏一批专门为高科技企业提供样品生产、产品推广的中介机构,尤其缺乏能为企业增资扩股的财务顾问公司、投资银行、会计师事务所、技术评估事务所等。专业分工是市场化的重要标志,这早在亚当·斯密的《国富论》一书中就有清晰的表述。但值得注意的是,专业性市场服务机构并非能计划出来,而是要由市场内在需求中自然萌发出来,这才能够真正体现市场效率。

　　(2)建设"中国硅谷"要抓紧生产要素市场的培育。硅谷的形成与整个市场机制的完善和市场发育程度有关。建设、发展要素市场是基础性的工作、系统性的工作。实践证明,要素市场是相互配套、相互作用的。总体上看,我国要素市场发育程度很低,还需要大力加以完善。

　　(3)建设"中国硅谷"要鼓励企业创业与企业家的创新精神。在硅谷这样一个以网络为基础的生态体系中,企业必须为不断适应市场和技术的迅速变化而加以组织,企业的分散格局管理模式鼓励了企业通过技术和资本的自发重组谋求多种技术发展机遇,从而促进创新。这种创新的与众不同之处就在于企业是在生产网络促进的集体学习技术的过程之中萌发创新的。网络作为基础的综合体系支持了分散化学习的过程。

　　在硅谷,企业家乐于冒险、敢于创新和接受失败是企业家精神的重要体现。企业的失败并不改变人们对企业家的评价,这就使企业家能够不断从失败中吸取教训并为下一次创业积累经验。建设"中国硅谷"就必须重视未来的社会文化价值重构,重视技术产品生命周期的缩短和不确定的技术与市场风险,使拥有创新和冒险精神的企业家创业精神同高科技企业的创立发展紧密互动。

五、小结

　　21世纪初,硅谷地区陷入自1990年初期以来的最大衰退,2002年年初的纳斯达克指数与2001年最高峰时相比已跌了60%以上("9·11"事件以前)。例如,亚马逊公司的股价就从2001年每股113美元的高峰一度跌到2002年年初12美元的低价。在高科技泡沫的巅峰时期(1999年达沃斯世界经济论坛期间),微软首席执行官比尔·盖茨在举行的一次新闻发布会上,一次又一次地被记者们问到相似的问题:"盖茨先生,现在的网络股是泡沫股,对吗?它们难道不是泡沫吗?"最后,有点被激怒的盖茨对记者们说:"它们当然是泡沫,但你们没有问到点子上。泡沫给网络行业带来了很多新资本,这必将更快地推动创新。"①盖茨的话或许是对硅谷作用的某种注释。

硅谷逐渐走出网络泡沫破灭后的低谷,重塑辉煌。诞生于2004年的Facebook,由一款仅有哈佛学生使用的软件发展成为风靡全球的社交软件,在资本、技术和创新的驱动下,其估值也一路飙升。在2017年3月,市值突破了4 000亿美元。2010年成了危机后硅谷历史上最为盈利的一年。据技术业界分析机构451Group统计,2010年,SV150(硅谷150家)总市值达到1.55万亿美元。②2015年10月,谷歌、微软和亚马逊的市值分别超过或接近5 000亿美元、4 000亿美元和3 000亿美元。加上苹果、Facebook,美国五大科技公司的总市值已突破2万亿美元。③ 美国五大科技公司的市值已经超过俄罗斯的GDP,与印度GDP持平。

---

① [美]托马斯·弗里德曼.世界是平的[M].2版.何帆,肖莹莹,郝正非,译.长沙:湖南科学技术出版社,2006:57.
② 佚名.硅谷谱写辉煌史 150家公司总市值1.55万亿美元[J].时代周刊,2011,(09):24-24.
③ 硅谷5家科技巨头总市值超2万亿美元[N].科技日报,2015-10-30.

股市推动企业重组的功能
——三论企业与市场的关系

一、问题的提出

（一）我国股市存在重融资轻企业重组的倾向

我国股市从无到有，已走过了十多年的风雨历程。当前，随着我国股市股权分置改革的基本完成和一系列政策法规的颁布①，股市发展正在实现战略性转变，进入了一个崭新的时期。央行报告显示，股权分置改革的顺利推进和国内资本市场的复兴使A股市场成为国内企业直接融资的首选。2006年，国内非金融机构通过股票市场的融资额达到了2 246亿元，相比2005年的1 053亿元，规模增加了1 193亿元，翻了一倍多。股票融资占全部融资规模的比重也由2005年的3.4%上升到2006年的5.6%。但在融资结构中，银行贷款依然是企业融资的主渠道，间接融资依然占据着绝对比重，2006年，我国贷款总量达到了32 687亿元，相比2005年增加8 070亿元，同比增长32.78%，贷款总额占全部融资比重上升1.8个百分点，达到82%。②

据统计，2006年年底，中国股市的总市值约为1.1万亿美元，1996—2006年的融资总额约为1 250亿美元。与之相比较，到2006年年底，美国股市总市值（纽约交易所和纳斯达克交易所之和）已达到19.3万亿美元，为日本股市的4倍，中国股市的17.5倍；1996—2006年，美国股市融资总额已达到2万亿美元，是日本股市的7倍，中国股市的16倍。虽然中国股市已经持续了一年多的牛市，但相比较而言，目前我国股市规模还非常小，债券市场的筹资规模更小，2005年，美国债券发行的规模大约是股票发行规模的6.5倍，而2006年我国发行的企业债和公司债，仅相当于同期股票筹资额的44%。③

随着中国股票市场的发展，我国已经成为全球仅次于美国的第二大股票市场。在过度融资的压力下，股市却呈现出快牛慢熊的局面，而长期下来，真正正能够从股市中获得长期实质性投资回报率的投资者却为数不多。相反，因股市快牛慢熊的状况逐渐成了市场的共识，投资者的投机性也明显增强，股市波动率也持续维系在居高不下的状态之中，基准股指在数小时内的振幅常常高达10%。自2014年7月开始，我国股市出现了一轮过快上涨的行情，至2015年6月12日，上证综指上涨152%，深成指上涨146%，创业

---

① 如2007年1月30日颁布的《上市公司信息披露管理办法》，2004年10月颁布的《保险机构投资者股票投资管理暂行办法》，2004年6月1日起施行的《中华人民共和国证券投资基金法》，2004年4月颁布的《企业年金基金管理试行办法》。
② 数据引自中国人民银行公开统计数据、《2006年国际金融市场报告》《中国金融市场发展报告·2006》等，作者已作合并计算。
③ 数据来源同注释②。

板指上涨178％。然而，就在2015年6月15日至7月8日的17个交易日，上证综指下跌32％。大量获利盘回吐，各类杠杆资金加速离场，公募基金遭遇巨额赎回，期现货市场交互下跌。市场频现"千股跌停""千股停牌"。①

以上诸多数据表明，我国股市在融资方面的功能发挥还远为不够，需要大大提高股市在融资方面的规模与比例。我国社会主义市场体系的建设不到30年的历史，股市发育的历史更短。从设立之初，不少利益主体视股市为"圈钱"场所，"重筹资轻回报"，甚至"假融资"现象严重，相当一部分资质不够的公司"跑步前进"②，上市圈钱之后不久便亏损。尽管近年来这样的情况有所改变，但股市中重融资轻重组的倾向仍然存在，严重影响了股市的健康发展，不利于资本市场的长期建设。

（二）各国股市在融资方面功能相同，但在推动企业重组功能上有巨大差别

如果说股市的融资功能是与生俱来的，那么股市推动企业重组的功能便是需要后天培育并在制度、法规上进行建设和加以完善的。考察世界上不同国家的股市，我们发现其在融资方面功能相同，但在推动企业重组的功能上有巨大差异和完全不同的效果。例如，美国股市的高效能制度体系、"股东行动主义"和"机构投资者的觉醒"形成了企业被接管和收购的威胁，从而使美国股市接管频繁，有效地推动了企业重组。而在日本，金融体系以银行为主导，公司间交叉持股的盛行，导致股市缺乏效率，日本公司面临的外部接管压力很小，企业重组缺乏动力。美日股市在推动企业重组功能上的巨大差别正是20世纪90年代美国企业竞争力重新超过日本的重要原因之一。

我国股市从无到有，其发展不过十几年的时间，经历了多次低潮，由于渐进式改革原则发挥了作用，才使其在风雨洗礼中发展壮大。当前，资本市场的建设已成为我国市场经济体系建设的核心部分。然而，何为股市本色？本专题从历史和创新的观点，结合我国股市发展、国外经验就股市促进企业重组功能进行分析，并提出建议。

二、文献回顾

（一）国外文献

1. 资本市场功能

国外文献对资本市场③功能的研究主要集中在社会金融资本（源）配置方面，包括资本（源）在市场中各单位间的转换、调整与退出市场的方式、手段、效率、决定因素以及国家

---

① 分析：中国股市为何波动剧烈？[OL]. http://www.ftchinese.com/story/001062837.
② 上市公司为了谋求利益、迅速获取资金，采取各种手段规避政府监管，骗取上市资格。如中国股市第一案中，银广夏4年间就累计虚构收入10多亿元，虚增利润7.7亿元；麦科特公司伪造合同，虚构利润，倒制会计凭证、会计报表，隐匿或故意销毁会计凭证以达到欺诈上市的目的。
③ 目前无论是理论界还是实践界，对于资本市场概念的界定都有着很大的差异。在本文中，我们只研究资本市场中的股票市场。限于篇幅，不对资本市场、金融市场、证券市场和股票市场等概念及范畴展开讨论。

(或地区)间差异。罗纳德·I.麦金农(1973)①和爱德华·S.肖(1973)②便从"金融抑制"和"金融深化"视角研究了发展中国家社会金融资源配置的问题。

20世纪70年代,著名美国经济学家罗纳德·I.麦金农(Ronald I. Mckinnon)(1973)和爱德华·S.肖(Edward S. Shaw)(1973)分别在《经济发展中的货币和资本》《经济发展中的金融深化》著作中,从不同角度对发展中国家的"金融抑制"和"金融深化"进行了研究。研究认为,发展中国家的市场被条块分割,相互隔绝,是"不完全"的。③ 在发展中国家,社会金融资源的配置往往因市场机制的不完善而扭曲,稀缺的资本常常流到了拥有特权而不懂得投资的社会阶层和企业(包括国有企业和一些特殊关系企业),而不是急需资金进行投资的企业(包括私营和中小型企业)与企业家手中。而钱德勒(1977)则认为"在美国,大公司中经理人的'看得见的手'已经取代了作为资源配置基础机制的资本市场即'看不见的手'"。

Prahalad C. K.等人(1983)认为,资源配置模型应该考虑经济中资本供给的主要来源与企业对外部资本来源的依赖程度两者的交互作用。依此,他们给出了可能解释复杂经济中资源配置的三个不同模型,分别是经济(economic)模型、管理(administrative)模型、政治和意识形态(political and ideological)模型。④

Jeffrey Wurgler(2000)⑤则探究了资本配置效率的国际差异并发现金融市场变量能够帮助解释这一差异。相对于小的金融市场国家,发达金融体系国家在新兴产业的投资增长更多,而在衰退产业的投资削减也更多。JeffreyWurgler奠定了通过金融市场促进现实经济的特殊机制,他指出了通过金融市场促进资本配置的一些手段或方式,包括:股票市场,特别是那些明确的企业股价变动比例较高的股市,能够提供投资机会选择所需的有用公众信号;少数投资者权力抑制了企业在衰退产业中的过度投资等,这与Jensen(1986)的自由现金流理论观点一致。这也正如"政治经济学家认为,资本配置朝向最大收益的商业(交易),并会迅速退出低利润或无利可图的商业(交易)。但是,在一般国家,资本进入与退出的过程是缓慢的……然而,在英国……资本稳定及时地流动到最需要它并

---

① McKinnon, Ronald I. Money and capital in economic development[M]. Washington, D. C., The Brookings Institution, 1973.

② Shaw, Edward S. Financial deepening in economic development[M]. New York, Oxford University Press, 1973.

③ 麦金农的研究表明,发展中国家的经济结构一般是"割裂"的,即大量的经济单位互相隔绝,生产要素及产品的价格不同、技术条件不一及资产报酬不等,没有一个市场机制来使之趋于一致。

④ Prahalad C. K.等人(1983)通过对1954—1978年世界财富500强企业中的工业企业的实证研究表明,企业对外部资本的依赖不一致并且资本的供给者正逐渐区分为不同的群体:个人股东、机构投资者和国家。这三个群体的动机也大不一样。个人股东会对投资组合的风险回报的感知以及最大化的经济回报的期望做出基本的响应。代表机构投资者的经理则会对组织压力和强加于他的合法约束做出反应。因而,投资决策不再是纯经济上的,它还受管理情境的影响。公共政策的制定者,或者国家,对国有企业或特定科技领域的私有企业的投资资金主要不是受经济回报,而是受"国家利益"和其他政治考虑激励。决策很可能是在国有企业经理、职业官僚主义者和政客之间复杂的相互协调(interplay)的基础上做出的。

⑤ Wurgler J. Financial markets and the allocation of capital ☆[J]. Yale School of Management Working Papers, 2000, 58(1-2): 187-214.

能被充分利用的地方(商业),这就如同水流总会回到水平面一样"(Bagehot,1873)[1]。

此外,Thorsten Beck and Ross Levine(2002)[2]研究表明法律体系的效率和整体金融的发展推动了产业的增长、新公司的形成和有效的资本配置,而金融体系是市场主导还是银行主导显得并不重要[3]。

2. 接管与重组

委托代理是公司治理中的核心问题,它源自经理们常常既有判断力又有动机做出损害股东利益而有利于自身的战略与实践(Jensen and Meckling,1976)。[4] 透过组织与市场机制来控制代理人问题是许多研究的主题。有研究认为,作为内部控制机制的报酬安排和管理者市场可以使代理问题得到缓解(Fama,E.F. 1980)[5],而股票市场和接管市场则是对代理人问题进行控制的两个外部机制(Fama,E.F.,Jensen M.,1983)。[6] 股票市场的价格是一种信号,表现了人们对内部决策是否有效的广泛认识,低股价会对管理者施加压力,使其改变行为方式,并且忠于股东的利益。而接管则是指通过要约收购或代理权之争,使外部管理者战胜现有的管理者和董事会,从而取得对目标企业的决策控制权。曼尼(1965)就认为,公司控制权市场的存在大大削弱了所有权与控制权分离所带来的代理问题,他强调说,如果因为公司的管理层无效率或代理问题而导致经营管理滞后的话,公司就可能会被接管,从而面临被收购的威胁。Jensen and Ruback(1983)和 Jensen,M.C.(1986)[7]也认为当代理成本很大时,接管将有助于减少代理成本。

众多学者对公司间的接管与重组问题进行了研究[8]。迈克尔·詹森(Michael Jensen,1993)[9]就指出:"接管运动已经将美国公司的问题摆上了一个重要的位置,并力图在公司面临严重的产品市场麻烦之前予以解决……事实上,他们正在提供一套预警系统,目的在于将过度的生产能力健康地调整到世界范围的经济中去。"

---

① Bagehot W. Lombard street: a description of the money market[J]. History of Economic Thought Books, 2004, 13(01): 11445-11448.

② Beck T, Levine R. Stock markets, banks, and growth: Panel evidence[J]. Journal of Banking & Finance, 2002, 28(3): 423-442.

③ 金融经济学家们就市场主导和银行主导两种金融体系谁优谁劣的问题争论了近一百年,Thorsten Beck and Ross Levine(2002)的研究表明,市场主导和银行主导两种金融体系不存在谁优谁劣的问题。

④ theory of the firm: managerial behavior, agency costs and ownership structure michael c. jensen and william h. meckling.

⑤ Fama E F. Agency problems and the theory of the firm[J]. Journal of Political Economy, 1980, 88(2): 288-307.

⑥ Fama E F, Jensen M C. Seperation of ownership and control[J]. Journal of Law & Economics, 1983.

⑦ Jensen M. Agency costs of free cash flow[J]. American Economic Review, 1986, 76. Jensen M C, Ruback R S. The market for corporate control☆: The scientific evidence[J]. Journal of Financial Economics, 1983, 11(1-4): 5-50.

⑧ 如,[美]迈克尔·詹森(Michael Jensen,1983,1989,1993)对美国 20 世纪 80 年代的兼并、举债收购进行了较为系统的研究。布莱尔(Blair Margaret,1990,1995)在其著作中也对举债收购与公司重组、公司控制与公司重组等方面进行了深入的探讨。J. Fred Weston 等人(1996),Joseph W. Bartlet(1991),Singh and Chang(1992),Esward H. Bowman 和 Harbir Sight(1993),S. Shiva Ramu(1999)等分别对公司重组的背景与动因、方式与效果进行了深入研究。Rolf Buhner 等人(1997)从委托—代理关系人手,对美国和德国公司的重组与方式进行了理论与实证方面的比较研究(毛蕴诗,2004)。

⑨ Michael Jensen. The modern idustrial revolution, exit, and the failure of internal control systems. 1993

公司间接管的动力和压力有效地推动了企业重组和资源优化配置,研究表明,自1976年以来的兼并与收购,主要集中于服务业(如商业银行业与投资银行业、金融、保险、批发、零售、广播和医疗卫生行业等)以及自然资源领域。服务行业中的企业兼并增多,反映了这些行业在美国经济中的重要性在不断增加。尤其是在金融服务行业中,自1976年以来,该行业中的兼并占全部兼并的15%以上(J.弗雷德·威斯通,等,1998)。而美国股市的新增资本却大多投向了计算机软硬件、医疗保健、生物技术以及通信、网络技术等新兴产业领域,对其高科技产业的发展和经济增长做出了不可估量的贡献。

然而,有学者却认为将控制机制与从事控制的人区分开来也是极为重要的(Herman,1981;Magareter Blair,1995)。[①] 股东无疑是最有动力实施公司控制的人选,他们将通过公司重组使所有权结构发生演化,最终达到对企业的有效控制的目的。例如,在美国,机构投资者就发挥了十分重要的作用(机构投资者——包括银行和储蓄机构、保险公司、共同基金、养老基金、投资公司、私人信托机构和捐赠的基金组织——拥有美国的私人企业、公司和公债总资本索取权的40%以上,在最大的和最抢手股票的公司,机构投资者往往是最大的股东,所拥有的股票约占公司总发行量的60%~70%)(玛格丽特·M.布莱尔,1999)。[②]

(二)国内文献

国内最近的一些文献逐渐开始研究资本市场的功能。邢天才(2000)[③]从微观和宏观的角度考察了资本市场的功能。他认为资本市场功能,在宏观上体现为经济"晴雨表"功能、促进经济增长与抑制通货膨胀、促进产业结构调整和降低国民经济整体运行风险;在微观上则主要是投融资功能和资源配置功能。他指出,我国资本市场微观功能发挥得不够充分,从而制约了宏观功能的发挥,我国股市在微观功能的发挥上存在极大缺陷:筹资功能的"过度"和资源配置功能的"不足"。

邹德文等人(2006)[④]系统阐述了资本市场的五项功能:融资、资源配置、风险定价、信息反映和体制创新。他们认为,在资本存量配置方面,资本市场主要是通过并购、重组(如扩张式重组、收缩式重组、控制权转移和公司内部重整等)来实现。

刘义圣(2006)[⑤]从演进发展、功能发挥作用等不同的视角研究了资本市场的功能,他认为,资本市场的五大基本功能是融资、风险定价、资源配置、流动性和转制,其中融资是原始功能,风险定价是基础功能,资源配置是核心功能,流动性是前提功能。刘义圣还指出,目前我国股市主要表现为筹资市场,"圈钱"功能发挥得淋漓尽致,而最重要、最本质的功能——优化资源配置则发挥得很不理想。

---

① Herman B. On the value of acting from the motive of duty[J]. Philosophical Review, 1981, 90(03): 359.
Blair M M. Corporate "ownership": a misleading word muddies the corporate governance debate[J]. Brookings Review, 1995, 13(1): 16.
② 玛格丽特·M.布莱尔. 所有权与控制[M]. 张荣刚,译. 北京:中国社会科学出版社,1999.
③ 邢天才. 我国发展衍生金融市场的几个问题[J]. 东北财经大学学报,2000,(02):46-48.
④ 邹德文,张家峰,陈要军. 中国资本市场的多层次选择与创新[M]. 北京:人民出版社,2006.
⑤ 刘义圣. 中国资本市场的多功能定位与发展方略[M]. 北京:社会科学文献出版社,2006.

吴晓求(2006)①则认为,在正常的制度环境下,购并以及以购并为机制的存量资源配置是资本市场最重要的功能,资本市场的核心功能是整合存量资源,而不是增量融资。

(三) 文献述评

国外学者深入研究了资本市场配置资源的方式、手段、效率和决定因素,也探讨了股市推动企业重组的实践以及国际间发展差异。国内学者对我国资本市场做了有益的探索。然而,国内对于资本市场(或股市)功能研究存在以下几方面的缺陷。

(1) 从前述文献回顾中可以看到,对于股市功能的界定,研究人员存在明显不一致的看法。例如,邹德文等人(2006)阐述的资本市场五项功能中的信息反映功能、体制创新功能(刘义圣又称之为转制功能)与资源配置功能以及融资功能并不属于同一层次,因而不应该是并列的关系。又如,刘义圣(2006)提到的资本市场五项功能中的流动性功能并不能归为资本市场(或股市)的功能,股票的流动性至多只是股市的一个基础性条件。

(2) 对股市运行及其效果的讨论往往集中于筹资功能,少有提及股市推动企业重组的功能。而在企业重组方面讨论集中在兼并,少有提及其他重组手段。

(3) 对股市资源配置的实现机制缺乏有针对性的研究。事实上,一切市场,包括商品市场,都具有推动资源配置的功能,然而,不同市场却有着不同的运行机制,只有充分揭示股票市场推动资源配置的内在机制,才能有效地指导市场制度的拟定和现实实践。

(4) 尚须加强对股市功能的国际比较研究,借鉴发达国家成熟资本市场的发展经验。

笔者长期研究企业重组问题,认为应该更充分地发挥资本市场促进企业重组的功能。资本市场的定位除了筹集资金等之外,更主要的作用是推动企业重组。目前资本市场正在进行股改,这为企业重组创造了有利环境。通过接管、兼并等企业重组方式,引导市场追捧好的企业,淘汰劣的企业,就自然起到优化资源配置的作用②。以下将就此进行深入分析。

三、美国引领全球企业重组浪潮,并由此引发了对委托—代理、股市效率、公司治理结构等领域的国际比较研究

企业重组,又称公司重构(corporate restructuring),是指现有公司对目标、资源、组织体制的重新定位,重新配置,重新构造和调整,以适应内外部环境变化,逆境求生,保持和创造竞争优势的过程。公司重构比兼并与接管具有更为广泛的内涵,其内容包括业务重构(business portfolio restructuring)、财务重构(financial restructuring)、组织重构(organizational restructuring),以及与之相伴生的一系列企业创建(greenfield,也称"绿地投资")、并购(M&A)、剥离(divestiture)、分立(spin-off)、分拆(split-up)、置换(swap)、

---

① 吴晓求.关于当前我国金融改革和资本市场发展若干重要问题的看法[J].金融研究,2006,(06):15-22.
吴晓求.股权分置改革的若干理论问题——兼论全流通条件下中国资本市场的若干新变化[J].财贸经济,2006,(02):24-31.
② 参见《证券时报》分别于2006年3月4日、2007年3月7日就资本市场建设问题对毛蕴诗教授的专访报道。

股权切离（initial public offering）、举债收购（leveraged buyout，LBO）、紧缩规模（downsizing）、紧缩范围（downscoping）、内部市场等，构造公司新的业务组合、新的财务结构与新的组织体制。在这一过程中，一些被认为是不重要的业务、亏损业务、缺乏前景的业务，通过剥离、分立、分拆等方式得以放弃、弱化；而另一些重要的业务则通过新建、兼并得以加强（毛蕴诗，2004）。①

考察公司发展的历史，可以发现变革、改组、重组是一个从不间断的过程。研究表明，重视扩展和多元化的战略在20世纪六七十年代是一个甚为普遍的趋势，并曾受到广泛的赞扬。但过度多元化、过度扩展也产生了一系列问题，金融市场通过敌意接管、敌意接管威胁、杠杆收购和其他重组等方式，在20世纪80年代及时、快速地校正了这些问题（玛格丽特·M.布莱尔，1999）。进入20世纪90年代中期以来，世界许多大型公司仍旧不断出现生存危机，需要持续重组，需要通过重组来医治大企业病、重建竞争优势。

钱德勒（1989）客观地肯定了美国企业的重构活动："在20世纪70年代和80年代，重组已成为美国工业中主要的活动——通过重组来缓解早些年无约束多样化的压力，同时也使许多美国公司得以轻装上阵去迎接不断强化的竞争。通过削减分部的数量，并将其资源集中于公司具有最强的生产、销售和研究能力的产品和工艺，旨在结束高层经理与执行经理分离的大多数重组目标已经实现。这种重组是作为长期战略规划的一部分而进行的。"

重组是企业普遍采用的战略手段，也是企业向网络时代、新经济时代转型的战略手段。美国公司重组的实践与成功引发了学者们对公司战略理论、并购理论、所有权控制理论、理论财务和组织理论、委托—代理理论、公司治理结构、核心竞争能力理论、效率理论等领域的富有意义和卓有成效的探索。公司重组也引发了对不同国家管理模式与实践的比较研究，特别是对美国、欧洲、日本的资本市场与治理结构、管理模式的比较研究。

四、股市推动企业重组功能及其实现机制

（一）股市创新与推动企业重组

（1）股市通过对企业的不可分性处理减少交易成本、加速企业的买卖推动企业重组。不可分性是指业务活动中的投入生产要素因其物理属性而不能随意划分。例如，一个10吨重的吊车，只用来吊运2吨重的货物时，不可能将该吊车一分为五，用其五分之一去工作。现实中，不仅设备存在不可分性，劳动投入以及许多类型的成本对于某些经济活动也是完全或部分不可分的（毛蕴诗，2005）②。而对企业而言，其整体或部分资产（作为生产要素投入）同样具有原始的不可分性，这是指企业在实物形态上，其资产（如厂房、土地、机器设备等固定资产投资）不能进行分割，因此，企业之间的接管和买卖只能在整体上进行。

股市的创新之一就在于给买卖企业提供了场所与实现路径，通过资产证券化，以股权

---

① 毛蕴诗. 全球公司重构：案例研究与中国企业战略重组[M]. 大连：东北财经大学出版社，2004.
② 毛蕴诗. 公司重构与企业持续成长路径[J]. 中山大学学报（社会科学版），2005，45(05)：73-79.

(份)的形式可以方便地进行企业所有权的转让、买卖和变现。"在通常情况下,公司的股份可以自由'转移'。"(罗伯特·W.汉密尔顿,1998)股份的自由转让是股份公司赖以建立和发展的基石,有利于加速企业的买卖,降低交易成本,同时形成多元化的投资主体和企业控制权市场,从而推动企业重组,实现资源的优化配置。

(2) 股市通过股价"指示器"推动企业重组。在发达的金融体系中,股票市场的一个最基础功能就是风险定价。股市的风险定价功能使投资者能够根据股价高低和走势区分出"好的企业"与"差的企业"。"好的企业"将受到投资者的追捧,从而得以获得资源进行扩张和行业内外的整合,"差的企业"则会被投资者所抛弃或售出。这样一来,股市中优质企业越来越多,劣质企业被兼并或淘汰出局,实现社会资源的优化配置。

资本固有的增值属性和优胜劣汰的企业重组机制,将驱使资本集中到高效率的企业和行业,使跨地区、跨行业兼并重组成为可能,并导致产业的市场结构发生改变。在一个有效的市场中,这些影响将直接反映到股票价格上(Fama,1970,1991)[1]。Scherer F. M. & Ross D. (1990)[2]的研究就表明,美国航空业在1978年解除管制以后,大量的并购(M&A)事件发生。为了增加市场权力或市场范围,提高运作效率,或者克服管制进入壁垒,航空公司有强烈的动机去并购(M&A)其他航空公司[3],这些战略的变化影响所有市场参与者,包括投标者、目标和现有的或潜在的竞争企业。

(二) 股市推动企业重组的实现机制

从历史和创新的观点看,股份制功能在于筹集资金,而作为资本市场创新的股市建立则极大地扩展了其融资功能,使之市场化。随着股市的进一步发展、创新,股市在推动企业重组功能上具有越来越重要的作用。股市推动企业重组功能的实现机制可以归结为以下三个方面。

(1) 对股市新的增量资产而言,企业为上市进行实质性重组推动了资源重新配置。在公司股票申请上市(包括增发新股或配股)的过程中,必须达到一定条件,包括完善企业法人治理结构,建立上市公司信息披露、会计标准等一系列制度,其实质是对整个企业的资源、体制进行全面改造与重组。企业上市本身就是一个"改造"与"包装"的过程,能有力地推动企业资源的优化配置;而对于企业集团选择其部分优质资产上市,更是推动了企业在业务、组织、财务三方面的全方位重组。例如,"中国石油"的海外上市,不仅筹集了大量资金,更重要的是按照现代企业制度的要求,进行了变革与重组。重组使整个中石油的管理运行体制进行了一次脱胎换骨的改造,其核心业务与非核心业务分离的标准、公司的法

---

[1] Fama E F. Efficient capital markets: a review of theory and empirical work[J]. The Journal of Finance, 1970, 25(2): 383-417.

Fama E F. Efficient capital markets: II[J]. The Journal of Finance, 1991, 46(05): 1575-1617.

[2] Scherer F M, Ross D. Industrial market structure and economic performance[M]. Boston, Houghton Mifflin Company, 1990.

[3] 1978年10月14日,卡特总统签署了《解除航空业管制条例》。该条例规定,1981年年底取消民用航空管理委员会(CAB)对国内航空线的管制,到1983年年底取消对其机票价格的管制,各航空公司可以在任何航线上,以市场所能承受的任何机票价格来进行竞争,这导致许多新的航空公司相继成立。但随着竞争加剧,许多航空公司利润锐减和破产,出现了大量的并购(M&A)事件。

人治理结构和业务管理框架、业绩考核标准及管理层激励制度的设立等都是按照国际资本的要求和参照国际上同类型的大石油公司进行的。

美国资本市场是世界上公司治理约束、会计管制和披露法则要求最为严格的市场之一,其有效推动了新增资本投向新兴产业领域,为高科技企业的发展和经济增长做出了巨大贡献。

(2) 对股市大量的存量资产,发现、披露代理问题,变更低效率管理或接管的动力、压力推动了企业重组。对于股市大量的存量资产,有效的股市则通过接管、兼并、剥离、分立、分拆、置换、退市等,使市场中的劣质企业减少、消失,优质企业不断增多、壮大。同时,如果公司代理问题严重(代理成本很大)或经营管理不善,就会被及时发现、披露。一方面,公司可能面临被收购的威胁;另一方面,董事会要在公司绩效低下时迅速做出回应,采取包括进行重组、更换管理层等措施。这样有助于提高股市存量资产的质量,提升企业质量,优化存量资产的结构。

(3) 股市推动企业重组功能的发挥与公司治理结构特征密切相关。资本市场的效率是与公司治理的完善、特征紧密联系的。OECD公司治理准则(2004)指出,公司治理只是在包括宏观经济政策、产品和要素市场竞争程度等更大经济背景下企业运作的一部分。公司治理框架也依赖于法律、规章和制度环境。公司治理一词经常被狭义地应用在探讨有关董事会的结构和权利,或者是股东在董事会决策中的权利和天赋特权。玛格丽特·M. 布莱尔(1999)对公司治理一词采用了更广义的理解,将它归纳为一种法律、文化和制度性安排的有机整合。这一整合决定上市公司可以做什么,谁来控制它们,这种控制是如何进行的,它们从事的活动所产生的风险与回报是如何分配的。

自2002年以来,诸如美国安然公司倒闭、日本雪印公司东窗事发等一系列事件的发生,促使人们开始重新审视公司治理结构的意义和重要性。投资者呼吁更为透明和有效的公司治理结构,他们的信心水平与公司治理结构的改进紧密相关,同时公司治理水平也影响企业的股价表现。因此,一整套公司治理制度规则,包括独立性、透明度、公正性、责任感等要素的制定与执行,将决定股票市场的运行效率,影响股市推动企业重组功能的发挥。

五、美、日股市推动企业重组的制度比较

美国企业竞争力重新超过日本企业竞争力,有两大原因值得重视。一是硅谷机制催生了许多新的世界级企业(也包括许多在纳斯达克上市的企业),而日本自20世纪80年代以来则很少有新的世界级企业。二是自20世纪80年代以来,几乎所有美国老牌大型企业都进行了重组,重组使许多大公司度过了生存危机,使许多大企业焕发青春,重获竞争优势。

而在上述两个原因中企业重组的推动尤为重要。例如,韦尔奇主持通用电气20年的重组(按同期销售收入的增加计算)相当于创造了3个新的微软;而20世纪90年代中后期IBM的重组不仅化解了168亿美元的亏损,也使其重建竞争优势,相当于创造了两个新的微软。与美国企业相反,20世纪80年代至90年代初竞争力处于世界前列的日本企

业出现了严重的危机①,未能及时进行公司重构。毛蕴诗(2005)研究发现日本公司的重构比美国整整晚了 20 年。

在美国,公开上市公司创造的收入约占全国总收入的 58%,它们所吸纳的就业人员约占总就业量的 30%。因此,这些机构的健康与否和探寻它们在整个社会的作用便成为经久不衰的话题。由于发展模式、发达程度及制度背景的不一致,股市规模与效能的差异,美国股市与日本股市在推动企业重组功能的动力压力上存在较大差异。

(一)美国股市效能明显优于日本,推动了企业重组

(1)美国股市高效能的制度体系。首先,美国的金融体系属于市场主导型,直接金融在美国的金融结构中占主导地位。例如,2004 年,美国银行业向企业提供的贷款仅占企业融资总额的 40%,而 2005 年年底,美国上市公司的总市值却占其 GDP 的 136.5%,到 2006 年美国股市的总市值已达到 19.3 万亿美元,占全球股票市场总市值的 38.1%,仅纽约股票交易所的股票交易额就达 21.8 万亿美元,占全球股票交易量的 31.2%,居世界第一。②

其次,美国股市是世界上最大的证券市场,是一个多层次、风险分散的市场体系,共有主板市场(纽约证券交易所 NYSE)、创业板市场(纳斯达克 NASDAQ)、区域性证券交易所、电子告示板市场 OTCBB、店头证券市场 NQB(包括粉单市场 Pink Sheet 和黄单市场 Yellow Sheet 两类市场报价)以及券商之间约定的不定期的交易市场等层次,这种多层次结构可以满足不同规模企业的不同融资偏好,不仅能够为不同类型的企业提供多元化的融资渠道选择,而且能够保证投资人在资本市场中有更多的选择,从而更好地保护投资人的利益。

最后,美国股市的流动性好,信息披露严格、规范、及时,市场操作透明度高,能按市场机制有效配置资源,投资者相对理性和成熟,市场的投机和投资行为之间保持着动态的平衡,市场能够给予企业有效的价格评价,资本流向高效率的企业。

(2)美国股市接管市场活跃,推动了企业重组。股市的高效能是接管市场活跃的重要基础,美国股市的高效能制度体系,使其形成了活跃的接管市场。美国股市接管频繁,种种接管的动力与压力迫使美国公司比日本公司更积极地致力于公司重构活动,有效地推动了企业重组和资源优化配置。

首先,自 20 世纪 80 年代末以来,美国出现了投资人资本主义重新抬头的趋势,沉没的股东权利重新回到了股东手里,为其他经理接管、控制公司提供了机会。理论上,股市是对公司控制的力量,它提供了外部监督手段。美国在 20 世纪 80 年代早期就察觉到了代理问题的严重性,美国公司将股东利益最大化作为其主要目标,管理层行为目标与股东利益最大化的不一致难以令股东满意,股东就会采取行动主义,为其他经理接管、控制公

---

① 2002 年 9 月 3 日《日本经济学家》的专题"9 月危机的先兆"列举了 2002 年前 8 个月破产的 25 家上市公司的负债、破产前的股价以及所涉及的主力银行,其中包括日本的零售企业 SO—GO 的电器连锁店。该专题的另一篇文章列出了 46 家处于危机中的企业,包括许多著名的大企业,其 2001 年度需要支付的利息负债额、企业过去两年的平均业务收入,以及债务与业务收入之比的倍数(该倍数分别达到 3 倍至 960.9 倍不等)。

② 原始数据引自中国人民银行公布的《2006 年国际金融市场报告》和世界银行网站公布数据。

司提供机会。因为资产的市场价值高于账面价值的公司对收购者来说颇具有吸引力,收购者可以通过接管公司而将公司的资产或其独立的业务以高于账面价值几倍的价格出售。这种被接管的压力迫使公司着手从事重构活动,以便能增加公司的价值,从而减少收购者的收购动力。迫于股东的压力,管理层不得不推动企业的重组,以改善企业业绩,提升股价,否则就会面临下课的威胁。在美国,每天都会传来 CEO 下课的消息,例如,最近的美国 VoIP 服务商 Vonage 首席执行官 Michael Snyder 因业绩不佳而辞职,而这只不过是 CEO 下课潮的一个新鲜案例罢了,仅在 2007 年 3 月,美国公司就宣布了 103 位 CEO 的人事变动。

其次,机构持股者积极干预,持股份额增加,形成了企业被接管和收购的威胁。大机构股东集中性地持股使他们有机会对公司代理人的行为进行监督,并促使其按股东利益行事。为了维持股票价格,机构投资者往往采取积极干预的办法,向公司董事会施加压力,迫使董事会对经营不善的公司,用更换总裁的办法,彻底改变公司的根本战略和关键人事,确保机构投资者的利益不受侵害。美国的机构投资者在三方面助长了接管浪潮,例如,它们是垃圾债券的主要购买者,曾经资助了其中的部分接管交易;它们曾经是杠杆收购资金中的主要投资者,当大型公司在接管潮末濒于破产时,这些资金资助了小的收购者;由于机构投资者的托管人相信他们对受益人的信托责任要求他们这样做,因此,他们总是愿意将他们所持有的目标公司股票转让给出价最高的投标者(玛格丽特·M.布莱尔,1999)。

在美国,接管、收购的投机行为,也会形成威胁。资产重组与并购是股票市场持续性的热点之一,从中也产生了不少市场所瞩目的绩优股。长期的投资行为是发行公司稳定发展的重要保证。虽然投机行为充斥较多赌博、欺诈等消极因素,有较大的风险性,但是投机行为的迅捷获利对一切投资者的诱惑力又直接刺激了股票市场的成长和繁荣,继而引来更多的投资资金。由于相关法规的不完备,借重组之名进行二级市场炒作的现象也时有发生,并助长了股票市场的垃圾股炒作与投机之风。而且目标公司股东"理性的冷漠"(the rational apathy problem)①,使风险套利者在短期内愿意并且可能通过大量持股,对公司进行接管和收购。若公司管理不善,便极有可能成为风险套利者猎取的目标。因此,这种投机行为也会形成接管、收购的威胁,对管理层形成压力。

(3) 美国公司治理结构易于察觉代理问题,并能及时做出反应。美国公司治理结构以股东权益理论为支持,公司控制由市场扮演主要角色。股权高度分散化是美国公司治理结构的最大特点。在高度分散化的股权结构之下,个人股东对公司经营者实施监督的成本很高,这使股东们一般通过改变自己的股票组合,采取"用脚投票"的方式来对资本市场产生影响,通过资本市场的变化来了解和评价经营者的工作绩效,影响公司的经营决策。

同时,在美国公司董事会往往有 1/2~2/3 以上为外部成员,加上机构投资者的积极干预,易于察觉代理问题的严重性,并能及时做出反应。例如,"从 1992 年年末到 1993 年

---

① 即当一个股东在投票决定对公司决策的赞成与否之前,为做出理性判断而获得信息的成本,要大于因此投票而获得的利益。详见 Robert Charles Clerk. Corporate Law[M]. Little Brown &Co. 1986:390-394.

年底,美洲卡(American Express)、伯顿(Borden)、通用汽车公司(GM)、IBM、柯达(Kodak)、威斯汀豪斯(Westinghouse)等公司,由于董事们因不满意他们的经理们所运作股票的价位的下跌而相继解雇了各自的总经理"(玛格丽特·M.布莱尔,1999)。

因此,美国的公司治理结构具有典型的市场主导特征,业绩长期低下的企业必然面临破产或被兼并重组。在美国,企业接管(威胁)、外部董事以及与股权等业绩相对应的报酬体系构成了公司治理机制的有机平衡体系。

(二) 日本股市缺乏效能,企业重组缺乏动力

(1) 日本以银行为主导的金融体系。日本的金融体系属于银行主导型,股票、公司债券等直接融资在满足日本企业资金需要上处于从属地位,公司融资更多地依赖于银行。长期以来,日本企业外部融资总量中银行贷款等间接融资占80%以上,股票、公司债券等直接融资仅占10%多一点,1996年,日本银行的总贷款为其GDP的97%,而1998年,日本证券市场股票总市值却仅占GDP的61.2%,这虽与1997年金融危机有关,但直至2005年年底,日本上市公司的总市值也仅占GDP的105.1%。[①] 日本的融资模式强烈渗透着政府行为,市场机制作用的广度与深度都极为有限。日本股市虽是世界第二大证券市场,但其国际化融资和流动性功能实现的程度与其经济发展、国际地位并不相称,日本股市具有很强的封闭性,对外国股票缺乏流动性。在日本,资本配置在很大程度上是通过银行进行的,其股票市场的资本配置功能远逊于美国。这是因为,一方面,日本家庭很少投资于股票和债券,在个人金融资产中,即使在股市最为繁荣的1989年,股票所占比重仅为13.8%,远低于美国的23.3%[②],大多家庭与个人将钱存入银行,银行承担着长期资本分配的职能;另一方面,日本长期形成的大企业"财阀"结构中的几乎所有公司都与某一主力银行有着密切的关系,客观上决定着日本银行具有重要的长期资本配置职能。

(2) 日本股市交叉持股普遍,阻滞了企业重组。日本公司之间、公司与银行之间互相渗透,交叉持股甚为普遍。通常日本公司60%或70%的股份都控制在向其提供贷款的银行、提供保险的保险公司或进行大量贸易往来的其他工商企业手中,例如,丰田是樱花银行的第五大股东,持有2.6%的股份,而丰田自己的5%股份为樱花银行持有(罗纳德·多尔,2002)。日本股市的这种结构和特征使其对资源配置的作用远不如美国股市。特别是交叉持股会严重破坏股市的透明性原则,严重阻碍信息披露。这不仅使企业的委托代理问题不易觉察,甚至在公司出现危机时,许多信息也得不到应有的披露。另外,交叉持股使公司股权结构非常稳定,既大大减低了公司被接管、收购的可能,也大大阻碍了本该破产的企业破产。

(3) 日本公司治理结构难于察觉代理问题,不能及时做出反应。日本企业治理结构以利害关系者权益理论为支持,具有自我治理结构的特征(毛蕴诗,2005)。在日本,法人

---

① 原始数据引自中国人民银行公布的《2005年国际金融市场报告》;刘义圣.中国资本市场的多功能定位与发展方略[M].北京:社会科学文献出版社,2006:230.作者已作合并计算。

② 数据引自[日]大藏省证券局.日本的证券市场[M].东京:财经详报社,1991:76.

持股和主银行制度是一种内部自我约束机制,日本股市中企业的所有权比较集中,高比率的法人持股使得股东稳定化,股票周转率低。

同时,日本公司董事会的成员主要来自企业内部,非股东董事比重较大,缺少机构投资者的积极干预,这使公司的权力结构向经营者倾斜,经营者容易独立行使决策权,对公司信息披露持被动态度,并且市场对经理人员影响甚微,难于察觉代理问题的严重性,从而不能及时做出反应。

因此,在控制权市场尚不发达的日本,迄今为止,公司对高层经理的监督不是来自市场,而主要依赖于主银行,由主银行对高层经理进行监督与经营干预。当企业经营业绩恶化的时候,主银行就会向其派遣董事,以实施经营者更换或企业重组。

综上所述,日本股市的效能明显低于美国股市的效能,日本的企业结构也远不如美国公司那样具有动力,这就使日本企业重组缺乏动力。整体而言,日本企业对重组的反应明显滞后,变革的力度也远不如美国强,即使是在亚洲金融危机造成的巨大压力下,日本企业更多的也只是被动地进行企业重组。

六、强化股市促进企业重组的功能,推动资本市场建设的建议

近年来,政府出台了一系列政策法规。例如,加强监管、提高上市公司质量、推动企业整体上市等,大力推动了资本市场建设。仅2006年国务院公布的有关股市、证监会的政策法规就有16项之多。2007年1月30日,中国证监会又发布《上市公司信息披露管理办法》,对"基金投资者教育活动将全面铺开"。随着我国股市股权分置改革的基本完成,资本市场将迎来良好的发展机遇。这里就我国股市推动企业重组提出以下看法与建议。[①]

(一)改变股市重融资轻重组功能的倾向

如前所述,我国股市仍然存在重融资轻重组的倾向。有学者甚至认为,当市场所筹资金的使用处于低效率或无效率状态时,筹资规模大不仅不是成绩反而是过失。不仅如此,作为上市公司控股股东的母公司为了维持生计,大量占用上市公司资金,使投资者利益受到侵害的现象普遍存在。据中国证监会调查,2002年,58%的被调查上市公司存在控股股东侵占公司资金的现象,累积金额达967亿元,超过当年上市公司通过证券市场融资的总额;2003年,共有623家上市公司被占用资金,总额为577亿元;2004年,上市公司仍存在严重的控股股东及关联方占用资金的现象,累计金额509亿元。控股股东侵占上市公司资金行为,造成了上市公司业绩下滑,经营陷入困境。[②] 为此,一方面需要提高上市公

---

① 笔者早在2011年的政协提案《提高上市公司对股东的现金分红回报,促进资本市场健康发展》中对上市公司现金分红率低这一影响我国股市健康发展的问题进行了思考,并提出了相关建议。
② 数据来自中国证监会内部资料。

司的认识；另一方面需要加强监管并在制定政策、法规上加以引导。①

（二）引导市场加大重组力度，改变重组手段较为单一的状况

企业重组包括企业创建、并购、剥离、分立、分拆、置换、股权切离、举债收购、紧缩规模、紧缩范围、内部市场等一系列手段，以及构造公司新的业务组合与新的地区分布、新的资产与债务结构以及新的组织体制。

我国上市公司年报对公司的重组活动有所反映，但是主要集中在并购方面。例如，退市机制缺乏，要建立完善的企业退市机制，发挥股市择优汰劣、优化资源配置的作用。相对西方发达国家股市而言，公司重组次数和规模不大，而且重组手段较为单一。所以也需要对企业重组活动进行更系统的披露和分析，在政策上加以引导。

我国股市是在计划经济的夹缝中成长起来的，带有与生俱来的制度缺陷，具体体现在四个方面：一是股权分置导致股票的流动性很差；二是信息披露的不完备性、市场运作的透明度低和市场监管的脆弱性导致我国股市信息信号失真、资本定价功能弱；三是政府政策的干预（魏玉根，2001）②和内幕交易严重（肖磊，2005）③，缺乏市场化的制度保证；四是股票入市——退市机制的缺乏，使社会资源无法有效配置到高效率的企业和行业之中。据统计，到目前为止，我国已退市的上市公司共计约为50家，这与我国上市公司的业绩差现状极不相符；而1999年，美国股市仅有30家公司退市，2004年，这一数字已经上升至135家，截至2005年年底，约有10%的企业退出了美国股市④。我国股市的这些系统性缺陷导致了股市整体资源配置效率低下，以及股市推动企业重组功能缺失。

（三）坚决反对、查处、杜绝非实质性重组

重组的目的在于化解企业危机，把企业做强、市场做大。因此，财务与资产重组、组织重组应落实在业务重组上。相当一段时期，我国上市公司缺少实质性重组，存在以保"壳"、保"配"、圈钱以及二级市场炒作为目标的非实质性重组。上市公司并购的非市场化运作较为严重，存在不少的内幕交易和关联交易。另外，还包括通过债务的核销、资产的置换，做成账面上的盈利的报表性重组；年末突击重组；重组中的短期行为等。因而需要

---

① 2012年5月，证监会出台了《关于进一步落实上市公司现金分红有关事项的通知》要求全部上市公司在章程中明确利润分配的决策机制和程序，确定派发现金股利的最低条件，并督促上市公司出台未来三年股东回报规划。确定在符合现金分红条件时，2012—2014年公司的最低现金分红比例。

2013年11月，证监会发布《上市公司监管指引第3号——上市公司现金分红》，督促上市公司规范和完善利润分配的内部决策程序和机制，增强现金分红的透明度。

2015年8月，证监会、财政部、国资委和银监会四部委联合发布《关于鼓励上市公司兼并重组、现金分红及回购股份的通知》，通过多种方式进一步深化改革、简政放权，大力推进上市公司并购重组，积极鼓励上市公司现金分红，支持上市公司回购股份，提升资本市场效率和活力。

2017年4月8日，证监会主席刘士余指出对于有能力分红却长年一毛不拔的"铁公鸡"，证监会已经在高度关注，而且不会放任不管，会有相应的硬措施。

② 魏玉根. 政策干预上海股市行为的统计分析[J]. 统计研究，2001，18(2)：52-55.

③ 肖磊. 对我国股市内幕交易的实证研究[J]. 金融与经济，2005(6)：26-29.

④ 针对安然、世通等财务欺诈事件，为了维护美国投资者的利益，2002年，美国国会出台了《2002年公众公司会计改革和投资者保护法案》，即通称的《萨班斯法案》。在这一法案颁布之后，美国股市上市公司退市的数量迅速增加。

加大监管、查处力度,杜绝或减少非实质性重组。①

更为关键的是,我国上市公司的并购重组并没有体现出资源优化配置的功能,偏离了正常的并购目标(张良悦,2004)②,并购重组已成为掏空上市公司资源的手段(吴晓求,2006),如德隆、格林柯尔等就是这样的典型。我国上市公司的并购主要是被动型,是对亏损企业的挽救。张新(2003)③通过对1993—2002年中国上市公司的1216个并购重组事件的实证研究表明,并购重组为目标公司创造了价值,却对收购公司股东产生了负面影响,对目标公司和收购公司的综合影响即社会净效应不明朗。张良悦(2004)通过统计分析发现,我国上市公司重组以非实质性重组④为主流,以保"壳"、保"配"、圈钱以及二级市场炒作为目标,着眼于上市公司眼前困境的解救,实质性、战略性重组很少。

(四)进一步完善公司治理结构

我国许多公司虽然已经上市,但并未真正转换经营机制。所以需要进一步完善公司治理,在董事会的结构、职责、作用以及董事会成员的资格与素质等方面加以改进。这样,使董事会在企业绩效低下的情况下,能够及时做出反应。有效的治理结构与股市互动,使市场对企业重组逐步起到了主要作用。

(五)有效发挥机构投资者在股市中的作用

在发达的资本市场,机构投资者具有积极监督管理者、参与公司的决策以减少管理者"机会主义行为"的作用,能够提高企业内部资源的利用效率,从而提高公司的市场价值。机构投资者一般通过抛售股票和持有多家公司股票来分散风险与调整投资结构,其在股票市场上频繁地调整其所持股票的结构,客观上给公司经营者增大了外部压力,有利于推动企业重组,优化资源配置。然而,也有研究者认为国内投资基金存在较严重的羊群行为和一定的短视行为,参与公司治理的意识不强,定位于消极股东角色,这在一定程度上加剧了股价波动。尽管国内外机构购投资者的行为差异的因素是复杂的,包括不同股市的制度差异、投资文化的差异等,但处于新兴转轨经济过程中的中国股市,必须努力通过制度创新来加强机构投资者的规范和发展。

因此,一方面,要积极发展机构投资者的力量,鼓励依法组建专业的风险投资公司,使之在股市和推动企业重组中起到积极作用;另一方面,又要提高机构投资者的资质、信用、专业素养,在执业资格、基金来源、投资方向、风险控制等方面进行必要的监管和引导,形成机构投资者的优胜劣汰机制,通过提高机构投资者质量来提高上市公司质量。此外,还

---

① 2016年9月9日,证监会正式发布《关于修改〈上市公司重大资产重组管理办法〉的决定》,被市场人士评价为"史上最严"的并购重组新规。
2017年2月以来,证监会主席刘士余两次对"忽悠式重组"的严厉表态,"忽悠式重组"成为监管层进行监管的重点之一。4月8日,刘士余在中国上市公司协会第二届会员代表大会上指出有的上市公司财务造假,有的用高送转来助长股价投机,一些"忽悠式""跟风式"重组已成市场顽疾。
② 张良悦.上市公司并购目标偏离的原因探析[J].经济体制改革,2004,(3):85-88.
③ 张新.并购为谁创造价值[J].新财经,2004,(1):53-54.
④ 非实质性重组包括:以出让壳资源为目标进行并购投机的被动式重组;通过债务核销,资产置换,做成账面盈利的报表性重组;短期行为突出的年末突击重组;重组已成为其经营特色的习惯性重组等(参见张良悦,2004)。

应重视对投资者的回报,提高股市参与者特别是普通股民、基民的素质,提高其对股市、基金信息的掌握与分析能力,树立风险意识,这对于股市的稳定具有积极的意义。

附录 2011年政协发言

提高上市公司对股东的现金分红回报,促进资本市场健康发展

中国股市建立以来成就显著,在筹集资本方面发挥了很大功能作用。然而,股市在推动企业重组方面的功能作用发挥远为不够。其中上市公司现金分红率低是影响我国股市健康发展的一大问题。

一、中国上市公司是世界上股票现金分红收益率最低的国家之一

股东获得公司分配的股利,这是股东的基本权利。长期以来,在我国股市上,股东投入多,现金回报却很少。据万德数据统计,2007—2009年,我国A股上市公司实现利润25 444亿元,而累计现金分红仅有6 690亿元,现金分红率仅为26%。上市公司实现的利润约有74%没有用现金的方式分配给股东。而在美国、英国等成熟资本市场,上市公司每年实现的利润多数分给了股东。据统计,目前美国上市公司现金分红率约为50%,不少上市公司现金分红率在60%~70%。① 此外,近三年中,我国上市公司一分钱现金股利也未派发的公司有683家,占A股上市公司总数的约40%。② 据报道,甚至有12年不分红的公司。

据万德数据统计,以2008年12月31日为基准日,A股算术平均股价为6.62元,每股现金分红的算术平均值为0.07分,现金分红收益率仅为1.05%。远远低于银行一年期存款利率。与我国不同,在成熟国家的资本市场上,现金分红收益是投资收益的重要组成部分,英国上市公司现金分红收益率为4%~5%,美国则约为2%,均远高于我国上市公司的分红收益率。③ 我国是世界上股票现金分红收益率最低的国家之一。④

我国不少上市公司的高层管理偏好多留利润,用于公司的扩展,或其他目标,甚至热衷于概念炒作。另外,许多也股东不关注公司经营业绩好坏以及由此带来的分红收益,只关心公司股票价格上涨与下跌,热衷于股票炒作。股东的投资变成了短期投机行为,而更多或只是依赖于股票价格上涨带来的资本利得。另外,机构投资者也不关心上市公司分红。新华社《经济参考报》报道:"基金经理换人如'走马灯',基金经理赚了就走,亏损留给基民。"

二、上市公司现金分红低的若干危害

(1) 低分红的上市公司所留存的大量利润,常常被用于新的投资。这些新的投资往往包括回报率低下的投资、无效投资、重复投资,而造成产能过剩,也包括用于投资房地产、股市等风险很高的投资。其结果是直接损害股东的利益。

---

① 美国上市公司是如何分红的?[N].证券日报,2008-08-19.
② 根据万德资讯统计。
③ 上市公司分红能力尚需提高[N].中国证券报,2005-04-30.
④ Bloomberg数据。

(2) 股东不关心上市公司分红,从而使那些绩效低下的公司能够长期在股市生存。股东不关心公司生产经营和长远发展,就也不能对董事、管理层实施有效的监督约束。这样对那些绩效低下的公司的高层管理缺乏压力,这些高管不必下课,而那些绩效低下的公司因为可以用于炒作得以在股市长期生存。

(3) 低分红助长了股市短期炒作之风,难以推动实质性重组。我国上市公司长期低分红,漠视股东权利,在一定程度上导致了资本市场上投资者过分强调买卖股票带来的资本利得收益,热衷于短期低买高卖的炒作。长期以来,这种短期买卖股票推高了股票价格,同时进一步降低了股票现金分红收益率,使资产价值的"泡泡"越吹越大。这就助长了以保"壳"、保"配"、圈钱以及二级市场炒作为目标的非实质性重组,包括通过债务的核销、资产的置换、做成账面上的盈利报表性重组。股市难以通过推动重组,采用接管、兼并、剥离、分立、分拆、置换、退市等,使市场中的劣质企业减少,优质企业不断增多、壮大,从而难以优化股市存量资产。

三、强化上市公司现金分红的建议

股市目的在于发挥资源配置功能。重组的目的在于化解企业危机,把企业做强、市场做大。漠视股东利益、低分红、过度扩展、过度多元化在20世纪七八十年代也曾在欧美、日本大行其道。随着股东权利的觉醒,特别是机构投资者的积极干预(对公司治理施加影响),更多信息的披露(例如,1993年美国机构投资者出版了一本低业绩公司的目录),沉没的股东权力被重新唤起,最终导致了以剥离、分拆、分立为特征的全球公司重组,也导致了业绩低下公司的高层管理下课。仅从1992年年末到1993年年底,美国运通、通用汽车、IBM、柯达和威斯丁豪斯等公司的总经理因业绩和股票下跌而被解雇,并引起强烈"地震"。公司重组中财务重组的重要内容就是形成合理的资产债务结构,包括公司财务政策的调整。例如,对股东支付更多的红利,调整现金收入结构等。美国上市公司现金分红率也由20世纪70年代的30%,提高到20世纪80年代的40%左右,20世纪末期则达到50%。[①] 美国上市公司"分红潮"的出现,使上市公司股东又更多关注公司的生产经营活动、盈利增长和长期价值,回归到公司价值本源。

建立现金分红制度的关键是建立股东权利、责任的有效约束机制,是促进股东有合理、持续的现金回报机制。这就需要股市的参与者,包括股东、机构投资者、监管部门合力完成。具体建议如下。

(一) 强制分红的监管力度还要加强

2008年10月,中国证监会已经注意到股东现金分红对建设健康资本市场的重要性,并将强制分红作为上市公司再融资的先决条件,规定:"最近三年以现金方式累计分配的利润不少于最近三年实现的年均可分配利润的百分之三十。"这一制度提高了上市公司现金分红的积极性。但是,强制分红的范围、力度还可以加强。

在现有监管措施的基础上,证监会可以从保护中小股东利益、引导资本市场健康发展的角度出发,将分红、留存利润使用效率纳入上市公司规范治理的检查范围。对于长期盈利而不分红、留存利润使用效率低下的公司则采取必要的监管措施,例如,可以要求上市

---

① 美国上市公司是如何分红的?[N].证券日报,2008-08-19.

公司披露利润分配政策、留存利润使用效率指标，引导股东对分红的监督约束。同时，对于留存利润收益率长期低于一定水平的公司实行警示、公开道歉制度等。

（二）国有控股上市公司应建立合理的现金分红政策

总体来看，国有资本收益收缴力度过小。国有企业的利润、收益很少直接回馈全民股东。"2009年中央企业利润高达9 445.4亿元，但是2007—2009年仅仅收缴1 572.2亿元，即3年收缴的利润尚不足1年利润的20%。"在我国上市公司中，国有股约占2/3。为此，要加强对所涉及上市公司分红政策的管理，增加对国有企业资本收益的收缴比例，加强对留存利润使用效率的考核。例如，可以制定所涉及上市公司留存利润的净资产收益率及权益回报率考核指标，对于上缴留存利润低于一定水平的国有控股上市公司实行强制现金分红。这不仅有利于国有资产保值增值，还有利于国有控股上市公司合理使用留存利润，维护国有股东的权益。

（三）提高股市参与者的认识与素质

既然上市公司分红率低与股市的参与者有很大关系，那么首先应提高股市参与者的认识与素质，使之认识到上市公司分红率低不利于股市的健康发展，并会损害股东的长期利益。其次应促使股东关心上市公司的生产经营和长远发展，对董事、管理层形成一定的监督约束，对那些业绩低下的公司形成压力。

（四）从税收上鼓励上市公司现金分红，强化现金分红的激励机制

2001年，美国政府就通过实施削减股息收入税率的税收政策，提升了上市公司分红的积极性。目前，我国税收相关法律规定，上市公司用资本公积金转增股本不用交税，而分配现金股利、送红股均须按照10%的税率征收红利税。温家宝总理在政府工作报告中已经提出，要增加我国居民的资本性收入。如果能够取消现金分红的红利税，不仅可以增加居民的合法资本性收入，也将有效增强上市公司和股东要求现金分红的积极性，促进资本市场健康的发展。

技术市场的不完全性与科研人员动态股权激励

——达安基因与华中数控的比较案例研究

本专题采用双案例对比研究方法,选取中山大学达安基因股份有限公司和武汉华中数控股份有限公司作为研究对象,对案例资料进行编码化处理,深入探讨两个案例企业针对科研人员的动态股权激励演变及其影响动机,并对案例企业的股权激励进行横向和纵向分析。研究发现,企业从初创到成长的过程中,会根据发展需求进行多次的股权结构调整。其中,针对技术人员的股权激励对企业成长和企业绩效都有积极的促进作用。同时,股权激励方案要把握好激励的范围、力度。

一、研究背景及问题的提出

针对我国科研人员实施的股权激励,最早可追溯到 20 世纪 90 年代发布的《中华人民共和国促进科技成果转化法》和《关于促进科技成果转化的若干规定》,但因缺少具体实施的细则和指导意见,收效甚微。近年来,随着供给侧结构性改革、创新驱动战略和相关政策的提出,激发科研人员持续的创新活力与创造潜能,日益受到重视。

在政策依据的基础上,学术界针对科研人员股权激励的研究取得了一定的发展,但是对于股权激励的理论依据,科研人员分红的具体操作的研究仍存在较大的"瓶颈"。一方面,由于道德风险、代理人与生产者利益趋同、市场不完善等,大学衍生企业或国有企业的股权改造行为容易造成国有资产流失(杨瑞龙,1995);另一方面,科研人员的技术成果难以通过短期的、一次性的股权激励得以体现。针对这两方面的研究,学术界暂时还没有找到很好的理论支撑,也缺乏一个基于理论的解决方案去克服技术市场的不完全性。毛蕴诗、周燕(2002)曾在案例研究的基础上提出,对技术商品的定价应该从长期动态的视角出发,采取逐次定价的策略而非一次性的定价策略。因此,本专题将从动态视角对比分析两个案例企业对核心科研管理人员实施的股权激励方案,总结出一个基于经验的逐次定价的解决方案,作为克服技术市场的不完全性的一种选择,以期为国内企业特别是国有企业的科研人员股权激励实践提供借鉴和理论支撑。

二、文献综述

(一) 技术市场的不完全性

技术市场是基于技术商品的一种买卖行为,是指在技术的开发与研制过程中引进市场机制,将技术作为商品进行交换(周德英,等,1989)。技术商品价值确定,是进行技术商品交换和贸易的前提(陈一青,1992)。技术商品是一种无形资产,本身不存在实物形态,同时技术商品又是动态的、可更新迭代的,因此,技术商品的价值确定过程存在一定的困难。国内外学者通过研究认为,技术商品的定价需要结合其时效性强和生命周期短的特点,从长期的视角衡量技术商品的价值,技术贸易的交易双方实质上是一种长期合作的关系(Walker 和 Waber,1984;张文英,1989)。因此,交易双方不仅仅要考虑前期的技术开发投入,还要考虑后期的应用规模与效果(Joseph 和 Vernon,1988;Baglieri,等,2001;张晨宇,等,2007)。对技术商品的买卖双方而言,对商品信息的掌握量决定了交易的效率(喻昕,2011)。但是,技术市场中买卖双方的信息不对称问题,极大地影响市场交易效率。因为技术交易双方对技术商品价值的判断能力是不一致的,若仅仅进行一次性定价,卖方会存在为抬高价格而夸大商品的价值的动机,而买方对卖方所持技术的未来预期又是不确定的,往往会趋向于压低价格以减少风险(Dixit 和 Pindyck,1994;喻昕,2011;Molhova,2014)。由此,技术市场存在不完备性,对技术商品的一次性定价行为将导致市场失灵。此时,技术商品的价格难以反映技术资源的稀缺性,技术市场交易效率也将降低(Wolf,1979)。

对此,有学者提出,逐次定价的机制可以克服技术商品市场的不完全性。毛蕴诗、周燕(2002)认为,美国硅谷新创企业的运作模式为技术定价提供了很好的借鉴。企业通过在资本市场上对技术商品多次定价,表现为创业板市场上的股票价格波动,以此来修正对技术一次性定价的缺陷。市场的失效使市场本身无法为以知识、资本为核心要素的商品进行明确定价,但资本市场却可以成为解决市场不完全性的一种选择。与此相似的是,张梅青和裴琳琳(2003)提出了一种针对技术商品的长期定价方法,即将期权定价方法用于技术商品定价,以匹配技术商品本身持续更新、迭代的特点。Grenadier 和 Weiss(1997)也认为,为减弱技术研发和创新的不确定性,可使用股权期权的策略。这些策略都是从长期、动态的视角出发,将技术商品的应用效果与价格结合起来,一方面提高技术商品卖方的创新动力和长期投入力度,另一方面降低技术商品买方的不确定性与风险感知。在企业外部,交易活动表现为制定长期约束性的买卖合同;而在企业内部,则表现为对核心科研人员逐次递进的股权激励行为或实施技术入股等(张文英,1989;刘彦,1996)。

(二)科研人员的股权激励

有学者指出,针对科研人员的股权激励是可以达到一定的激励效果的。谭斌昭(2001)指出,民营高科技企业通常采用技术入股的方式进行股权激励,而这种方式具备享受股权增值收益而不承担购买风险的特点,同时不受技术人员资金能力的限制,因此绩效效果更优。曹阳(2011)认为,以技术入股的方式创办企业保证了发明者对剩余索取权的分配,可以较好地解决道德风险问题。

关于科研人员的股权激励,大多数学者都针对股权激励方案的形式开展研究。肖宝等人(2016)认为,除了要给予科研人员技术入门费、提高持股比例外,还应该给予一定的选择权,即在经营若干年后,科研人员可选择持有相应的股份或放弃股份以获得一笔固定收入。银路等人(2004)对一般股权激励和技术股权激励进行了详细的区分设计。他们指出,公司技术股权的拥有者可以分为由自然人直接作为公司股东拥有和由法人单位作为公司股东拥有两种情况。前者可以设置技术期股、虚拟技术股权、所有权与分红权适度分离等方式进行,而后者则可以在前者的基础上开展二次分配,尤其是要预留一部分技术股不做分配,以便在日后奖励给那些有突出贡献的技术骨干,而这种方式可以进一步强化激励效果并且达到长期激励的作用。有些学者还针对股权激励方案中如何具体确定给予核心人员的股权或期权数量进行研究(程群和江卫东,2005;管军,等,2006)。也有学者认为,除了技术股权本身,还应该结合其他方式来进一步保障技术人员的权益或者提高激励效果。袁建昌(2005)认为,技术型人力资本具有高增值性、高异质性、高专用性和高风险性的特征,因此应该通过有效的激励制度安排来维护以及扩充这类资本。他指出,技术型人力资本的剩余索取权应该与剩余控制权相匹配。也就是说,技术人员除了获得物质激励外,还应该让其参与一定的企业治理和决策,否则技术人员的利益很难得到长远保障。而技术人员参与共同治理的方式则包括股权安排、立法推动、董事会中建立技术委员会、进入经理班子等。

结合技术市场的不完备性研究,针对科研人员的技术入股及其有关的股权激励往往还会涉及技术定价的问题。由于市场失效与信息不对称,因而要对技术商品、管理技能等与知识要素相关的特殊商品进行合理定价非常困难。针对科研人员的激励所存在的问题,学者也开展了相关研究。张丽(2016)通过对四个上市公司进行研究,指出应发挥股权激励计划的长期效应。动态、递进的激励计划有利于鼓励技术创新。赵捷等人(2011)研究大学和研究机构在以技术入股的方式转化科技成果过程中遇到的国有资产管理问题,通过对比国内外的相关实践和案例分析,他们认为目前技术入股主要在产权归属、股权比例分配、审批程序三方面上存在问题。刘彦蕊等人(2015)则分析了导致这些问题的原因。他们指出,在科研机构成果转化过程中,科研人员要同时承担科研和成果转化两方面的责任,这既不现实也不符合创新规律,因而未来应该由专业化的机构开展技术转移工作。另外,缺乏符合技术类资产特点的技术入股管理制度、目前的相关法律存在争议等都是导致技术入股存在障碍的原因。

部分学者还针对科研人员的股权激励效果开展了案例研究。例如,应韵(2016)研究了阿里巴巴的股权激励计划及其对公司核心竞争力的影响。张肖飞等人(2016)对大华股份和远光软件两个案例企业的股权激励计划进行对比,并发现针对核心研发人员的股权激励有助于提升公司绩效。于林等人(2010)对外资高科技企业ATC进行了分析,总结其针对知识型人才的股权激励计划和改善方案,认为合理的股权激励方案可提高员工满意度和企业绩效。

(三)小结

过往的研究主要是针对管理人员的股权激励,较少涉及科研人员股权激励的研究。此外,大多学者都针对股权激励方案的开展形式和应用效果开展研究,而缺乏对科研人员股权激励方案进行系统的理论阐述和案例分析。科研人员股权激励本质上是技术商品的定价问题。为此,本专题从技术市场的不完全性的角度出发,通过对两个大学衍生企业的案例研究,从理论上和实践上研究科研人员的股权激励问题。

三、案例选择与研究方法

（一）案例企业选择与数据收集

本专题采用双案例研究方法，分析两个企业的科研人员股权结构演变过程及各阶段实施股权激励的动机和效果。选择中山大学达安基因股份有限公司（以下简称达安基因）和武汉华中数控股份有限公司（以下简称华中数控）作为案例研究样本。前者是中山大学的衍生企业，是一家以分子诊断技术为主导的，集临床检验试剂和仪器生产、销售，以及临床检验服务为一体的生物医药高科技企业，于2004年上市。后者是华中科技大学的衍生企业，主要研发，生产，销售中高档数控装置、伺服驱动装置等产品，于2011年上市。选择这两家企业，首先，由于案例具有典型性。双方均为高校衍生企业，有着相对较长且典型的发展历程，经历了从早期的校办企业到股份制改革到企业上市，再到如今发展壮大的过程。其次，两家企业也都经历了若干次股权结构调整，有一定的可对比性，具有较大的研究价值。最后，本专题所选的两个案例企业均已于深圳证券交易所上市，拥有大量清晰、连续的公开资料以供研究。目前学术界针对以上两家企业的案例研究较少，尚未有学者从股权激励的角度对两家企业进行研究。

本专题的数据来源包括基于半结构化访谈获取的一手资料以及通过多渠道获取的二手资料。半结构化访谈的对象包括公司的总经理，主要涉及公司的发展历程、股权结构调整与股权激励实施情况以及影响因素等相关问题。笔者同时通过电话访谈、电子邮件的方式收集企业的内部文件和资料，获取一手资料。而二手资料则源于企业官网、行业协会网站、行业数据库、国家统计数据库、公司年报、券商报告及新闻报道等。

（二）阶段划分

笔者根据资料和文献决定划分标准（见表4-1），按照案例企业发展历程中的关键事件将企业的发展历程划分为初创期、转折期、成长期、成熟期四个时期（见表4-2）。

表4-1　大学衍生企业的阶段划分标准

时期	划 分 标 准
初创期	以科研成果设立企业并产业化，成果具备商业价值，但产业化困难较大
转折期	通过改制脱离大学体制，明确产权关系，经营变得更灵活自由
成长期	从学术领域跨入产业领域，积极开拓市场，巩固市场地位，获多轮战略投资
成熟期	拥有稳固的市场地位和持续稳定的收入，扩大经营规模或进入新领域

资料来源：杨轶波. 我国大学衍生企业的动态演化分析[D]. 上海交通大学，2010.

表 4-2 案例企业的阶段划分及概览

	初创期	转折期	成长期	成熟期
达安基因	1988—1998	1999—2000	2001—2009	2010 至今
	以基因诊断技术进行科研成果转化,扭亏为盈,但遇发展"瓶颈"	在政府主导下改制,并实施职工持股	公司快速成长,技术成果丰硕,成为广东高校第一家上市公司	平稳发展期尝试股权激励计划但不成功,调整战略发展方向
华中数控	1988—1996	1997—2000	2001—2010	2011 至今
	以科研成果转化建立公司,研制出对国家具有重大战略意义的华中Ⅰ型数控系统,获国家大力支持,起步顺利	为与市场接轨进行股份制改造。同时,学校主动提出实施技术成果奖励入股	公司搬入产业化基地,规模扩大,2010年成为国内最大的中、高档数控系统生产企业	2011年成为国内数控第一股,战略重心瞄准全球市场,同时积极布局新领域

(三)构念测量与编码

本专题采用内容分析法,参考彭新敏等人(2011)的编码方法,先对调研内容进行文本描述,形成记录性文字材料,然后使用编码和归类表格对材料进行小结。对案例资料的编码分为三个层级。首先,以资料来源为依据进行一级编码,如表 4-3 所示。将一级编码结果汇总形成一级条目库,共计 102 条。其中,剔除和研究主题无关的条目,再对意思相近的条目进行合并,最终为 70 条。其次,根据构念对一级条目进行二级编码,同时把二级编码后的条目安排到三个构念条目库中,形成三级条目库。最后,在各个构念条目库中,按照测量变量进行三级编码,具体如表 4-4 所示。

表 4-3 一级编码原则

数据来源	数据分类	编码
一手资料	通过半结构化访谈获得的资料	P1
	企业提供的内部资料	P2
二手资料	通过搜索引擎获得的资料	S1
	通过专利数据库获得的资料	S2
	通过学术文献获得的资料	S3
	通过新闻报道获得的资料	S4
	公司年报、招股说明书、投资者关系活动记录表、公司公告等公司公布的资料	S5

表 4-4　相关构念、测量变量和关键词的编码条目统计

构　念	测量变量	概　念	关　键　词	条目数
激励动机	制度环境	一个地区的正式制度和非正式制度对经济所产生的影响的因素总和,正式制度可表现为政府环境、公共财政支出水平、法律环境等,非正式制度可表现为金融环境、技术市场环境等	政府行为[①]、行业竞争程度等	13
	公司治理	本文主要指公司的内部治理,包括股东大会与监事会的监督机制、董事会的决策机制、经营者的激励约束机制以及在此基础上形成的自我调控机制	股权制衡度、股权集中度、高管持股比例、企业体制、控股股东性质、产权关系等	6
	企业特征	企业所在行业的特性或企业所做决策而形成的特有的非制度环境、公司治理因素	成长性、经营风险、人才需求等	8
股权激励的实施		—	主导者、激励对象、激励方式、激励内容	16
激励效果	财务绩效	企业各类生产、销售、财务指标	营业收入、净利润、毛利率、销售量、产值等	9
	科研成果	企业通过自主创新研发获得的研究成果	技术成果、专利成果、承担科研项目、药物认证、医疗器械(试剂)证书等	10
	企业荣誉	由国家政府、行业协会等相关权威单位授予的奖项和荣誉称号	各类获奖及证书、示范单位称号等	4
	行业地位	指企业经营的产品或服务在行业领域内的市场占有率或排名次序,或企业规模、相关竞争能力等在行业中的排名	市场份额、行业排名等	3

资料来源:笔者根据文献、资料整理所得。

四、比较案例研究

(一)达安基因的股权结构演变与股权激励分析

1. 企业创立背景与初创期的股权结构介绍(1988—1998 年)

1991 年,为响应中央关于高校校办企业改革的决策,学校将下属三个全资校办企业合并成"中山医科大学科技开发公司",主要经营科技产品的小额销售业务,但最终因资金周转问题沦为负债 23 万元的空壳公司。1993 年年底,何蕴韶教授加入该公司,学校决定

---

① 为方便编码需要,本文将"政府行为"定义为政府干预、国家政策、政府财政支出等一切与政府相关的行为。

将何教授的基因诊断的项目在此平台进行转化。但是,由于学校起初承诺的资金支持没有到位,加之员工流动率高等问题,公司的重新起步相当艰难。1996年,何教授带领技术人员发明了"荧光定量聚合酶链式反应(FQ-PCR)检测技术",克服了传统PCR检测的技术障碍,在当时填补了国内的市场空白。之后两年公司由此扭亏为盈,销售额达到近千万元。

2. 转折期的股权结构与激励分析(1999—2000年)

虽然初创期经历了五年的较好发展,但当时达安基因缺乏资金进行产业化开发,同时高端人才流失严重。在1998年年底,恰逢当时广州市政府组织到学校调研,何蕴韶教授在调研会上把公司的发展瓶颈进行汇报,而时任广州市科技局副局长提出一个关键性的措施——增资改制。在省、市政府的大力支持下,加上大量研讨和调研,改制举措顺利开展。

为更好地融入市场,1999年公司正式开始改制,更名为"中山医科大学科技开发有限公司"。参与改制的主体基于"政府+大学+职工"的原则入股,股权结构如表4-5所示。此外,广州市政府还与中山医科大学签署协议,规定所有的有形资产、无形资产均归公司所有,并通过资产评估作价给予中山医科大学300万元,由此国有资产的产权关系就界定清楚了。

表4-5 中山医科大学科技开发有限公司股权结构

股 东	中山医科大学	广州生物工程中心①	科技开发公司工会②
持股比例/%	40	30	30
出资金额/万元	400	300	300

资料来源:达安基因招股说明书。

大学与公司工会共占70%的股权,股权结构高度集中。对于新创企业,尤其是高新技术企业而言,这种结构可以促使公司更加注重研发创新并快速响应市场。因为大学本身就是注重科研创新的组织,而公司工会在初创期以科研人员为主,为公司依托技术快速发展打下很好的基础。同时,公司通过改制建立职工持股会③,可以代表职工行使股东权利,职工也能获得公司分红,能在一定程度上调动科研人员的主动性。

2000年,公司工会进行股权转让,将其注册资本300万元按1:1的比例转让给公司六名高管或技术骨干。随后,公司又增资吸收四名战略投资股东,注册资本增至1315万元(见表4-6),同时更名为"中山医科大学达安基因有限公司"。至此,公司的几位核心科研和管理人员从职工持股会代持转变为个人持股,这种持股方式的转变极大提升其工作积极性。相对于职工持股会而言,这种激励方式更为直接有效,同时能为公司留住关键人才。公司吸收战略股东后,股权相对分散,股权结构从高度集中转变为相对集中。但由于

---

① 注:广州市政府现金出资,并通过广州市科技局的一个直属单位——广州生物工程中心进行入股。
② 注:中国教育工会中山医科大学科技开发公司委员会以全体员工250万元现金和公司50万元应付福利费共300万元出资。
③ 职工持股会是指依法设立的从事内部职工股的管理,代表持有内部职工股的职工行使股东权利并以公司工会社团法人名义承担民事责任的组织。

核心科研管理人员共持股22.8%，依然保持较高比例，因此对激励其进行科研创新仍有较好的效果。

表4-6 吸收战略股东前后的股权结构对比

股东名称	增资前持股情况		增资后持股情况	
	金额/元	比例/%	金额/元	比例/%
中山医科大学	4 000 000	40.00	4 000 000	30.40
广州生物工程中心	3 000 000	30.00	3 000 000	22.80
汪友明	1 240 512	12.40	1 240 512	9.43
红塔投资	—	—	1 183 500	9.00
东盛投资	—	—	946 500	7.20
刘 强	842 688	8.43	842 688	6.40
国信证券	—	—	657 300	5.00
同创伟业	—	—	362 700	2.80
何蕴韶	312 648	3.13	312 648	2.38
程 钢	291 664	2.92	291 664	2.22
周新宇	229 160	2.29	229 160	1.74
吴军生	83 328	0.83	83 328	0.63
合 计	10 000 000	100	13 150 000	100

资料来源：达安基因招股说明书。

2000年年底，达安基因完成增资改制，在此之后不到半年的时间，公司实现了150万元的利润，超过了改制前的全年总额。除了良好的财务业绩表现，公司的技术创新使它成为政府推动国企改革的学习标杆。2001年，公司获得广州市科技进步一等奖，并被认定为广州市高新技术示范企业。公司所发明的荧光定量PCR检测技术获国家重点支持，先后被列入国家高新技术产业发展项目计划等多个国家重大项目，在资金上获得国家政府的大力补贴。同时，达安基因还在国内率先取得PCR诊断试剂盒临床应用的资格，并因此获得国家重点新产品证书。在2003年"非典"肆虐期间，达安基因在当年4月份率先研发了一种新技术——"荧光定量PCR快速检测冠状病毒"。7个月后，该技术就可以进行临床应用，"新型冠状病毒核酸扩增（PCR）荧光检测试剂盒"获得新药证书。达安基因能够在短时间内快速建立新技术并开展生产应用，很大程度上得益于其增资改制后相对灵活的机制，以及对核心技术管理人员的股权激励所发挥的激励效用。

3. 成长期的股权结构与激励分析（2001—2009）

2001年，达安基因整体变更为股份有限公司，更名为"中山大学达安基因股份有限公司"。公司将净资产3 470万元按1：1的比例折合成股本3 470万股，注册资本为3 470万元。2002—2003年，达安基因经过两次送红股增资以及法人股东国信证券的股权转让，股权结构进行部分调整，总股本增至6 160万股。2004年，达安基因在深交所中小企业板上市,首次公开发行 2 200 万的社会公众股,持股比例为 26.32%,发行后总股本为 8 360 万股(见表 4-7)。达安基因上市之后,股权结构比较明显的变化是中山大学不再是第一大股东,其控制权有一定程度的削弱。但国有法人股占比 39.20%,达安基因仍是国有控股的上市公司。

表 4-7 达安基因上市前后的股权结构对比

股东名称	公开发行前		公开发行后	
	持股数量/股	比例/%	持股数量/股	比例/%
国有法人股	32 771 200	53.20	32 771 200	39.20
中山大学	18 726 400	30.40	18 726 400	22.40
广州生物工程中心	14 044 800	22.80	14 044 800	16.80
法人股	13 244 000	21.50	13 244 000	15.84
红塔投资	5 544 000	9.00	5 544 000	6.63
东盛投资	4 435 200	7.20	4 435 200	5.30
同创伟业	3 264 800	5.30	3 264 800	3.91
自然人股	15 584 800	25.30	15 584 800	18.64
汪友明	5 808 880	9.43	5 808 880	6.95
刘 强	3 942 400	6.40	3 942 400	4.72
何蕴韶	2 266 880	3.68	2 266 880	2.71
程 钢	1 737 120	2.82	1 737 120	2.08
周新宇	1 256 640	2.04	1 256 640	1.50
吴军生	572 880	0.93	572 880	0.69
社会公众股	0	0	22 000 000	26.32
合 计	61 600 000	100	83 600 000	100

资料来源:达安基因招股说明书。

作为广东省首家高校上市公司,达安基因从上市后到 2009 年间,共申请国家专利 110 项,其中获得发明授权的有 46 项。尤其在 2009 年,公司就申请了 29 项国家专利,并有 11 项通过发明授权认证。当时我国爆发甲型 H1N1 流感,而公司凭借先进的技术研发快速响应市场,在当年就研制出针对该流感的检测技术——"甲型(H1N1)流感病毒核酸检测试剂盒",并且在通过国家药监局认证后被广泛应用。从财务表现来看,2004—2009 年,达安基因的营业收入和净利润均明显增长,毛利率维持 50% 以上(见表 4-8)。此外,公司还荣获国家科学技术进步二等奖、中国专利金奖等 29 个奖项。由此可见,无论是从公司的技术研发还是从经营业绩来看,达安基因自上市以来都实现了飞跃发展。

表 4-8　2004—2009 年相关财务指标情况

	2004 年	2005 年	2006 年	2007 年	2008 年	2009 年
营业收入/万元	15 586.20	16 247.19	17 265.97	20 727.56	23 920.41	31 960.11
同比增长/%	17.64	4.24	6.27	20.05	15.40	33.61
净利润/万元	2 519.97	2 629.72	2 874.19	3 503.64	3 493.94	4 735.64
同比增长/%	9.12	4.36	9.30	21.90	11.62	35.54
毛利率/%	53.81	55.98	57.23	59.87	63.61	58.29

资料来源：作者根据达安基因各年年报整理。

在成长期，达安基因通过上市获取资本以进行规模和业务扩张，逐步奠定行业领先企业的地位。上市之后，公司的科研人员积极投入研发，核心技术骨干的贡献尤为突出，因为他们均拥有公司股权。随着股票价格上升，其个人资产也不断升值，可以激励他们进行研发产出。在 110 项国家专利申请中，有 83 项是由何蕴韶、程钢两位技术骨干中的一位或两位同时主导发明或参与发明的。同时，这种激励作用是有持续性的，使达安基因在成长期可以实现快速增长甚至成为国内分子诊断行业领先企业。当然在这其中，政府与学校的推动作用也是不可否认的。达安基因在 2007 年得到了政府给予的 1 200 万元专项补贴和资助款。而到 2005 年为止，公司已依托中山大学拥有三个科研基地，获取了丰富的科研资源与设施。

4. 成熟期的股权结构与激励分析（2010 年至今）

公司高管意识到公司的技术创新不能仅依靠持股的几位核心骨干，而是需要全体科研人员的共同努力才能实现更大范围的创新。2010 年，达安基因决定实施股票期权激励计划，共 216 万份股票期权，对应的标的股票占授予时公司总股本的 0.8971%，行权价格为 17.11 元。其中，涉及的核心研发人员（包括已成为公司高管的技术骨干）为 18 人，共授予 65.5 万份股票期权，占 30.32%。但是，这个计划在经历了长达 6 年多的三级审核批复以及多次调整修改后，最终于 2016 年 3 月 31 日宣布终止实施。

尽管公司对外公布的原因是净利润指标不符合相关行权条件，但实际上，这是中国的相关政策不符合股票期权计划的实施而导致的结果。其中相关的核心政策有两条：一是国资委规定"股权激励收益不得超过当年薪酬总额的 40%"；二是在 2016 年以前，我国规定股权激励行权时，按 3%~45% 的 7 级超额累进税率征收个人所得税。通过调研得知，若当时对国企员工实施股权激励，激励对象的收益很可能只有年度薪酬的 20% 左右，同时行权时要缴纳较高的所得税，这导致整个计划失去激励作用。

在意识到这些问题后，达安基因的高管对公司发展战略做出及时调整，即公司在保证主营业务稳健发展的基础上，通过对外投资而非自主研发的方式发展新业务。在 2013 年，达安基因就开始建设健康产业生态圈，成立"达安创谷"孵化器，截至目前已有 180 家参股孵化企业。而针对这些企业的投资，公司参股原则是：持股比例低于 20%、投资金额控制在 100 万元以下、不派管理层参与经营决策、不要分红、上市前不退出资本。由此可以看出，达安基因对外投资的初衷就是要保证国有资产的安全。同时，基于这些原则，公司又能较好地激发孵化企业的创新活力。目前，该生态圈销售额已经超过 100 亿元，多家企业已上市或正等待上市,"达安创谷"也成为了国务院"双创"的示范基地。此外,公司于2015年10月针对五位高管及员工持股计划定向增发募资15亿元,并自2015年11月始公司董事长何蕴韶和副总经理程钢相继共以4.46亿元增持1 230万股公司股票。

在保证国有资产不流失的前提下,通过摆脱国有企业的束缚进行投资创新,达安基因实现了国有资产的增值。而针对原有业务,公司通过发奖金、项目提成等激励方式来鼓励科研人员进行原业务范围内的创新,以此保证原业务领域不退步,达到国有资产保值的目的。

表4-9 达安基因各时期典型引用语举例及其编码结果

		初创期		
编码不适用①				
		转折期		
构念	测量变量	典型引用语举例	来源	关 键 词
激励动机	制度环境	"广东高校应该有上市公司";对广深高校校办企业开展调研	P1	政府行为
		1998年,省、市两级政府通过调研与探讨,提出要对公司进行增资改制,并给予协助支持	P1	政府行为
		广州市政府通过广州生物工程中心入股	P1	政府行为
		公司新研制的技术吸引了国内同行竞争者的模仿与跟进研究	S4	行业竞争程度
	公司治理	在1998年以前,单一封闭的国有体制使得公司既无法适应市场发展需求,又难以调动员工工作积极性	S3	企业体制
		广州市政府与中山医科大学签订协议,进行资产切割,将全部有形与无形资产归达安基因所有	P1	产权关系
	企业特征	公司技术在当时属于国际上新兴的基因诊断技术,有着巨大的发展前景,但是新兴技术对新创企业也存在较大的研发风险	S1	成长性、经营风险
		同行企业利用高薪以及特殊的待遇挖走公司150多个技术骨干	S4	人才需求
股权激励的实施		广州市政府	S5	主导者
		先全体职工,后核心骨干	S5	激励对象
		资金入股	S5	激励方式
		1999年职工持股会持股30%,2000年转为六位核心骨干持股22.8%	S5	激励内容

① 由于案例企业在初创期没有针对科研人员实施股权激励,因此编码不适用,下同。

续表

		转折期		
构念	测量变量	典型引用语举例	来源	关键词
激励效果	财务绩效	改制完成半年内,公司的利润就达到了150万元	S3	净利润
		公司实施激励后的第二年,营业收入破亿元,同比增长41.72%	S5	营业收入
		自实施股权激励以来,公司的年均销售毛利率超过了50%	S5	毛利率
	科研成果	2009年,公司已申请100多项国家专利,年均申请18项	S2	专利成果
		"荧光定量PCR快速检测冠状病毒"在一年内完成研发并应用	S1	技术成果
		获得"乙型肝炎核酸扩增(PCR)荧光检测试剂盒"等五个新药证书	S5	药物认证
	企业荣誉	2001年,公司获得广州市科技进步一等奖,广州市高新技术示范企业。随后,还获得国家科学技术进步二等奖等29个荣誉或奖项	S1	获奖、示范单位称号
	行业地位	与全国400多家医疗机构建立长期合作关系	S5	市场份额

		成长期		
编码不适用				

		成熟期		
构念	测量变量	典型引用语举例	来源	关键词
激励动机	制度环境	2005—2010年,国家相继出台多份鼓励上市公司实施股权激励的文件,并对全国多个地区开展股权和分红激励试点	S1	政府行为
		在2006年,广东省证监局核查意见:公司内部缺乏股权激励机制,需要进行整改	P1	政府行为
		荧光定量PCR基因诊断试剂应用越来越广泛,企业间竞争加剧	P2	行业竞争程度
		国家推动"血筛""两癌筛查""甲型H1N1流感病毒""手足口病"等项目的执行,将促使国内外诊断试剂厂商新一轮的技术竞争	P2	行业竞争程度
	公司治理	不适用		
	企业特征	为实施公司的产业链战略,需要持续提高管理水平、产品研发优势和市场开发优势	P2	成长性
		为实现公司的长期稳定发展,需要持续地激发公司高管层和核心骨干的工作热情和创造力	P2	人才需求

续表

构念	测量变量	典型引用语举例	来源	关 键 词
股权激励的实施		达安基因	S5	主导者
		高管层及其他核心骨干	S5	激励对象
		股票期权	S5	激励方式
		2010年计划授予216万份股票期权,占总股本的0.897 1%	S5	激励内容
激励效果	—	国家对国企股权激励收益的限制以及股权激励的税收约束	S5	计划终止

(二)华中数控的股权结构演变与股权激励分析

1. 企业创立背景与初创期的股权结构介绍(1988—1996年)

基于一系列具备自主知识产权的数控技术成果,华中理工大学于1994年成立武汉华中数控系统有限公司,注册资本1 000万元。数控系统发展前景良好,且公司又已经拥有可靠的科研成果,因此吸引了大批校内数控领域的科研人员加入,为公司的起步奠定了扎实的人才与技术基础。

在创业初期,虽然公司没有实施针对科研人员的股权激励,但技术团队仍然对公司的技术研发做出重大贡献。公司核心技术骨干运用从数控研究所引入的成套数控技术,自主研发出了打破国外技术封锁的九轴联动华中Ⅰ型高性能数控系统,该系统独创的SDI曲面插补算法被认为是"国际首创"。华中Ⅰ型数控系统获得了"国家八五科技攻关重大成果"表彰,并在1997—2000年获得教育部科技进步一等奖、推广应用一等奖等多项科技奖励,同时还被列入了"国家级重点新产品"和"国家九五重点推广"计划。在公司成立两年后,华中数控通过社会化融资获得4 000多万元,建立起现代化、具备电磁兼容性与可靠性的实验室,由此产品质量大幅提升。

2. 转折期的股权结构与激励分析(1997—2000年)

华中数控的初创期在技术上大获成功,所研发的数控系统不仅填补了国内市场的空白,还迫使国外产品大幅降价。虽然公司已充分发挥其最大的竞争优势——校内科研人员及其科研成果,但校办企业薄弱的营销能力这一短板仍然不容忽视。为此,1997年,华中数控决定进行股份制改造,与学校进行体制上的剥离。在改制过程中,华中理工大学实施了一个重要举措:对科研人员进行技术成果奖励入股。1999年,华中数控通过社会化融资,增资到5 877.04万元。其中,华中理工大学科技开发总公司股权占比缩至29.63%,而华中数控工会代持的股权占比则增至15.31%。

工会增持的股权源于华中理工大学把无形资产转让给科研人员的股权奖励部分。1999年2月,华中数控先是同意了56名骨干员工以资金入股的方式增资100万元。1999年3月,华中理工大学把"多坐标曲面加工的实时插补算法及系统"和"华中Ⅰ型数控模拟实验系统及教学培训机床的研究开发"两项专有技术划归华中理工大学科技开发总公司持有,后者则将这两项无形资产用于股权激励。第三方的湖北资产评估公司对两项技术进行评估,评估结果为1 284.11万元。1999年4月,科技开发总公司将两项技术所对应的股权奖励给25位管理、技术骨干,部分员工的量化结果及奖励原因举例如表4-10所示。2000年8月,科技开发总公司再次实施技术入股奖励,将评估作价为784.11万元的两项专有技术中的400万元对应的股权奖励给54位骨干员工。最终,经历总共三次的员工技术与资金入股后,华中数控的骨干员工共持股900万股,占比15.31%,并全部由华中数控工会代持(汇总情况见表4-11)。2000年9月,根据国家相关规定,华中数控把工会代持的股份转给四位自然人代持,并由他们代表全部持股员工行使股东权利。2000年11月,华中数控更名为"武汉华中数控股份有限公司",注册资本为5 915.71万元,按1∶1比例折合为5 915.71万股。至此,华中数控的股份制改造完成。

表4-10 1999年4月股权激励部分员工的分配情况举例

姓名	所属人员类别	奖励股权数量/万元	奖励原因
陈吉红	高管、主要技术骨干	60	成果2转化:华中Ⅰ型产品化总负责; 成果3转化:教学培训系统总策划及总体设计
朱志红	高管、主要技术骨干	70	成果2转化:系统体系和平台研制、系列数控系统总设计; 成果3转化:系统设计、教学机床产品总设计
周云飞	高管、主要技术骨干	60	成果2:SDI算法提出者; 成果3:总体设计
熊清平	中层、主要技术骨干	25	成果2转化:华中Ⅰ型车床软件设计
李叶松	主要技术骨干	20	成果2转化:伺服驱动产品总设计

注:成果2为"多坐标曲面加工的实时插补算法及系统",成果3为"华中Ⅰ型数控模拟实验系统及教学培训机床的研究开发"。

资料来源:华中数控招股说明书。

表4-11 华中数控骨干员工股权激励情况汇总

时间	入股方式	入股人数/人	股权数量/万元
1999年2月	资金入股	56	100
1999年4月	技术入股	25	400
2000年8月	技术入股	54	400
		合计	900

资料来源:作者根据华中数控招股说明书整理。

完成改制后的华中数控,其股权结构转变成由大学、科研管理人员、风险投资三个部分组成(见表4-12),其中科研管理人员中科研人员占了较大比例。像数控技术这类高新技术,实现创新突破的难度较大。对科研人员实施股权激励,可以把科研人员的利益与公司利益捆绑在一起,从而能够长期地激发其进行技术创新的动力。华中数控以技术成果奖励科研人员入股,既是对科研人员努力攻克技术难关的回报,同时又可以避免科研人员因自筹资金入股而带来经济负担。此外,华中数控还根据科研人员过去参与公司科研成果转化的不同贡献分配不同的股权比例,尤其是给核心技术骨干分配的比例更高,占10.12%,以此突出核心技术骨干的地位,鼓励他们为公司做出更大的技术贡献。

表 4-12　华中数控入股主体的股权分配比例　　　　　　　　　　单位:%

入股主体	华中理工大学	科研管理人员	风险投资	合计
入股方式	资金入股	技术入股	资金入股	资金入股	
股权比例	29.63	13.61	1.70	55.06	100

资料来源:作者根据华中数控招股说明书整理。

3. 成长期的股权结构与激励分析(2001—2010 年)

经过了初创期的技术铺垫以及转折期的改制,华中数控的产品及经营方式逐渐与市场接轨,公司开始把战略重心放在了实现数控系统产业化上。2001 年,华中数控获得国家发改委 9 000 多万元的资金支持,在学校科技园内建立产业化基地,年产值可达 5 000 台套数控系统。华中数控产业基地的投产,标志着我国数控系统产业化步入一个新的阶段。在此期间,政府与华中科技大学仍然在不断地给予华中数控资源配套支持。在科技部的批准下成立的数控中心,以华中数控作为产业化基地进行科研成果转化,在 2001—2007 年就承担了国家"863 计划"、国家科技攻关等多个国家重大项目。

2007 年,华中数控的几位自然人股东把代持的 6.42% 的股权转回给各持股骨干个人持有。同时,公司还于同年的 3 月和 12 月分别向骨干员工定向增发 227 万股和 300 万股。由此,华中数控的自然人股东从 4 位增加至 97 位。加上向其他股东增资,华中数控截至 2010 年的累计注册资本为 8 083 万元。华中数控的自然人股东持股占比 24.57%,而自然人股东均为公司骨干员工,且大部分为技术骨干,这种股权结构可较好地保障科研创新活力。

华中数控通过改制及进一步对骨干员工增资扩股后,大批科研人员持股的激励效应迅速发挥出来。从研发创新情况来看,自产业基地建成以来,华中数控相继与北京第一机床厂、大连机床集团等企业进行战略合作,通过合作开发或共同投资参股企业的方式,研制出多个填补了国内空白或国际首创的数控机床产品,并实现批量配套生产与应用。在成长期,公司有 9 个数控产品获得了国家重点新产品称号。2008—2010 年,华中数控的国家专利产出量非常高,共申请国家专利 49 项,年均申请 16.3 项,其中 27 项获得授权认证。从产销情况来看,华中数控拥有具备完全自主知识产权和高性价比的高、中、低档数控产品系列,而中高档产品的市场份额从 2007 年起连续四年排行第一,高档产品的市场份额甚至超过 50%。2010 年,华中数控已成为国内最大的中、高档数控系统生产企业,产量超过 10 000 台套,产销率达到 100%。

4. 成熟期的股权结构与激励分析(2011 年至今)

2011 年 1 月,华中数控于深交所创业板上市,发行人民币普通股 2 700 万股,占发行后总股本的 25.04%,注册资本增至 10 783 万元(见表 4-13)。上市后国有法人股占比 31.85%,因此华中数控仍是国有控股的上市公司。

表 4-13 华中数控上市后的股权结构

股东名称	持股数量/股	持股比例/%
国有法人股	34 052 714	31.85
武汉华中科技大产业集团有限公司	21 949 843	20.36
武汉科技投资有限公司	4 883 354	4.53
湖北省高新技术产业投资有限公司	4 701 096	4.36
北京第一机床厂	2 801 550	2.60
法人股	26 634 010	24.70
北京瑞富时代投资有限公司	12 233 704	11.35
武汉国测电力投资有限责任公司	5 034 276	4.67
武汉华工创业投资有限责任公司	3 762 113	3.49
大鹏创业投资有限责任公司	2 902 825	2.69
全国社会保障基金理事会	2 700 000	2.50
自然人股	19 862 286	18.41
朱志红	2 500 000	2.32
陈吉红	2 300 000	2.13
其他 95 名自然人股东	15 058 629	13.96
社会公众股	27 000 000	25.04
合计	107 830 000	100

资料来源：作者根据华中数控招股说明书整理。

华中数控在成熟期的上市成功让持股的骨干员工实现了个人资产升值，利用资本市场持续性地调动骨干员工和技术人员的积极性。因此，科研人员仍然能够不断地贡献有重大突破的科研成果，快速地推动公司实现新领域的战略布局。2011 年，公司成功研发了华中 8 型高档数控系统，并于 2016 年通过了国家重大科技成果鉴定，被认为已全面达到国际先进水平。2012 年，华中数控申报了《高档数控机床与基础制造装备》国家重大专项，并于同年获得国家和地方 5 397 万元的大力补贴资助，突破了高档数控装备的核心功能部件数控系统的部分技术瓶颈。2013 年，公司积极布局进入工业机器人、云数控等新领域。2014 年，公司已经完成了 LDD 新型伺服电机等产品的研制，解决了机器人急需高性能电机的缺口。2015 年，在面临数控行业整体业绩下滑的严峻环境下，华中数控在高速、高精控制技术方面仍取得重大突破，而最新研发的 LDD 伺服电机则打破了国外知名品牌数控系统对这一领域的长期垄断局面。从专利申请情况来看，2011—2016 年，华中数控共申请国家专利 120 项，年均申请量达到 20 项。

表 4-14　华中数控各时期典型引用语举例及其编码结果

初创期
编码不适用

转折期				
构念	测量变量	典型引用语举例	来源	关键词
激励动机	制度环境	1999年3月公布的《国务院办公厅转发科技部等部门关于促进科技成果转化若干规定的通知》指出,采用股份形式奖励的,可用不低于科技成果入股时作价金额20%的股份给予奖励;做出主要贡献的人员,其奖励份额应不低于奖励总额的50%	S1	政府行为
		陈吉红表示,"国外数控系统的围追堵截由来已久,不少国产数控公司被它们蓄意打压而破产"	S4	行业竞争程度
		数控系统这类高新技术,靠花钱引进难度高,而效仿国外又会受制于人,自主研发核心技术是唯一出路	S4	行业竞争程度
	公司治理	董事长陈吉红表示,华中理工大学对公司一直非常支持,愿意拿出50%的无形资产奖励给骨干团队	S4	控股股东性质
		作为一个全校办企业,华中数控的产品营销能力十分薄弱,不能很好地与市场接轨	S1	企业体制
		1999年3月,华中理工大学通过《无形资产划转决定》,决定将两项无形资产投入华中数控	S5	产权关系
	企业特征	国家大力投入支持数控技术的发展,但国内技术起步晚、基础弱,且长期受德日企业垄断,华中数控的技术人员在突破技术难关上必须付出加倍努力,且同时还会面临较大的不确定性	S4	成长性、经营风险
股权激励的实施		华中理工大学、华中数控	S5	主导者
		核心管理、技术骨干	S5	激励对象
		技术入股、资金入股	S5	激励方式
		华中理工大学将评估作价共1 284.11万元的无形资产中的800万元所对应的股权奖励给多名管理、技术骨干,同时允许员工资金入股100万元,共计占比15.31%,由公司工会代持	S5	激励内容
激励效果	财务绩效	2001—2005年,累计产值达到4.72亿元,实现利润和税收共4 145万元	S3	产值、利润
		与国内数十家一流主机厂实现批量配套,销售额连年翻番	S4	销售额
	科研成果	2001—2005年,产生了8个国家重点新产品	S1	技术成果
		承担"863计划"数控专项等多个国家重点项目	S5	承担科研项目
		华中Ⅰ型数控系统获国家科技进步二等奖及湖北省科技进步一等奖	S5	获奖
	行业地位	自2007起,中高档产品市场份额连续四年第一,高档产品份额超过50%	S5	市场份额

专题四　技术市场的不完全性与科研人员动态股权激励

续表

成长期				
构念	测量变量	典型引用语举例	来源	关键词
激励动机	制度环境	2002—2006年,国家相继出台多份鼓励上市公司实施股权激励的文件	S1	政府行为
		2006年起,国家出台多个产业政策支持高档数控系统发展,旨在摆脱数控产品大部分依赖进口的现状	S4	行业竞争程度
	公司治理	多次增资扩股、引入战略投资者,使第一大股东华中科技大学的股权占比减少,监管力度下降	S5	股权集中度
	企业特征	陈吉红表示,有多家国内外公司想要花几倍价格挖走公司的骨干	S4	人才需求
		2006—2008年,中高档数控系统产量突破7 000台套	S1	成长性
		公司已经形成具备完全自主知识产权和高性价比的高、中、低档数控产品系列	S3	成长性
股权激励的实施		华中数控	S5	主导者
		骨干员工	S5	激励对象
		资金入股	S5	激励方式
		代持股份转由个人直接持有,并向骨干员工定增527万股,持股员工数量达到97位	S5	激励内容
激励效果	财务绩效	年均销售毛利率达到27.73%	S5	毛利率
		年均净利润达到4 240.42万元	S5	净利润
		每年营业收入均不低于3亿元,2011年甚至超过6亿元,同比增长67.50%	S5	营业收入
	科研成果	2011年,研发出达到国际领先水平的华中8型高档数控系统	S5	技术成果
		2013年,完成国家重大专项数控系统三项课题任务	S5	承担科研项目
		2014—2015年,短时间内在新布局领域实现技术突破,打破国外知名品牌数控系统的长期垄断局面	S5	技术成果
		2008—2016年,公司共申请国家专利169项,年均申请18.8项	S2	专利申请
	企业荣誉	2012年,华中8型数控系统获国家重点新产品证书	S5	证书
	行业地位	2010年,华中数控已成为国内最大的中、高档数控系统生产企业	S5	行业排名
成熟期				
编码不适用				

（三）案例企业股权激励比较分析

1. 达安基因与华中数控转折期股权激励的横向比较

首先是股权激励动机的比较，达安基因实施股权激励主要受制度环境因素中的政府行为因素的影响，改制以及股权调整为政府主导的行为。而华中数控转折期的股权激励则是为激励研发而主动选择的结果，其关键动机是公司治理因素中的控股股东性质因素。

其次是股权激励方案的比较。两家公司的股权激励范围是不一样的，前者范围更广，是全员制的，而后者则更倾向于核心员工，尤其是科研人员，具体情况如表4-15所示。从入股方式来看，达安基因主要由员工现金入股，而华中数控则主要由公司根据员工之前付出的技术贡献作价入股，这意味着员工并不需要额外投入，从而避免员工增加资金负担。同时华中数控也允许员工以自愿的形式进行资金入股。从股权比例的分配机制来看，达安基因直接按照出资比例来分配，而华中数控的分配机制则是按照技术贡献分配，对高新技术企业采取技术入股的方式实施股权激励有很好的参考价值。

最后是通过在转折期实施股权激励。两家企业都取得了较好的激励效果，表现为良好的财务绩效和科研成果。尽管达安基因实施的股权激励方案并非大范围地针对科研人员，但包含了两名最为核心的技术骨干，而他们在公司起步的这段时期在技术研发上起着关键作用，所以也具有明显的激励效果。但相对而言，从长远来看，如果是对高新技术企业来说，华中数控的技术入股模式可能更有利于企业的可持续发展。达安基因的股权激励虽然在转折期也表现了不错的效果，但相对而言，激励的持续性没有华中数控的强。股权激励的对象不应该仅局限于少数几个人身上，而应把范围扩大，从而实现更好的激励效果。

表4-15 达安基因与华中数控转折期股权激励比较情况小结

比较项目		达安基因	华中数控
股权激励动机比较	差异性：关键动机	为完成政治任务而被动实施	为激励研发而主动选择
	相似性：其他动机	独资校办企业体制制约发展，迫使企业改制	
		改制前理顺产权关系是后续优化股权结构的前提	
		高度激烈的行业竞争与企业成长性使企业必须采取强有力的激励手段	
股权激励方案比较	对象范围	先全体职工，后转为6名高管（其中包括2名技术骨干）	共63名核心骨干，其中技术骨干36名，占比超过57%
	入股方式	资金入股	技术入股为主，资金入股为辅
	分配机制	按入股资金比例分配	按付出的技术贡献分配股权比例

2. 达安基因成熟期与华中数控成长期股权激励的横向比较

此次横向比较并非在同一时期开展，前者是在成熟期，后者则在成长期，但都已度过较为艰难的起步期。从实施股权激励的动机来看，达安基因此次实施股权激励：一是当时广东省证监局对公司进行规范性核查时，认为公司需要在股权激励机制方面进行整改，属于制度环境因素中的政府行为因素；二是公司认为有必要持续地激发核心骨干的工作积极性，这属于公司特征因素中的人才需求因素。而华中数控一方面考虑公司治理过程中的股权集中度问题，公司前期多次增资扩股，引入战略投资者，导致股权结构变得相对分散。尤其是第一大股东"武汉华中科技大产业集团有限公司"股权占比在减少，监督力度减弱，所以更加需要实施股权激励。另一方面很多家国内外公司都想以高几倍的薪酬挖走公司的科研人员，如果这时公司不采取相应的手段留住这些骨干员工，将对公司造成重大损失（激励动机比较见表4-16）。

表4-16 达安基因成熟期与华中数控成长期股权激励比较情况小结

比较项目		达安基因	华中数控
股权激励动机比较	差异性动机	不符合规范性核查而被要求整改、激励员工工作积极性	股权结构分散导致监督力度减弱、吸引和留住人才
	相似性动机	新兴技术与新政策的出现导致行业竞争越发激烈	
		国家出台相关股权激励政策鼓励企业实施	
		公司规模越来越大，成长性提升，控制难度加大	
股权激励方案比较	方案设计	本次采取授予股票期权的方式，共计216万份股票期权。其中，董事长、董事、高管占46.53%，核心管理人员、核心研发人员、核心业务人员占53.47%。共58位员工被授予期权，标的股票占授予时公司总股本的0.8971%	分两次向骨干员工定向增发227万股和300万股，华中数控的自然人股东从4位增加至97位，自然人股东股权占比为24.57%
	动机与方案的匹配度	在整个计划中，只有65.5万份股票期权是授予给技术骨干（包括已成为高管的核心研发人员）的，占比30.32%，涉及人数18人，均不超过一半，难以有力地激发技术骨干的研发活力，因而匹配度不高	让骨干员工现金入股，增加骨干员工持股比例，将员工与公司利益绑定在一起，降低道德风险以及骨干员工流失率，因而匹配度较高

至于具体的股权激励方案的比较，从达安基因制订的股票期权计划可以看到，在216万份股票期权中，只有65.5万份是授给技术骨干的，占比30.32%，涉及人数18人，均不超过一半。如果从技术骨干的占比来看，达安基因在成熟期所设计的股权激励计划对核心骨干的激励力度甚至不如华中数控在转折期对核心骨干的激励力度。而华中数控的第二次股权激励设计则相对简单，进一步将核心骨干与公司的利益绑定在一起，即以资金入股的方式向核心骨干定向增发股份，增大关键员工的持股比例，使公司持股员工尤其是科研人员的数量增加，将员工的个人利益风险与公司风险更紧密地联系在一起，从而降低道德风险。

从激励效果上看，虽然达安基因股权激励方案的设计与动机不匹配，但其终止实施的原因则如前文所述，是国家对国企股权激励收益的限制以及股权激励的税收问题所致。在股权激励计划开展不顺利的情况下，公司的管理层也及时决定从自主研发转变成对外投资孵化新创公司、组建生态圈，依靠新模式形成新增长点，保持了较强的盈利能力。而华中数控这次的激励效果则仍然十分明显，2010年就成了国内最大的中、高档数控系统生产企业,2011年又研发出达到国际领先水平的华中8型高档数控系统。

3. 股权激励的纵向演变比较分析

两家企业的股权结构经过多次调整与演变,包括股份制改造、增资扩股、完成上市等行为。企业在创立时期所制订的股权激励方案会对公司未来再次实施的股权激励方案产生影响。从达安基因创立开始,公司的高管团队一直都是被重点关注的对象,从早期的全员持股计划到后来的股票期权计划,重心都在向高管团队倾斜。华中数控在创立时更受大学的关注和重视,华中理工大学利用它的控股大股东身份,将重视科研的基因在华中数控经营的各方面贯彻下去,这同时体现在公司在改制时以技术入股的方式实施股权激励方面。

通过纵向对比股权激励演变可以发现,达安基因股权激励的核心一直围绕高管团队演变,而华中数控则一直围绕公司的核心科研人员演变。另外,就两家公司各自股权激励计划之间的关系而言,显然华中数控的更和谐互补,也发挥了更好的叠加效果,从而华中数控能够在本领域继续发展壮大,而达安基因最终要调整战略发展方向。

五、结论与讨论

(一)国企背景下的技术入股举措可能引致国有资产流失

通过文献研究,本专题系统论述了在我国环境下,特别是在国企背景下的技术入股问题。从理论和实践两方面讨论了技术入股的重点与难点问题。由于技术市场的不完全性,国有企业在进行股份制改造、增资扩股的过程中,若涉及国有资产评估、技术定价等操作,则有可能引致国有资产的流失问题。由此,尽管相关股权激励的政策出台已久,但许多国有企业和大学衍生企业考虑技术入股等问题的实操难度和风险较大,在实践中仍畏缩不前。

(二)针对技术人员的股权激励对企业成长和企业绩效都有积极的促进作用

从总体上看,结合文献研究以及两个案例企业的实践经历,针对技术人员的股权激励对企业成长、企业绩效都有积极的促进作用,可以为企业带来良好的财务业绩表现,并可以降低核心技术的流失风险。其中,以技术入股的方式对科研人员进行股权激励,其激励效果是明显且持久的,从而华中数控从创立到整个成长高峰期,研发产出都非常高,且很多研发成果对整个行业有很大的技术突破贡献,促使其成为行业标杆和典范。而达安基因能够快速响应市场、研发新技术并开展生产应用,也得益于其改制后相对灵活的组织结构和对核心技术人员的股权激励。此外,公司通过让员工真正投入个人资金的方式将个人利益与企业利益更紧密地绑定在一起,在激发员工工作积极性的同时又有效地降低科研人员的道德风险,让科研人员持续地为公司发展付出力量。

(三)企业从初创到成长的过程中,会根据发展需求进行多次的股权结构调整

从案例企业四个时期的发展经历可以看出,事实上,在一个企业从初创到成长的过程

中,都会经历多次的股权结构调整。达安基因和华中数控从一开始股份制改制,增资扩股,到后来再次引入战略投资者、完成上市等,都是逐次的股权调整安排。逐步调整和完善企业的股权结构,有益于企业长期的可持续发展。一方面,企业可大量筹措资金,将优势项目扩大产业化;另一方面,面向企业的核心管理和科研人员调整和分配股权比例,有利于维持企业的稳步发展,并提升研发产出与技术转化效率。此外,企业的上市行为能使股权结构进一步优化,使资本市场对技术定价等方面进行修正,实现技术与资本市场的有效对接。

(四)对国有企业技术人员的股权激励要把握好激励的范围、力度

对国有企业的技术人员的股权激励要把握好激励的范围及力度,可通过多次的股权激励逐步扩大范围。发展初期可通过股权结构调整确定科研骨干的核心地位,在企业成长和成熟时期可将激励范围扩大到全体技术员工。华中数控在公司改制时期,前后两次以技术入股的方式实施股权激励,从无形资产的评估转让、参与分配的对象范围、按技术贡献进行股权分配等相关工作的开展可以看出,整个过程较为严谨,范围和力度逐次扩大且能做到有层次有对比,达到了很好的激励效果。另外,从达安基因的案例可以看出,企业也要注重对管理层特别是高管团队的激励,使他们能持续关注并发现战略层面的关键问题,及时调整和完善公司发展战略,这有利于促进国有资本保值增值。

专题五 现代公司理论及其形成背景

一、问题的提出：什么是现代企业

当前，我国经济体制改革已进入企业体制创新、体制转换的阶段。建立现代企业制度是摆在理论工作者与实际管理人员面前的重要任务。然而，考察相关的文献我们发现，对于现代企业的特征及其形成背景，现代企业的概念等认识模糊不清，或未认真思考。这些不足不仅不能很好地为企业改革提供理论支持，同时还会引起概念上的混乱，例如，对于什么是企业家、什么是经理，企业家与经理是否有区别并不明了。这些问题不仅出现在研究报告、官方文件中，而且出现在大量的理论文献中。这些文献常常将企业家与经理混为一谈，且频繁地交替使用。

本专题以雇主的企业—企业家的企业—经理的企业演变过程为出发点，区分三种企业的不同特征，探讨现代企业的内涵与现代公司理论形成背景，述评现代公司理论的核心问题——所有权与控制权关系的主要理论与不足。

二、企业演变过程：雇主的企业—企业家的企业—经理的企业

自20世纪六七十年代以来，经济学家对现代经济制度给予了越来越多的重视，其中包括"新制度经济学"的研究。在有关著作中，公司基本上仍被视为一个生产单位，公司理论也停留在生产理论之上。美国著名企业史学家钱德勒系统地研究了现代工商企业兴起过程，以及由此形成的经理阶层。钱德勒仔细考察了美国现代工商企业形成的历史，系统论述了企业经由"雇主的企业（owners enterprise）—企业家的企业（entrepreneurial or family enterprise）—经理的企业（managerial enterprise）"的成长历程。钱德勒的研究为讨论现代公司理论提供了背景。

在传统的资本主义时期，企业规模不大，一般只生产单一产品，只有单一决策机构。在这种企业里，由出资者负责管理企业的运作，即使是在合伙企业中，股权还是由少数人或家族所掌握。这种单一单位的企业极少雇用两三个以上的管理人员。这种企业可称为雇主的企业。

雇主的企业在发展到一定程度之后，开始逐步转变为企业家的企业和家族式的企业。在企业家的企业中，股东往往是创业企业家的家族成员、朋友和关系较深的商业伙伴，因而可以对企业的经营管理进行密切的监控。虽然企业家的企业、家族企业的规模可以发展到相当的程度，以致企业家及其合伙人无法从事全部管理工作，而由职业经理人担任一

些中下层管理和上层管理,但是在这种类型的企业中,创业者和出资者基本上还是保持了对企业的控制和管理。

随着企业家式的企业规模扩展,企业所有权不断分散,企业家式的企业就转化为职业经理人的企业。在这样的企业中,股东不再可能,也缺乏从事高层管理的技能、知识。于是受过如 MBA 等专业知识培训的职业经理人开始掌管公司的大小事务,他们既从事短期的经营活动,也决定企业的长期发展。而企业家自己则慢慢退出这个舞台。世界著名的冠以家族名称的大公司,比如美国的福特公司、威斯汀豪斯公司、柯达公司、杜邦公司,欧洲的梅赛德斯—奔驰公司、西门子公司、飞利浦公司、罗尔斯—罗伊斯公司,以及日本的松下公司、三菱公司、日产公司,其家族所占有的股份其实已很微小,家族成员也退出了上层管理的历史舞台,成为典型的公众公司、现代企业。当然,也有一部分家族企业延续了较长的时间。例如,莱维—斯特劳斯公司、罗斯柴尔德家族、杜邦公司等是延续了六七代的家族企业。杜邦公司于 1802 年创立,由家族控制和管理了 170 年之久,直到 20 世纪 70 年代才由专业管理层接管。但一般而言,家族对企业的控制和管理难以超过三代或四代。

以美国公司为例。1963 年对美国 200 家非金融公司的研究表明,没有一家公司的股份被某一个人、某一家族或某一集团掌握 80% 以上,没有一家公司是由某一个人所控制。200 家公司中只有 5 家公司是由某一家族或某一集团通过掌握 50% 的股份而以多数实现控制的;在另外的 26 家公司中,则由某一家族或某一集团通过掌握 10% 以上(但少于 50%)的股份,或者利用控股公司或其他合法手段而以少数实现控制。同样,金融的资本主义在美国也是一种涉及领域不广、存在时间不长的现象。在少数几家美国著名的综合性大型企业——通用电气公司、美国钢铁公司、国际收割机公司、艾利斯-查默斯公司中,来自金融界的外部董事人数要比来自管理阶层的内部董事多。但在大量食品企业、机器制造企业、化学企业、石油企业、橡胶企业和原生金属冶炼企业内,外界金融家在董事会中只占极少席位。除了像美国钢铁公司这样的少数几个明显的例子外,职业经理人很快也从在那些原先是金融家具有影响力的企业中获得了指挥权。因此,到了 20 世纪 50 年代,在美国经济的一些主要部门中,经理式的公司已经成为现代工商企业的标准形式。

表 5-1 列出了三种不同企业的特征。

表 5-1 三种企业的不同特征

	雇主的企业	企业家的企业	经理的企业
出资者	雇主	企业家及少数商业伙伴	众多的股东
创业者	雇主	企业家(工业资本家)	早期的出资者
企业规模	较小	较大、大	大
企业结构	单一单位	较多单位	多单位、多元化(业务、地域)层级结构
筹资方式	内部积累	主要是内部筹措	也利用公开市场
企业控制者	雇主	企业家、出资者	经理阶层
支薪经理	少量中下层管理	中下层、部分上层管理	全部管理工作

三、现代工商企业与经理阶层的形成

从现代工商企业出现之日起,由出资者所担当的管理人员,无论是在数量上还是在质量上都已不能满足管理实践需要。随着现代企业的数量与规模的扩大,逐渐形成了对经理,包括对高层管理人才越来越多的需求,进而形成了职业阶层与职业经理市场。

兼并的过程把更多的专业经理带进了高层管理。在新的通过购并而形成的企业中,股份分散到各组成公司的出资者、金融家,以及促成和购并的发起人手中。当公司进一步发展,筹措资本渠道增多,股份的持有就进一步分散。事实上,大部分美国的财富就是从现代工商企业的建立和经营中得来的。这些家族作为经理式资本主义的主要受惠者,除非企业家家族的成员本身受过职业经理的训练,否则他们本身不再介入总部机构的经营活动。一方面是资本、股权越来越分散;另一方面是专业经理越来越集中于公司。

历史上,现代企业的形成、发展、成熟是与职业经理的形成、发展与成熟相一致的。横向合并向纵向合并的发展,使美国企业第一次出现了经理的企业。同样与上述发展相一致的是经理阶层的形成与成熟。经理阶层的形成与成熟有两方面的标志:一是职业经理协会、管理专业协会、会计师协会等的发展;二是工商管理教育的普及,如商学院、管理学院及后来的工商管理(MBA)教育的发展。随着现代工商企业的形成与发展,其全新的管理方法得到了迅速的推广,职业化的经理阶层也逐渐形成。

四、现代公司理论是面向经理的企业的理论及其委托—代理问题

早期的雇主的企业和企业家的企业是由所有者控制的,企业的所有者目标明确,即追求利润。在雇主的企业中,出资者与经理的工作统一于雇主一人之上,不存在经理的激励问题,即使在企业家的企业中,由于作为高层经理的企业家(也是出资者)对企业的密切控制,因而也不存在出资者与经理之间的在企业目标上的冲突。

自20世纪30年代以来,以明斯(Means)等为代表的研究表明,股东所掌握的股权,特别是在大公司中变得极为分散,出资者对支薪经理所行使的控制、约束与监督明显弱化。大多数大公司的所有权与上层经理的管理相分离,这就带来了一个对所有者极其重要的问题,如何确保作决策的经理关心所有者的利益而不是经理与其他利害关系者的利益。

因此,现代公司理论是面向"经理的企业"的理论,是有关所有权与控制权关系的理论相应的公司治理(corporate governance)问题。现代公司理论重点是研究出资者、经理以及其他利害攸关者之间的关系,特别是解释现代公司上层经理行为的理论,以及在此基础之上形成的存在解决如何力图使公司经理能够对其他的公司资源的贡献者所负有的责任问题。在这里,首先是委托—代理理论(principal-agent theory)的主要观点或者说委托—代理问题的系统提出。

正如前面所讲,企业所有权与经营权的分离,以及对管理自主权的认识,引发了对经

理致力于利润最大化行为的所处条件,即经理控制公司但追求非利润最大化的目标分析。这一问题称为委托—代理问题。经理人管理企业,同时股东和债权人试图通过各种机制来控制经理人的行为。

该理论认识到了委托—代理关系中个人之间的利益冲突,并试图在不对称信息、有限的合理性和道德风险的框架下形成规范的分析模式。由于经理从事公司的日常经营管理,他们比出资者拥有更多的关于公司绩效的信息。此外,经理也不可能总是按照委托者的最佳利益行事。甚至对于严格的契约,代理人也可能背离委托者的利益,因为合同的有效性受到了有限理性与道德风险的约束,并且经理也可以控制有关合同实施方面的信息。

与委托—代理问题有关的两种主要理论是经理行为理论(managerial theories)和决策行为理论(behavioral theories)。

经理行为理论认为,经理往往追求令人满意的利润而不是最大化利润。组织的松懈提供了这方面的证据。与之有关联的概念是 X—效率,即最佳绩效与实际绩效之间的差异。对上层经理非利润最大化行为分析主要有两种观点:销售最大化与费用偏好(expense perference)。销售最大化观点可见于鲍莫尔(Baumol,1959)[①]提出的一定利润水平下的销售收入最大化模型。鲍莫尔认为,由于现实中实现利润最大化存在各种困难,也由于其不可行性,企业目标的一个可行的选择就是:在实现一定利润水平下,尽可能扩大其销售收入。之所以如此是因为出于以下考虑:首先,销售收入也是企业活动成效的关键衡量尺度。销售收入的增长表明企业在市场竞争中的地位和能力得到加强,并成为企业的活力象征。其次,从经理自身的利益及其追求的目标看,倾向于增加销售收入动因。往往经理的薪金、地位及其他酬报与企业经营规模的关系,比之与其盈利能力的关系更为密切。这样经理就可能更关心销售收入。

与经理行为理论有关的上层经理的非利润最大化行为的第二种观点,是从权钱偏好出发对经理的自主行为所作的细致分析。广为人知的理论是由马瑞斯(Marris,1964)[②]提出的,他认为经理有三个支配性的动因:收入、地位和权力。而威廉姆森(Williams,1967)[③]还认为上述收入、地位、权力由于公司规模的扩大而得以增强。与此有关的还包括,强调诸如安全、创造性、竞争能力和对策方面的动因。威廉姆森认为上层经理的目标(即经理的个人目标)包括:薪金加上其他形式的补偿,如豪华的办公室;向经理汇报的人数与地位;对投资的控制。威廉姆森的模型如图 5-1 所示。该模型表示了公司的最大利润逐次受到侵蚀而减少为给股东分红的最小利润的过程和影响因素。如图 5-1 所示,公司的最大利润首先受经理过多的收入和开支的影响而成为实际利润;其次受管理松懈的影响,实际利润又减少为报告利润;继而再因经理的随意性投资和纳税而减少为最小利润;从最小利润扣除正常投资后才是股东的分红。

鲍莫尔与威廉姆森的模型存在若干不足。对外部人员来说,不足是难于识别销售最大化、管理松懈、经理自行做主的投资和过多的管理费用等。例如,不同偏好的经理对广

---

① Baumol William J. Business Behavior, Value and Growth[M]. New York: Macmillan,1959.
② Marris Robin. The economic theory of managerial capitalism[J]. Free Press of Glencoe,Illinois,1964.
③ O. Williamson. The economics of discretionary behaviour[M]. Chicago, 1967.

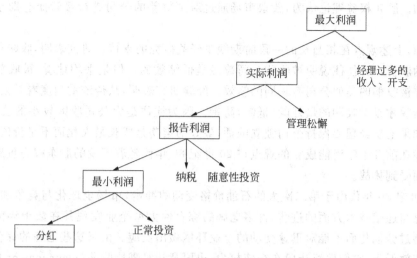

图 5-1 威廉姆森模型

告费用的投入也许会有很大差别,现实中则难以判断孰多孰少。

决策行为理论强调决策过程而不是目标,该理论的观点可以追溯到赫尔伯特·西蒙(H.Simon)的令人满意的决策理论[①]。行为理论认为公司极少由某个人进行决策,而是由具有不同目标(如市场份额、研究、利润)的群体、部门组成,所以组织决策的能力、信息、目标等方面存在局限与冲突。Cyert 和 March(1963)[②]对行为理论的发展做出了贡献。他们认为,公司是个人与组织的集合体,个人与组织(直接或间接地)处于不断的讨价还价的过程,以获得有关业务范围、特殊政策和报酬的承诺。这一讨价还价过程并不能消除管理组织之间的冲突。销售目标要求定低价,而利润目标希望定高价。销售和生产方面偏好高投资,而从利润考虑则希望低投资等。他们认为可用以下方式处理冲突:给定合理的界限,可以制订令人满意的目标而不是最大化目标;组织松懈的存在(现有资源与必要的需求间差距)允许改进某一目标而不致害及另一目标;运用规范的程序可以缓减冲突的程度。

五、股东权益理论与利害关系者权益理论

(一)股东权益理论(shareholder capitalism)

股东权益理论以英美模式为代表。在多尔教授看来,日德模式与英美模式之间最大的差别在于对股票价值的理解及其观念的差异上。在英美模式中,公司的股东利益至高无上,股东利益无疑优越于雇员利益。对股东来说,公司被认为主要是甚至专门是通过投资为其谋取利润和使其资本增值的工具;对公司雇员来说,公司企业不是为其谋取利益的

[①] H Simon. Theories of decision making in economics and behavioural science[J]. American Economic Review, 1959.

[②] R Cyert, J March. Behavioural theory of the firm[M]. Englewoods, 1963.

福利机构。股东权益理论认为,股票市场通过对绩效差的公司进行接管而有助于改进公司绩效。

然而,上述观点在相当长的一段时期缺少经验研究的支持。研究表明,收购伴随被收购公司的股价上升往往说明被收购公司曾经是低绩效的。但是平均地看,被收购的公司似乎与非被收购的类似公司有相同的绩效。经验研究表明,从传统的角度看是公司规模,而不是绩效才是对收购的最好的(抵制)防御。因为往往是大公司收购较小的公司,这就意味着如果上层经理要保持公司独立的话,最好的策略是成长最大化而不是价值最大化。但是上述在前几十年尚能成立的观点在20世纪80年代随着沉没的股东权力重新回到股东手中而受到挑战。

20世纪80年代由于第二次大的石油价格变动的冲击,市场全球化与竞争加剧,特别是在信息与通信技术方面的进步,许多老牌的综合性大型企业发现其在数十年前制定的成长战略过分僵化而不能对迅速变动的企业环境做出反应。由于这些老牌的综合性大型企业的绩效低下,它们愿意让股东行使权力,也愿意让管理层收购(management buy out,MBO)。这些趋势增强了出资者的权力,并体现为80年代的三个企业经营特征:缩小规模,减少工资支出而给股东更多的收益分配;以低工资和较差的工作条件为特征的灵活工作制度;公司报告强调股东最大收益的重大转变。与上述三个经营特征有关的管理决策至少在短期内获得了回报,导致了公司股价的上升。但是缺少有关带来长期绩效改进的证据。

美国管理协会对547家缩减规模公司的调查表明,有56.5%的公司未能达到改进盈利的目标;大多数公司在一年内又重新雇用雇员;雇员生病增多,客户抱怨也增多。一些公司的例子则提供了短期利润与长期财富创造之间的明显冲突的例证。20世纪80年代初,有的公司由于缩小规模和投资降低了成本并提高了资本回报水平。但是80年代末,那些经营公司的人不能真正使公司成长:他们既无耐心也无技能。过分地缩减规模在雇员的忠诚与承诺方面付出了代价,特别是在白领阶层以及在增加余下的雇员工作负担和压力方面付出了代价。

(二) 利害关系者权益理论(stakeholder capitalism)

利害关系者(或称利害相关者)权益理论代表性人物是布莱尔。利害关系者权益理论认为,公司有重要的义务来平衡股东与其他利害关系者,特别是雇员,也包括供应商、客户和更广泛的社区之间的利益。按照布莱尔的观点,利害关系者是那些为公司专用化资产做出贡献而这些资产又在公司中处于风险状态的人和集团(Blair 1995)。[①]

1995年,由许多公司资助和由皇家艺术学会出版的报告"明天的公司"中这样评论道:"那些将来获得持续竞争优势的公司是较少强调股东利益和财务效果的公司,而是着重在所有利害相关者的关系上,并在此基础上考虑其目标与绩效。"凯(John kay)教授在其著作《公司成功的基础》(1993)、休顿(Will Hutton)(《观察家》的编辑)在其畅销书《我们所处的状态》(1995)中对每个人在财富创造中的利害关系进行了广泛(系统)的考察。

---

① Blair M M. Rethinking assumptions behind corporate governance[J]. Challenge, 1995, 38(6): 12-17.

两本著作均认为,财富是由组织中在一起工作的团队共同创造的,这些组织之所以能起作用,是因为其激励系统认同有关人员的基本权利与关系;两位作者强调企业植根于社会,支配企业行为的价值观也不可能与业务活动分离。企业无论大小都是通过一个合作的网络起作用,自私行为有损企业职能,而关系则通过信任与承诺而凝聚。休顿(Hutton)和凯(kay)的主要观点在于,当公司与有利害关系的每个人都建立起长期的关系,这些公司是最成功的;这些利害关系者包括雇员、供应商、客户和社区。布莱尔认为,当公司经理的职责是使企业总的财富最大化时,而不仅仅是最大化股东的利益价值时,经理就必须重视公司的决策和行为对所有利害相关者的影响。[1]

如果说股东权益理论是以传统的英—美(Anglo-American)观点为代表的话,利害关系者权益理论则在日本和欧洲受到较为广泛的认同。利害关系者权益理论与股东权益理论相比有以下优点:较长期的承诺使雇员有较强的动因将时间精力投资于公司;把雇员视为团队的一部分并让其参与公司战略决策有助于创造合作环境,并能确使面临困难决策(如裁员)时得到雇员方面的支持;相互持股使客户和供应商等的长期承诺关联起来,并使之顾及从事数年后才可收回的投资;股东,特别是银行对于公司的承诺使之能在公司遇到问题时尽力去找出问题,而不是像在英、美一样只是出售其股票而已。

对利害关系者权益理论的批评主要有,该理论很难适用于不同文化的英国、美国。日本、德国的经济并非英国、美国经济的未来模式。迅速的技术变化将大大加剧全球竞争,在迅速变动的世界,成功在于公司能迅速变动其产品结构与方向,公司既不期望也不愿意长期雇用其雇员。持这种观点的人认为,20世纪90年代成长起来的所有新的大型企业,诸如微软(Microsoft)、网景(Netscope)和甲骨文(Oracle)均出自美国企业文化背景,而不是来自德国或日本。更具体的批评有以下三点:相对于股东有明确的产权关系而言,利害关系者的权利不明确;从空间看该理论适合于德、日式经济,适合于大的、过去发展起来的大规模的产业而不是新兴的下一世纪的产业;假定英、美银行会像德、日银行一样帮助公司制订长期计划。

六、美、日模式的进一步分析

古典经济学严格假定:公司生产单一产品,追求最大化利润,只有单个的决策机构,而劳动力被雇用或解雇只是对公司产品所能接受的价格反映。然而,现实世界复杂得多,优秀的公司都知道要为客户提供良好服务并关心雇员,才有利于公司长期生存与发展。但是如果派息和股价不能持续上升,上市公司会受到严重惩罚,公司会被迫声明其基本目标是增进股东的利益。简言之,财务指标压倒其他一切指标,投资回报可以通过买卖资产而不是开发核心业务而获得。相反,利害关系者权益理论是建立在依靠合作、承诺与信任来创造真正的、不断增加财富的基础之上。

基于上述论述,以及公司在很大程度上是由具有不同动机的职业经理所控制的事实,

---

[1] [美]玛格丽特·M.布莱尔.所有权与控制[M].张荣刚,译.北京:中国社会科学出版社,1999.

必须认真考虑并质疑公司仅追求单一的利润目标的程度。信息的不对称使现实中所有者不能对上层经理的自主权有多大约束。因此，上层经理的行为就远不止是简单的利润最大化所能解释的。自20世纪90年代以来，公司治理（corporate governance）开始受到重视，并对公司治理所涵盖的内容也有了更广泛的讨论和认识。过去人们曾将公司治理狭义地理解为有关董事会的结构与股东在董事会决策中的权利。如今人们对公司治理已有更为广义的理解。布莱尔（Blair）认为它是"一种法律、文化和制度性安排的有机整合。这一整合决定上市公司可以做什么，谁来控制它们，这种控制是如何进行的，它们从事的活动所产生的风险与回报是如何分配的"。[①]

自20世纪80年代初以来，美国对所发现的代理问题做出了更多的报道，在此压力下，许多公司力图减少所发现代理差距，而进行重构（restructuring）。研究表明，美国的企业重构压力比德国要大，因而，企业重构也比德国企业要早。自20世纪80年代末90年代初以来，美国出现了"因机构持股者觉醒"而将通用汽车公司、IBM和克莱斯勒汽车公司等业绩不良的公司董事长、总裁赶下台的一连串"地震"。沉没的股东权力重新回到股东手中。股东压力下的重构是美国企业竞争力重新成为世界第一的重要原因之一。

日本模式不同于英美模式的特性，在不同程度上体现于4个方面：第一，在利害益相关者中，是雇员至上还是股东至上，公司向雇员利益严重倾斜；第二，关系交易（而不是英、美那种非个人的现货市场交易）；第三，在竞争者之间的合作或竞争的平衡上，大多倾向合作；第四，在对私有利益冲突的裁判上，英、美国家将交由市场解决，而日本在这个问题，以及为大众提供服务上，政府却扮演着重要角色。[②]

进入20世纪90年代以来，日本经济长期处于萧条状态，这引起了学界的广泛注意和研究。曾被认为是"经济奇迹"的日本经济之所以长期走不出谷底，其根本原因是这个曾经为日本带来经济繁荣的经济制度存在种种弊病。日本经济企划厅1996年《经济白皮书》指出，"或许是由于规定以往日本市场经济的经济体制，在目前时代已步入疲劳状态"。

长期以来，轻视资本收益率、重视市场占有率、重视增长率一直是日本企业的经营特点。日本企业在东证一部上市公司的ROE平均为4％，远低于美国的14％。如果剔除日本和美国的利息差、税率差的影响，日本企业的ROE可以达到9％。但和美国优良企业ROE的20％相比，差距依然很大。而在日本由于20世纪90年代初泡沫经济的破灭，许多老牌的综合性大型企业破产和出现生存危机，促使日本学者对企业目标、日本企业治理结构的现状、有效的治理结构应具备的条件进行了重新思考。与此同时，日本企业在管理模式上也出现了若干变化。

例如，日本学者于1995年曾以分布于制造、交通运输、金融保险等行业，在东证一部上市的156个企业为对象展开调查。部分调查结果如表5-2、表5-3所示。

表5-2表明日本企业在公司目标方面发生了以下变化。

---

① ［美］玛格丽特·M.布莱尔.所有权与控制[M].张荣刚，译.北京：中国社会科学出版社，1999.
② ［英］罗纳德·多尔.股票资本主义：福利资本主义[M].李岩，李晓桦，译.北京：社会科学文献出版社，2002：47.

(1) 对市场占有率的重视程度有显著降低,得分平均值由 1.54 减为 0.87。

(2) 越来越重视总资本收益率和 ROE(return on equity),得分平均值分别由 0.29、0.18 升至为 0.56、0.80。

(3) 对增长率的重视程度也降低了,得分平均值由 1.32 减为 1.05。

表 5-2 经营目标优先度的变化

经营目标	经营目标得分平均值	经营目标得分平均值
销售收益率	1.6	1.79
市场占有率	1.54	0.80
增长率	1.32	1.05
安定性	0.69	0.63
总资本收益率	0.29	0.56
多角化	0.29	0.27
ROE	0.18	0.80
PER	0.03	0.05
其他	0.07	0.05

(注:数字是经营目标排首位得3分、第2位得2分、第3位得1分的平均值)

资料来源:[日]寺本义也.日本企业治理结构[M].东京:生产性出版社,1999.

日本企业过去之所以重视市场占有率,是因为基于产量的累积增加,单位产品成本会相应降低这种认识。最近的研究表明,市场占有率不是持续保证企业利润的源泉,成功企业的高市场占有率,其实源自成功的创新。日本企业经营目标优先度的变化是和上述认识相吻合的。

企业如何认识包括股东在内的多种利害相关者的影响力,是完善企业治理结构的关键。如表 5-3 所示,股东的影响力逐渐地增大;银行逐渐由企业统治者的角色,蜕变为企业的合作伙伴;工会的影响力显著降低;而顾客仍保持最大的影响力;社区团体的影响力显著增强。

表 5-3 日本企业利害相关者的影响力的变化

利害相关者	将来得分顺位	过去得分顺位
顾客	1	1
地域社会	2	8
供应商	3	3
相关企业	4	9
国内结构投资者	5	10

续表

利害相关者	将来得分顺位	过去得分顺位
公司员工	6	2
政府	7	7
个人股东	8	11
海外机构投资者	9	12
银行	10	6
同行	11	5
工会	12	4

资料来源：[日]寺本义也. 日本企业治理结构[M]. 东京：生产性出版社，1999.

专题六

传统经济学中生产—成本之间对偶关系不复存在的可能性分析

——"固定成本行业"与"正反馈"行业的投入与产出关系

一、问题的提出

传统经济学认为,生产要素投入可分为固定投入与可变投入,在技术水平不变、固定投入一定的情况下,增加某种可变投入会带来产量增加,但当该种可变投入的增加超过一定限度时,增加的产量(即边际产量)就会递减,最终还会使产量绝对减少(边际产量为负值)。这就是传统经济下的边际收益递减规律。

在边际收益递减规律的前提下,企业的生产—成本之间存在相关相反的对偶关系。这意味着,从本质上来说,成本函数包含生产函数所包含的相同信息。根据生产函数的特性所定义的任何概念,都有一个按成本函数特性的"对偶"定义,反之亦然(H. R. Varian, 1992)。[①] 其具体含义有以下三点:①所有成本曲线的形状(除固定成本外)都是由生产曲线的形状所决定的(在短期内,生产函数的边际收益递增与成本函数的边际成本递减对应,而生产函数的边际收益递减则与成本函数的边际成本递增对应);②生产活动的有效性必然带来成本行为的有效性,反之亦然;③在一定预算(成本)约束下的产量最大化问题,等同于在一定产出水平下的成本最小化问题。企业的生产—成本之间的这种对偶关系可以用图 6-1 来表示。

生产函数与成本函数之间的这些关系,都以投入要素的价格不变为前提。同时包含了以下的隐含假定:①基于短期的分析。②与短期分析必然联系的——企业要素投入分为固定投入和可变投入。边际分析是指,至少在一种要素投入不变的情况下随着其他可变要素的投入增加而产生的收益变化。③技术水平不变。故它不能预示技术情况发生变化时,增加一单位可变生产要素对产出的影响。

作为企业生产—成本对偶关系,以及与之紧密相关的边际收益递减这一规律在农业经济、工业经济等传统资源经济中广为存在。然而,随着信息技术革命、互联网的出现,知识、信息作为企业投入要素越来越重要,这样,在新经济部门,传统经济学中生产—成本之间对偶关系就已不复存在,也出现了不同于传统产业部门中"边际收益递减"的情况。这种情况集中地体现在 20 世纪 90 年代以来"固定成本行业"与"正反馈"行业的出现。

---

① Varian H R. Microeconomic analysis[M]// Microeconomic analysis. third edition. Norton, 1992.

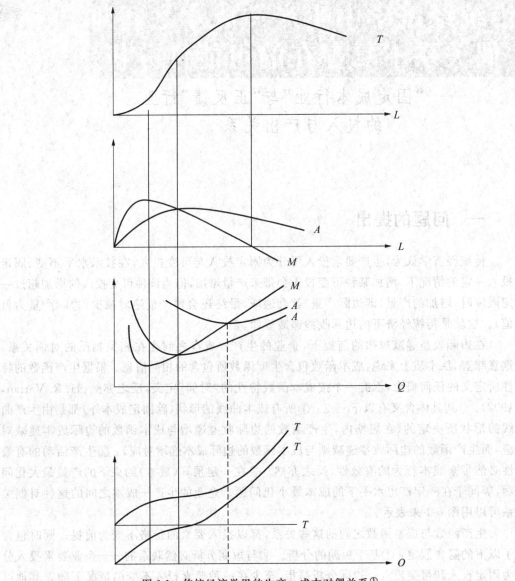

图 6-1 传统经济学里的生产—成本对偶关系①

这一现象,打破了传统经济学关于生产—成本的对偶关系及其隐含假定,使"边际收益递减"规律在经济活动中不再成为起主导作用的规律,企业决策分析中的边际分析部分失效,这是对新古典微观经济学的一个巨大挑战。本专题将对此问题进行例证与理论研究。

---

① 图中以劳动(L)作为可变投入要素举例。

二、文献研究

（一）国外学者的研究

边际收益递增的概念在经济学中由来已久，著名经济学家克拉克较早地发现了这一规律，他曾指出，"知识是唯一不遵守边际收益递减规律的工具"。继而有许多学者、专家对这一现象进行研究。他们提出了边际收益递增规律。

新古典学派将知识看作一种新的投入要素（或者体现为一种专门的技术，或者体现为与人力资本的结合）。他们认为，由于知识的溢出效应，导致知识具有递增的收益率。正是知识要素的边际收益递增抵消了其他物质要素的边际收益递减，才使整个要素投入产生边际收益递增。这些新古典经济学家关于边际收益递增的理论集中体现在阿罗、罗默等学者的思想之中。

阿罗（Arrow，1962）[①]讨论了知识积累的边际收益递增性质，分析了资本品的溢出效应，强调知识积累的外部性所产生的边际收益递增。当新技术被固化在新的资本品中时，这项知识同时溢出到其他资本品的生产和运用过程，有助于提高所有新旧资本货物的生产率。

罗默在20世纪80年代和90年代初期的一系列论文中进一步发挥了阿罗的这一思想，他注意到技术性知识的一个特征是非竞争性（Romer，1986，1990）。[②] 1986年，罗默在《收益递增和长期增长》一文中，在阿罗"边干边学"模型的基础上，提出了生产要素不仅包含了物质资本、劳动力，而且包含了知识与技术。知识产品是具有外溢性的，一个厂商可以通过观察其他厂商的活动，来提高自身的劳动生产率。一项新技术的传播成本几乎为零，这项技术可以为任何人运用，在提高他人劳动生产率的同时也能够提高发现者自身的劳动生产率，具有公共物品性质。罗默证明，依据新古典经济学的边际收益递减生产函数，虽然个体水平上存在边际收益递减，但是由于普遍存在技术性知识的共享性和外部收益，总量水平上可能产生知识投入的边际收益递增性质。

布里安·阿瑟在《收益递增和两个商业世界》（1997）[③]中提出，在所有行业中，在边际收益递减机制存在的同时，也存在边际收益递增机制。但大致说来，边际收益递减规律主宰着当今经济的传统部分，即加工工业。边际收益递增规律则在经济的新近部分，即以知识为基础的行业中起支配作用。他在此文中，运用从量子动力学和概率理论而来的复杂技术，建立起了分析边际收益递增市场的数学工具，对边际收益递增的非线性特征和路径依赖特征运用概率理论进行了数学处理。他认为，在边际收益递增存在的情况下，使经济

---

① Arrow K J. The economic implication of learning by doing[J]. Review of Economics & Statistics, 1962, 29(3).

② Romer P M. Increasing returns and Long-Run growth[J]. Journal of Political Economy, 1986, 94(5): 1002-1037.

Romer P M. Endogenous technological change[J]. Journal of Political Economy, 1990, 98(5, Part 2): 71-102.

③ 布里安·阿瑟,刘云鹏. 收益递增与两个商业世界[J]. 经济导刊, 2000, (3): 7-16.

系统显示出多重均衡,即边际收益递增能够导致多种可能的结果,具体哪一种结果能够被选中,与历史上一系列偶然的随机事件有关。由随机事件影响选中的某种结果,并不一定是最优的,也可能是次优的或劣等的,但是一旦选中这种结果(均衡),经济就会步入这种路径并被锁定在这个路径之上,而且因边际收益递增的正反馈效应,使这种结果被放大,即优等更优、劣等更劣。

(二)国内学者的研究

乌家培(2000)[①]在论述网络经济及其对经济理论的影响时认为,到了信息经济尤其是网络经济阶段,信息资源成了主要资源,该资源可再生和重复利用,对其生产者无竞争性,对其使用者无排他性,它的成本不随使用量的增加而成比例增加;同时信息技术发展快、变化大、生命周期短。因此,在投入与产出的关系中出现了边际效益递增的规律性现象,这种现象还会因网络效应的作用而强化。他认为,边际收益递减是与负反馈相联系的,而边际效益递增是与正反馈相联系的。另外,他提出,"网络经济所改变的仅仅是缩小了边际收益递减规律的作用范围,使它在经济活动中不再成为起主导作用的规律"。

谢冰(2006)[②]则在其论文《浅析知识经济中边际报酬递增定律》中认为,知识作为一种新的生产要素,由于它本身的特殊性而对边际收益有了较大的影响,进而分析了知识要素(把知识要素分为两种情况讨论:"作为非独立要素",即知识体现为与人力资本或者其他生产要素的结合;"作为独立要素",即知识体现为一种专门的技术对边际收益产生的影响),在两种情况下,知识要素都能够导致边际收益递增。

与前述两学者类似,王瑞伟(2001)[③]、董艳玲(2002)[④]、谭清美和李宗植(2002)[⑤]、宋德昌(2004)[⑥]、庞艳桃(2005)[⑦]、徐水尚(2006)[⑧]等人都基于对知识经济和传统经济的比较,从不同角度论述了知识经济(网络经济)条件下存在边际收益递增规律的原因(边际收益递增的来源),指出在知识经济条件下,边际收益递减规律在很多领域已经失效。

由以上文献研究可知,尽管一些学者探讨了与知识特性有关的要素边际收益递增问题,特别是在网络环境下边际收益递减规律受到强烈的冲击这一问题上,然而,这仅仅是生产—成本对偶关系不复存在的一个原因。

应该注意到,在企业活动领域出现与生产—成本对偶关系不复存在的现象从20世纪90年代以来变得越发普遍,特别是由于业务活动知识、技术含量的急剧增加(如软件行业),大批固定成本行业的出现使要素边际收益递减规律及其分析前提受到了强烈的冲击。一些学者认识到:"在过去的10~15年里,企业里发生了一个根本性的变化,那就是

---

① 乌家培. 网络经济及其对经济理论的影响[J]. 学术研究,2000,(1):5-11.
② 谢冰. 浅析知识经济中边际报酬递增定律[J]. 科技情报开发与经济,2006,16(12):134-135.
③ 王瑞伟. 对知识经济中"收益递增规律"的认识[J]. 华南理工大学学报(社会科学版),2001,3(2):63-65.
④ 董艳玲. 初露端倪的五种新经济评介[J]. 理论前沿,2002,(20):43-44.
⑤ 谭清美,李宗植. 新经济与传统经济比较研究[J]. 科学管理研究,2002,20(4):37-38.
⑥ 宋德昌. 网络经济的边际收益递增律刍议[J]. 武汉理工大学学报,2004,26(12):102-104.
⑦ 庞艳桃. 硅谷创业模式的启示[J]. 统计与决策,2005,(3):124-124.
⑧ 徐水尚. 网络经济时代企业组织结构分析[J]. 科技情报开发与经济,2006,16(4):209-211.

自动化几乎将劳动力要素从制造产品的要素组成中剔除了,因此生产过程就是一个固定成本不断增长的活动过程了。由于新技术变得越来越重要,同时技术的变化速度又越来越快,于是,研究和开发(R&D)也成了固定成本的活动。另外,由于维持品牌认知度对那些有购买能力的顾客来说非常重要,因此营销和广告支出也成了固定成本。企业的经理不能再通过降低工资、减少工时或其他变动成本要素来增加利润了。那么,对那些固定成本水平较高的企业来说,收回投资的唯一途径就是开发更多的顾客和增加销售。这也就意味着,不断上扬的固定成本成了驱使企业全球化的动力。"[①]然而,边际收益递减规律受到的冲击程度,要素边际收益递增的实现机制,特别是固定成本行业的成本结构及其与产出的关系并未得到重视和系统分析。这正是本专题加以研究的理论和现实问题。

三、打破生产—成本的对偶关系隐含假定的第一种可能——"固定成本行业"的出现

(一)从盗版软件流行看"固定成本行业"出现

近20多年来,诸如侵犯知识产权的盗版软件、盗版光碟行为颇为流行。其主要原因在于这样能谋求非法暴利。例如,微软公司开发视窗操作系统 Windows95 时投入了近2亿美元的资金,然而开发成功后,从第二张光盘开始,到上千万套生产只需复制即可,而每张光盘的成本几乎可以忽略不计(只有50美分),但仍能以与第一套同样的价格(如数百美元)发行。

同样,在电影行业也是如此。制作一部影片可能需要投入数以百万美元甚至是上亿美元的资金,然而制作成功后,从第二张拷贝(光盘)开始,到上千万套生产只需复制即可,而每张光盘的成本几乎可以忽略不计(只有50美分),但仍能以与第一套拷贝同样的价格发行。于是,盗版倒卖者屡禁不止。类似的例子还有著名歌星的光盘、畅销书的盗版等。

从现象上看,那些前期研究与开发费用越高,前期制作费用越高,品牌价值就越高。也就是说,固定成本水平越高的企业或行业的知识产权就越容易受到侵犯。而当固定成本水平高到可以将可变成本忽略不计时,也就可以将其称为"固定成本的行业"。

(二)理论解释——业务活动的不可分性——生产软件的投入与产出关系分析

上面谈到的若干称为"固定成本的行业"的产品在其成本结构、投入与产出关系方面可以归结为以下特征。

(1)知识含量高、技术含量高因而研究和开发(R&D)成本高,前期制作费用高,广告投入等费用高。

(2)生产和/或销售的设备投资、原料、劳动投入与(1)的投入相比可忽略不计。一旦产品投入生产之后,其可变成本很小,几乎可以忽略不计,因而平均单位成本随销售量增

[①] Kenichi Ohmae. The borderless world, from the manager's bookshelf, Edited by Jon l. Pierce, John W. Newstrom, Prentice Hall, Upper Sadddle River, new Jersey, 07458, 2000: 320.

长而迅速下降。

(3) 这类产品的成本与相应的经济活动存在不可分性。

软件业的产品——可数字化的信息产品,其生产过程很特别。软件产品一般知识含量高,其研发周期长,研发的成本高,要生产第一个程序软件,包括开发、销售等环节可能需要投入大量的固定资源。但是一旦研发成功,生产的产品,只需要进行简单的拷贝(复制)即可。而这些可数字化产品无论拷贝量怎样增加,劳动投入的增量几近于零,对其进行复制的成本几乎为零。

在现实中,许多类型的成本对于某些经济活动是完全不可分的,或者是部分不可分的。这就是说,产品的开发和设计成本的发生与数量并不会因为该产品的产量多少而变化。该项成本并不会因为只生产计划能力的一半而减少,也不会因生产计划能力的一倍而增加。随着有关规模的扩大,不可分的成本就可分摊到更大的产出量上,单位成本就会降低。表 6-1 是一些典型的例子。

表 6-1 成本与相应的经济活动不可分的一些典型的例子

成本类型	部分或完全不可分
初始研究与开发成本	该产品的产量
所发明的新技术	用此技术生产的产量
研究供货来源	决定订货规模
资本设备	该设备所要求达到的总产量
电影的制作	拷贝数量与放映次数
工厂的高级管理人员	工厂的产出
广告的制作	播放广告的范围

在资源经济时代,有许多产品研发成本很高的例子,如高清晰度彩色电视的研发、计算机的研发等,但是彩电、计算机制造的可变成本也很高。进入知识经济、信息时代,一方面是产品中知识、技术含量增加;另一方面是单位产品的投入消耗急剧减少。这样导致初始研发成本的增加或相对增加,诸如劳动投入、原材料投入可变的成本的急剧下降而进一步强化了成本与经济活动的不可分性。

在图 6-1 中,横轴 Q 代表固定成本行业中企业的产量;纵轴 C 代表生产成本。FC 为固定成本,VC 为可变成本,TC 为总成本,AC 为平均成本。短期内,固定成本相对于可变成本来说很大,在第一个产品生产出来以后从第二个产品开始其可变成本非常小甚至可以忽略不计,由此可以得出产品的平均成本 AC 是不断递减的。因而我们得出结论:在投入要素(和产出品)的市场价格不变的情况下,固定成本行业的生产必然表现出平均成本递减(进而形成边际收益递增)的特征。

布里安·阿瑟在其论文《收益递增和两个商业世界》中的观点证明了这一点,他提到,边际收益递增的第一个原因来自"先期成本"(up-front cost)。高科技产品,如医疗仪器、计算机硬件和软件、飞行器和导弹、通信设备、生物工程药品等,按照定义就是设计和推向市场非常复杂的产品。它们都是"重知识轻资源"。因此,相比单位生产成本,其研究与开发(R&D)费用通常很高,单位成本随生产量(或销售量)增长而降低。因而实现边际收益递增。

如图 6-2 所示,平均单位成本随生产量(或销售量)增长而持续迅速降低,并趋向于零,而不是像图 6-1 所示的那样当生产量(或销售量)达到一定规模后又开始回升。

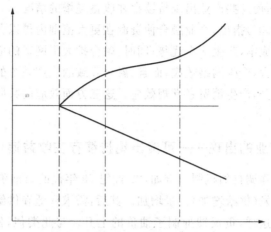

图 6-2　固定成本产业的成本曲线

如本专题第一部分所述,传统的企业边际分析存在以下前提(隐含假定):短期分析以及由此必然联系的企业要素投入分为固定投入和可变投入;边际分析是指至少有一种要素投入不变的情况下,其他可变要素投入变化所导致的收益变化。而固定成本产业的出现,可变投入几乎可以忽略不计,故边际投入、边际成本为零(由此,随着产量增长,边际收益递增或者至少边际收益固定不变),这使传统的企业边际分析中的分析对象——成本(包括固定投入和可变投入)——之一的可变投入已不存在,同时固定投入与可变投入的配比关系也不复存在,前述生产—成本对偶关系的第二个隐含假定(即与短期分析必然联系的——企业要素投入分为固定投入和可变投入,边际分析是指,边际分析是指至少有一种要素投入不变的情况下其他可变要素投入变化所导致的收益变化)被打破,因而生产—成本的对偶关系隐含假定失去了其前提条件,传统的企业边际分析失效。

四、生产—成本的对偶关系不复存在的第二种可能 ——"正反馈"行业的出现

(一)边际收益递增与"正反馈"行业的出现

不同于以自然资源为基础的产业,许多在 20 世纪 90 年代得到快速发展的技术和产业(知识密度高的产业,如软件和生物技术)具有正反馈(positive feedback)的特征。该类产业的典型是半导体业、电信设备业、计算机业、软件业、汽车业、飞机构架制造、工厂自动化、飞机发动机、生物技术和制药业,随着规模扩大,单位产出就会变得相对便宜,这种极大地建立在知识密集性提高基础上的产业,随着企业自身产品的市场规模不断扩大(可能伴随"锁定效应"),导致"赢家通吃"的市场。这种"规模优化"也许是整个市场的第一行动

者优势(利贝尔曼和蒙哥马利,1988)[①],或作为先行领导者,在市场份额迅速增大,进而支配市场,同时由于知识的特性、学习经验曲线等原因,因而其生产过程具有正反馈性质,导致成本持续下降,进而使这些产业出现持续存在收益递增的情况。

戴维·莫谢拉(2002)指出,产业融合使资源在更大范围内得以合理配置,从而大大降低提供产品和服务的成本,产生成本优势;同时,融合扩大了网络的应用范围,使各种资源加入网络的可能性增大,产生网络效应;而且,融合导致的生产系统的开放性,将使消费者成为生产要素的一部分,产生消费者常规效应。这三方面效应的共同作用,将为企业带来巨大的收益递增机会。[②]

(二) 正反馈产业的出现——可能出现持续存在收益递增的情况

传统的经济理论强调自纠机制。例如,20世纪70年代的石油价格上涨,使能源储备(需求减少)和石油开发(供给增加)大量增加。其后,需求降低和供给增长的结果是80年代油价的显著下降。这样,负反馈抑制了油价的上升。与此类似,传统的经济理论还假定,随着产量规模扩大,企业边际收益呈递减趋势,成本会相应上升,最终导致收益为负值。这样,企业经营一旦超过适度规模,利润率就会下降。在收益递减的条件下,负反馈阻止企业垄断市场,有助于企业确定其最优经营规模。这种由负反馈的自纠机制所引起的均衡意味着一种唯一的"最优"结果,即对资源的最优分配和利用,也即强调存在工厂"最小效率规模"。

另外,一些传统产业(如汽车和电信)也由于采用了新技术而不断增强正反馈特征。如汽车业就是正反馈的一个很好例子。一种全新型汽车问市,从设计、开发、符合安全和污染标准,直至投产的整个过程约需 7.5 亿～60 亿美元。此后每生产一辆车约需 1 500 美元。在此,真正意义的负反馈是不存在的。因为随着生产的增加,单位生产成本不断下降而利润不断提高。这里,生产的扩大还会带来其他好处。随着生产经验的累积,企业懂得怎样以更低的成本提高产量。另外,有关汽车设计、规格标准和生产过程的专有经验累积会使其对其他种类汽车、货运车或小卡车的设计、鉴定和生产变得容易。

(三) 例证——个人计算机操作系统、HDTV 标准

让我们来考察一下20世纪80年代初个人计算机操作系统的市场,当时 CP/M,DOS 和苹果公司的 Macintosh 系统在相互竞争。最先出现在市场上的是 CP/M,到了 1979 年它已经站住脚了。Macintosh 是后来问世的,但用起来非常方便。1980 年,当微软与 IBM 达成为 IBM 个人计算机提供操作系统的一笔交易时,DOS 便诞生了。仅仅一两年的时间,哪一家系统能最终取胜还不是很明朗。DOS 的平台,新的 IBM 个人计算机是一个异机种系统。但是 DOS/IBM 系统不断增长的用户规模鼓励像 Lotus 这样的软件开发

---

① Lieberman M B, Montgomery D B. First-mover advantages[J]. Strategic Management Journal, 1988, 9(9): 41-58.

② 戴维·莫谢拉. 权力的浪潮——全球信息技术的发展与前景(1964—2010)[M]. 北京:社会科学文献出版社. 2002:9.

商为 DOS 编写程序。DOS 系统,同时也是 IBM 个人计算机的流行导致了其进一步的流行,最终 DOS/IBM 的结合体占据了大部分市场。这个例子显示了,操作系统表现出明显的边际递增收益性质:如果某一系统领先了,它就会吸引更多的软件开发商和硬件制造商采用它,这又能帮助它更加领先。在这里,值得注意的是:事先(在 IBM 的这笔交易之前)不可能预测到哪一种系统将会胜出。一旦 DOS/IBM 领了先,它就锁定了市场,因为它的用户不必支付转换成本(switching cost)。虽然,这个 DOS 系统并不是最好的:DOS 受到了计算机专家们的嘲讽。然而,一旦 DOS 锁定了市场,它的开发者微软公司就能将成本分摊在大量用户身上,结果使该公司获得持续的边际收益递增。

Sony 公司同样由"正反馈"而获得持续收益递增。力求采纳一种对自己产品(如数字高清晰度电视——HDTV)有利的行业标准,需要促销和其他营销方面的努力,但由此会更有效率地提高产品的市场份额。使用索尼数字电视接收机的用户基数越大,用此技术传送的节目就会制作得更多;这样的节目越多,吸引更多的居民接受这种更新就更容易和更便宜。

(四) 理论解释

卡尔·夏皮洛(1989)和哈尔·瓦里安(2000)认为,正反馈使强者更强,弱者更弱,从而引起极端的结果。布里安·阿瑟也认为,由随机事件影响选中的某种结果,并不一定是最优的,也可能是次优的或劣等的,但是一旦选中这种结果(均衡),经济就会步入这种路径并被锁定在这个路径之上,并因收益递增的正反馈效应,使这种结果被放大,即优等更优,劣等更劣。尤其在高科技产品市场中,以上这些机制保证了已经取得市场优势的产品进一步取得更多的优势,出现锁定的局面。

这种正反馈以及锁定效应导致产业(企业)边际收益递增的情况,与"专有技术和技术标准"是相关联的。有学者认为,专有技术和技术标准具有"被正反馈锁定"的倾向。尽管技术标准或某种技术并不一定随时间变化,但其广泛采用的结果会形成一种定势,即新生产者或顾客发现它比其他选择更适用。这种选用偏向优势还会增强,比如新客户基于对交换信息、知识或那些已形成效用的产品需要。例如,互联网上大量可以下载的软件以用太阳微系统公司的 Java 语言编写的程序形式最为流行,用户就有必要在他们的计算机中安装 Java 语言来运行这些程序。这种语言越流行,就越有可能最终成为标准。典型的例子还有 QWERIRY 键盘、VHS 录像带格式、各种软件程序和语言,或特别高清晰度电视标准。这意味着,一项开始时较小但具有历史先导性的技术(路径依赖),其后会随着正反馈的扩大而锁定和控制市场。

正反馈在网络经济中比以往任何时候都更加强大。因此,现在的企业应该比前网络经济时代更加重视"速度",要做"快鱼"而非"慢鱼"。同时,传统的经济学中对垄断认识似乎也应该重新加以考虑。

五、进一步例证——IT 行业兼具"正反馈"行业与"固定成本行业"的特点

（一）IT 行业兼具打破生产—成本的对偶关系隐含假定的两种可能

随着 IT 产业的蓬勃发展、网络的快速普及及其商业化，网络经济正在全球范围内兴起。而处于网络经济中心、最具代表性的 IT 行业，其产品（或服务）都是以信息、知识为主要投入要素，研发活动在其生产过程中尤为重要，因而其具有前文所述的固定成本产业（可变投入可以忽略不计，故边际投入、成本几乎为零）的特征。

同时，边际收益递减规律中蕴含一种重要条件，就是资源的稀缺性。而网络经济中的知识、信息和技术具有共享性与非消耗性的特征。这两个特性就使它们成为非稀缺资源，从而导致边际收益递增。同时，在 IT 行业的生产过程中，学习效应（经验曲线）对于边际收益递增也具有重要贡献（学习效应指的是厂商生产的产品越多，厂商就会从生产中获得更多的经验。学习过程有两个效应：一是由于生产了更多的资本品而积累了更多的知识，下一代资本品包含更高的技术水平，生产每一单位最终产品所需劳动量下降；二是学习过程中知识的溢出效应，所有劳动力和积累性物质资本生产最终产品时的效率会逐渐提高）。知识、信息和技术的共享性与非消耗性特征，以及 IT 行业对知识学习的强调，使 IT 行业同样也具有正反馈性质。

更进一步地讲，网络经济能产生其连带正的外部效用（网络效应，network effects），网络效应是指商品价值不仅取决于生产这种商品所耗费的社会必要劳动时间，而且还取决于这种商品被生产出来且被使用数量的情况。例如，第一台电话发明出来的时候它的价值极小，但是随着生产数量的增加且逐渐得到市场的认可，以及用户大量购买、使用它，这时它的价值就逐步增加。而在网络经济具有这种网络外部效应的商品随处可见，如电话、手机、联网计算机、软件等。同时，正反馈的循环同样存在于 IT 行业，由于新的行业标准或某项新技术的采用，可能持续存在收益递增的情况。例如，越多的人采用微软公司的视窗系统，独立的软件开发商就会引进更多的应用软件；应用软件越多，其他人采用微软公司视窗系统的可能性就越大。正常的销售渗透和成熟曲线最初表现为促销支出的边际收益递增，最终会出现边际收益递减。

综上所述，IT 行业兼具打破生产—成本的对偶关系隐含假定的两种可能，边际收益递增规律在其中的表现也更为明显。

（二）例证——微软、SONY 等知识型企业获取"边际收益递增"

20 世纪 90 年代，随着微软、英特尔、AOL、SONY、雅虎等一批知识型企业的巨大成功，人们意识到环境的剧烈变化，同时也意识到传统的经济规则已经不能够通用了，新的经济规则开始唱主角。"收益递增规则""网络外部性"，以及两者结合产生的更为强烈的正反馈在网络经济时代正开始发挥关键的作用。微软、Sony 等知识型企业都同时具有

"固定成本产业"和"正反馈"行业的特征。

微软这家从车库中诞生的小企业,在这边际收益递增规律的作用下成为世界上最大的软件企业。这是因为知识资源具有许多与物质资源相反的特性——共享性、积累性、可复制性。随着微软公司开发力度的加大,知识资源变得越来越丰富,而不是越来越稀缺。同时,随着知识资源的累积,后期开发成本有下降趋势,从而对竞争对手形成一种壁垒。在知识资源开发和应用中领先的企业,在竞争中会占优势地位,其收益也将呈现出递增趋势,从而形成了微软这个巨无霸的垄断企业。

Sony既有电子产品等"收益递减规则"起主导作用的硬件生产,又有音乐、电影、金融等"收益递增规则"起主导作用的产业。网络时代特别是宽带网络时代的来临,给Sony带来显示实力的大好时机:电子业务为网络连接提供了硬件支持,而诸如音乐、电影、游戏、保险和其他网上财政服务则成为连接的重要内容。

六、小结——企业决策的战略含义

综合前面论述,可知,"正反馈"行业与"固定成本行业"的出现,使许多领域中传统经济学的生产—成本之间对偶关系不复存在。

第一,"固定成本行业"出现,可变成本可以忽略不计,使传统边际分析对象:可变投入与产出的关系失去了意义。决策者所重视的不再是可变投入与可变成本。在生产阶段,企业的经理不能再通过降低工资、减少工时或其他变动成本要素来增加利润了。于是,对那些固定成本水平较高的企业来说,收回投资的唯一途径就是开发更多的顾客和增加销售,不断地开拓自己的市场,抢占市场份额,巩固自身地位。这也就意味着,不断上扬的固定成本成了驱动企业全球化的驱动力。

第二,在新的竞争环境下,企业必须重视开发和提高学习的能力。企业在无序的环境中求得平衡,就得发展动态学习或适应学习的能力(哈梅尔,1991;普拉哈拉德和贝特斯,1986)。现代企业要懂得利用已有的信息和知识来发展与壮大自己,提高自己的竞争实力并通过信息与知识的共享效应,大幅度地减少重复性脑力劳动,从而形成协调互补合作的生产关系。这是新时期企业发展的另一条途径。先进的信息系统和信息管理理念有助于促进企业互补性知识的生产积累,有助于形成企业的核心能力,从而带动企业产出呈指数方式增长。

第三,在诸如电信、传媒、家用电器、互联网、计算机,以及信息系统等具有"正反馈"特征的行业,标准之间的全球竞争,起着关键的作用。例如,英特尔公司奔腾处理器的市场份额越大,采纳另一项行业标准或新技术所要求的促销成本就会越高。标准确定现代(新)产品之间的界面(联接面)。若缺少这些标准的制定,网络产业的新市场、新业务则难以成长起来。并且,由于正反馈的作用,标准在网络产业的竞争中也起着巨大的作用。那些支持成功的业界(界面)标准的公司其市场份额和利润一般都获得增长,而另一些公司则被迫采用业界标准或在一个缩小的市场竞争,从而在知识经济时代,很多IT企业间的关系由竞争转为合作。一般而言,使用某种技术的人越多,就有越多的投资被用于改进技术以进一步吸引顾客,技术就越能得到改进,公司也就越能获得有助于进一步改善技术的经验。技术改善更多,这又促使其更有吸引力。而尽可能地使技术得到大范围的推广所带来的边际收益递增远远超过保守技术秘密所带来的独家利益。这就使企业间的竞争更多的是合作而不是以恶性竞争为发展方向。因为边际收益递增所带来的利益会使合作者双方比单个厂商独守专利得到更大的利益。

对偶微笑曲线
——广州互太与深圳南天油粕案例研究

一、微笑曲线与对偶微笑曲线

(一) 微笑曲线

"微笑曲线"是由台湾宏碁创始人施振荣提出的。"微笑曲线"是一条两端朝上的曲线,将产业链分为研发、制造、营销三个环节,其中附加值更多的体现在两端,即设计和营销环节,而处于中间环节的制造环节附加值最低,如图7-1所示。该理论被不断发展成的"产业微笑曲线",是台湾各产业的中长期发展策略方向。微笑曲线的理论基础是波特的价值链理论。R. Kaplinsky 和 M. Morris(2000)[1]与 J. Humphrey 和 H. Schmitz(2002)[2]从价值链治理的角度分析了"微笑曲线"背后的原因,认为领先的跨国公司基于自身优势占据着价值链两端的关键性环节,并通过全球价值链治理获取绝大部分价值,从而决定了全球价值链各环节的利润分配。

一些学者对"微笑曲线"的动态发展趋势进行了探讨研究。他们认为,不同行业的附加值不同。一般来说,资金—技术密集度越高的产业,其曲线的位置越高,弯曲度越大。马永驰和季琳莉(2005)[3]指出,随着"模块化"的技术革新、竞争的加剧及世界政治经济形势的变化,曲线弧度变得更加陡峭,中国企业在制造环节的利润空间越来越小。吕乃基和兰霞(2010)[4]从知识论的角度出发,发现同一行业的不同发展时期也存在附加价值的差别,"微笑曲线"并非存在于产品生命周期的全过程,各阶段"微笑曲线"的"笑容"各异。文婿、张生丛(2009)[5]认为,"微笑曲线"并不是放之四海而皆准的理论,具体产业不同,各环节的市场结构不同,价值分布状况也就不尽相同。有些学者则进一步指出,微笑曲线并不意味着要一味追求从事研发或销售。庄鸿霖、姜阵剑(2010)[6]认为,在中国目前很多企业实力仍薄弱的情况下,急于向两侧高附加值的研发和营销区域扩展,企图快速由橄榄型制造企业向工业空心化的哑铃结构转化,容易忽略连接并支持两端的中国制造业的核心生存能力——产品制造。学术界普遍认同,"微笑曲线"可以用于形象地解释价值链各环节

---

[1] Kaplinsky R, Morris M. A handbook for value chain research[M]. Report Prepared for IDRC, 2001.
[2] Humphrey J, Schmitz H. How does insertion in global value chains affect upgrading in industrial clusters? [J]. Regional Studies, 2002, 36(9): 27-101.
[3] 马永驰,季琳莉. 从"微笑曲线"看"中国制造"背后的陷阱[J]. 统计与决策, 2005, (10): 132-133.
[4] 吕乃基,兰霞. 微笑曲线的知识论释义[J]. 东南大学学报(哲学社会科学版), 2010, 12(3): 18-22.
[5] 文婿,张生丛. 价值链各环节市场结构对利润分布的影响——以晶体硅太阳能电池产业价值链为例[J]. 中国工业经济, 2009, (5): 150-160.
[6] 庄鸿霖,姜阵剑. 制造业产业升级:勿把微笑曲线做成哑铃结构[J]. 北方经济, 2010, (11): 38-39.

利润分配的一般特征,即在不同产业价值链中,价值更多体现在两端的设计和销售环节,处于中间的制造环节价值分布很少。因此企业要想摆脱困境,必须注重向微笑曲线的两端移动,既要提高上游的技术研发和产品设计能力,又要打造品牌,拓展下游的营销渠道、物流配送、售后服务等工作。

(二)引入成本维度的对偶微笑曲线

事实上,之前的研究几乎都强调微笑曲线中的研发和营销两端,对制造环节关注甚少。但是企业转型升级不仅体现为企业活动附加值和获利水平的提高,还体现为生产效率和投入产出比率的提高。提升制造能力,降低投入和消耗从而降低成本同样可以提升价值。经济学中的生产与成本(也即收益与成本)对偶性理论认为,生产与成本之间存在相关相反的关系。毛蕴诗和熊炼(2011)[①]根据广州互太纺织公司的升级实践,提出对偶微笑曲线模型,如图 7-1 所示:(a)图和(b)图中的横轴均表示价值链,(a)图中的纵轴表示成本,(b)图中的纵轴表示附加值。当企业活动的成本(主要是制造环节的成本)降低时,(a)图中的微笑曲线就向下凸移,由实线所示位置变为虚线所示位置;与之对偶,(b)图中的微笑曲线就向上凹移,由实线所示位置变为虚线所示位置。企业通过降低价值链中的成本也能达到附加值的提高,这是在微笑曲线两端升级之外的另一条有效的升级路径。

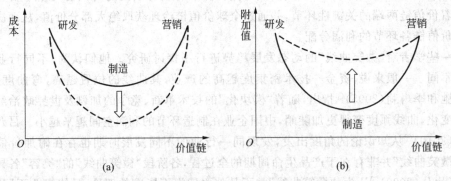

图 7-1 引入降低成本后的对偶微笑曲线模型

(三)对偶微笑曲线的作用

(1)对偶微笑曲线是对微笑曲线的推广,因而使微笑曲线更具解释能力。对偶微笑曲线是根据生产与成本(也即收益与成本)对偶性理论所提出的投入—产出关系模型,是对微笑曲线的推广,因而比微笑曲线更具解释能力。低碳运作通过诸如技术升级、流程再造等方式所带来的企业价值链上各个环节的成本降低,也同样可以实现附加值的提高。因此,对偶微笑曲线模型不仅可以解释通过诸如专注于微笑曲线两端的企业价值提升,而且也可以解释通过诸如低碳运作、技术升级的成本降低而带来的企业价值提升。

(2)对偶微笑曲线是更适用于研究某类企业、产业升级的模型。中国企业、产业正处

---

① 毛蕴诗,熊炼. 企业低碳运作与引入成本降低的对偶微笑曲线模型——基于广州互太和台湾纺织业的研究[J]. 中山大学学报(社会科学版),2011,51(4):202-209.

于转型期,特别是许多传统的劳动密集型、资源密集型产业和企业存在投入大、消耗多、污染严重的特点,如钢铁行业、煤炭行业、建筑材料行业、建筑行业、造船行业等。这些行业的可复投入规模或者在总投入中所占比重很大,从低碳运作入手可以降低成本,提升产品、企业价值。因此,引入对偶微笑曲线后的微笑曲线模型对于研究这类产业、企业的转型升级具有更广泛的应用价值。

二、企业升级的类型与微笑曲线的拟合

在毛蕴诗和郑奇志(2012)[①]所提出的企业升级路径的选择模型的基础上,结合文献研究,我们总结出企业、产业升级的4种类型与10条路径,并与微笑曲线模型进行了形象的拟合。

(一)从微笑曲线底部分别或同时向两端上移的升级方式

(1)通过技术积累、能力演进,突破关键部件壁垒与限制,实现升级。许多产业的关键部件被发达国家企业掌控,并具有很高的附加值与话语权。突破关键部件壁垒与限制已经成为企业升级的一条重要道路,这就需要产品创新和技术创新。产品创新、技术创新越来越依赖于资本积累与技术积累,特别是技术积累。技术能力的积累和发展是一个漫长、艰苦的学习过程(Y. Gil, S. Bong,等,2003;Z. Chen 和 L. Qu,2003)。[②] 为构建和发展技术能力,企业需要主动开展系统的技术学习从而不断提升企业在各个技术功能上的专业技能,并不断深化技术知识(M. Bell 和 K. Pavitt,1995)。[③] 安同良(2002)[④]指出技术发展能力存在5个阶段:技术选择、技术获取、消化吸收、技术改进和技术创造。而企业产品附加值的提升以及品牌的强化,需要建立在强大的资金和技术积累的基础上。L. Kim(1997)[⑤]提出后发国家技术能力成长的一般模式:引进成熟技术—消化吸收—产品创新,技术成长表现为一个不断进化的过程。特别是后发企业利用后发优势,遵循上述过程进入某一个相对先进、高速发展的产业时,处于相对有利的竞争地位,实现企业升级。

这一升级路径体现为:通过研发拉动,实现在材料、工艺上的"技术跨越"或者对关键部件的突破。微笑曲线相应的变化体现为:业务活动由制造环节向左上侧的关键部件、研发环节移动,如图7-2虚线所示。

(2)加大对生产服务的投入与延伸,提升附加值,实现升级。许多研究表明,全球价值链上的生产服务环节,包括物流配送、营销、售后服务等环节比制造环节的附加值高出许多,而且这些环节长期以来为跨国公司所掌控。从汽车行业经验来看,在发达国家汽车

---

① 毛蕴诗,郑奇志.基于微笑曲线的企业升级路径选择模型——理论框架的构建与案例研究[J].中山大学学报(社会科学版),2012,52(3):162-174.
② Gil Y, Bong S, Lee J. Integration model of technology internalization modes and learning strategy: globally late starter Samsung's successful practices in South Korea 1[J]. Technovation, 2003, 23(23): 333-347.
③ M Bell, K Pavitt, I Ul Haque. The development of technological capabilities. 1995.
④ 安同良.企业技术能力:超越技术创新研究的新范式[J].当代财经,2002(1):62-65.
⑤ Kim, LinsuDunning, J. H. Alliance capitalism and global business[M]. London: Routledge, 1997.

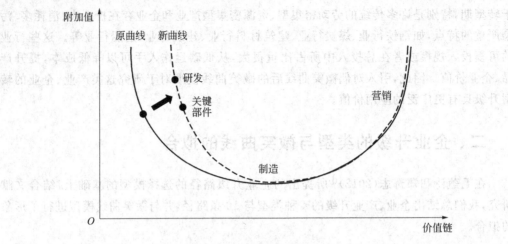

图 7-2 产业微笑曲线的变化

市场中,新车利润占整个汽车行业利润的 20%,零部件利润约占 20%,售后服务领域的利润占 60% 左右,这其中包括二手车置换、维修保养等服务业务。① 从电梯行业经验来看,日本电梯巨头每年依靠 5 000 台订单生存,主要原因在于电梯行业的更新和改造需求很大。② 可见,对于一些行业来看,尤其是市场相对饱和、使用寿命较长的大宗商品、后续维护要求较高的行业,售后服务具有很大的空间。因此,许多企业行业可以从制造环节向生产服务延伸,加大投入,提升附加值。

针对这一路径的微笑曲线的变化体现为:微笑曲线上的业务活动由制造向右上侧的营销售后服务移动,实现升级,如图 7-3 虚线所示。

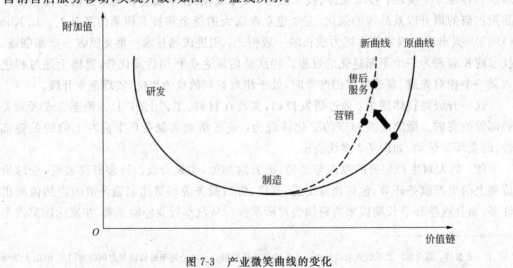

图 7-3 产业微笑曲线的变化

---

① 网易汽车.利润远高于新车 国外二手车售后有保障[OL]. http://auto.163.com/12/0926/16/8CBF505G00084TV1.html.

② 东方财富网.日立电梯未来两年投资增五亿[OL]. http://finance.eastmoney.com/news/1355,20101229112794594.html.

(3) 统筹国内外两个市场，OEM、ODM、OBM方式并存，实现企业升级。OEM是后发国家（地区）企业通过全球价值链纳入国际分工的主要方式。实践中许多企业通过资本积累、技术跟进，实现向ODM、OBM的升级。特别是近年来，随着原材料价格上升、劳动力成本增加、能源供应紧张、人民币升值、出口退税率持续下调及环保成本提高等，OEM企业的利润空间日益缩小，OEM企业必须及时实施升级，才能维持其生存和发展。另外，激烈的国内外竞争使新兴经济企业自主创新的目标是拥有自主知识产权的ODM乃至OBM。

虽然OEM企业转型升级的一般路径是从OEM到ODM再到OBM，但在实际过程中又必须视情况而定。因此，在升级过程中往往会出现OEM、ODM、OBM方式共存的局面，而且许多企业会在不同阶段针对国内外两个市场采取不同升级方式。

针对这一路径的微笑曲线变化体现为：OEM企业向左上方的ODM移动，或向右上方的OBM移动，或同时向ODM、ODM方向移动，实现升级，如图7-4所示。

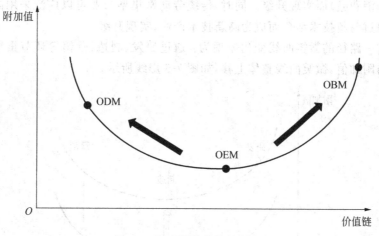

图7-4　生产微笑曲线的变化

（二）对偶微笑曲线局部或整体下移的升级方式

正如上述有关对偶微笑曲线的作用所指出的，许多企业通过低碳环保运作降低成本，实现升级。低碳环保运作并不是只有投入，没有效益。通过投入环保设备与工艺优化，通过研发促进绿色技术与产品升级，不仅有利于保护环境、降低成本，而且对于提升产品、企业的价值空间也有直接而明显的效果。

针对这一路径的微笑曲线的变化体现为：通过绿色设备与生产工艺节省能耗、资源回收再利用、绿色原材料与环保采购来降低成本，低碳运作使对偶微笑曲线得以局部或整体下降。与此相反，微笑曲线则出现局部或整体上移，如图7-5虚线所示。

（三）微笑曲线整体上移的升级方式

(1) 认识传统产业的新特点、新需求，重新定位市场，实现升级。随着环境变化、观念转变、收入提高等，一些传统产业、劳动密集型产业也出现新特点、新需求，产品性质也发

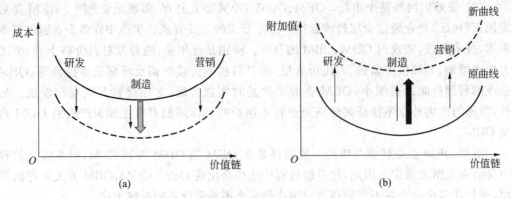

图 7-5　企业的对偶微笑曲线(左)与微笑曲线(右)的变化

生了改变。许多企业正是为了适应这些变化,才重新定位市场、产品(例如,从普通消费品转变为高档消费品)而实现升级。同时,传统劳动密集型产业可以广泛采用高新技术,甚至还可以通过与新技术结合而成为高新技术产业,实现升级。

针对这一路径的微笑曲线变化体现为:通过研发、制造、营销等环节重新定位,提升品牌价值与附加值,微笑曲线整体上移,如图 7-6 虚线所示。

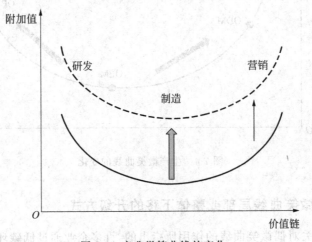

图 7-6　产业微笑曲线的变化

(2) 从替代进口产品,到替代跨国公司在华生产的产品,再到国外市场替代跨国公司产品,实现升级。毛蕴诗和李洁明(2006)[①]通过研究我国一些成功家电企业的升级路径,提出替代跨国公司产品、提升企业技术实力的路径,指出企业技术能力升级遵循一定的依赖路径:引进成熟技术、消化吸收—模仿创新、合作创新—自主产品创新,这有助于技术的积累和企业的升级。

这一路径体现为:通过实施主动跟随战略,模仿进口商品和跨国公司在华生产的产品,吸收先进技术,同时注意知识产权,进行创新性研发,采用赶超战略,通过替代进口产

---

① 毛蕴诗,李洁明. 替代跨国公司产品:中国企业升级的递进[J]. 学术研究,2006,(3):44-48.

品—替代跨国公司在华生产的产品—再到国外市场替代跨国公司产品的三种替代,实现升级。而针对上述路径的微笑曲线则整体上移,如图 7-7 虚线所示。

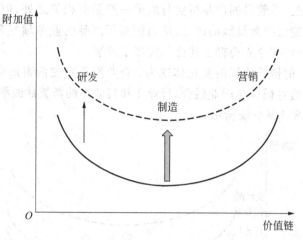

图 7-7　产品微笑曲线的变化

(3) 收购 OBM 企业品牌,获取战略性资产,实现企业跨越升级。我国企业起步较晚,缺乏自主品牌,缺少战略性资源,技术实力相对落后,采取常规的跟随战略将始终处于被动局面。一些企业通过在某些产业或技术领域实施并购,获取战略性资产实现企业跨越升级。其中,战略性资产包括技术、自然、品牌、管理能力、服务能力等资源。

针对这一路径的微笑曲线的变化体现为:通过获取研发、品牌等战略性资产,并购企业的微笑曲线与目标企业的微笑曲线整合后,实现了上移,其升级过程如图 7-8 虚线所示。

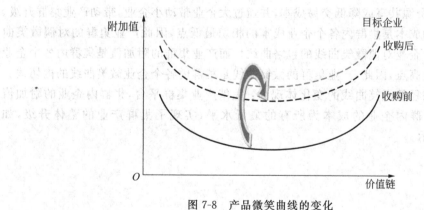

图 7-8　产品微笑曲线的变化

(四) 微笑曲线叠加上移的升级方式

(1) 基于行业边界模糊与产业融合,创造新产品、新需求,实现跨产业升级。自 20 世纪 90 年代以来,通信技术和计算机技术迅速发展,行业边界趋向模糊,产业之间开始融合。特别是对于一些与信息技术相关的高科技企业,产业融合和行业边界模糊为企业的扩展与创新提供了契机。

企业从生产单一产品到生产多元化产品直至形成系列产品的过程,是实现产品扩展和企业升级的关键。尽管系列产品可能与原单一产品有相关之处,但其特征可能已有实质性的改变,其功能已有数量级的改变,从而拓宽了产品的业务领域和范围,因而会创造一个全新的市场。许多企业遵循上述路径实现了升级。

针对这一路径的微笑曲线的变化体现为:企业原具有较低附加值,处于较低位置的微笑曲线,因行业边界模糊与产业融合,行业1和行业2的微笑曲线叠加后上移形成新产品的微笑曲线,如图7-9虚线所示。

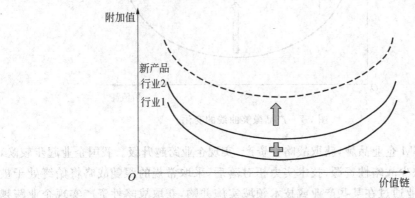

图7-9 产品微笑曲线的变化

(2) 通过战略联盟和新型竞合关系,大企业带动小企业,带动产业集群整体升级。企业之间建立战略联盟,或在产业集群内形成新的竞合关系可以为自主创新、完善产业链条提供很好的平台,推动企业、产业技术创新、管理创新、自主创新。这种战略联盟和新型竞合关系,有助于资源共享或降低交易成本,并通过大企业带动小企业,带动产业集群升级。

产业集群的成本是集群内各个企业成本的相切最低点,因此产业集群的对偶微笑曲线是集群内各个企业对偶微笑曲线的包络曲线。而产业集群的附加值是集群内各个企业附加值的相切最高点,因此,产业集群的微笑曲线是集群内各个企业微笑曲线的内切线。

针对这一路径的微笑曲线的变化体现为:凭借产业集群平台,集群内企业的附加值为最高水平,集群内企业的成本为所有的最低水平,实现了集群产业的整体升级,如图7-10虚线所示。

广州互太纺织有限公司

一、案例企业与调研过程简介

广州互太纺织有限公司(以下简称广州互太)是位于广州南沙开发区的香港独资企业。公司成立于1997年,拥有员工逾6 500人,年产量约达8 700万千克,主要生产和销

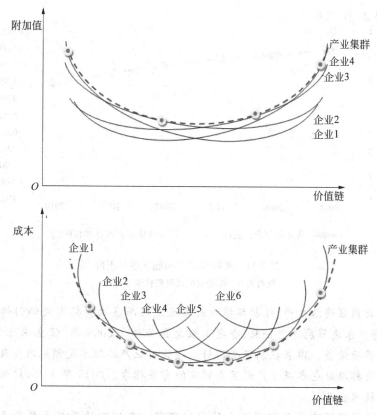

图 7-10 产业的对偶微笑曲线(上)与微笑曲线(下)的变化

售各类型针织中、高档织物面料,产品95%以上销往欧美及日本市场。①

历经短短十余年,广州互太就发展为中国对外贸易500强企业。公司产品档次在同业中属领先地位,经济效益及出口创汇都是同行中的佼佼者,净出口额和出口单价均位于同行业榜首,出口数量(吨)同行业第二位。2008年,金融危机席卷全球之时,广州互太反而在纺织行业中生产订单量创历史最高。2008年,营业收入34.54亿元,利润总额1.52亿元;2009年,营业收入继续增长至38.22亿元,其中高新技术产品营业收入占总收入的65%,利润总额2.22亿元,公司生产规模已达1998年建厂初期的25倍。到2015年,公司的利润总额达到10.75亿元。

广州互太在成立之初即确立了节能环保的生产理念,是广州第一家自愿开展清洁生产的纺织企业,清洁生产水平达到一级技术指标即国际先进水平。2010年的前几年,广州互太累计投入了2亿元用于节能减排,采取一系列措施实现了企业生产成本和能耗水平的逐年下降,2010年公司单位产品能耗比2005年下降25%(见图7-11),能源成本占生产成本比重由2005年的9%降至2010年的5%。公司采用清洁生产和节能环保项目,每年节约标煤用量10.27万吨,节能项目直接节省的成本达每年9 000多万元。

---

① 根据公司网站及年报所得。

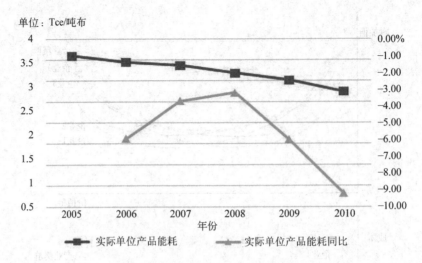

图 7-11 实际单位产品能耗逐年下降
资料来源：作者根据调研资料整理所得。

广州互太因在清洁生产、保护环境方面表现突出而多次获得有关部门的充分肯定和表彰，曾获得广东省节能先进企业、香港工业总会 2008—2009 年"恒生珠三角环保大奖"赛环保奖等多项荣誉。国家在制定全国针织印染企业产品取水定额标准以及编制纺织业清洁生产评价标准时也参照了广州互太制定的有关标准。2015 年 3 月，广州互太被认定为国家高新技术企业。

目前学术界还没有关于广州互太的案例研究。本案例的资料主要源于两个方面：①一手资料收集。作者调研团队在 2011 年 2 月至 12 月之间对案例企业进行了多次实地调研和座谈，访谈对象包括该企业的总经理和采购、市场、研发、生产等多个部门的经理，以及负责节能环保工作的部门经理。②二手数据收集，包括企业年报、网络新闻报道、相关出版物及其官方网站等。

二、转型升级的过程——产业链中多环节的低碳环保运作

作为传统劳动密集型产业，广州互太在产业链的多个环节实施低碳环保运作，成功地实现了转型升级。

（一）环保采购确保源头开始低碳运作

广州互太从源头开始就对使用的原材料进行控制，实施环保采购，特别是选用含硫量在 0.64% 的低硫量煤，从而减少废气中的二氧化硫量。2009 年，广州互太开始实施染料助剂无磷化采购，加强对供货商提供的染料、助剂等日常消耗品的含磷浓度测试，严格控制原材料采购中可能存在的高磷原料和主要客户禁用的化学物质清单与标准，为程序控制及终端减排降低了难度。环保采购虽会带来原材料成本上升，但由于污水、废气和固体废弃物排放的减少带来了废物处理成本的降低。例如，用煤含硫量每减少 0.1%，脱硫过程即可减少 10 吨烧碱的消耗量。因此相对较高的生产成本得以消化平衡，在确保提供符合顾客要求的高品质产品的同时又达到了环保要求。

(二) 工艺流程改造实现清洁生产过程

广州互太对传统工艺流程进行改造，采用开幅湿定型工艺，将原来的"染色—干布—定型"工艺流程缩短为"染色—定型"。因为减少了干布时烘干这个工序，印染织物每磅能源节省0.2元人民币，生产效率提高近30%。目前广州互太40%的产品均采用此工艺，全年可节省3 000吨标准煤，年直接节省成本292万元。此外，广州互太将研制开发的人造棉抗起毛起球工艺、棉等织物染色前处理工艺应用到生产中，全面提升了产品品质，提高了产品竞争力。其中，棉等织物染色前处理工艺已于2012年获得国家专利。

(三) 加大节能技术和设备投入及研发

在基础设施方面，广州互太建有设施完善的污水处理厂及烟气处理系统，排出的废水、废气完全符合当地环保标准。公司自建的污水处理厂日处理40 000吨污水，投入4 000多万元建设的废水回用设备日处理25 000吨废水。2008年，广州互太投资500万元兴建电厂脱硫塔工程，每年减少二氧化硫排放量527吨，热电厂建成后，又将用于污水处理的污泥掺混在原煤中焚烧，每年减少固体污泥排放3 500吨。广州互太的废物控制系统处理生产过程中排放的工艺废气，成功除去废气中85%的二氧化硫量，使发电厂的平均二氧化硫浓度降至约为广东省新地方标准的一半，有效去除排放废气中99%的灰尘，并安装特别管道和除油装置成功减少废气中达50%的含油量。2011年，广州互太更升级工艺废气的处理技术，达到90%~95%的废气去除率。

在生产设备方面，广州互太的设备自动化程度高，染整一次成功率远领先于同行，每公斤布所耗用的水及能源只有同行的一半。广州互太引进国外先进的氨纶整经机、布面温度控制仪、数码印花机、自动染料输配系统等设备以更好地控制布的密度和纱的张力，以及提升染色和印花质量。2007年，广州互太耗资1亿元引进气流染色机，减少了40%污水排放，热能和化学助剂同比例减少，综合能耗下降12%，每年节水700万吨，节省了25%生产成本。广州互太自建专门的废气处理设备，如循环流化床和工业静电除尘系统等，使用余热交换器提升能源使用效率。同时，还采用用于航空、造船工业的隔热涂料对染缸实施保温，最大限度地减少染缸热损失，可节省18%的蒸汽，每年节约标煤6 000吨，此项目被香港生产力促进局作为节能示范项目向行业内推荐。另外，拉幅机、双压轮系统、大磅重载布铁架车等自主研发和改进的机器设备也应用于生产中，于2010年申请了国家专利。

(四) 资源回收再利用提高资源利用率

广州互太进行染色废热水、定型机尾气回收，每年节约标准煤1.4万吨。其中，通过染色废热水回收工程，将废热水进行回收再加热成新的进水，节约加热新水的标煤用量，每年回收的热值折合标煤可达1万吨。公司建立的定型机尾气回收工程，将高达140℃的尾气重新送入定型机，每年可节约标煤4 000吨。2008年，广州互太投资4 000万元兴建了RO反渗透废水深度处理回收利用工程，将处理达标后的废水再进入此系统进行深度处理重新用于生产，回收利用率达70%，每年可节约用水700万吨，是国内第一家将印染废水直接回用于生产的厂家。整体上，广州互太的热能回收利用率达78%以上，综合能耗可比性达到清洁生产Ⅲ级标准。

广州互太共投入22项节能及清洁生产项目，为企业带来了相当可观的环保效益，每年累计减少互太燃煤10.27万吨,直接经济效益达到9 257万元/年,如表7-1所示。

表7-1 广州互太节能减排及清洁生产项目

编号	项目名称	实施年限/年份	投资金额/万元	环境/节能效益/(吨标煤/年)	折合互太燃煤(吨/年)(与标准煤的折标系数为0.714 3)	经济效益(万元/年)
1	染缸保温节能项目	2008—2009	641.7	1 943	2 720	245
2	湿开幅定型项目	2008—2009	1 600	2 319	3 247	292
3	溴化锂热水空调项目	2008—2009	1 020	1 042	1 459	131
4	车间废水热回收项目	2009—2010	1 200	8 289	11 605	1 044
5	空压机恒压改造项目	2009	25	533	747	67
6	绿色照明项目	2007—2011	156	2 252	3 153	284
7	环保制造项目	2008—2009	350	998	1 398	126
8	主要用能设备加装变频器项目	2009	81.39	1 883	2 636	237
9	空压机余热回收项目	2009—2010	63	2 469	3 457	311
10	用热阀门保温项目	2010—2011	64	1 925	2 695	243
11	锅炉回水内循环节能改造	2010	120	1 321	1 849	166
12	电厂分体式空调改中央制冷系统	2010—2011	67	1 012	1 417	128
13	污泥干化系统工程	2008—2010	489	1 604	2 246	202
14	染色机设备升级项目	2007—2010	21 240	18 546	25 965	2 337
15	定型机余热回收项目	2010—2012	2 207	13 527	18 938	1 704
16	锅炉节能改造项目	2010—2012	238	6 851	9 591	863
17	供电系统节能改造	2010—2012	560	796	1 114	100
18	定型机用热源技改节能项目	2004—2007	750	6 043	8 460	761

续表

编号	项目名称	实施年限/年份	投资金额/万元	环境/节能效益/(吨标煤/年)	折合互太燃煤(吨/年)(与标准煤的折标系数为0.714 3)	经济效益(万元/年)
19	4×75t/h 燃煤蒸汽锅炉脱硝改造项目	2009—2010	1 369	年可减排氮氧化物234.528吨/年(亚运时制定的标准)		14.8
20	RO反渗透废水深度处理系统	2007—2009	3541	日回用水量22 000吨		
21	脱硫系统	2007—2008	475.68			
22	环保采购EC	持续				
	合　　计		36 257.77		102 695	9 257

资料来源：广州互太调研资料。

（五）通过国际环保认证提升产品价值

欧盟、美国和日本等发达国家对纺织产品所使用的化学品，以及布匹中的化学物质含量有着极其严格的要求。广州互太选择国际最著名的供应商采购原料，通过环保采购、前期检测确保原材料绿色环保，并且主动将产品交给国际级的公正行进行测试，检测结果完全符合欧盟生态纺织品的要求。2003年，广州互太产品通过了国际Oeko-Tex Standard 100生态纺织产品认证，于2008年又通过了瑞士GOTS全球有机纺织品标准认证，并在2010年继续寻求ISO14064和GB/T2333-1认证。在环境标准方面，广州互太所采用的标准明显高于国家及地方的标准，更严格地控制废物排放，如表7-2所示。并且，广州互太还积极参与制定行业环保标准，目前是国家FZ/T 01105-2010《针织印染产品取水计算办法及单耗基本定额》和《染整行业清洁生产水平评价标准》的制定单位。随着质量和环保功能的提高，广州互太生产的产品平均单价10年间翻了一倍，名列国内同行业榜首。

表7-2　广州互太环境标准达成情况

参　　数	互太排放浓度	广东省地方标准	国家标准
气体污染物：			
二氧化硫	300mg/Nm3	400mg/Nm3	
烟尘	40mg/Nm3	50mg/Nm3	
林格曼黑度	<1	1	
氮氧化物	200mg/Nm3	450mg/L	
水污染物：			
pH	6-9	6-9	6-9

续表

参　数	互太排放浓度	广东省地方标准	国家标准
生化需氧量	18mg/L	20mg/L	25mg/L
总磷	0.4mg/L	0.5mg/L	1.0mg/L
化学需氧量	37.8mg/L	100mg/L	100mg/L
悬浮物	12.7mg/L	60mg/L	70mg/L

资料来源：根据广州互太调研资料及国家纺织染整工业水污染物排放标准(2008)整理。

三、企业升级影响因素分析

（一）外部环境因素

在国家政策方面，国家大力提倡低碳经济和节能环保，针对染色造成的污染已制定了严格的法规，不准有害的污染物排放到水、空气和土壤中，以此保护环境。同时，为鼓励纺织企业环保生产，对于节能减排的企业，政府会有一定的补贴和奖励。例如，由于当年超额完成广州市"十一五"节能减排目标，互太获得了广州市环保局循环经济项目的90万元奖励，香港生产力促进局的清洁生产伙伴计划也给予了互太20.5万港元的奖励，并将其列为节能减排先进企业以及向行业内推荐。

在客户需求方面，广州互太的产品主要面向中高端市场，客户群都是高端客户，因此十分重视产品品质以及关注环境污染问题。而欧盟、美国和日本等发达国家对纺织产品的生产标准有着极其严格的要求，为避免国际间贸易环保等技术壁垒，互太必须以严格标准要求自身才能满足客户的需求。

在生产成本方面，受2008年金融危机影响，国际原油及商品价格上涨，纱线、燃料、染料及其他原料成本大幅上升，销售增长减速，而美国经济的不确定性又导致客户订单推迟，这给公司的经营带来困难。2008年上半年，人造纱线（占全部原材料的30%）的采购成本同比上升了15%，订单量下降了30%，毛利率由2007年上半年的22.7%下降到19.0%。面对如此艰难的经营环境，互太依然耗资4 000多万元添置环保设备。通过采用国际先进的生产设备和环保设施，淘汰落后产能，提高生产效率，以此来获得更高的经济效益。

（二）关键资源与能力

1. 关键资源

广州互太雄厚的资金实力投入生产研发中（见表7-3），使公司的科研水平和创新能力不断提高，促进公司转型升级。2010年，公司研发人员就已经超过450人，年研发经费投入超1亿元，约占年销售总额的3.3%。可见，广州互太的资金资源和科研资源都十分充足。

表7-3　广州互太资产总值及净现金情况　　单位：亿港元

财政年度	2008	2009	2010	2011	2012	2013	2014	2015
资产总值	44.03	43.86	46.56	53.00	53.62	52.77	57.27	47.58
净现金	5.04	10.21	6.15	7.73	18.46	17.46	16.06	—

资料来源：作者根据公司年报整理。

2. 关键能力

在生产能力方面,从 2008 年至今,广州互太每年都在扩建番禺、斯里兰卡、孟加拉、越南、河内等地的厂房,在设备上投入大量资金,产能不断扩大(见表 7-4)。

表 7-4　广州互太生产设施扩充的支出　　　　　　　　　　　　单位:亿港元

财政年度	2008	2009	2010	2011	2012	2013	2014	2015
扩充生产设施支出	4.57	2.12	2.52	2.05	年报中没有给出明确金额			

资料来源:作者根据公司年报整理。

在创新能力方面,广州互太获得多项创新成果。2011 年 4 月,其具有魔术贴效果的针织面料获得广州市纺织行业协会颁发的一等奖产品,并获得中国印染行业协会的嘉许。2012 年 1 月,广州互太的棉及棉弹力织物漂染前处理工艺获得国家专利。2013 年 11 月,在纺织之光 2013 年度中国纺织工业联合会上,互太获得针织内衣创新贡献奖。2014 年 5 月,其关于清洁生产的项目,如太阳能光伏发电、定型机余热回收及尾气治理等,被广东省清洁生产协会授予多个奖项。

此外,广州互太与众多主要品牌拥有者(包括 Maidenform、马莎、黛安芬、UNIQLO、VF Intimates 及 Victoria's Secret)保持着紧密关系,2014 年,来自五大客户及品牌拥有者的收入分别占公司收入总额约 65.4% 及 72.5%。广州互太在管理规范化上也做得十分出色,其将环境保护、节能降耗列入管理体系,并引入绩效考核评价中。

(三)企业家精神:高层管理者的低碳环保理念

广州互太的创始人都拥有几十年的纺织业经验。董事会主席尹惠来持有台湾"国立成功大学"的化学工程学理学士学位,而副主席曾镜波则分别拥有香港公开大学的工商管理硕士学位和香港中文大学的商业经济学硕士学位。广州互太的高层管理者都有十分丰富的经验,并都获得过知名大学的学士或硕士学位,可以看出,广州互太拥有一支十分强大的高学历管理团队。广州互太的创始人及管理层自始至终都以节能环保作为公司发展的首要理念,具有敢于接受挑战、接受新事物的精神,即便 2008 年的金融危机对公司经营带来较大困难,管理层反而加大了环保设备的投入,最终带来很大的经济效益。

四、升级效果分析

广州互太通过产业链多环节的低碳环保运作,获得了以下三方面的升级效果。

(一)产品生产成本降低

首先,广州互太采用先进工艺对传统工艺流程进行改造,缩短了流程中的烘干工序,大幅度节省了生产所需能源,生产也更加高效,每年为公司节省的直接成本高达几百万元。其次,广州互太一方面兴建污水处理厂、电厂脱硫塔工程等基础设施,大量减少各类废弃物的排放;另一方面通过引进气流染色机、自主研发自动化程度高的生产设备等方式,降低能耗,节约成本。最后,广州互太共投入 22 项节能及清洁生产项目,通过建设这些大规模的工程,公司的废弃物得以深度处理并回收利用,因而创造了十分可观的环保和经济效益。

通过改造工艺流程、加大节能技术研发投入等降低能耗、提高效率,并通过资源的回收再利用发展循环经济,广州互太大幅降低了产品的生产成本。

（二）产品附加值提升

广州互太从采购环节开始就实施严格管控，通过选用低硫量煤、无磷染料助剂等原材料实现环保采购。虽然环保采购会提高原材料的成本，但实际上，由于采用清洁的原材料，广州互太在生产过程中所需的能源消耗量以及排放的废弃物含量都减少，因而高生产成本得以消化平衡。同时，环保采购还能确保为客户提供高品质、高附加值产品，满足客户的需求。

广州互太主动迎合国际高标准，通过了国际 Oeko-Tex Standard 100 生态纺织产品认证、瑞士 GOTS 全球有机纺织品标准认证等高级国际认证；还根据国际高端市场对纺织产品的要求不断提高产品质量，打造中、高档优质面料产品，满足世界范围内的中、高档面料需求和适应国际纺织面料新潮流，国际市场占有率达 5%（单一企业来讲是最高的）。通过采取以上措施，随着质量和环保功能的提高，互太生产的产品平均单价 10 年间翻了一倍，名列国内同行业榜首。

（三）企业竞争力提升

广州互太积极参与制定行业环保标准，目前是国家纺织相关标准的制定单位。此外，公司秉承"人才、创新及技术于国际纺织市场提供优质产品及服务"的企业管理理念，注重人才的培养、产品的研发及技术的创新；同时坚持以人为本，关注员工福利，为职工提供良好的工作条件、科学的培训机制、优越的住宿环境及有竞争力的工资待遇。

更低的生产成本和更高的产品附加值这两大优势使广州互太获得持续增长。公司以优越的员工福利有效解决"招工难"问题，并在行业内拥有较大的话语权，参与制定国家纺织行业标准，从而明显提升了企业的竞争力，成为业内的龙头企业。

为了更好地阐述广州互太的升级效果，我们运用引入降低成本后的对偶微笑曲线模型对其进行解释。如图 7-12 所示，提升制造能力，降低投入和消耗从而降低成本同样可以提升附加值，从而带来微笑曲线的上移。互太通过环保采购、流程改造、清洁生产和资源回收的方式全方位地提升生产制造能力，使生产成本大幅下降，同时能源投入和消耗的减少又提高了产品的附加值。在提升生产制造能力的过程中，广州互太加大研发投入力度，从节能基础设施、生产设备的建设到资源回收技术的研发，互太关注从投入到产出的每一环节，促进整体生产技术的提升。此外，对节能环保的信念以及对国际标准的执着让广州互太成为一个值得信赖的国际品牌，提升了企业的国际竞争力。

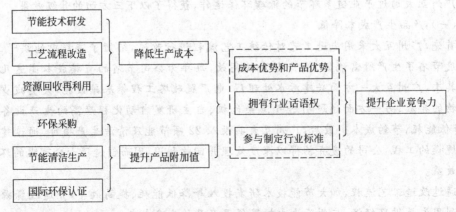

图 7-12　广州互太升级效果

五、事实发现

（1）广州互太的低碳运作有效地匹配了对偶微笑曲线。广州互太的转型升级经验有力地验证了本书提出的对偶微笑曲线模型。通过低碳环保运作，一方面可以降低投入、消耗与成本；另一方面也可以提升产品的附加价值。因此，低碳环保运作实现成本降低是企业转型升级的有效途径。

（2）提升绿色经济意识，围绕价值链的环节实现低碳环保运作。企业的运作贯穿于产品设计与研发、采购、制造等与产业链有关的各个环节。企业可以通过环保采购与前期检测确保原材料绿色环保，利用工艺流程优化再造，加强节能系统监控，加大先进节能型设备、设施与环保工程的投入和研发等一系列措施，提高资源利用效率，直接降低产品能耗与废物排放，从整体上提升企业的效能。

（3）树立优秀的低碳环保运作标杆企业并发挥其示范效应。目前我国大多数企业仍未摆脱高投入、高消耗的粗放型经营模式，企业主动参与清洁生产、低碳运作和节能环保的意识不强。通过宣传强化像广州互太这样强调低碳环保的标杆企业，发挥其在企业界的示范效应，有助于引导我国企业绿色发展的意识与行为。

（4）制定和完善有关行业标准，鼓励企业寻求国际认证。2014 年，我国纺织行业的采标率①已达到 86%，但仍有大量的行业标准需要修订和制定，尤其是新产品开发的标准制定远远跟不上新产品开发的速度。② 结合我国台湾地区的经验，政府应主动适应国际标准，加快制定和完善有关的行业标准。一方面要引导甚至强制实施某些标准，淘汰落后与污染产能；另一方面要鼓励企参照国家和地方标准制定本企业的标准。同时亟须设立专门机构主持标准认证工作，鼓励企业积极寻求国际标准认证。

案例二

深圳南天油粕工业有限公司

一、案例企业与调研过程简介

深圳南天油粕工业有限公司（以下简称南天油粕）是一家专门从事大豆压榨的中外合资企业，于 1993 年 3 月开始筹建，1994 年 10 月开始投料生产。公司拥有一批经验丰富的技术精英，建厂之初每年产值大致在 18 亿元人民币，利润达 1 亿元人民币，纯利润率可以稳定在 0.55% 左右，是亚洲最大的大豆压榨企业。随着国内大豆压榨行业的爆炸式膨胀，现已沦为规模较小的大豆压榨企业，并且其生产设备的构造、选型、布局及工艺等方面均存在一定的不足，是我国大豆压榨企业中老、旧、小企业的典型代表。由此，企业的经营岌岌可危。

---

① 采标是采用国际标准和国外先进标准的简称，是指将国际标准或国外先进标准的内容，经过分析研究，不同程度地转化为我国标准并贯彻实施。采标率是指我国国家标准中采用国际标准和国外先进标准数与国家标准总数的比率。

② 中研网.我国纺织业要维护"中国制造"声誉[OL]. http://www.chinairn.com/news/20140722/174151541.shtml.

南天油粕公司于2010年6—7月进行升级,而在升级之前,该公司与同行相比存在一些劣势。第一,加工规模比较小。南天油粕生产车间产能为日加工大豆1 000吨,与同类企业的差距高达3 000~5 000吨。第二,生产变动成本较高。深圳蛇口港辖区内禁止采用自有煤锅炉供汽,企业只能定点购买,导致水、电、汽的单价较高(见表7-5)。第三,管理成本较高。深圳蛇口港经济比较发达,员工薪资水准、衣食住行成本较高,同行的管理费用约为18元/吨,而南天油粕已经达到了约25元/吨。第四,设备老旧、故障率高。一般粮油加工企业的设备年故障时间不超过50小时,而南天油粕则达到了180小时。第五,企业产品单一。南天油粕当初的产品设计就是压榨大豆、生产四级大豆油和成品大豆粕,而最近设计的大豆压榨企业则有非常详细的产品线规划,以求获得尽可能多的利润。

表7-5 水、电、汽成本比较

对比项目	蒸汽单价/(元/吨)	水单价/(元/吨)	电单价/(元/千瓦时)
南天油粕	205	3.6	0.98
一般大豆加工企业	140	2.5	0.67

数据来源:南天油粕于升级前统计的数据。

目前学术界还没有关于南天油粕的案例研究。作者调研团队通过对南天油粕公司2010年低碳升级项目的负责人进行访谈,了解并获得了各部门定期的汇报数据及相关一手资料。随后,调研团队又去补充调研,获取该公司升级的最新资料。此外,本案例的资料还通过企业网站、国家统计局数据库、行业协会数据、网站和报刊等渠道获得。

二、南天油粕公司的低碳运作过程

南天油粕在进行综合分析后,决定从设备设计、生产制造、回收利用三个环节通过低碳运作来实施企业升级。并且在整个过程中,公司一直注意管理制度的改革和创新,使之有力地配合升级改造。

(一)设备设计环节:设备优化升级实现节能降耗

在大豆压榨过程中,需要大量用到蒸汽、电和正己烷,因而三者所占的变动成本很高。其中,压榨时要以正己烷为溶剂进行萃取,萃取结束后若对正己烷回收不到位,既影响环境又增加成本。故公司从蒸汽、电力和正己烷三方面开展低碳运作,主要从设备所处环境和设备本身两个方面加大设备投入与优化的角度进行。

1. 蒸汽的低碳运作

环境方面主要受设备布局的合理性,以及高温设备的保温和热损失状况的影响,公司特别对拉真空的环节进行评估,探讨了提高蒸汽拉真空效率的改进措施。就设备本身而言,公司许多换热设备老化,需要更换或调整,以提高蒸汽热能的使用效率。公司对蒸汽的低碳使用做出以下升级调整,如表7-6所示。

表7-6 蒸汽设备优化方案

序号	缺陷描述	升级措施
1	许多换热设备已经老化或换热面较脏,导热系数偏低	更换或清洗部分换热设备及其他耗能设备

续表

序号	缺陷描述	升级措施
2	设备保温棉破损厉害,设备运行过程中,热损失比较多	检查所有设备保温情况,破损处全部维护到位
3	设备全部为手动控制,部分控制阀门破损,控制不到位	更换破损的阀门,关键设备的控制阀改为自动控制
4	能耗大的环节缺乏蒸汽流量计进行实时监控	增加蒸汽瞬时流量计,确保实时监控到位

数据来源:作者根据公司提供的资料整理。

(二)电能的低碳运作

环境因素对电器设备有一定影响,大功率设备在运行时会产生一定的热量,如热能无法及时散失可能导致安全事故,也会降低电能的使用效率。在需要光照的环境下,要提高自然光的强度,避免或尽量减少照明电灯的使用。在节省电能方面,设备是关键的环节。对大功率设备要增加变频器,使输送设备与电机功率相配套;还要尽量使用能耗等级较优的电器,对已经使用较长时间的高能耗电机需要酌情更换。公司针对电力设备提出以下升级措施,如表7-7所示。

表7-7 电能设备优化方案

序号	缺陷描述	升级措施
1	该生产线于20世纪90年代建设,许多电器设备属于高能耗,效率偏低	更换部分电机,侧重于选择能耗等级较优的电机
2	部分传动设备比较陈旧,传动效率低	检查所有设备传动情况,更换相应的传动设备
3	部分大功率电器缺少变频器,电能浪费厉害	在关键、功率较大的设备控制柜增加变频控制

数据来源:作者根据公司提供的资料整理。

(三)正己烷溶剂的低碳运作

正己烷作为一种高品质溶剂,单价在1.1万元/吨左右,南天油粕调查后发现生产车间每加工1吨大豆所需正己烷溶剂较业内平均水准高出约0.35公斤,若减少消耗可节约较多费用,还会对环保有益。

这主要从设备本身和设备工艺两方面做优化设计。在设备工艺方面,正己烷作为一种循环使用的易挥发有机溶剂,在大豆压榨生产工艺中处于不停的相变过程,混合油和豆粕中的正己烷需要及时加热成正己烷蒸汽,正己烷蒸汽又需要及时冷却为正己烷液体,然后再投入生产系统中重复使用。如果正己烷不能被有效地烘烤、冷却或回收,就会造成无故的消耗,也会污染大气环境。在设备优化方面,正己烷极易挥发,生产加工过程中如果设备密封不到位,所引起的外溢会造成正己烷消耗增加,此也是大豆压榨企业正己烷消耗的重要原因。依照上述分析思路,公司提出了以下升级方案,如表7-8所示。

表 7-8 正己烷设备优化方案

序号	缺陷描述	升级措施
1	设备密封不好,存在正己烷蒸汽漏点	更换部分设备,尤其注意壳体密封
2	豆粕脱溶效果欠佳	调整豆粕脱溶的时间

数据来源:作者根据公司提供的资料整理。

南天油粕是 2010 年 6—7 月进行设备及工艺升级的,2010 年上半年的生产经营尚属旧的操作模式,2010 年下半年的生产经营属于优化升级之后的模式。为了能体现出具体的升级绩效,我们先将 2010 年上半年与 2011 年上半年的数据进行比对。2012 年工厂因修路而重新调整,虽然 2013 年的能耗有所上升,但到 2015 年 8 月为止,公司的能耗已明显下降。我们可以发现南天油粕各类消耗有了明显改进,也略领先于行业水准(见表 7-9)。另外,车间产能有了明显提升,从之前的 1 000 吨/天提升为 1 200 吨/天,即使未计入 2010 年间各类物资的价格上涨,企业生产变动成本同比下降 10%,总成本下降了 11%。以每天加工 1 200 吨大豆计,该公司升级改造之后每天节省的能源消耗成本为 22 164 元。

表 7-9 南天油粕低碳运作升级后水电汽单耗变化

项目	行业水准	2010 上半年	2011 上半年	同比变化	2012 年	2013 年	2014 年	2015 年
电/(度/吨大豆)	27.0	28.4	26.8	−5.60%	因为修路,工厂重新调整	28.8	27.9	27.05
蒸汽/(公斤/吨大豆)	285	310	284	−8.40%		282.8	277.6	268.4
正己烷溶剂/(公斤/吨大豆)	0.75	1.08	0.72	−33%	—	0.94	0.88	0.60

数据来源:根据南天油粕公司提供的生产部生产单耗统计资料整理。

(四)生产制造环节:工艺流程技术改造实现产品升级和过程升级

南天油粕之前的生产工艺流程属于 20 世纪 90 年代的设计,产品单一,高附加值的产品不能分离出来,生产过程中能耗高。因此,该工艺有待升级,产品附加值也有待挖掘。

首先,在一般情况下,大豆破碎后会有 5% 左右的豆皮,这部分豆皮无须加热,可以分离出来单独销售。而南天油粕当前的工艺是大豆破碎后豆皮不加分离,直接跟随粉碎大豆进入后道工序,这会影响大豆加热时的传热效率和蒸汽使用效率。其次,豆粕作为一种重要的饲料原料,不同生长阶段的动物对其生熟度要求有一定差异,小动物需要较熟的豆粕,大动物则相反。因此,新建的大豆压榨企业会将豆粕分为一般加热的普通豆粕和过热的高蛋白豆粕粉。南天油粕因工厂建设较早,未进行产品细分,导致豆粕产品既没有针对性又比较耗能。另外,南天油粕之前仅仅是将分离后的卵磷脂直接泵入待烘干的豆粕中,浪费了一部分卵磷脂变成浓缩磷脂后可高价出售的价值,同时蒸汽和电气耗费较大。

升级之前公司生产工艺流程如图 7-13 所示。

针对上述工艺存在的问题,公司运用节能技术,对传统工艺流程进行重新设计。在豆皮方面,公司增加豆皮分离风机,可将破碎后的大豆实行豆皮和豆瓣肉的有效分离,有着

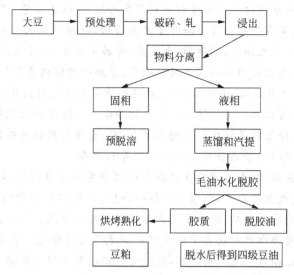

图 7-13 大豆压榨传统工艺流程

功率小、占位小、可现场加装的优点。在豆粕方面,公司将豆粕破碎后经过初步筛分,大颗粒筛上物直接打包作为普通豆粕销售,小颗粒筛下物含豆瓣肉比较多,蛋白含量比较高,可进一步加热熟化,制成豆粕粉高价出售,从而实现豆粕产品的增值。在大豆卵磷脂方面,公司经研究后决定在其分离出来的第一时间就直接泵入专业的薄膜干燥器进行干燥,脱水后的卵磷脂作为浓缩磷脂销售。浓缩磷脂具有豆粕两倍以上的售价,该部分调整可以为企业赢得一定的销售利润。结合之前提及的热水余热利用的设想,公司调整了部分换热器的结构,使之变为由热水先预热,预热到一定程度再由蒸汽加热。通过这样的调整可以充分利用热能,达到节省蒸汽,降低生产变动成本的目的。

公司加大技术改造,对现有工艺进行升级,具体规划如图 7-14 所示。

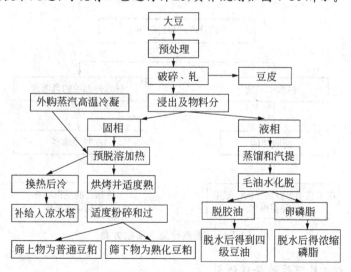

图 7-14 大豆压榨生产工艺优化方案

专题七 对偶微笑曲线

南天油粕在企业低碳运作升级过程中利用先进技术，改善工艺流程并提高生产效率，实现了过程升级，从而在产品细分上进行了产品升级，在原来仅有大豆粕、四级豆油两种产品的基础上增加了大豆油、浓缩磷脂、大豆皮、普通大豆粕、熟化豆粕合计5种产品。就浓缩卵磷脂而言，公司之前的卵磷脂泵入豆粕中，豆粕一般价格在3 500元/吨，而浓缩磷脂价格在6 500元/吨左右，除去加工费用，每吨会有1 500元的销售纯利。按照年2 400吨浓缩磷脂产量计，可以为公司提供360万元的净收益。除浓缩大豆卵磷脂外，同比情况下每加工1吨大豆，企业产品销售毛利增加了50元，企业获利能力明显增强。

（五）回收利用环节：资源回收利用提高资源利用率

对大豆压榨企业而言，在正常的生产加工过程中需要大量用到水和热能。在压榨过程中，需要补水调高大豆的水分，以增强其弹性，避免在压榨过程中粉末度过高。在生产过程中需要用水作为冷却介质，冷却中间产物及正己烷的蒸汽。在生产加工过程中，还需要用自来水作为真空冷却水对设备中的不可冷凝尾气进行除尘。公司结合生产特点，在水资源及热能回收方面做了相应的规划，通过资源回收利用提高资源的利用率。

1. 蒸汽冷凝水中热能和水的回收

南天油粕原来使用外购蒸汽，所产生的高温蒸馏水通常都是直接外排，存在一定的资源浪费。蒸汽冷凝后的冷凝水不但温度比较高，而且还是高品质的蒸馏水，在车间内有许多环节可以循环使用。基于此，公司增添了一些换热设施，调整换热流程，换热后的冷水再进入后道工序。蒸汽冷凝水经换热成冷水后，公司对该部分水资源集中回收，并统一补充入对水质要求比较高的凉水塔循环水池，因此，可以同时减少加热蒸汽和自来水的使用量。在通常情况下，为保证高质量的冷却循环水，公司需要安排人员进行定期巡查，水处理剂费用大致为20 000元/月。而冷却后的蒸馏水属高品质蒸馏水，加入循环水池后不但可以补充水资源，还可以提高水的品质，从而减少水处理剂的添加。经调整后，发现水处理剂的使用量下降了97%，取得了相当可观的绩效。蒸汽冷凝水回收方案如图7-15所示。

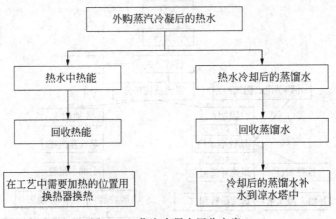

图7-15　蒸汽冷凝水回收方案

2. 真空冷却水处理后的合理使用

在大豆压榨过程中，为防止正己烷气体外溢，生产设备内部需要保持适度负压，因而要对设施内部进行抽真空处理。南天油粕发现真空喷淋水水质相对较好,杂质不超过3‰,主要为富含蛋白质的大豆粕残渣及微量植物油。在通常情况下,为避免造成环境污染,这些喷淋水在排放之前需要经过相应的除杂及有机会降解处理。由于这部分污水的内含物相对简单,经过后续的沉降及有氧处理后水质较好,且不含任何其他有害物质,存在着重复利用的可能性。如果将处理后的水资源都排放到市政污水管网,既增加了市场污水处理的工作量,也浪费了这部分水资源。鉴于此,公司进行了规划,在大豆压榨的污水处理流程上新增了对水资源进行回收利用的环节(见图7-16虚线框内容)。

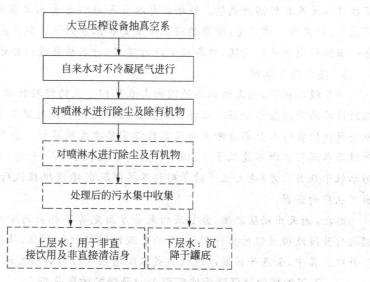

图7-16　调整后的大豆压榨污水处理流程

表7-10为南天油粕低碳运作升级后的水耗变化。在资源回收利用过程中,南天油粕实现了蒸汽资源再利用,减少水资源的使用量,降低生产成本,超越了行业水准并实现过程升级。

表7-10　南天油粕资源回收利用后水耗变化

项　　目	行业水准	2010上半年	2011上半年	同比变化
水/(立方/吨大豆)	0.12	0.17	0.095	−44%

数据来源:根据南天油粕公司提供的生产部生产单耗统计资料整理。

(六)管理创新保障:管理制度改革节约成本

人员是设备操作的主体,若人员对操作不熟悉、工作懈怠或者责任心不到位,就会放任能源的消耗。公司根据现存问题改善了相应的管理制度,建立了有效的激励机制、约束机制和监督机制,确保在企业升级过程中有相应的管理制度作为保障,以支持低碳升级措施得以贯彻和落实。具体内容如下。

1. 激励机制的建设

公司先发动员工结合公司的情况献言献策,充分调动各层级人员的积极性。员工提出的优化建议被称为"金点子",凡提出有效合理建议的人都给予一定的物质和精神奖励,同时与该员工的年终考评进行对接,而一些与其建议相关联的改造工程由其本人负责跟进。南天油粕将员工被尊重的需要和自我实现的需要有力地结合起来,极大地激发了员工的积极性和创造力,为企业推行低碳升级造势并注入活力。

2. 完善监督机制

结合低碳运作方式升级改造的实际情况,公司颁布了一系列的监督制度,主要用于监督能源使用部门的合理用能,以规范当班人员的行为。在硬件上,南天油粕都予以完善,重点耗能的环节都添置了蒸汽瞬时流量计或蒸汽转子流量计,数据远传到操作室以便现场操作人员及时观察并调整。现场操作人员和班组负责人必须定期巡视,检查设备的运行情况、员工的工作状态,所有的巡视结果都将记录到位。到月底生产部门的经理将结合各个班组的消耗产出情况,对各班组进行排名,排名结果进行公示。

3. 建立约束机制

结合激励机制,南天油粕参照国内大豆压榨企业的经验数据,制定了生产单元低碳升级改造后的产能指标和消耗目标。这些数据细化到具体的班组甚至个人,该项措施使得每个岗位的操作人员都清晰地知道其后续需要达成的目标。公司要求生产车间低碳运作升级后车间日产能不能低于1 200吨,蒸汽单耗低于275千克,电耗低于27千瓦时/吨,用水低于0.8立方/吨大豆。对于那些不按照既定操作规程执行或未能达成目标的都给出了相应的惩罚。

总之,南天油粕从激励、监督及约束等方面完善了相应的管理制度,确保公司整个低碳运作升级改造过程的执行到位,现场管理能够精细化到位,降低了生产成本,实现了过程升级。其中,金点子计划以较低的成本既增强了公司的研发水平,也实现了功能升级。

三、南天油粕通过低碳运作实现企业升级的效果分析

南天油粕完成了低碳运作的企业升级,在企业恢复生产并经营半年后,对公司各方面指标进行了全方位的核算。无论是内部管理、能源消耗、变动成本降低还是客户影响方面,南天油粕均取得了较好的反馈,凸显出了此次低碳运作方式升级的良好效益。

企业的生产成本得以降低,产品附加值得以提升,企业获利能力得以提高,这很好地印证了关于企业升级的对偶微笑曲线理论(见图2-5)。具体来看,一方面,南天油粕加大设备投入力度对设备进行优化,大大地降低能耗,在资源回收利用过程中实现了蒸汽资源再利用,以及减少水资源使用量,在管理制度上又进行了创新改革,因此在设备设计、回收利用,以及管理创新环节上都降低了生产成本并实现过程升级,基于成本的微笑曲线在制造环节下移[见图2-6(a)];另一方面,在生产制造环节,公司产能明显提高,各类消耗也明显降低,具有非常显著的效果,因此,基于附加值的微笑曲线在制造环节又实现了上移。

通过分析我们发现,作为老旧大豆压榨企业代表,南天油粕通过积极的低碳运作方式企业升级获得了成功。由表7-11可见,公司产能、成本、材料消耗等在升级前后的变化情况,其总成本下降了11%。

表7-11　南天油粕低碳运作升级前后变动情况

时间	2009年	2010年	同比/%	2010年上半年	2011年上半年	同比/%
大豆加工量/吨	342 440.11	327 455.45	−4.4	162 242.87	171 311.07	5.6
变动成本/元	91.32	90.80	−0.6	96.67	86.72	−10.3
正己烷溶剂(公斤/吨大豆)	7.54	8.15	8.1	7.99	8.03	0.5
蒸汽单耗/千克	60.93	58.10	−4.6	62.64	54.52	−13.0
电耗/(千瓦时/吨)	21.08	23.49	11.4	24.76	23.69	−4.3
水耗/(立方/吨大豆)	0.72	0.68	−5.6	0.78	0.46	−41.0
固定成本/元	51.32	46.06	−10.2	45.92	39.54	−13.9
包装成本/元	22.41	23.44	4.6	25.20	23.05	−8.5
总成本/元	165.05	160.30	−2.9	167.79	149.32	−11.0

数据来源：根据南天油粕公司提供的生产部生产单耗统计资料整理。

四、以低碳运作实现企业升级的有效性分析

（一）采用节能降耗措施是实现企业升级的有效途径之一

大豆压榨企业使用水电汽能源较多，因其能耗大，具有较大的基数，客观上存在可优化的空间。毛蕴诗、郑奇志(2012)[①]发现，企业可以通过降低能耗与消耗，降低成本，提升环保标准与附加值，实现升级。基于减量化（reducing）、再利用（reusing）、再循环（recycling）的原则，大豆压榨企业从节约能源（蒸汽、电、正己烷）和资源回收利用（水和热能）两个方面采取相应措施，以较少的能源投入获得最大产出，对排放物进行处理后循环再利用或减少排放，以此实现节能降耗。此外，企业也应该激发员工在节能方面的创新性，建立激励监督措施，群策群力，实现低碳运作和过程升级。因此，采取节能降耗措施不失为大豆压榨企业实现企业升级的有效途径之一。

（二）工艺流程优化是实现企业升级的另一个有效途径

大豆压榨企业加大技术投入对设备进行适当的优化，在一定程度上可降低加工成本，进而提高企业的盈利能力。除了在设备方面优化之外，大豆压榨企业还可以基于流程再造（reengineering）的原则，在原有设备基础上调整产品生产流程，对产品进行分类，降低成本，提高利润率和原料利用效率，实现低碳运作和过程升级。因此，适当优化工艺也是大豆压榨企业实现企业升级的有效途径之一。毛蕴诗、曾国军(2004)[②]认为企业内外部流程再造实现，可以大大提升企业竞争力，实现企业过程升级。企业优化工艺和关键流程可以降低企业制造成本，减少浪费，实现低碳经济并同时实现过程升级。

---

① 毛蕴诗,郑奇志.基于微笑曲线的企业升级路径选择模型——理论框架的构建与案例研究[J].中山大学学报(社会科学版),2012,52(3):162-174.

② 毛蕴诗,曾国军.网络组织框架下的外部流程再造[J].现代管理科学,2004,(10):3-5.

(三) 扩展产品种类有利于促进企业升级

大豆压榨行业竞争激烈,企业升级可以考虑让主流产品标准化,或者为特殊客户提供差异化产品,扩展产品的种类以获得超额利润,这有利于促进企业升级。南天油粕通过对产品生产工艺的提升实现产品多样化和产品升级,提升了企业利润率;同时,在此过程中也获得了客户和同行的良好口碑,提升了品牌形象,实现功能升级。

(四) 制度创新是实现企业升级的有力保障

针对南天油粕制度层面的一系列问题,南天油粕在管理制度方面予以了配套和跟进,建立有效的激励机制,激发员工的积极性和创造力;完善监督机制,有效地规范当班人员的行为;明确企业产能指标和消耗目标,构建节能减排硬性约束机制。通过以上激励、监督和约束机制,确保在企业升级过程中有相应的管理制度作为保障,以保障低碳升级措施得以贯彻和落实。

五、事实发现

(1) 基于对偶微笑曲线理论的低碳运作表明我国高耗能企业存在更大的升级空间。作为典型的高能耗企业,国内大豆压榨企业盈利能力较低。为保持盈利能力,企业通常在大豆采购及产品销售环节给予比较多的关注,对生产环节则不太重视。高耗能企业生产环节中的经济活动往往会产生负外部性,即导致外部环境污染或过度消耗能源资源。实际上,若企业在这些环节上采用新技术或新工艺,是可以促进生产效率的提高和成本的下降的。通过案例分析发现,公司优化生产工艺、提高设备换热效率、增强设备工作性能等低碳运作行为可以达到降低成本、提高附加值的目的,从而给企业带来长期的收益和回报。而南天油粕在升级过程中也遵循了减量化、再利用、再循环、创新性、流程再造的"5R"原则。对偶微笑曲线理论在此做出了合理的诠释,也表明我国高能耗企业以低碳运作方式实现企业升级存在更大的空间。

(2) 工艺流程优化是我国高耗能企业低碳运作的关键。毛蕴诗、熊炼(2011)[①]在研究广州互太的绿色转型升级时发现,工艺流程的改造可以实现清洁生产,提升产品品质和产品竞争力。对于大豆压榨行业,企业可以通过投入节能技术,对生产工艺进行优化以实现低碳运作。企业通过完善生产布局、优化生产设备配置,不断地提升技术以改造生产工艺流程,可以实现生产能耗的下降。另外,企业还可以结合大豆压榨行业产品的特点优化产品结构,根据客户需求实施差异化生产,提升产品的多样化,不但可以满足客户需求,还可以节省部分热能,也可以有效降低生产的变动成本,进而提高企业的盈利能力。企业通过技术进步、工艺流程优化升级,可以提高资源利用效率,提升品牌形象,实现过程升级和功能升级,因此是高能耗企业低碳运作的关键。

(3) 低碳运作能够有效地推动我国高耗能企业实现转型升级。中国大豆压榨行业发展到今天,产能过剩已经非常严重,全产业发展方式比较粗放,经营效益偏低,行业内工厂加工利润率比较低。对这些企业进行升级,以低碳运作的方式实施,将节能减排工作做到位,对大豆压榨企业有着非常明显的正向作用。案例分析发现,企业通过优化生产设备降

---

① 毛蕴诗,熊炼.企业低碳运作与引入成本降低的对偶微笑曲线模型——基于广州互太和台湾纺织业的研究[J].中山大学学报(社会科学版),2011,51(4):202—209.

低了能源消耗,通过优化产品生产的工艺流程提高了产品的附加值,通过有效地能源使用规划提升资源利用效率,通过有效的激励机制、约束机制和监督机制支持了低碳升级。因此,我们认为企业可以依据对偶微笑曲线的理论指导,在生产设备、工艺流程和生产管理等方面进行低碳运作,有效降低企业能耗,降低生产成本,不断提升产品、企业价值,最终推动高耗能企业实现转型升级。

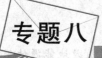

专题八

多元化经营三维模型及多元化经营的几个命题

一、问题的提出——关于多元化经营成败的不同观点简述

近来,关于多元化(diversification)经营的议论沸沸扬扬。关于多元化经营与企业绩效、企业成败之间的关系方面存在众多的观点、例证、实证分析结论。相当多的学者、企业主管将企业的失败归因于多元化经营。这使一些多元化经营的企业忧心忡忡。多元化经营也一直困扰着中国大型企业的发展,企业主管在由专门化向多元化迈进时犹豫不决。

虽然重视扩展和多元化的战略在 20 世纪六七十年代是较为普遍的趋势,但由于许多企业过度扩展、过度多元化而产生了一系列问题。规模过大造成管理困难;管理层次过多,效率低下;过度多元化使高层经理难以有效地管理每一个业务、市场并保持其战略优势;巨大的非正常的债务;难以实现协同作用;出现大企业病等。迈克尔·古尔德和凯瑟琳·卢克斯(1993)的研究表明:多元化经营只有在公司经理层能够以某种方式增加价值时才是值得的。[1] 虽然多元化经营在达到一定程度时可能是有效率的,但多元化的利益来源却不清楚;在多元化经营中实现效率也是困难的;广泛的多元化通常与更糟糕的业绩水平相关联。

在过去的 10 年中,许多联合企业对它们的战略进行了重新的定位,并进行了范围紧缩。[2] 柯达公司在 1993 年剥离了它的化学、药品、家用产品和医疗检测设备,而在 1994 年则又剥离了其他的一些业务。重新定位公司的多元化经营能够实现额外的收益,这就使得剥离和分立或分拆公司的业务成为企业战略中的可行部分。迈克尔·尤西姆(1993)认为,20 世纪 80 年代大公司的重构,是对资本市场的参与者的活动和影响发生变化的一种反应,这种变化使股东能够更多地控制职业经理人员的行为。[3]

自从 1962 年 Chandler 出版 Strategy and Structure 一书之后,研究者在相当长一段时间内大多致力于研究多元化战略及对绩效的影响。产业组织理论经济学家(如 Arnould,Gort)认为多元化与绩效有相关关系,例如 Gort(1962)认为,多元化与公司绩效存在正的线性关系(linearly and positively related)。战略管理学家(如 Markides and Williamson,Rumelt)也认为,相关多元化与无关多元化企业中绩效存在很大的差异。例

---

[1] Goold M, K Luchs. Why diversify four decades of management thinking [J] Academy of Management Executive, 1993,(7).

[2] 毛蕴诗. 范围紧缩为特征的公司重构与我国企业战略重组[J]. 管理世界,2000,(4).

[3] Useem M. Executive defense: shareholder power and corporate reorganization [M]. Cambridge, MA: Harvard University Press, 1993.

如,Rumelt(1975)认为,提高企业的多元化程度可以对绩效带来积极的影响。具体包括范围与规模经济性(economics of scope and scape)、市场能力(market power)、减弱风险(risk reduction)与学习效果(learning effects)。但是他认为这在相关多元化中体现得才明显,认为相关多元化可以使知识成功转移,而无关多元化不会带来学习的效果,只增加了管理的负担。[1]

拉梅鲁杰(Ramanujam)和维拉德拉杰(Varadarajan)综合了前人的相关观点,把多元化定义为"一个企业或业务单元对新活动领域的进入,这种进入通过内部业务发展或收购来进行,并会引起管理结构、体系和其他管理过程的变化"。[2] 由此可见,多元化同时具有静态和动态的含义,前者是指企业经营多种业务的状态;而后者强调进入新业务的行为和过程。跟多元化密切相关的另一个重要概念是多元化度(diversity)。多元化度是指企业同时进入许多不同业务的程度。多元化度决定业务数目的多少及业务相互之间的关联程度。

彼得斯(Peters T. S.)和沃特曼(Waterman R. H.)在其《追求卓越》一书中强烈批评了混合的、无关的多元化行为,并一再倡导"回归根本"[3]。普拉哈拉德(Prahalad)和哈默尔(Hamel)在其《竞争未来》一书中,对日本、美国企业的战略发展做了深入的分析研究,提出了围绕企业核心能力的适度多元化战略。[4]

从总体上看,大多数的专家都认为适度多元化是对绩效有正的促进作用,但是从长期来看,公司多元化与公司绩效很难找到一个相关的关系,正如 Markides and Williamson (1994)说的一样,"很难从公司多元化与公司长期竞争优势建立的关系达成一致意见"。[5]

其实就多元化经营的成败不能一概而论,而应按权变学派的观点加以分析。因此,正确分析多元化的利弊和成败及其原因、多元化经营的内涵,把握多元化经营的特征与应用条件,有助于大型企业摆脱多元化经营决策的困惑。本专题就多元化经营提出以下命题与推论,供参考。

二、多元化经营的几个命题与推论

以下分别从多元化经营的内涵、难度、特征,多元化扩展与企业成败的关系及如何实施多元化等问题提出命题并做出若干推论。

(一)关于多元化经营的内涵

多元化的概念最早是由安索夫(Ansoff)于1957年发表在《哈佛商业评论》上的论文

---

[1] Rumelt R P. Strategy, structure, and economic performance[J]. Journal of Behavioral Economics, 1975, (75): 91-92.

[2] Ramanujam V, P Varadarajan . Research on corporate diversification: a hypothesis[J]. Strategic Management Journal, 1989,(10/6).

[3] [美]汤姆·彼得斯,罗伯特·沃特曼. 追求卓越[M]. 戴春平,译. 北京: 中央编译出版社,2003.

[4] [美]普拉哈拉德,哈麦尔. 为赢得未来而竞争[M]//哈佛商业评论精粹译丛. 北京新华信商业风险管理有限公司译校. 北京: 中国人民大学出版社,2004.

[5] Markides C C, Williamson P J. Related diversification, core competences and corporate performance[J]. Strategic Management Journal, 1994, 15(S2): 149-165.

《多元化战略》提出来的。安索夫根据美国1908—1948年最大的100家企业的发展和变化,总结出它们成长的四种基本方向:①在现有市场内的增长;②开发新市场;③开发新产品;④多元化。安索夫认为,多元化就是用新产品去开发新市场,他指出当企业现有产品的发展不能实现企业发展的目标时,企业进入新的产品领域,或者是某种产品市场高利润率的诱惑诱使企业进入新的产品领域。安索夫(1957,1965)的多元化定义强调企业利用新产品进入新市场,更为强调多元化行为而区别于以描述多元化状态为特征的定义。[①]

沿着安索夫关于多元化的概念,彭罗斯(Penrose,1959)指出,任何时候一个企业在实施多元化时,都是在企业不完全放弃其原有的产品线的情况下,从事新产品生产,包括中间产品的生产。这些新产品与原有的产品在生产和营销中有很大的不同。因此,多元化包括各种各样的最终产品的增加、垂直一体化的增加、企业运作的基本领域数量的增加。彭罗斯(1959)强调相关多元化作为企业成长的一种方式,认为企业多元化经营的发展程度和公司掌握的资源量有关,成功率与原有专长领域相关。企业进入领域的数量和行业的跨度要受到公司资源及原有独特专长的约束。[②]

多元化相对于一体化的解释由美国人哥特(Gort,1962)提出的。哥特(1962)以基于所服务的市场的"产出异质性"的概念定义多元化。他认为多元化是指两种产品分别在独立的市场销售,即这些市场的交叉弹性很低而且从短期来看,生产与销售资源无法在各个市场之间流动。在他的著作《美国工业中的多元化与一体化》(*Diversification and Integration in American Industry*)中,他对多元化定义是:"多元化可定义为单个企业所活动的异质市场数目的增加。生产活动的异质性如果仅仅涉及有些差异的同类产品或垂直结合方式,并不是多元化……多元化的含义是一个企业所活动的行业数目的增加。"[③]

钱德勒(Chandler,1962)指出,多元化经营是企业最终产品线的增加。同时,钱德勒首次提出了多元化经营与企业组织结构的关系,指出企业组织结构的相应调整是企业多元化经营成功的关键。哈佛商学院从企业管理技能的观点出发认为,多元化战略是指企业管理技能较佳的企业对于新"产品—市场"的进入活动,这种管理技能可能是企业已经具备的,也可能是新的"产品—市场"所要求的。因此,多元化的实质是延伸到新的领域,要求发展新的能力,或增强现有能力。

彼茨(Pitts)和霍普金斯(Hopkins)利用"业务"(business)代替"产业"(industry)来定义多元化,并把多元化企业定义为同时在两个或以上的业务领域里运营的企业。将多元化经营按业务进行研究是最为普遍的方式。由此派生出业务的相关多元化与无关多元化。卡萨罗(Cassano,J.)按两个维度,即产品多元化与市场多元化来研究美国公司的多

---

① Ansoff H I. Strategies for diversification[J]. Harvard Business Review, 1957, 35(5): 113-124.
Ansoff H I. Corporate strategy: an analytic approach to business policy For growth and expansion[M]//corporate strategy: an analytic approach to business policy for growth and expansion. Penguin Books, 1965.
② Penrose E T. The theory of the growth of the firm, 1959[J]. Long Range Planning, 1995, 29(4): 151.
③ Gort M. Diversification and integration in American industry[J]. Journal of the Royal Statistical Society, 2009, 15(15): 621.

元化经营。实际上市场多元化与地域多元化具有相同的含义①。

然而,人们很少注意企业内部职能多元化。所谓企业内部职能,是指诸如筹供、制造、物流、营销、服务等业务活动。现实中,企业的内部职能是上述筹供、制造等业务活动的一种或几种或全部的组合。例如,有的企业只有制造业务,有的企业只从事营销业务,而有的企业,特别是大企业往往从事所有上述筹供、制造等业务活动。当企业的某些内部职能特别重要,则有可能将其作为独立的业务部门而同时面向外部市场。

现实中的多元化经营总要涉及上述三个维度,而形成三者之组合。为此,提出命题1。

命题1:多元化经营包含业务、空间(地域)与企业内部职能三项内容,因而要结合该三个维度进行分析

多元化经营的内容可以用图8-1所示的多元化经营三维模型加以认识。如图8-1所示,多元化经营的第一个维度是横坐标所示的业务多元化程度,可由相关多元化与无关多元化,纵向一体化来衡量。第二个维度是纵坐标所示的企业内部职能多元化程度,可由涉及诸如筹供、制造等业务活动的多少与组合来衡量。第三个维度是斜坐标所示的地域多元化程度,可由业务所涉及的空间范围、区划,如省、市,国别、区域、洲际、全球来衡量。

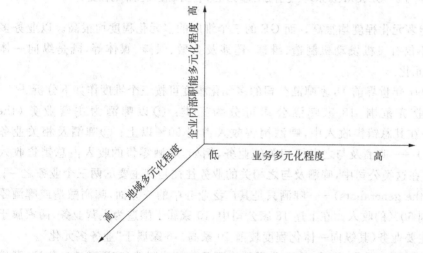

图8-1 多元化经营的三维度模型

利用多元化经营三维模型可以对任何一个公司的多元化经营程度做出清晰的认识。例如,麦当劳的业务多元化程度最低,是快餐业务(也有房地产业务,这里姑且不论);但其地域多元化程度最高,业务覆盖了世界主要国家和地区,是一个典型的全球经营者;其企业内部职能多元化程度也很低,只有一个快餐服务(也有筹供业务活动)(见图8-2)。

同样对沃尔玛、通用汽车(GM)和通用电气(GE)可以用上述三个维度来标识各自在多元化经营三维模型中的位置。如图8-2所示,沃尔玛的业务多元化程度和企业内部职能多元化程度低,但其地域多元化程度很高。GM的业务多元化程度较高,而地域多元化

---

① Cassano, J. The link between corporate strategy, organization, and performance. in Babian, H. and H. Glass, eds. [A]Handbook of Business Strategy:1987/1988 Yearbook[C]Boston: Warren, Gorham, and Lamont, 1987.

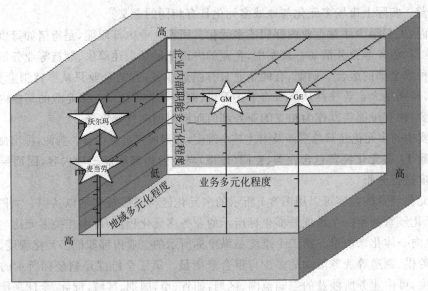

图 8-2　GE、GM、沃尔玛、麦当劳在多元化经营三维度模型中的位置

与企业内部职能多元化程度均很高。而 GE 的三个维度的多元化程度均很高。以业务多元化为例，GE 不仅有飞机发动机制造、维修，还涉及金融、保险、媒体等，既是纵向一体化，又是无关多元化。

又如，对 1997 年世界前 18 家啤酒公司的多元化程度可按三个维度作如下分析。[①]

按产品与业务范围，18 家啤酒公司可分为三类：①以啤酒为主营业务（the specialists）——在其总销售收入中，啤酒销售收入占到 50% 以上；②啤酒及相关业务（the strategists）——啤酒及与之密切相关的业务，例如，啤酒零售的收入占总销售收入的 50%～80%，在这类公司中，啤酒及与之相关的业务往往是其主要的两三个业务之一；③业务多元化（the generalists）——啤酒只是其广泛业务中的一方面，啤酒酿造或啤酒零售只占公司不到 50% 的收入。在上述 18 家公司中，10 家属于酿造为主营业务，两家属于酿造与零售为主要业务（其纵向一体化程度较前 10 家高），6 家属于"业务多元化"。

按企业内部职能多元化，上述 18 家公司的啤酒业务可按制造（啤酒酿造）、物流、营销来区分。

按业务活动地域范围分，世界主要的啤酒公司可分为三类：①全球经营者——产品销售到世界众多地区和市场；②区域经营者——产品销往众多市场，但更倾向于一个或两个区域市场；③国别经营者——倾向于集中在一国市场内。1997 年，在世界前 18 家啤酒公司中，只有喜力（Heineken）、英特酿造（Interbrew）、嘉士伯（Carsberg）和 Diageo 4 家属于全球生产与经营者，这 4 家啤酒公司都有一个共同点，就是其国内市场狭小（荷兰、比利时、丹麦、英国）。因此它们在公司成长的早期就致力于拓展海外市场，以求获得经济性规模。在 18 家啤酒公司中，Allied Domecq 等 4 家是国别经营者。上述 18 家啤酒公司同时出售自己公司品牌啤酒和授权经营的品牌。

---

① 毛蕴诗，施卓敏. 公司重构与竞争优势[M]. 广州：广东人民出版社，2000.

（二）关于多元化经营的难度

如前所述，讨论多元化经营的成败与绩效，人们更多地注意业务多元化。在实践中，多元化经营的难度是决定多元化经营成败的重要因素。多元化经营的难度首先与命题1各维度的多元化程度有关，并与由三个维度综合决定的多元化程度的高低有关。为此，提出命题2。

命题2：多元化经营的难度随业务、空间（地域）与企业内部职能三个维度的多元化程度高低及其组合而定

以图8-2中所标识的4个公司的例子来看，多元化经营的难度依次为GE、GM、沃尔玛、麦当劳。因为GE处在三个维度坐标均离原点最远的位置，而麦当劳仅处于一个维度坐标离原点最远的位置。

在现实中，在有些情况下处理业务多元化难度大，在另一些情况下处理地域多元化难度大，或处理企业内部职能多元化难度大。20世纪80年代，企业经营管理趋势之一是对跨文化管理的强调。其背景在于20世纪70年代许多跨国公司向国外扩展，即业务的地域多元化的程度越来越高。然而，许多在母国行之有效的管理模式，在东道国却未获成功。这引发了理论和实践方面对跨文化管理的重视。与此同时许多跨国公司，特别是欧、美跨国公司也进一步提升了自己处理跨国经营的控制能力、跨文化的协调能力。随着世界经济国际化程度越来越高，跨国公司活动的范围越来越大，越来越多的公司正演化成为全球性公司。目前，跨地域、跨国界的综合协调和控制能力成为全球500强的重要特征。例如，德国西门子、美国的IBM、芬兰的诺基亚、美国的沃尔玛等公司，其子公司、分公司分布在全球100多个国家地区。对于全球性公司的多国化经营、国际化程度、地域多元化程度可以用跨国度来衡量，联合国贸易发展委员会于1990年起采用跨国度指数来衡量公司国外活动的卷入程度。研究表明，排名在前面的大型跨国公司有很高的跨国度。世界上最大的100家跨国公司的跨国度指数的平均值由1990年的51%上升到1997年的55%。而1997年按跨国度排名的前10位跨国公司的跨国度指数位于82.2%～97.6%。它们都是按资产排名处于世界前82家的大公司。[1] 任何跨国公司进入新的市场，都很重视跨文化差异的影响，往往能通过识别文化差异后，进行有效文化沟通，在共同目标和利益驱动下，发展文化共感，最后实现跨文化的融合。

然而，按多元化经营的三个维度衡量，中国没有像GE、GM这样的跨国公司；也没有像麦当劳那样，业务较为单一，但地域覆盖了全球范围的公司。包括中国香港的华资企业在内，国内许多企业在跨国经营方面，缺少成功的经验，而失败的例子却比比皆是。中国进入世界500强的公司，大都有一定的自然垄断特点，如石化、通信之类的企业，其跨国度指数很低。为此，可以做出推论1。

推论1：中国企业最缺乏的是多元化经营的跨地域的控制能力、跨文化协同能力，这是中国没有真正意义上的跨国公司的原因

---

[1] UNCTAD/Erasmus University database.

（三）多元化经营的特征

钱德勒(1977)在论述美国现代企业的形成过程中，重点讨论了纵向一体化过程。纵向一体化的必然结果就是无关多元化程度的提高。历史上，绝大多数跨国公司在扩展过程中往往经过纵向、横向以及多元化的扩展及相应的联合与兼并。因此，大公司的多元化程度较高。钱德勒(1997)认为，"由一组支薪的中高层经理人员所管理的多单位企业即可适当地称之为现代企业"。其所谓的多单位就是多元化的体现或结果。一些学者的研究表明，自20世纪50年代以来，所有发达国家的大企业几乎无一例外地进行了多元化扩展，进行多元化经营，而那些仍然是单一产品的企业组织，则在世界大企业的名单中逐渐消失。

汤普森(Arthur A. Thompson, Jr., 1981)[1]在分析现代企业结构时指出，"最近，大型公司的第4个显著特征已经出现了——就是产品相互关联或无关联的多元化经营"。一些学者的研究表明，日本企业集团化的发展与多元化经营的发展具有高度相关的关系。在欧洲，一些大型集团公司的多元化程度也很高。大企业一直在进行多元化经营，因为多元化经营使企业更为平衡。为此，提出命题3。

命题3：多元化经营是大型公司的重要特征，也是大企业的基本生存方式，特别是跨国公司的基本生存方式

成立于19世纪初的杜邦公司，其成为跨国公司的历史就是围绕多元化经营的三个维度不断进行扩展的过程。20世纪初，以生产炸药起家的杜邦公司，其炸药产量占美国市场的64%~74%，无烟军用炸药则占100%。1902—1903年，杜邦公司兼并了炸药销售公司，建立了全国规模的分销网，扩展了企业内部职能。同时建立开发实验室，实现了研究与开发功能的扩展。第一次世界大战前后，杜邦公司先后兼并了染料、人造丝、赛璐珞、油漆、涂料等众多的中小企业，由规模巨大的单一产品企业向业务多元化扩展，覆盖了6个不同的行业；同时继续实行兼并与纵向一体化，兼并销售公司，实现了营销功能的扩展。自1919年至20世纪50年代中期，杜邦公司两度大规模向海外扩展其业务，成为覆盖范围宽广的跨国公司；并继续发展多元化经营，其业务范围扩展至石油化工、摄影胶片、玻璃、颜料与染料以及轻武器等领域。

例如，笔者1998年访问德国西门子公司，其经营活动覆盖了14个行业250多种业务，是一个业务多元化程度、相关多元化与无关多元化程度高，地域多元化程度也很高，以及企业内部职能多元化程度都很高的跨国公司。

（四）多元化经营与企业业务、市场的新增长与转型

多元化经营能平衡市场周期对企业总体经营活动的影响效果，使企业的收益更为平稳，并且在多元化经营的众多业务、市场中，有的可望形成新增长，从而推动企业成长于转型。在企业发展史上，这样的例子并不少见。

---

[1] Wythes J R, Arthur R J, Thompson P, et al. Effects of transporting cows various distances on liveweight, carcase traits and muscle pH[J]. Australian Journal of Experimental Agriculture, 1981, 21(113): 361-378.

在20世纪30年代初期,日本丰田公司的汽车业务不过是其母公司丰田纺织机厂的一个部门,并于1937从母公司分立出去,当时日装配卡车5辆。1950年,它的年生产量也只有约1万辆,然而到了20世纪80年代,这家日本公司已经发展成为世界上最大的汽车制造商之一,其国内轿车和卡车年产量达到300万~400万辆。90年代后期,由于海外生产的快速增长使丰田公司在全球范围内的年生产量上升到近500百万辆。其子公司的汽车业务超过了母公司的业务,并取代了母公司的地位。[①] 1967年,芬兰的诺基亚公司(Nokia)的业务包括木材精加工、电缆、橡胶和电子。当时电子业务只占整个集团业务收入的3%,仅有460名员工。之后,公司电子技术与业务在无线通信方面获得发展,并于20世纪70年代末开始生产无线电话。20世纪七八十年代公司在电视机制造业高速扩展,但是1989年其电视机业务完全崩溃。得益于其在移动通信领域的基础,诺基亚放弃传统业务,以电信为主导,专注全球化增值业务;用了不到10年的时间就超过了著名的摩托罗拉,一举成为世界第一的移动电话制造商。[②] 而在地域多元化方面可举出更多的例子。带来业务的新增长,甚至超过传统地区(市场)业务增长的例子也可举出许多。例如,许多跨国公司因进入中国带来巨大的业务增长;中国甚至是其全球业务不景气的情况下唯一增长的市场。为此,提出命题4。

命题4:多元化经营有助于形成企业业务、市场的新增长点,甚至超过其传统或主要业务

(五)作为企业扩展方式的多元化经营与企业的成败

任何一种扩展方式都是服从于一定时期大企业或企业集团战略,是为组织的总体目标和总体战略服务的。在实践中具体采用什么扩展方式,应当根据当时的环境和选择的战略来评价。而对应于特定的环境与战略,不同扩展方式的优劣之处也可以开始凸显并变得可以识别。想象识别和正确评价这些不同扩展方式的优劣,正是管理人员的高明所在。

从理论上,我们可以举出因多元化经营的利益所在,也可以列出因多元化经营的弊端。以无关多元化经营为例,其利益方面包括诸如分散风险和减少不确定性、平衡市场周期的影响使企业的收益更为平稳、减轻激烈的市场竞争对企业的影响、利用企业独特的资源优势进行业务扩展等。而无关多元化经营的弊端则包括诸如进入不熟悉的行业给企业带来经营风险、分散资源、削弱主营业务能力、削弱企业市场力量、企业财务状况恶化等。多元化因涉足不同的业务、不同的地域而分散风险,但也会因进入不熟悉的业务、不熟悉的地区或国家而引入风险。为此,我们提出命题5。

命题5:正如跨国化经营是企业扩展方式一样,对多元化经营的成败必须与过度扩展与过度多元化造成的失败相区分。其成功与否取决于内外部环境、决策以及决策的执行等因素

---

① Takahiro Fujimoto. The evolution of a manufacturing system at Toyota[M]. Oxford University Express, 1999.

② [芬]斯塔凡·布鲁恩,莫斯·沃伦.诺基亚传奇——从芬兰到世界[M].桑焭,译.北京:机械工业出版社,2001.

前一时期,国外许多学者对多元化扩展的效果进行实证研究。较多的研究认为无关多元化的失败概率较相关多元化高。有关公司重构的研究认为,20世纪80年代的美国企业以规模紧缩和范围紧缩为特征的公司重构在一定程度上是对过度扩展和过度多元化的矫正。因此,对于多元化经营成败的认识必须与过度扩展和过度多元化相区分。

在实践中,我们可以举出国内外企业因多元化经营获益或失败的两个方面的例子。因过度多元化造成失败或业绩下滑的例子已在许多文献中有所举证,这里举出因多元化而获益的例证。

例如,GE的商业模式就是高度多元化的模式。GE多年来一直是沿着多元化的路径成长。GE的业务,包括GE飞机发动机、医疗系统、金融服务等。这种业务的多元化给GE不断发展的机会。尽管有时有些业务做得不好,但在总体上是好的。例如,"9·11事件"对GE的飞机发动机业务产生了很大冲击,因为全球航空业受到重创。但是GE的医疗系统,还有金融服务系统弥补了其不足。所以,GE的整体业务在经济状况不好的情况下仍然能保持增长。多元化经营可以使企业更加平衡,可以帮助企业度过经济周期的危机。例如,许多跨国公司在其全球业务下滑的情况下,因其在中国这个高成长市场中的受益,而使其全球业务不致亏损。

我们还可以举出提高多元化程度而挽救企业的例子。1991—1993年,IBM连续3年利润和营业额出现负增长,亏损总额高达168亿美元,创下了美国企业的亏损记录。IBM面临严重的危机,前景岌岌可危。1993年,IBM董事会迫于无奈,破天荒在公司80年历史上第一次聘请了一位非IBM内部土生土长的CEO。曾为麦肯锡顾问公司合伙人的郭士纳(Louis Jr. Gerstner)入主IBM。郭士纳对公司的战略目标做了重新调整,将公司业务重新定位。使其从一单一硬件业务公司转变为全面提供硬件、软件和行业解决方案的信息技术服务公司。不仅使IBM度过生存危机,并使其成功转型,重获竞争优势。在命题5和上述分析的基础上,我们进一步得出推论2。

推论2:相关多元化与无关多元化本身的优劣很难严格界定,而只是在应用条件、范围、时机上有所差别。

(六) 如何处理多元化经营

正如许多研究表明的那样,多元化经营以及与之有关的纵向一体化,一方面有利于分散风险和减少不肯定性;另一方面又可能引入风险和带来不肯定性。如前所述,GE的商业模式是很高程度的多元化经营。然而,通用电气是成功地实行多元化经营的公司。通用电气处理多元化经营的方法是,把每个业务用不同的方式来运作,而不是用一个方法来运作所有的事情。尽力把每一块业务做好。然而,现实中很难把每一业务做好。

首先,需要正确处理扩展方式与企业资源相配合的关系。考察企业成长方式,重要的是正确处理内部积累与外部成长的关系。即人们常要在创建和兼并之间进行权衡和选择。实际上,多元化经营以及其他方式的扩展都是有一定前提条件和基础的。

其次,需要不断地对公司多元化经营进行调整。企业在成长中往往会带来或遗留许多问题。特别是自20世纪60年代以来,西方许多企业过度扩展、过度多元化使其遭受失败,而不得不进行战略调整。实际上,在韦尔奇执掌公司的20年中,通用电气在兼并数百多项业务的同时,退出了100多项业务。有些业务通用电气做得不好,就退出了。即使像通用电气这样的公司也并不是什么都能做得好。为此,我们提出命题6。

命题6:处理多元化经营的方法是,尽力把每一块业务、市场做好,并适时进行调整,扩展方式与企业资源相配合,有进有退,有加有减,这就是公司重构。

三、小结

多元化经营一直是困扰企业的课题。笔者曾于2001年对珠江三角洲南海市(现佛山市南海区)某公司进行战略咨询。该家公司是一家成立只有4年的历史,但发展很快,目前经营有房地产与酒店、工程安装、陶瓷生产与销售、机电设备制造、IT技术6项业务。虽然,每个方面的业务都有较大的盈利,但这些业务之间缺少相关性。这使管理层颇为忧虑。然而该公司业务的地域范围并未超出所在市。为此,笔者得出判断,认为可不必担心其无关多元化问题,而应致力于做好各块业务。

本专题的研究和由此得出的命题、推论认为,将企业的失败、绩效下滑归因于多元化是逻辑上的错误。实践中,必须区分多元化经营与过度多元化经营。正如跨国化是企业做大做强必须面对的问题一样,多元化也是企业做大做强的必由之路。对企业而言,重要的是培养、形成对多元化经营的管理能力,并根据环境的变动,对多元化经营进行适时的调整。

专题九 世界500强的特征及其对中国企业的启示

一、引言

自从《财富》论坛在上海召开以来,有关中国企业进入世界500强(以下简称500强)一直是热门话题。若干优秀企业也设定了冲击500强的目标。例如,海尔的时间表设定在2006年,联想则晚一些[①]。2001年,海尔营业额已达600亿元人民币,从而逼近500强,但这只是在规模意义上的接近。我们要问,那些立志冲击500强的企业需要的是真正认识到500强的内涵和特征。

美国著名的教授纽曼总结出了世界级企业(World-class Enterprise)的七个特点:①合适的规模;②高超的产品和服务;③有能力与全球企业在国内或国际市场上竞争;④世界通行的质量标准;⑤跨国界、跨文化管理;⑥柔性,即有能力对顾客需求的不断变化进行动态调整;⑦建立并集中核心专长。[②]

笔者于2000年提出企业集团"一大七多"的特征,一大指的是企业规模大,七多包括:①多法人与股权分立;②多层次控制与管理和协调;③多单位;④多种联结方式但以资本联结为主;⑤产品与业务多元化经营;⑥多功能;⑦多国化经营。[③] 这些特征的描述也是较多地侧重于问题的表象。

本专题在讨论500强的历史变动的基础上,从例证分析的角度讨论总结500强的特征,特别是其成长特征,以探讨对中国企业的启示。这对我国企业进军500强具有重要意义。

二、500强历史变动分析

所谓500强企业最初来自从1955年开始由美国《财富》杂志每年推出的500个最大企业评选结果,至今为止,根据其评选的范围与企业类型,可以将其分为三个阶段:第一个阶段,从1955年开始,由《财富》评选的美国工业企业500强以及从1956年开始评选的美国之外工业企业500强;第二个阶段,从1990年开始,将美国与美国之外的工业企业并轨推出世界(全球)工业企业500强与世界(全球)服务企业500强;第三阶段,从1995年

---

① 赖志坚.私营公司二十大失败的理由[M].北京:中国商业出版社,178.
② 蓝海林.迈向世界级企业:中国企业战略管理研究[M].北京:企业管理出版社,2001:6.
③ 毛蕴诗,等.企业集团——扩展动因、模式与案例[M].广州:广东人民出版社,2000:25.

开始,将工业企业与服务企业并轨推出了世界最大500家企业(包括工业企业和服务企业),也就是现在我们通称的世界500强。

500强的总体实力和规模的发展变化,在不同的历史阶段表现出不同的特点。500强排名变化也反射出世界经济竞争格局的变化。从几十年世界500强的排名看,一些著名大企业的排名由前变后,甚至被淘汰出局,而另一些新兴企业的排名则迅速靠前。

20世纪50年代中期至70年代中期,是美国经济称霸世界、欧洲复苏、日本经济高速增长的时期。从当时有关世界最大企业排名也可以看出这一特点。在1965年以前,只有12家欧洲企业可以跻身世界500强,而到1976年则达到了20家,相反美国企业逐渐减少。反映出了美国以外的大工业企业与美国工业企业进入了一个激烈竞争的时期。1975年,美国与日本和欧共体逐步形成了三足鼎立态势。

1982—1988年,美国以外的世界工业500强一改颓势,不仅销售收入、资产快速增长,利润增长更为迅速。1988年,美国以外的工业500强的利润额已经超过美国,劳动生产率也相当接近。1989年,美国工业企业在全球工业500强中有167家,日本111家,但到1993年美国下降到159家,日本上升到135家。

1989年至90年代中期,美国公司在全球500强中,仍旧占据支配地位,日本企业咄咄逼人,入围企业继续增加。1994年,在全球综合500强企业中,美国有151家,日本有149家,这一年中国有3家企业入选。

自20世纪90年代中期以来,日本经济问题暴露,美国公司竞争力增强,在500强名单中,日本企业不断减少,美国入围企业继续增加。中国公司入选500强,则继续扩大其阵容,从1997年的4家,扩大到1999年的10家。欧洲公司连续两年的入选情况证明,其发展比较而言具有良好的态势。表9-1列出了20世纪90年代500强的国家或地区。

表9-1 20世纪90年代500强的国家或地区

国家或地区	美国	日本	德国	法国	加拿大	英国	澳大利亚	韩国	意大利	中国	中国台湾	总和
1990年	164	111	30	30	12	43	9	11	7		1	418
1999年	179	107	37	37	12	38	7	12	10	10	1	450

资料来源:根据《财富》500强资料整理。

根据《财富》杂志的统计,1987年的全球500强到了2000年已有半数退出500强之列,甚至关门大吉。综合分析,这些企业,由于外在环境快速变动、技术不断创新、竞争不断加剧,而企业依然执着于过去成功的模式,欠缺危机意识,与顾客与市场渐行渐远,从而导致经营失败。

中国在500强的地位随着财务透明化及国际化的审计标准提升,正逐年增加。在2000年又新增了两家,共12家企业入榜,新增的企业,一为排名336的中国移动(China Mobile)销售150亿美元,一为排名83位的中国石化(China National Petroleum)销售420亿美元,并拥有全球最大的员工数达1 292 558人。2003年,中国又有4家公司进入其中。2005年,中国进入世界500强的公司已经从最初的3家增加到现在的22家。其中内地公司19家,台湾地区公司两家,香港地区公司1家。随着经济的发展,中国上榜公司数量继续增长,2016年达到了110家。13家中国内地公司首次上榜,其中包括电子商务公司京东、家电巨头美的集团,以及三大房地产公司:万科、大连万达、恒大。

在2016年7月发布的世界500强榜单中,中国(含港、澳、台地区)一共有110家企业上榜,含台湾企业7家。这一数量创下历史新高,在榜上仅次于美国而稳居全球第2位。日本企业在500强公司排行榜中的数量逐步下降,目前仅有52家,是上榜中国企业数量的一半。欧洲三强德、英、法加起来一共有84家,也远不及中国企业上榜总量。在企业方面,沃尔玛连续三年排名第一,2015年营业收入达4 821亿美元,同比微降0.7%。前5位中有3家中国公司。大石油公司的营业收入因油价暴跌而大幅下滑,令国家电网排名跃升至第2位,尽管其营业收入也下跌了2.9%。中石油和中石化紧随其后,分列第3位和第4位。苹果首次进入前10位,排名第9位,2015年营业收入大涨27.9%,是前10位中唯一实现营收正增长的企业。同时,苹果以534亿美元的利润超过工商银行,重返利润榜冠军宝座,"工建农中"四大行紧随其后,分列第2~5位。

表9-2列出了2016年度世界500强的最新排名与相应的营业收入,以供参考。

表9-2　2016年世界500强前50位企业　　　　单位:百万美元

排名	中文常用名	营业收入	净利润	国家
1	沃尔玛	482 130	14 694	美国
2	国家电网公司	329 601.3	10 201.4	中国
3	中国石油天然气集团公司	299 270.6	7 090.6	中国
4	中国石油化工集团公司	294 344.4	3 594.8	中国
5	荷兰皇家壳牌石油公司	272 156	1 939	荷兰
6	埃克森美孚	246 204	16 150	美国
7	大众公司	236 599.8	−1 519.7	德国
8	丰田汽车公司	236 591.6	19 264.2	日本
9	苹果公司	233 715	53 394	美国
10	英国石油公司	225 982	−6 482	英国
11	伯克希尔-哈撒韦公司	210 821	24 083	美国
12	麦克森公司	192 487	2 258	美国
13	三星电子	177 440.2	16 531.9	韩国
14	嘉能可	170 497	−4 964	瑞士
15	中国工商银行	167 227.2	44 098.2	中国
16	戴姆勒股份公司	165 800.2	9 344.5	德国
17	联合健康集团	157 107	5 813	美国
18	CVS Health公司	153 290	5 237	美国
19	EXOR集团	152 591	825.3	意大利

续表

排名	中文常用名	营业收入	净利润	国家
20	通用汽车公司	152 356	9 687	美国
21	福特汽车公司	149 558	7 373	美国
22	中国建设银行	147 910.2	36 303.3	中国
23	美国电话电报公司	146 801	13 345	美国
24	道达尔公司	143 421	5 087	法国
25	鸿海精密工业股份有限公司(INDUSTRY)	141 213.1	4 627.1	中国
26	通用电气公司	140 389	−6 126	美国
27	中国建筑股份有限公司	140 158.8	2 251.3	中国
28	美源伯根公司	135 961.8	−134.9	美国
29	中国农业银行	133 419.2	28 734.9	中国
30	威瑞森电信	131 620	17 879	美国
31	雪佛龙	131 118	4 587	美国
32	意昂集团	129 277.3	−7 763.8	德国
33	安盛	129 249.6	6 230.8	法国
34	安联保险集团	122 947.8	7 339	德国
35	中国银行	122 336.6	27 185.5	中国
36	本田汽车	121 624.3	2 869.9	日本
37	日本邮政控股公司	118 762.1	3 548.3	日本
38	好市多	116 199	2 377	美国
39	法国巴黎银行	111 531.1	7 425.5	法国
40	房利美	110 359	10 954	美国
41	中国平安保险(集团)股份有限公司	110 307.9	8 625	中国
42	克罗格	109 830	2 039	美国
43	法国兴业银行	107 736.3	4 438.2	法国
44	亚马逊	107 006	596	美国
45	中国移动通信集团公司	106 760.6	10 144.2	中国
46	上海汽车集团股份有限公司	106 684.4	4 740.9	中国
47	沃博联	103 444	4 220	美国
48	惠普公司	103 355	4 554	美国
49	意大利忠利保险公司	102 567	2 251.8	意大利
50	康德乐	102 531	1 215	美国

资料来源：根据 2016 年 7 月美国《财富》杂志整理。

三、500强的成长特征分析

（一）高成长性与起码的规模

高成长性是500强的基本特征。尽管每个企业未必总是保持持续稳定地增长或高速成长，在不同阶段成长速度有所不同。但是，总体上500强具有高成长性的特征。500强的企业几乎都有过高成长的辉煌，甚至在一段时期超高速成长的神话。

历史悠久的企业未必是500强的必要条件。但是，考察500强的历史与成长却可将其分为两类：一类是历史悠久而又负有盛名的百年企业；另一类是自20世纪末期以来，尤其是80年代以来超高速成长的企业。百年企业美国通用电气（General Electric）公司，是由爱迪生于1892创建的，1996年全球排名第12位，1999年全球第9位，2000年全球排名第8位。在杰克·韦尔奇执掌公司的20年中，分别从1981年的收入250亿美元、利润15亿美元增至2000年的收入1 298亿美元和利润127亿美元。而在近期快速成长的企业中，我们可以列出诸如微软公司、英特尔公司、苹果电脑、三星公司。以微软为例。微软创立于1975年，2000年时销售收入就达到197亿美元。

起码的规模是企业入选500强的必要条件。因为《财富》制定的500强的评选标准是以各企业的业务收入大小为序，而且随着世界经济的发展，500强的平均规模也在不断扩大。例如，1990年入选500强的企业规模是25.86亿美元，2000年入选规模已经增加为97.23亿美元。10年内500强的最小规模增长了276%，平均每年递增10.69%。[①]

（二）居于全球市场的领导、支配地位或强势地位

500强在市场竞争中的特征表现为居于全球市场的领导或支配地位，或称强势地位，而不只是优势地位。所谓优势地位企业，一般是指在某一个方面具有优势或很强的竞争能力，但不具有多方面的综合优势。处于优势地位的公司一般能保持其长期稳定的市场地位，而不受其竞争对手的影响。处于强势地位的企业往往具有综合优势。例如，像通用电气（GE）明确提出的"数一数二"原则，即如果该项业务如果不能居于全球第一、第二位，就将其放弃。像杜邦、IBM、微软、英特尔、柯达都在相应的业务领域处于全球领导地位。此外，像GM、福特、丰田、戴姆勒—奔驰—克莱斯勒等则在全球汽车市场处于支配地位。表9-3中给出了通用电气1997年的市场领导地位或支配地位的具体表现。

表9-3 通用电气1997年的市场领导地位或支配地位的具体表现

通用电气战略业务单元	在美国市场地位	在世界的市场地位
飞机发动机	第一	第一
广播	第一	不适用
断路器	与其他两家并列第一	与其他三家并列第一

[①] 2001跨国公司在中国投资报告[M].北京：中国经济出版社,2002.

续表

通用电气战略业务单元	在美国市场地位	在世界的市场地位
防卫电器	第二	第二
电子摩托	第一	第一
工程塑料	第一	第一
工厂自动化	第二	第三
工厂和电力系统	第一	第一
照明	第一	第二
机床	第一	并列第一
主要家用器具	第一	并列第二
医疗诊断成像	第一	第一

资料来源：蔡树堂.企业战略管理[M].北京：石油工业出版社，2001.

（三）在其成长过程中出现过卓越企业家或职业经理的推动，或使之转危为安

在500强的成长过程中，不可能任何阶段都拥有杰出的企业家或卓越的职业经理（主要指担任高层经理，下同）。但是，在500强的成长过程中，往往都出现过杰出企业家或卓越的职业经理。他们对企业的成长起了巨大推动作用，甚至是决定因素。对于500强，可以说每个大企业的辉煌必然是因为当时的优秀企业家或职业经理。

20世纪初期的企业家亨利·福特（Henry Ford）与阿弗烈德·史隆（Alfred Sloan）均以专精的技术素养，配以管理技术，使两家历史悠久的公司在汽车业内维持领先的局面。而杜邦创始人的第三代则为公司转型和其后100年的成长奠定了基础。通过这些企业家与职业经理的领导，均使上述公司产生脱胎换骨般的变化。处在当今变动剧烈的经济环境，对卓越企业家与职业经理的要求也就越高、越接近完美的境界。这些特质要求包括智慧、眼光、创新、思维、领导、魅力、文化素养、能力素质与身体素质，这些特质的发挥，使企业家成为企业的领航员，分配企业的资源，进行经营管理。而麦肯锡公司的前全球董事长马文·鲍威尔（Marvin Bower）在他的《领导的意志》一书则提出了14项对领导品行的要求，列在首位的一条便是值得信赖。而列出了另外13项对领导者品行的要求则包括公正、谦逊的举止、倾听意见、心胸宽阔、对人要敏锐、对形势要敏锐、进取心、卓越的判断力、宽容、灵活性和适应性、稳妥而及时的决策能力、激励人的能力和紧迫感。[①]

这些企业家或职业经理为大企业的竞争优势的形成与保持做出了不可替代的贡献。如果没有杰克·韦尔奇的出色领导才能就不可能造就目前通用电气持续企业强势，他已经几乎成了20世纪杰出职业经理人的代名词，同样没有郭士纳也就不可能有IBM公司今天在IT领域绝对优势地位。这些例子可以说不胜枚举。表9-4给出了部分优秀企业总裁的事迹。

---

① 参见《中国经营报》，1999-09-21。

表 9-4　部分优秀企业总裁的事迹

公司名称	企业总裁	主　要　事　迹
GE	韦尔奇	调整通用电气经营战略,使通用电气起死回生
IBM	郭士纳	IBM 企业改革与创新
福特	福特	创建福特公司,并实施了福特制进行标准化生产
杜邦	杜邦	于 1903 年建立了由集体领导的执行委员会,采用分权方式的集体领导制度及依靠智囊团队的决策制度,造就了杜邦公司 200 年来的长盛不衰
索尼	盛田昭夫	依据"以人为本、技术创新、标新立异、稳健发展和品牌强势"的经营理念,使索尼长期位居 500 强的 50 名以内
大众	海因茨·诺德霍夫	"二战"过后,出任大众汽车的总经理,秉着"用户的愿望高于一切"的经营理念,大众汽车迈上了再次辉煌的道路
松下	松下幸之助	提出"制造人才""企业经营是最崇高的综合艺术"以及"技术的松下",造就了松下 80 余年的辉煌
诺基亚	奥利拉	推动公司进行面向信息时代的重构,使之超过摩托罗拉

（四）能够不断地对环境变化做出迅速反应,具有对战略方向的准确把握与卓越的战略实施能力

企业环境充满着不确定性并且是不断变化的。特别是自 20 世纪 50 年代以来,环境的变化速度更快了,表现在经济全球化、社会信息化、知识经济、竞争压力越来越大等方面。面临环境的变化,特别是环境的结构性变化,企业必须做出反应。

一个卓越的经营战略必须结合公司的核心资源与技术,在公司的长期愿景(vision)引导下,展开以执行为导向的整合战略。这种整合战略就是企业的核心竞争力。这种核心竞争力不像技术一般容易被模仿,而是在执行的过程中,随着知识的累积而不断地改善与修正,从而成为企业长久的竞争优势(competitive advantage)。

500 强中许多企业得以发展,关键的特征之一是能适时把握战略方向,制定正确战略并有效地加以实施。历史上,福特对标准化汽车的开发、大规模生产,IBM 对大型计算机的开发、生产,还有沃尔玛的扩展战略都对奠定企业在行业中的领导、支配地位起了决定性的作用。微软的比尔·盖茨早在 1975 年公司创立之时,就在发展软件还是硬件之间做出了正确选择。同时,微软也具有卓越的战略实施能力。在微软产品定义和开发过程中,实施称之为依靠改进特性与固定资源来激发创造力的战略。该战略将大项目分成若干里程碑式的重要阶段,各阶段之间有不同的时间可用,但不进行单独的产品维护。微软建立了模块化的设计结构,并使项目结构反映产品结构的特点。微软将所有工作平行、同步进行,这些使微软能够不断地对环境变化做出迅速反应。

（五）拥有技术积累与技术创新能力,拥有战略性资产

约翰·坎特威尔(John Cantwell)在其《技术创新与跨国公司》一书中对 20 世纪 50 年代以来美、欧、日公司之间的竞争进行了系统的分析,认为创新优势越来越依赖于长期的技术积累。他就工业发达国家的国际化贸易和生产活动,以及这些国家跨国公司的技

优势等方面,提出了技术积累的重要性特别明显地体现在若干行业。例如,在制造业,如果企业没有连续不断的技术创新与积累,就难以形成领先的新产品、新市场的开发,也难以改进生产、业务活动过程技术,因而也就难以获得创新优势。日本经济学家斋藤优(1984)甚至认为"现代的产业垄断已经从资本垄断向着技术垄断的时代迈进。因此,倘若失去了技术垄断,则其产业竞争的垄断地位就难以保证,垄断性的利润也难以获得"[①]。如今世界技术创新71%均由500强所创造拥有,以及62%的技术转移均在500强产生。技术创新已是全球500强的重要特征之一。运用、保有,并不断创新科技已是全球企业的重要课题,并影响其核心竞争优势。因此,全球500强在不断提高研究开发的投入占销售收入的比例,在经济发达国家,这种比例甚至达到5%~10%。

技术的创新包含两个构面:一个构面是我们熟悉的硬件创新,如索尼公司利用电晶体在音响设备上的创新,本田公司利用发动机装在自行车上,开发出摩托车。另外一个构面则是软件创新,如丰田公司的"看板管理"系统、"及时生产"管理系统;福特公司对工厂现场重新规划,首创"流水装配"系统,大大降低成本,提高效率。这种在实体观念上的改革创新正是500强的活力来源。

和拥有强大的技术创新与开发能力相一致,500强往往拥有创造性资产或战略性资产(strategic assets)。创造性资产或战略性资产是指创造财富的资产和公司竞争能力的关键资源。这些公司通过整合这些资产获得长期竞争力。创造性资产可以使企业增值,这种增值体现在许多最终产品和劳务中,劳动成本、原材料成本所占的比重越来越低,而无形的创造性资产的费用所占的比重却越来越高。例如,在现在汽车生产成本中,劳动成本所占比例已经不到10%,其余部分是由诸如研究与开发、设计、配送、法律服务、广告等创造性资产费用所组成;以1 932亿美元营业额位居全球500强第2名的沃尔玛公司,即以其核心的资讯技术能力,配以"天天平价"的营销策略,发展出世界零售王国,遍布全球各地的网点,均以卫星网路连结,进行统一的配送、调价、成本控制,形成一个竞争对手无法模仿的竞争优势。

(六) 具有跨地域的控制能力、跨文化的协同能力

随着世界经济国际化程度越来越高,500强企业也就越来越具有明显的多国化经营的特点。

跨地域、跨国际生产的主要目的是规避贸易障碍,取得规模经济性,降低成本,进而整合全球资源,进行全球销售,以实现企业全球战略目标。目前跨地域、跨国界的综合协调和控制能力成为全球500强的重要特征。例如,埃克森石油公司有500家子公司分布在全球100多个国家;波音公司70%的市场是在美国以外的地区;像ABB公司在全世界有1 000多个分支机构和利润中心,其业务活动遍及世界各个角落。

对于跨国零售业,如法国的家乐福在全球31个国家有经营网点;沃尔玛跨国经营才刚起步10年,在全球9个国家设立网点,跨国业务占全公司17%,利润占全公司11%。而现在沃尔玛在加拿大、墨西哥已是第一大零售商,在英国以110亿美元收购阿斯达

[①] 李非.企业集团理论·日本的企业集团[M].天津:天津人民出版社,1992.

(Asda)之后,排名第三。

跨国公司同样具有高度的跨文化的协同管理能力。任何进入一个新的市场的跨国公司,都很重视跨文化差异的影响,往往能通过识别文化差异后,进行有效的文化沟通,在共同的目标和利益驱动下,发展文化共感,最后实现跨文化的融合。作为跨文化管理成功的例子,摩托罗拉公司成立于1930年,在1999年《财富》杂志全球500强排行榜上,该公司排行第100位,营业收入293.98亿美元,利润9.62亿美元,资产287.28亿美元。摩托罗拉企业提出的三位一体的企业文化核心理念就是精诚公正、以人为本和跨文化管理中的本土化。摩托罗拉作为跨国公司,面对多元的文化,在制定自己的战略时既不固执于自己的文化,也不盲从他国的文化。公司始终认为,多元化是一种积极的工具,将企业伦理的见解应用于国际商务管理,其中的关键就是要妥善处理文化的多样性。在摩托罗拉看来,世界文化可以在不同文化背景、不同价值观、不同方法的基础上进行整合。摩托罗拉正是从人本主义强调的爱护人、尊重人这个理念出发,将人类不同文化进行整合,国际化结构使它们有可能综合一切文化之精华,剔除各种文化中的极端和糟粕,用和平、人道、人本主义的理念进行跨文化的跨国经营。在其跨国经营过程中,跨文化交流与融合对企业的发展起到了巨大的推动作用,可以说,正是跨文化管理上的成功使摩托罗拉跨国经营的势头生气勃勃、蒸蒸日上。①

跨国公司活动的范围越来越大,越来越多的公司正演化成为全球性公司。对于全球性公司的多国化经营、国际化程度、地域多元化程度可以用跨国度来衡量,联合国贸易发展委员会于1990年起采用跨国度指数来衡量公司国外活动的卷入程度。研究表明,排名在前面的大型跨国公司有很高的跨国度。世界最大的100家跨国公司的跨国度指数的平均值由1990年的51%上升到2000年的56%。2001年,按跨国度排名的前10位跨国公司跨国度在80%以上,而且它们都是按资产排名处于世界前100的大公司。表9-5列出了1997年按跨国度排名的前10位跨国公司。它们都是按资产排名处于世界前82家的大公司。

表9-5 1997年按跨国度排名的前10位跨国公司

排　序		公司名称	国别	行　业	跨国度指数/%
跨国度指数	海外资产				
1	23	Seagram Company	加拿大	啤酒	97.6
2	14	Asea Brown Boveril(ABB)	瑞士	电气设备	95.7
3	52	Thomson Corporation	加拿大	印刷出版	95.1
4	9	Nestle SA	瑞士	食品	93.2
5	18	Unilever NV	荷兰	食品	92.4
6	82	Solvay SA	比利时	化学	92.3

---

① 引自《市场报》,2001-12-18。

续表

排序		公司名称	国别	行业	跨国度指数/%
跨国度指数	海外资产				
7	75	Electrolux AB	瑞典	电器	89.4
8	27	Philips Electronics NV	荷兰	电子	86.4
9	15	Bayer AG	德国	化学	82.7
10	20	Roche Holding AG	瑞士	医药	82.2

资料来源：UNCTAD/Erasmus University database。

（七）具有跨交叉技术的研发能力

500强公司新产品开发正跨越多学科和多种技术领域。近年的趋势表明，新产品的开发必须结合多种不同学科的不同技术，大量使用不同技术领域的专利，这样能使企业的产品与其他企业的类似产品形成明显的差异，从而取得有利的市场地位。例如，彩色电视机的开发技术已远不止限于显示系统领域，其他技术，如材料压缩技术、传送技术、激光微波及电脑绘图、可加速信号处理的电路系统技术都对新一代电视机的开发也有着重要的作用。

跨技术的研发能力是核心能力的重要源泉。核心能力又称核心竞争力（core competence），是1990年由美国企业战略管理专家C. K. 普拉哈拉德和G. 哈默尔提出的，是指企业组织中的积累性知识，特别是关于如何协调不同的生产技能和整合多种技术的知识，并据此获得超越其他竞争对手的独特能力。核心竞争力是企业长时期形成的，蕴含于企业内质中并为企业所独具的，支撑企业过去、现在和未来的竞争优势，这种竞争优势使企业长时间内在竞争环境中取得主动。500强企业正是通过处理交叉技术而获得核心竞争力的。

例如，杜邦将技术、市场和企业模式划分为"现有""新的"和"突破性"的。杜邦认为，最大的机会在于将突破性技术引入新的或突破性市场中，而寻求战略性发展机遇的捷径在于综合科学。与其他技术公司相比，杜邦的特点是它在广泛的领域拥有专长，从分子生物学、传统的材料科学到电子科学及其应用等众多的领域都有其领先技术。杜邦并不是用生物学和电子业来代替化工与材料业，而是寻找多种学科所带来的机会，如生物学和材料科学的结合，电子学和材料科学的结合，以及电子学和生物科学的结合等。未来20年一些突破性技术将从中产生。杜邦公司执行副总裁古曼森举例说："我们用聚合物生产的显示屏就是一个机会，这种产品在将来的10～20年中可以代替传统的显示屏"。[①]

（八）多元化业务的管理能力

钱德勒（Alfred D. Chandler，1977）在论述美国现代企业的形成过程中，重点讨论了

---

① 《经济日报》，2002-04-12。

纵向一体化过程,纵向一体化的必然结果就是无关多元化程度的提高。历史上,绝大多数跨国公司在扩展过程中往往经过纵向、横向及多元化的扩展,以及相应的联合与兼并,因此,多元化程度较高。一些学者的研究表明,日本企业集团化的发展与多元化经营的发展具有高度相关关系。在欧洲,一些大型集团公司的多元化程度也很高。① 例如,1997年,德国西门子公司的经营活动覆盖了14个行业250多种业务,是一个多元化程度、相关多元化与无关多元化程度极高(地域多元化程度也很高)的跨国公司。通用电气(GE)的新总裁伊梅尔特就认为,GE是多元化的商业模式,并且能把每一块业务都管理得很好。正是这一模式使GE在受到诸如"9·11"事件冲击后,仍有良好的绩效。

(九)具有整合内外部资源的能力

以有限的资源谋求企业的迅速扩展,形成更大的能力,往往需要整合外部资源。跨国公司正是通过其优势资源的跨国界转移,在全球范围内利用其他资源,有效地进行资源整合。

通用电气的总裁韦尔奇曾对跨国化现象作了最好的描述:"能在全世界这个最大的规模下,集合世界上最佳设计、制造、研究、实施及行销能力者,就是全球竞争中的赢家,因为这些要素极不可能同时存在于一个国家或一洲之内。"②

(十)大型跨国公司敢于冒险并能够承担巨大风险

历史上,500强的许多大公司曾为发展而冒大风险。敢于冒险并能够承担风险是500强的一大特征。这往往体现在投入巨大的费用开发重要产品上。例如,民用喷气式飞机的设计和开发费用超过了1亿美元;美国无线电(RCA)公司,曾投入6 500万美元用于有巨大市场潜力的彩色电视的研究与开发;国际商用电器公司(IBM)在5年中为设计、开发和销售"380"系列计算机,把自己的未来和50亿美元都作为赌注;通用电气公司在改进X-射线设备上,威斯汀豪斯公司在设计核能发电设备上,若干钢铁公司在开发连续铸钢技术上和GM在开发柴油机车、自动变速器转换、液冷飞机发动机和催化的炼钢炉等方面都花费了数以百万计的美元。而这些研究与开发费用都是预付资本;③日本的彩电企业曾花费18年时间研制高清晰度模拟彩电,后因数字化电视出现而被迫放弃。

(十一)应付逆境和危机的生存能力

大型跨国公司具有很强的综合实力。许多跨国公司历经战乱、经济的衰退与繁荣,而顽强地生存下来。在遇到生存危机时,往往具有很强的应付危机的能力。如IBM、GM、西尔斯这三个公司在20世纪90年代初都面临上百亿美元的亏损,这些公司在进行了重构后,度过了生存危机,重新获得了竞争优势。

---

① Chandler A D. Images and enterprises: technology and the American photographic industry, 1839-1925, by Reese W. Jenkins[J]. 1977, 18(1): 107.
② 毛蕴诗. 跨国公司战略竞争与国际直接投资[M]. 广州: 中山大学出版社,2001.
③ 《商业周刊》,1979年7月2日号及1984年7月9日号;《日经会社情报》,1980年夏季号与1984年夏季号。

四、500强的另一个侧面——亏损面分析

500强的必要条件是规模巨大。但是业务收入巨大并不意味着企业有较好的利润。因为500强并未以盈利多少作为评选标准。而大企业亏损,以致破产在企业史上也屡见不鲜,不过相对而言,大企业的盈利状况比小企业要好,破产比例也比小企业更小,大企业更有机会对公司经营进行调整与重构,度过生存危机,并重新恢复企业的盈利。表9-6是1987年、1990年、1999年、2000年500强的亏损面情况。从中可以看出,其亏损面在6.8%~10.4%。

表9-6 500强亏损面情况

年份	亏损公司总数	亏损比例/%	1~100名	101~200名	201~300名	301~400名	401~500名
1987	47	9.4	10	10	11	7	9
1990	34	6.8	6	6	5	8	9
1999	49	9.8	5	9	6	15	14
2000	52	10.4	4	10	6	16	16

资料来源:根据《财富》500强资料整理。

500强企业的大部分亏损主要体现在美国企业方面。2003年,美国企业总营业额比上年下跌4 600亿美元,相反其他各国的总盈利则上升1 800亿美元。2002年爆发会计丑闻的安然和世界通信终于跌出榜外,能源企业亦大大减少。2003年,亏损最严重的是美国在线时代华纳,亏损近1 000亿美元,相等于智利和越南的国内生产总值总和,占全榜总亏损逾半。

五、500强成长特征对我国的启示

(1) 除了高成长性以外,中国企业与500强还有很大的差距。对照500强成长特征,我国大企业差距甚大。即使对我国入围500强的公司来讲,差距也是很大。可以认为,除了高成长性以外,中国企业与500强有很大的差距。比如,在能够不断地对环境变化做出迅速反应,具有卓越的经营战略与实施能力,拥有技术创新研发能力及其资产与整合内外部资源的能力,以及管理多元化业务的能力等方面均有很大差距。这些差距可以从我国IT企业和家电企业的发展中得到例证。虽然这些企业的规模很大,但却缺少关键技术和部件,并且在很大程度上依赖外国企业,创造附加值不高。有人称,中国IT企业缺少中国芯,这也表明我国企业缺少技术创新研发能力,缺少创造性资产或战略性资产,而在跨地域、跨文化、跨技术的协调、管理能力差距更大。

许多华人进入世界500首富,迄今为止华人并没有创办出真正意义上的跨国公司。华人企业集中在少数一些行业。一般来说,这些行业技术含量较低,地域范围较窄,业务较为单纯,如不动产、餐饮酒店等,而且许多大企业带有明显的家族特色。内地的大型企

业从事跨国经营才刚刚起步,且失败不少。中国企业在跨国、跨地域经营,跨文化管理能力方面还有很长的路要走。

(2) 就已入围500强的企业而言,基本上局限于某些特殊行业,而且在效益上存在明显的差距。我国入围500强的公司,并不是在市场竞争中从小到大发展起来的。它们达到现在的规模,更多地带有计划经济的背景。通过分析可以看出,入围企业分布在银行、石化、进出口和通信等行业。这些行业的规模因其带有垄断的特点而与全国经济的规模直接相关。另外就现有的状况而言,入围500强企业的人均利润率、人均销售额、资产利润率和销售利润率等都比较落后,但是它们在人员规模上却名列在前。

(3) 若干较为成功的企业应该冷静认识自己在国际产业变动中的能力和地位。中国企业要想在国际竞争中胜出,必须认识自己在国际产业变动(或说分工)中的能力和地位。近年来,国内一些企业在冰箱、彩电、空调等家电的规模上已经做得很大,但是,GE和诺基亚公司由于意识到了彩电、冰箱行业的利润率在逐年下降,于是放弃了这些业务。应当看到这些行业都是GE在20世纪80年代,日本有的企业在20世纪90年代主动退出的行业。

GE总裁韦尔奇于20世纪80年代初用家电业务置换了法国汤普生公司的医疗设备业务。其后通用电气的医疗事业部更加强大,而汤普生公司却于20世纪90年代退出了500强的排名榜。实际上中国企业所从事的行业往往是跨国公司已经退出的行业,这种行业往往容易取得成功。如果决策者对市场环境的观察和分析较为冷静与客观,如果决策者能够认清自身所处的地位,善于把握机会,就会取得更加进一步的成功。

(4) 进军500强与其说是目的,不如视作一个过程,需要通过这一过程提高企业素质与能力。我国自1994年起,就有中国电力、中粮集团等一批企业进入500强的行列。同时,也有许多企业设立了进入500强的目标。然而,需要了解的是500强的内涵、特征。企业进入500强是为了有更强的竞争力,而不只是规模的问题。我国企业与500强的差距是多方面的差距,体现在企业总体素质与能力的低下。因此对中国企业来说,进入500强的真正意义在于,通过这一过程从总体上提升企业的素质,逐步形成拥有知名品牌和自主知识产权、核心竞争能力强的大公司和企业集团。从这种意义上说,进入500强,不如说是一个过程。

(5) 通过进军500强,转换企业机制,形成强大的资源转换能力,塑造"西门子"式的企业。中国企业通过进军500强,转换机制来提高企业资源转换能力,培养从模仿创新到自主创新的能力。中国企业缺乏核心竞争能力。尽管我国信息产业已经成为工业第一支柱,近10年来一直高速增长,但芯片是英特尔的,操作系统是微软的,服务器是IBM的,网络设备是思科的、交换机是北电和朗讯的。仔细看来,我国并没有多少自主核心技术。[①] 企业在组织中应该不断积累知识,特别是积累学习那些关于如何协调不同的生产技能和整合多种技术的知识,在模仿中创新,并据此获得超越竞争对手的能力。核心竞争力是企业长时期形成的,蕴含于企业内质中并为企业所独具的,支撑企业过去、现在和未来竞争优势,这种竞争优势使企业长时间内在竞争环境中取得主动。

---

① 《经济日报》,2002年3月5日。

中国需要塑造"西门子"式的有竞争力的企业。在500强中,像西门子、GE、杜邦等公司几乎具有本文所列举的所有成长特征。第一,西门子是一家百年企业、长寿公司(成立于1847年),能保持高成长性、长盛不衰。第二,西门子的业务在全球许多领域处于领导地位或支配地位,如电子、医疗、器械、能源、光电设备等。第三,西门子公司的创始人既是一位科学家,也是一位富于创新的企业家。第四,西门子公司提倡创新,高度重视研究与开发。西门子是世界上第一家成立研究实验室的企业(杜邦是第一家成立开发试验室的企业)。150年来,为了保持其垄断地位和增强竞争能力,西门子一贯重视开拓新的技术领域和争先运用最新科技工艺。彼得·西门子曾说:"放弃技术领先地位,就是放弃竞争和美好前景。第五,西门子是一家多元化程度很高的大型跨国公司,其业务曾经涉及14个行业250多个领域,129个国家和地区。西门子公司经营活动的近一半是在国外实现的,其主要市场在欧洲,其次在美洲。第六,西门子公司具有技术积累和技术创新的能力。20世纪80年代初期,西门子公司主动地适应了由电器工程向电子工程时代的转换,并进一步向光电时代过渡,以适应产品当地化和成本竞争的需要。第七,西门子公司具有应付逆境和危机的生存能力。为适应环境的需要,自20世纪80年代以来,西门子公司曾连续进行四次重构。总公司将十几个部门削减为6个部门,业务重新集中在电信、能源、电子元件、计算机、医疗技术和运输系统,业务与组织的重新调整使西门子业绩好转,销售额也因之上升了20%。西门子将那些与关键业务无关而又须占很多资金的部门分流出去,从而成为更具竞争性和盈利能力的公司。

六、小结

成长是企业永恒的主题。新世纪与WTO,把中国这片古老的土地带进了规则更为严格、范围更加宽广、竞争更为激烈的全球市场。于是中国企业得以同世界级企业博弈竞争,向世界学习,在学习中成长。

中国企业中的佼佼者已设定了进入世界500强的目标。进入500强诚然重要,更重要的是持续成长,重要的是更多地具备世界500强的特征。进入世界500强与其说是目的,不如将其视为过程。这一过程,将使年轻的中国企业在学习中积累,在积累中成长,在成长中迈向世界500强。

专题十　美日竞争力缘何逆转

一、20世纪80年代日本企业竞争力超过美国，居于世界首位

20世纪80年代以来至90年代初，日本经济呈现出强劲的增长趋势，日本企业的竞争力赶超美国，并多年居于世界之首。据世界经济论坛（World Economic Forum，WEF）和国际管理开发学院（International Institute for Management Development，IMD）在1992年关于世界竞争力的比较总结报告，自20世纪80年代以来，日本企业竞争力与日本国际竞争力（总体）开始位居世界第一位，并保持了近10年之久。表10-1显示了20世纪80年代初至90年代初时美国和日本的国际竞争力（总体）情况。

表10-1　美国和日本的国际竞争力（总体）演变（1981—1992年）

年份	1981	1983	1985	1987	1990	1991	1992
日本	第1位	第1位	第3位	第1位	第1位	第1位	第1位
美国	第3位	第3位	第1位	第2位	第3位	第2位	第5位

原出处：World economic forum[M]. IMD The World Competitiveness Report，1992.
资料来源：李非.企业集团理论：日本的企业集团[M].天津：天津人民出版社，1994：32.

不言而喻，支撑日本国际竞争力的乃是日本的企业，特别是占日本经济主要地位的巨大企业及其集团（李非，1994）。企业竞争力一直是国际竞争力评价体系中一个十分重要的子要素。据有关研究显示，企业国际竞争力与国家竞争力之间的相关系数为0.920 4，可见企业竞争力与国家竞争力之间存在较强的正相关性。正是由于日本企业的日益强大，才使其国家竞争力保持领先位置成为可能。

无论是在制造业，还是在金融服务领域，日本企业都在紧紧追赶着曾处于领先地位的美国企业，部分优秀日本企业甚至超过了昔日的竞争对手。如在汽车业，丰田和日产分别成为仅次于通用汽车公司和福特汽车公司的世界第三、第四位汽车制造商；在钢铁业，新日铁超过了泛美钢铁公司；在家电业，日立和松下紧随通用电器公司之后，具有世界第二、第三位的实力；在胶片业，富士公司对柯达公司发起了强有力的挑战；在半导体业，日本电气公司已逼近德克萨斯仪器公司；在银行业，日本第一劝业银行在规模上已超过花旗银行、美利坚银行；在保险业，日本的企业已和世界第一流的保险公司平起平坐……

日本企业的迅速崛起与日趋强大使日本的经营管理模式成为20世纪80年代世界经济和企业管理界研究学习的楷模，美国里根总统政府甚至设立了一个专门委员会来研究提升美国竞争力。日本也出版了畅销书《日本可以说不》，直向美国挑战。然而自20世纪90年代中后期以来，美日企业竞争力再次发生逆转，美国企业的竞争力超过日本，重新成为世界之首。

二、20世纪90年代美日企业竞争力逆转

(一) 从《世界竞争力报告》对日本的评价看日本竞争力的变化

根据瑞士洛桑国际管理开发研究院20世纪90年代发表的47个国家和地区的《世界竞争力报告》提供的数据,截至1998年,日本竞争力大幅度下降的项目包括教育系统对竞争力的贡献、有无支撑竞争力的社会价值观、对将来GDP的成长期待、对内直接投资金额和法令规制对金融机构的实效性。[1] 相关资料如表10-2所示。

表10-2 《世界竞争力报告》对日本的评价

项 目	1991年	1994年	1998年
综合等级	第1位	第3位	第18位
科学技术等级	第1位	第2位	第2位
教育系统对竞争力的贡献	第4位	第7位	第30位
有无支撑竞争力的社会价值观	第1位	第4位	第31位
对将来GDP的成长期待	第1位	第12位	第34位
对内直接投资金额(流量)	第7位	第14位	第42位
法令规制对金融机构的实效性	第12位	第20位	第44位
机会均等	第22位	第36位	第43位
对外开放度(保护主义)	第22位	第39位	第44位
生活成本的水平	第23位	第39位	第45位

资料来源:瑞士洛桑国际管理开发研究院《世界竞争力报告》20世纪90年代各年版。

(二) 从《世界竞争力年鉴》看美日企业竞争力演变

在瑞士国际管理开发学院《世界竞争力年鉴(1998)》中,企业国际竞争力的评价指标包含了劳动生产率、劳动力成本/报酬指标、管理效率、公司业绩和公司文化五大类,每一大类指标下面又包含了若干子指标。根据这一评价指标体系,美国企业1998年的国际竞争力居世界榜首,日本则降至第24位。表10-3显示了日本企业和美国企业自1992年以来国际竞争力的演变过程。

---

[1] 许军.巨大的反差[M].北京:商务印书馆,2003.

表 10-3　美日企业国际竞争力演变①

年份	1992	1993	1994	1995	1996	1997	1998
日本	第1位	第1位	第1位	第2位	第2位	第7位	第24位
美国	第14位	第14位	第11位	第6位	第10位	第3位	第1位

资料来源：原国家体改委经济体制改革研究院.中国国际竞争力发展报告(1999)[M].北京：中国人民大学出版社,1999：144.

表 10-3 显示,日本企业竞争力在 1995 年以前一直处于世界第一的位置。1995 年降至第 2 位,1997 年降至第 7 位,而 1998 年更是迅速下滑至第 24 位。与此形成鲜明对比的是,美国企业在 1992—1994 年企业竞争力从未进入世界前 10 名,1995 年却上升至第 6 位,1996 年虽有所下滑,但 1997 年又上升至第 3 位,至 1998 年再次位居世界第 1 位。

（三）从世界 100 家最大跨国公司和世界 500 强的分布变化看美日企业竞争力演变

根据历年美国《财富》杂志的资料整理出来的世界 100 家最大的跨国公司(按美、日、英、德、法和其他国家)分布的变化情况,如表 10-4 所示。

表 10-4　世界 100 家最大的工业跨国公司按国别分布的变化情况

年份	1956	1967	1971	1973	1980	1986	1990	1992	1994	1995	1996	1997	1998
美国	79	69	58	49	44	43	33	27	23	24	24	32	35
日本	0	8	8	11	8	13	16	20	41	37	29	26	23
英国	10	7	8	7	6	5	6	4	3	3	4	4	6
德国	7	9	11	12	11	11	12	15	12	14	13	13	14
法国	1	2	5	8	10	7	10	8	11	12	13	13	10
其他	3	5	10	13	21	21	23	26	10	10	17	12	12

资料来源：根据美国《财富》杂志各年度统计。

从表 10-4 中可以看出,第二次世界大战后由美国跨国公司支配的对外直接投资格局不断过渡到由美国、西欧、日本三足鼎立格局,同时也反映出自 1990 年代中期以来美国跨国公司竞争力重新超过日本的特点。1956 年,美国最大的跨国公司占世界的 4/5 强,此后西欧、日本方面逐步发展;截至 1992 年,美国方面下降到 1/4 略强,日本已占 1/5 的份额。1995 年,《财富》杂志为使评选更全面、更恰当地反映信息时代跨国公司的经营和竞争趋向,改变了传统的评选方式,将工业公司和服务公司合并评选,首次按企业销售收入排名评选出 1994 年世界综合 500 强,其中世界前 100 家最大跨国公司中,日本已占 2/5,而美国仅占 1/5 强,多年雄居榜首的美国通用汽车公司退居第 5 位,日本三菱商事名列第

---

① 注：自 1995 年开始,世界经济论坛与国际管理开发学院分别就各自理解的概念和研究方法独立发布国际竞争力报告。
原出处：IMD,世界竞争力年鉴(1996、1998)。

一。在前10名大公司中,日本企业占了6家,而且全部是贸易公司。日本企业借助日元升值的优势取代了美国的第一位置,入选公司的数量从1992年的20家增至41家。然而,自1995年以来,美国入选公司逐步增加,到1997年、1998年时又取代日本,重新成为世界第一。1990年后,美日竞争力演变过程在表10-5中也充分体现出来。

表10-5 1990年以来世界500强中美、日企业的数量变化情况

年份	1990	1992	1993	1994	1995	1996	1997	1998	2005
美国	164	161	159	151	153	162	175	185	170
日本	111	128	135	149	141	126	112	100	70

资料来源:美国《财富》杂志各期。

表10-5表明,20世纪90年代初日本企业入选世界500强的数量不断增加,相比之下美国企业数量则不断减少。1990年,美国入选世界500强的企业为164家,比日本入选企业111家多出53家。而到1994年,日本入选500强企业已达149家,与美国入选企业数量151家相差无几。1995年以后,日本入选企业数量又开始大幅度减少,而同期的美国入选企业数量则止跌回升,不断攀升,一大批高科技企业迅速崛起,进入全球500强,如微软、电子数据系统公司、戴尔电脑公司和康柏电脑公司等。1998年,美国入选公司数目已达185家,比1997年增加10家,同年则是日本企业备受打击的一年,该年度仅有100家日本公司进入全球500强排名榜,比1997年减少12家,这些上榜公司的平均收益下降了14%,平均每家日本公司亏损了9 000万美元以上,同时世界前20位亏损公司中竟有14家是日本公司。2005年,美国企业中世界500强数量较1998年下降了15家,但日本企业则减少得更多,只剩下70家。

(四)日本经济复苏缓慢,企业破产加剧

20世纪80年代末90年代初,"泡沫经济"的破灭宣告日本经济增长开始停滞,企业经营状况由此开始恶化。从1992年"泡沫经济"破灭后,日本经济步入萧条和低成长时期,企业经营环境也发生深刻变化,如经济萧条趋于长期化,国内市场需求低迷不振,商品价格持续下降,日元升值速度加快,新技术竞争日益激烈等。这一系列变化对日本企业经营产生巨大影响,1994年9月底,日本城市银行和信托投资公司银行等21家银行发表的不良债权达到13兆日元,而实际估计可能已达到50兆~100兆日元。非金融企业经营状况也趋于恶化,1992年日本企业收益下降25%,1993年日本企业收益下降24%,尤其是一些大企业出现严重的衰退。由于上述变化以及大企业病的出现和加剧,20世纪90年代初以来,日本许多大企业经营不佳,或负债累累,或丧失市场,或赤字高居不下,经营持续衰退,有些甚至为其他企业所兼并。1993年,川崎制铁、住友金融工业、神户制钢所、NKK、新日铁日本五大钢铁企业经常赤字达2 753亿日元,1994年度虽已减少到1 200亿日元,但亏损的格局并未根本扭转。1994年,日产公司亏损600亿日元,马自达公司亏损330亿日元。20世纪90年代后期,许多日本大公司危机迭起,出现严峻的生存问题。1998—1999年,占日本国内生产总额的5%和出口额1/4以上的电子业"五巨头"——日立、东芝、三菱电机公司、NEC和富士通公司中,除富士通公司还有大约17 000万美元利润外,

其他几家公司都出现了赤字。东芝公司还出现了23年以来的首次亏损。更有不少金融保险公司和实业公司财务状况恶化,陷入破产境地。自1997年以来日本发生的多起破产事件,日本第二次世界大战以来十大破产事件均发生在此期间,如表10-6所示。

表10-6 日本第二次世界大战后十大破产事件(以负债多少为序)

公司名称	负债/亿日元	破产时间
1. 协荣生命保险公司	46 000	2000年10月
2. 千代田生命保险公司	29 000	2000年10月
3. 日本租赁公司	22 000	1999年9月
4. 皇冠租赁公司	12 000	1997年4月
5. 日荣财务公司	10 000	1996年10月
6. LIEECO. Ltd	9 663	2000年5月
7. 崇光百货公司	6 891	2000年7月
8. 东食公司	6 397	1997年12月
9. 日本全财务公司	6 180	1997年4月
10. TAKUGINHOSHOU. Ltd	6 100	1998年3月

资料来源:钟欣.日本保险公司难自保[N].广州日报,2000-10-25.

(五)日本制造业竞争力下降,产品频频出现质量问题

经济长期不景气对日本制造业造成了影响。日本制造业目前存在设备过剩、雇员过剩和债务过多三方面的困扰。日本制造业在20世纪80年代曾经具备其他国家无可比拟的国际竞争力,日本产品在世界范围内成为物美价廉的口碑,"日本制造"的标志也逐渐成为人们心目中认可的高品质的、值得信赖的高科技产品的代表,例如,三菱、东芝、索尼、松下等都成为世界最知名和最有信誉的品牌。但是进入90年代以来,美国制造业逐渐赶超日本,尤其是在半导体、汽车、电机、计算机和通信制造业。如在半导体业,1992年,英特尔就战胜了日本的NEC成为半导体生产的第一大厂家,1993年,美国半导体销售额超过了日本。而在汽车和电机制造业,日本企业不断减产,甚至出现赤字;与此相反,美国的同行却在不断增产。

一向具有良好口碑的日本产品在近年也暴露出严重质量问题。自2000年以来,日本公司的产品接连发生产品质量缺陷:先是东芝笔记本出现质量问题;接着三菱集团下属的三菱汽车、三菱电机、三菱重工也接连发生产品质量事件,导致三菱品牌陷入严重危机;另外,日本食品业也发生了雪印、森永等牛奶质量以及最近出现的电池、化妆品问题。上述问题的出现,一方面是受日本长达10年的经济衰退的影响;另一方面也反映了日本企业在20世纪80年代的过度扩张所掩盖的质量和服务问题,只是其隐含危机暴露较晚。

三、原因分析

美国企业的重新崛起与日本企业国际竞争力的下降是20世纪90年代国际企业管理领域最重大的事件之一。美国企业国际竞争力的上升有着深刻的经济、技术、制度变动的背景与理论上的渊源,具体有以下几个方面原因。

(一)硅谷机制催生美国的新兴大企业

自1980年代以来,无论是新成立企业,还是就上市企业的数量、收益率和成长速度而言,美国企业均明显优于日本企业。从20世纪80年代开始到90年代,美国在高科技、软件、多媒体、生物、服务等多个领域里,都诞生了新企业,并快速成长起来。美国新兴企业的迅速成长离不开以高科技企业为核心的硅谷生态系统。硅谷犹如一个企业再生循环系统,它以"知识"为独特营养基,为企业的"灵活再循环"提供机制上的保障和环境条件。

美国纳斯达克市场注册的美国企业数,1998年12月为5 068家,与1989年年底相比,增加了775家,股票时价总额比同期增加了5.2倍。与此相反,日本的注册企业数,1999年3月底为860家,只相当于美国的1/6,如表10-7所示。

表10-7 日、美股票市场的比较

时间	注册企业数/家	
	日本全国证券交易商协会	美国全国证券交易商协会
1989年年底	279	4 293
1998年年底	860	5 068
	股票时价总额/兆日元	
1989年年底	12.5	58
1998年年底	12	300

原注:日本股票是1999年3月底情况。
资料来源:[日]水野隆德.美国经济为什么持续强劲[M].杨延梓,译.北京:华夏出版社,2000.

日本中小企业之所以无法迅速成长,主要是因为缺乏培育风险企业的风险投资机制,缺乏资金、技术、人才和管理方面的支持。日本风险投资公司多为银行、保险公司和大企业控股,投资对象倾向于风险较小者,投资于初创企业(创立时间不足5年)的比例仅为16%,且风险投资公司给予风险企业的帮助多限于资金支持。美国的情况则相反,美国的风险投资公司有90%以上为独立的企业,一般的非金融机构和个人也积极介入风险投资活动,一半以上的资金来源为养老金基金。因此美国风险投资多偏好于投资初创期企业和高科技企业,从而获取高收益。投资于初创期企业的比例为30%,是日本的两倍。投资于计算机软硬件、生物技术、医药、通信等行业的投资占总投资额的90%左右。更重要的是,美国健全的风险投资体系不仅为初创和成长中的风险企业提供持续的资金支持,还提供技术、管理、营销、财务到融资上市等一揽子综合性支持。

1996年,这里每周诞生11家上市公司,平均5天就出现一家新公司,新增62万个百万富翁,硅谷公司的股票市值超过5 000亿美元,大大超过了市值仅为1 100亿美元以生产汽车闻名的底特律和具有1 400亿美元市值的华尔街金融服务公司。这里创造出了全球著名的公司Intel、HP、Cisco、3Com、Sun、Netscape等。

(二) 公司重构使美国老企业重新焕发活力

在本书专题三中,从资本市场、金融体系、公司治理结构等方面分析对比了美国、日本企业重构的动因与压力。20世纪80年代,美国最大的1 000家公司中有1/3按某种方式进行了业务重构(Bowman and Singh,1997)。[1] 进入90年代以来,公司重构并无减退迹象,重构范围由制造业扩展到通信、医疗护理公司、医院等领域,并从绩效或财务状况不佳的公司扩展到一些财务状况较正常的公司。甚至连像英特尔(Intel)这样在全球行业中处于领导地位的公司,为适应整个PC市场的迅速变化,也开始在1997年着手对自身的组织机构进行重大改组。

日本自20世纪80年代以来国内经济增长明显放慢,日本企业虽面临严峻的生存危机,但由于经济、政治体制方面的限制,企业体制与公司治理结构的制约,以及经营管理模式、经营理念等因素,日本公司的重构远不如美国公司那么有动力。即使是在亚洲金融危机造成的巨大压力下,日本企业更多的也只是被动地进行公司重构。公司重构并没有成为日本企业主动适应环境变动,调整自身业务和组织结构的重要方式。

(三) 运用信息技术提高美国企业竞争力

信息化是自20世纪80年代以来企业技术发展和设备投资的主要趋势。整个80年代,美国用于信息化设备的投资达1万亿美元;自1990年以来,美国经济增长部分的38%来自企业和消费者对信息设备的购买;1995年,美国企业设备投资额为5 220亿美元,比1994年增长17.6%,其中信息设备的投资达2 493亿美元,占设备投资总额的40%,增长幅度为24.1%,大大超过了设备投资总额的增长。1994年,美国商务部要求10人以下的小公司的财务系统要实现计算机信息联网,到1995年时,美国公司信息化联网率已高达90%。[2] 几乎所有公司都建立了自己内部的计算机网络,并与地区的、国家的、跨国的网络联接,实现信息的快速处理、传递和共享。采用信息科学技术获取竞争力的美国企业,如通用汽车、沃尔马特、梅尔克(医药)、西普伦(石油)等,主要的信息技术包括新产品开发与提高产品质量的信息技术、改善制造工艺流程的信息技术、市场和经营方面的信息技术及在库品管理的信息技术等。相比之下,日本企业的信息化发展则落后于美国企业的信息化发展。虽然日本企业在20世纪70年代中开始在政府支持下加快了半导体和计算机产业的发展,且在80年代中一度超过了美国,但是日本企业和日本经济本身却没有装备与使用这些计算机,需求不旺导致供应下降。尤其是日本经济开放性差、服

---

[1] Bowman E H, Singh H. Corporate restructuring: reconfiguring the firm[J]. Strategic Management Journal, 2007, 14(S1): 5-14.

[2] 于中宁. 现代管理新视野[M]. 北京: 经济日报出版社, 1998: 153-154.

务性差，这是日本经济信息化落后的一个重要原因。

美国制造业通过信息投资，对生产系统、库存管理、销售系统、商品服务的开发过程、业务流程等方面做了重大改变，提高了劳动生产率，重新获得竞争力。美国制造业的收益率远比日本高。仅以传统的汽车制造业来看，美国1998年度收益最高的企业是福特汽车公司和通用汽车公司，分别为220.71亿美元和92.96亿美元；日本企业中除丰田汽车公司和本田技研工业外，其他公司均低于美国同行的收益，如表10-8所示。

表10-8　美日汽车制造业纯利润比较　　　　　　　单位：亿日元

美国		日本	
福特汽车公司	25 066	丰田汽车	3 561
通用汽车公司	3 357	日产汽车	−277
		本田技研工业	3 050
		三菱汽车	56
		松下汽车	387
		五十铃汽车	62
		铃木	243
		富士重工业	337
		大发工业	30
		日野汽车工业	−366

注1：美国企业纯利润为1998年年底情况换算成日元。
注2：日本企业按销售额顺序排列。
资料来源：[日]水野隆德.美国经济为什么持续强劲[M].157页，杨延梓，译.北京：华夏出版社，2000：157.

（四）美国企业重视股东权益和资本收益率，与日本企业形成鲜明对比

从股东构成看，美国公司的股东主要是机构持股者。1955年，美国机构持股者持有的普通股占全部上市普通股的23.7%，1980年，这一比例上升为35.8%。机构持股者持有公司股票的目的主要是确保受益人的利益，他们一般通过抛售股票和持有多家公司股票来分散风险与调整投资结构。相比之下，日本公司的法人持股比例一直高达70%以上。日本法人企业间的相互持股使公司的股权机构非常稳定，企业兼并或收购这种状况很难发生。

长期以来，日本大企业过分追求规模扩张，而忽视利润和盈利率，导致近年来日本企业利润大幅下降，这使日本企业不得不重新思考利润目标的优先度。虽然在这方面日本企业有所转变，但和美国优秀企业相比，差距依然很大。对此问题在专题四中有所论述，这里不再重复。

（五）自20世纪90年代以来日本传统管理模式的弊端开始显现

终身雇用制、年功序列制和企业内工会被誉为日本企业的"三大神器"，它们构成了日

本企业人事制度和企业文化的基本内容。这种管理模式在20世纪80年代成为世界经济和管理界学习的楷模,但日本企业在环境激烈变动的90年代并未能持续其繁荣兴盛,反而一蹶不振,人们不禁要反思日本企业传统管理模式的局限性。例如在人事制度和工资制度方面,日本企业实行的终身雇用制和年功序列制,虽有利于员工的稳定和长期发展,但同时也妨碍了员工之间能力的发挥和竞争,不利于大规模的技术创新。20世纪90年代,日本历经了空前的通货紧缩危机。当公司鉴于自身的经济状况,开始摒弃"终身雇用制",裁掉大批不需要的员工,而失业与消费支出下降又引致更多的人失业。同时经济萧条使物价下降、公司债务负担加重,企业的投资效益下降。与此相反,美国企业将员工的工资与员工的职务、责任和表现直接挂钩,这有利于企业内部竞争和创新精神的培养。同时雇员数量随经济环境的变化而增减,企业承受衰退的能力较强。又如在决策和意见交流方式方面,日本企业强调集体决策和意见一致,决策过程缓慢,难以适应新经济下瞬息万变的市场环境;而美国企业的决策方式和过程迅速,能对迅速变动的市场环境做出及时的战略反应。

四、小结

在经过了20世纪90年代的长期经济低迷之后,近年来,日本经济出现了回升的迹象。日本企业界、学术界也纷纷展开讨论。日本著名的管理杂志《一桥商业评论》于2004年年底特辟专集重新研讨日本企业的竞争力,研讨日本企业是否真正复活。日本Nikkei Business(2004年1月5日)也特辟专集题为"日本复活宣言"讨论日本经济、产业、企业的回升。其撰文者包括日本前首相宫泽喜一、日本佳能株式会社社长御手洗富士夫、NTN的铃木秦信社长、千代田化工建设的関诚夫社长。在该特集中还包括了2004年世界1 000家上市公司的排位变化,并列出了40家上升幅度在10%以上的企业,以及"跃进着的日本企业"专题。

美日企业竞争力是一个牵动全球的理论与实践问题。然而,对日本企业的复活,我们还将继续观察与探讨。

专题十一
速度经济性与基于时间因素的竞争

一、引言

经济全球化的迅猛发展、技术创新速度的日益加快、产品生命周期的不断缩短、顾客和市场需求的多变和不确定性、信息技术革命的飞速发展，这些都给现代企业的经营、竞争方式和竞争范围提出了新的要求。原有单纯的质量、成本竞争已无法适应快速发展的趋势。只有具备对市场和顾客需求的快速反应能力，获得基于时间因素的竞争优势才有可能在竞争中取胜。时间日渐成为与质量、成本同等重要的竞争要素。

微软总裁比尔·盖茨曾经说过，速度是企业成功的关键所在。[①] 英特尔总裁安德鲁·葛罗夫也引以为豪地指出，"对于成功，速度是我们拥有的唯一武器"。花旗公司仅用两年时间就将抵押贷款的批准时间缩短至 15 个工作日——比竞争对手快两三倍，一跃成为美国最大的抵押贷款银行；3M 公司新产品开发的时间由原来的两年缩短到两个月；摩托罗拉的手机生产从订货到交货时间由原来的几周急速缩短到只有 4 个小时；丰田公司更是可以在两天时间里制造出一辆汽车，要比北美的制造商足足少花费 3 天的时间。[②] 这些公司都通过基于时间因素的竞争（time-based competition，TBC）获得更多的消费者忠诚、更少的生产成本、快速成长的机会等竞争地位。基于时间因素的竞争是一种全新的竞争武器和管理模式。它的核心就是在最短的时间里，用最低的成本获得最大的价值。

因此，在当今这样一个"时间制胜，速度决定未来"的大时代里，要更快速地响应多变的市场环境，更迅速地满足多样化的消费者需求，这些都决定了企业必须采用基于时间因素的竞争战略。只有获取基于时间因素的竞争优势才能适应不可预测的市场环境，取得优势地位。

二、理论分析

（一）基于时间因素的竞争理论

在基于时间因素的竞争概念提出之前，美国著名企业史学家钱德勒在 1977 年提出了速度经济性的概念，按照他的论述，企业可以通过加快库存、销售、生产的速度，提高资金和资源的使用效率，降低生产成本，即可实现所谓的速度经济性。钱德勒用"速度经济性"一词对调节从生产到流通的工作速度所带来的经济效益所作的分析，在当时可算触及本

[①] 比尔·盖茨.未来时速[M].姜明，等，译.北京：北京大学出版社，1999.
[②] Stalk, George, Jr, Istvan, Rud. New competitive age. Executive Excellence; Oct, 1989, 6, 10: 5-10.

质的论述。[1]

在钱德勒的速度经济性概念提出之后,波士顿咨询公司资深咨询专家乔治·斯托克(1988)在对日本企业的研究中发现,第二次世界大战后,日本竞争者的战略重心至少经历了四次转变,如表 11-1 所示。他通过研究日本企业在第二次世界大战后的战略重心的转移,得出结论:日本企业最终战胜其他对手的原因是它们对结构性变革进行管理,使各运作单位能以更快的速度、更少的时间来执行作业程序,如表 11-1 所示。

表 11-1　第二次世界大战后日本四次战略重心的转变

面临问题	战略重心
日元贬值,劳动力低廉	发展劳动密集型产业,充分利用劳动力优势获取市场份额
劳动力成本大幅度上升	规模取胜,取得高生产效率及低成本
企业追求更高效率和更低成本	发展专业化工厂,以制造独一无二的产品或占领细分市场
企业追求产品多样化和低成本	准时化生产(Just-in-time)

资料来源:Stalk G S. Time-the next source of competitive advantage[J]. Harvard Business Review,1988:41-51.

乔治·斯托克(George stock., Jr,1988)在《哈佛商业评论》上发表的一篇名为《时间——下一个竞争优势的源泉》(Time—The Next Source of Competitive Advantage)的论文中,首次提出基于时间因素的竞争(Time-based competition,TBC)的概念。在文中,他强调了时间作为竞争优势主要源泉的重要性,阐明了基于时间的生产、销售和创新的特性,并断言,时间作为一项战略资源,它与金钱、生产力、质量甚至创新同等重要。因此,对多数公司来说,它是一项必不可少的竞争武器。他还提出只有在设计、研发、生产、营销和配送等各环节所花费的时间快于竞争对手,才能为竞争差异提供基础,从整体上获得竞争优势。

进一步的研究还指出,TBC 是 JIT(Just In Time,准时制生产方式)的扩展。Blackburn(1992)认为,车间中的 JIT 系统用在办公室同样有效。JIT 持续进步的特性(Stalk & Hout,1990;Blackburn,1992)[2]也是 TBC 成功的要素。大多数实施 TBC 战略的公司都是首先在生产上实施 JIT 的公司。因此,JIT 涉及产品的生产和配送,并且只有在需要的时候才进行,这是基于时间的生产策略。TBC 扩展了这种策略的应用领域——从产品生产到整个组织,并使之成为有效的竞争战略。

笔者(毛蕴诗,2002)在《公司经济学》一书中提到,面向国际市场的企业,必须在研发、筹供、加工、物流、销售的过程中,具备适应环境变化的快速反应能力,并着重强调盘旋式的研究开发流程,快速全面实现商品化,从而达到加快速度的目的。[3]

根据一些学者的分析,我们可以这样理解,基于时间因素的竞争优势(TBC)是指为提

---

[1] [日]今井贤一,等.现代日本企业制度[M].陈晋,等,译.北京:经济科学出版社,1995:107.

[2] George Stalk, Jr, Thomas M. Hout. How time-based management measures performance[J]. Strategy & Leadership, 1990, 18(6):26-29.
Blackburn E H. Telomerases[J]. Annual Review of Biochemistry, 1992, 61(61):113-129.

[3] 毛蕴诗.公司经济学[M].大连:东北财经大学出版社,2002:245.

高公司对市场变化的敏感程度和反应速度,满足快速并不断变化的市场需求,企业运用"时间因素"作为建立竞争优势的价值源泉以及获得竞争优势的竞争武器。企业通过缩短产品开发、生产制造、筹供、配送与销售等各环节的时间来参与竞争,实现在高质量和低成本的前提下以最快的速度为顾客提供产品。基于时间因素的竞争本质包含以下几个方面:快速响应市场、多品种、小批量、企业的灵活性、基于远景的研发和市场规划和主动打破惯例。

(二)基于时间因素的竞争优势理论

正如竞争本身一样,竞争优势是一面不断移动的靶子。任一行业任一企业,都不能将优势资源的理解过于简单和单一。David Besanko,David Dranove and Mark Shanley(1996)[①]认为,这样一种竞争优势是建立在能够提供以下三种顾客价值之一或更多的基础之上。顾客所需要的产品或服务应该更好、更便宜、更快地得到它们。William Q,Judge 和 Alex Miller(1991)[②]认为,最出色、最成功的竞争者懂得如何保持不停地移动且又总是位于竞争优势的最前沿。当今,时间就是这一竞争优势的前沿,即比竞争对手更快地识别、适应客户需求的改变并对此做出快速反应的能力,这种竞争优势就是基于时间因素的竞争优势。基于时间因素的竞争将是未来的一大趋势,它使公司在国内和国际市场上能构建出一个新的竞争优势,即基于时间因素的竞争优势(Hise Richard,1995)。[③]

浙江大学许庆瑞教授(2005)认为,基于时间因素的竞争要求以柔性的生产及管理为基础,在保证高质量与低成本的前提下,加快新产品的推出,及时地响应客户的要求;其竞争要点是压缩从产品开发阶段到生产,最后到递送给顾客的整个周期的各环节的时间,以获取基于时间的竞争优势。[④]

通过缩短新产品开发周期、削减生产制造时间、减少产品销售时间和加快产品配送的速度等,以此获得区别于竞争对手的基于时间因素的竞争优势。Donna E. Vintor(1992)这样总结这一发展变化:"在今天的经济中,能幸存下来的公司是那些能够比它的竞争对手更快地开发、生产并配送其产品或服务的公司。"[⑤]高成本或没有吸引力的产品会降低消费者的需求,同样,对顾客需求的缓慢反应也会迫使顾客选择竞争对手的产品。这种竞争优势的优越性就在于寻求比竞争对手更快地为顾客提供他们想要的产品。这种从强调差异化和成本的竞争到强调反应时间和速度竞争的转变是非常明显的。

根据学者的研究内容,基于时间因素的竞争优势(Time-Based Competitive Advantage,TBCA)可以理解为企业将基于时间因素的竞争作为自己的竞争战略,从研

---

① Besanko D, D Dranove, M Shanley. The economics of strategy[M]. New York: John Wiley and Sons, Inc, 1996.

② Judge, William Q, Alex Miller. Antecedents and outcomes of decision speed in different environmental contexts[J]. Academy of Management Journal, 1991, 34(2): 449-463.

③ Hise R T. The implications of time-based competition on international logistics strategies[J]. Business Horizons, 1995, 38(5): 39-45.

④ 许庆瑞,等.基于时间的竞争战略及其对我国企业的启示[J].中国地质大学学报,2005,(1).

⑤ Donna E. Vintor. A New Look at Time, Speed, and the Manager[J]. Academy of Management Executive, 1992,(6): 4-7.

发、生产、筹供、配送与销售等环节入手,通过获得基于时间因素的产品研发优势、基于时间因素的生产制造优势、基于时间的筹供优势及基于时间因素的配送与销售优势等,不断改进、不断创新,快速响应市场变化,最终构建起基于时间因素的竞争优势。

综上所述,理论界对基于时间因素的竞争研究相对较多,而对基于时间因素的竞争优势的提出和分析比较少见。多数研究都是围绕着基于时间因素的竞争这一战略展开的,然而,从基于时间因素的竞争出发,如何获得基于时间因素的竞争优势还比较模糊,仍不完善。同时,针对基于时间因素的竞争优势源泉的归纳总结更是少之又少。因此,本文在基于时间因素的竞争基础之上,进一步明确基于时间因素的竞争优势的内涵,并根据企业经营的各个业务环节,初步总结出获得基于时间因素的竞争优势的具体来源,将基于时间因素的竞争和基于时间因素的竞争优势理论进一步扩展。

三、基于时间因素的竞争优势分析框架的构建

(一)基于时间因素的竞争优势的分析框架

根据上述对基于时间因素的竞争及其优势的理论分析,本文构建出基于时间因素的竞争优势的分析框架。基于时间因素的竞争就是通过压缩从产品开发阶段到生产,最后到递送给顾客的整个经营活动各环节的时间,达到降低成本、提高服务质量和面对市场需求做出快速反应的过程,如图11-1所示。之后,根据企业经营各环节,初步总结出获取基于时间因素的竞争优势的四大来源,即基于时间因素的新产品开发优势、基于时间因素的生产制造优势、基于时间因素的筹供优势、基于时间因素的配送与销售优势,近而构建出基于时间因素的竞争优势的分析框架。只有从企业的研发、生产、筹供、配送与销售等环节出发,建立起基于时间因素的研发优势、基于时间因素的生产优势、基于时间因素的筹供优势、基于时间因素的配送与销售优势,才能最终构建出基于时间因素的竞争优势。最后,通过此分析框架,将四大来源分别展开,具体分析每个来源的实现策略和方法,即通过何种方式来达到缩短时间、加快经营循环速度的目的,从而使企业获得基于时间因素的竞争优势。

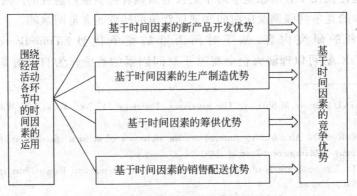

图11-1 基于时间因素的竞争优势分析框架

(二) 基于时间因素的竞争优势的四大来源

(1) 基于时间因素的新产品开发(time-based,R&D)优势的获取。基于时间因素的新产品开发是指在详细了解市场信息、消费者需求的基础上,用最短的时间、最快的速度响应顾客需求,缩短产品开发周期,加快新产品推出速度,以此获得基于时间因素的新产品开发优势。

"一个公司更新产品的速度如果能比其竞争对手快上三倍,那么它将拥有巨大的竞争优势。"企业逐渐意识到比竞争对手晚几个月、几周,甚至是几天推出他们的新产品都有可能失去竞争的机会。新产品的开发时间缩短、推出产品速度加快,可以使企业获得时间领先的优势,从而步步领先。

为了获得时间上的领先优势,企业需要对组织结构、组织运行等各方面进行调整,形成一套有效的新产品开发战略,从而培育出基于时间因素的产品研发优势。获得基于时间因素的新产品开发优势主要有以下三大战略。

第一,推行并行工程。并行工程(Concurrent Engineering, CE)的概念是 R. L. Winner 在国际研究所 R-338 研究报告提出的,即在新产品开发阶段就要从产品的设计、制造和销售的整体角度考虑,把新产品的开发看作一个系统性的过程,使先后几个阶段到设计工作同时操作、交叉进行,以缩短新产品开发时间。[1] 并行工程的本质不仅包括作业活动的并行,还包括所有参与者的通力合作,以平行的、交互的、协同的方式进行产品及相关过程的设计,完成生产及销售,提高生产率和竞争力。

例如,微软取得成功的七大战略之一就是所有工作都平行进行,并且时刻保持同步。这特别体现在其产品开发的同步与稳定的方法,开发人员与消费者在开发过程中共同检测产品,从而达到改进设计,加快开发速度的目的。

第二,多功能团队。多功能团队是由营销、工程、生产、财务/会计、研发、筹供、质检等各职能部门人员,以及设计者、供应商和消费者代表所组成。在产品设计阶段,邀请顾客参与,并且联合各部门、各环节供应商和客户密切协作,进行信息交流,及时反馈顾客信息,以达到知识和认识的共享,减少新产品重新设计和更改的时间,使产品在设计阶段就符合客户的要求。

在许多著名公司里,我们都能够找到多功能团队。拥有多功能团队的公司将平均新产品的开发时间降低了 30%~50%。这些著名的公司包括哈雷戴维森、HP、摩托罗拉、GE、GM、NEC 和 AT&T(Stalk G, 1988)。[2] 又如,美国的 Hallmark 贺卡公司组成一体化的跨职能团队(integrated cross-functional teams),摒弃过去"越墙式"的顺序开发过程,进行并行设计,重建他们的新卡开发过程,使新卡上市时间减少了 8 个月。[3]

第三,产品快速导入。20 世纪末信息技术的迅猛发展对企业推出新产品的速度提出

---

[1] 商慧玲,秦冲,张晏.并行工程的思想和方法[J].科学管理研究,1997,(4).

[2] T Hillman Willis, A F Jurkus. Product development: an essential ingredient of time-based competition[J]. Review of Business, spring 2001; 22, 1/2; ABI/INFORM Global.

[3] Simon J. Towner. Four ways to accelerate new product development [J]. Long Range Planning, 1994, 27 (2): 57-65.

了更高的要求,用最短的时间、最快的速度将产品投放到市场中去,是每一个想拥有基于时间因素的新产品开发优势的企业应当思索的问题。麦肯锡公司开发出一个经济模型,该模型显示,高科技产品推向市场的时间如果比预计的时间晚 6 个月,那么,即使它在成本预算限度内,它的利润也会比预计准时上市的前 5 年的平均利润率低 33 个百分点。按照麦肯锡模型,从另外一个角度看,如果产品能准时上市,即使成本超过预算 50 个百分点,那么,此时能获得的利润率只会比预计的、在成本预算范围内的 5 年平均利润率低 4 个百分点。①

例如,2001—2003 年,摩托罗拉发动了手机的快速攻击战,不断加大手机推出频率,增加手机新款式,这对新产品推出速度相对过慢、手机款式较为单一的诺基亚来讲,无疑是灾难性的打击。因此,连续两年兵败摩托罗拉。痛定思痛,经过两年时间战略的调整,诺基亚更加强调基于时间因素的产品开发竞争,不断加强本土产品研发,加快产品推出速度,平均只用 35 天就推出一款新机型。因此,2004 年,诺基亚重新打败摩托罗拉,市场份额不断扩大,进一步拉大了与摩托罗拉的距离。

因此,只有在最短的时间、最快的速度把新产品成功地推向市场,才能实现由产品优势向市场优势的转化,进而享受在新产品开发方面的先发效应。

(2) 基于时间因素的生产制造(time-based manufacturing)优势的获取。基于时间因素的生产制造是指通过企业生产制造过程的改善,提高生产效率,增强适应能力,增加产品增值的时间,减少设备、人员和材料浪费的时间,缩短生产制造时间,加强企业生产环节的反应速度,以此获得基于时间因素的生产制造优势。

产品在生产这一环节里,只有 0.05%～2.5% 在给产品增值,其他时间都是消耗在无谓的等待中,甚至是在减少价值。因此,为获得基于时间因素的生产制造优势须通过以下几大方面的改进。

第一,多品种、小批量生产。多品种、小批量生产可以极大地缩短产品生产周期,减少设备、人员、材料等非必需费用的巨大浪费。缩短生产周期意味着更频繁地更换产品品种结构,对客户的需求更快地做出反应。事实上,对大多数的柔性企业来说,生产目标就是达到单件的小批量的生产。

第二,便捷性生产布局。生产布局对基于时间因素的生产制造优势也起一定的作用。传统工厂通常由工序技术中心组成。零件从一个工序技术中心转移到另一个中心。零件闲置、移动、等待都要耗费宝贵的时间。②而具有基于时间因素的制造优势企业的生产布局是根据产品来进行布局的,尽量将某一零件或产品的制造部门安排紧凑的程序,使搬运、移动零件的时间缩短到最短,做到很少或没有延迟。

第三,局部计划安排。局部计划安排是指由工作现场来做出安排和决策,使雇员在工作车间能够做出更多的产品控制决策,避免了向管理层请示批准这一非常耗时的过程。而且,产品导向的生产布局和局部计划安排相结合,使总的制造过程更加流畅。

经过以上的比较,我们不难看出,传统工厂与具有时间因素的生产制造优势的工厂相

---

① 亚历克思·米勒. 战略管理[M]. 何瑛,等,译. 北京:经济管理出版社,1998.
② Stalk, George Jr. Time and innovation. Canadian Business Review[J]. 1993:15-18.

比,它们的绩效结果存在显著差别。后者的反应速度要比前者快8~10倍,生产效率要比前者高出50%~200%。基于时间因素的生产使生产率得到显著提高,同时也使总成本减少20%,并以很少的投资获得了加速的成长。[①]

在基于时间因素的生产制造优势方面,丰田就提供了一个很好的范例。由于对某一供应商的反应时间不满意,丰田决定改变这种状况。在原材料到达工厂之后,供应商要花15天才能产出部件。所以,丰田第一步就是减少批量规模,将反应时间缩短到6天,紧接着改造了生产布局,减少存货的数量,反应时间又下降到3天。最后,丰田消除了供应商车间里所有的产品存货,新的反应时间只有1天。相似的例子还有,松下将生产洗衣机所需的时间从360小时减少到仅有2个小时;本田也将汽车制造的时间大幅削减了80%;在北美,生产汽车操纵器和空调机电子元件电企业已经将它们的制造反应时间改进了90%。

(3) 基于时间因素的筹供(time-based sourcing)优势的获取。基于时间因素的筹供——JIT筹供就是:在恰当的时间、恰当的地点,以恰当的数量、恰当的质量提供恰当的物品。通过与供应商建立良好的合作关系,获得更快速的供货服务,进而加快本企业的交货时间,以此获得基于时间因素的筹供优势。

基于时间因素的筹供是以供应商的选择(数量与关系)、质量控制为其核心内容。归纳总结为以下两点。

第一,合理选择供应商,并与之建立战略合作伙伴关系。

供应商的选择是企业筹供业务的重要组成部分。供应商的业绩在今天对企业的影响越来越大,在交货、产品质量、价格、提前期、库存水平、产品设计、服务等方面都影响企业经营的成功。企业为了实现低成本、高质量、柔性生产、快速反应,就必须慎选供应商,并与之建立相互信任的合作关系。

企业应选择尽量少的供应商,甚至是单一货源。供应商越少,消除浪费、降低采购成本的效果就越好。由于供应商得到的需求是稳定的、可预测的,那么供应商就可以更好地计划产能,有更多的机会进行持续改善。企业与供应商之间应建立战略合作伙伴关系,使彼此的关系更加密切。此外,还应考虑供应商的知名度、全系列产品的供应能力及市场地位等要素。同时,供应商所处的地理位置也相当重要,供应商的仓库离生产车间越近,原材料的运送时间就越短,供应的风险就越小,彼此之间的交流也就越方便。

第二,严格的质量控制。卓有成效的筹供过程中的质量控制是获得基于时间因素的筹供优势的成功保障。从大环境看,基于时间因素的筹供支持生产企业与原材料供应企业逐渐形成园区模式,生产企业周边均分布着很多原材料供应企业,原材料供应企业就像生产企业的一个生产车间。这样,便于对产品从原材料到每个车间进行整体的质量控制和协同。同时,企业不仅要求供应商提供产品的质量认证,同时还要关注其是否建立了持续合格产品的系统和机制,如ISO认证、完备的质量过程控制系统以及持续改进的计划模式等,以节约检验时间,保证最终产品的质量,避免不必要的返工及误工时间。

戴尔与供应商不只是联系,还是结盟关系。戴尔在全球市场精选了25家供应商,同

---

① Stalk, George Jr. Time and innovation. Canadian Business Review[J]. 1993,(20):15-18.

时要求它们的工厂必须离戴尔的工厂足够近,以降低装运的时间和成本。此外,戴尔严格监督供应商的质量,利用报表卡比较实际性能和标准。戴尔的基于时间因素的筹供优势使其工厂存货日期只有几天,甚至几个小时。

(4) 基于时间因素的配送与销售(time-based delivering and selling)优势的获取。基于时间因素的配送与销售是指利用信息、网络等手段将产品以最快的速度销售出去,并且在最短的时间里将产品送达到客户手中,以此获得基于时间因素的配送与销售优势。

在现实中,工厂占到了全部时间的 1/3~1/2,但并不意味着其他环节就不重要。在弗雷斯特系统中,配送与销售耗费了和制造一样甚至更多的时间。在 20 世纪 70 年代后期,处于领先地位的日本公司发现低效率的配送与销售业务削弱了它们基于时间因素的生产所获得的优势。原本不到两天的时间就可以生产出来的汽车,却要用 15~26 天来完成销售、传送订单、收到计划订单以及将汽车运达客户。这样的结果使配送与销售的成本占到客户支付的汽车成本的 20%~30%,比丰田生产一辆汽车的成本还要高。从这个范例我们不难看出,为了获得基于时间因素的整体竞争优势,必须强调快速的配送与销售,缩短配送与销售的时间,只有这样才能逐步建立起基于时间因素的配送与销售优势。反之,如果处理得不好,那么就会使之前的研发、生产和筹供等环节所建立起来的优势全部抵消。

第一,基于时间因素的配送优势。第三方物流也是使企业获得基于时间因素的配送优势的有效途径。它为用户提供各种服务,如产品运输、订单选择、库存管理等。具体来说,第三方物流的专业物流管理人员和技术人员通过先进的信息通信技术以科学的物流系统为前提,对具体物流运作实施统一的调度和监控。它们能够采用最优的运输路线,保持合理库存,从而加快订单的处理,缩短从订货到交货的时间,实行门到门的运输,使货物的配送更为快捷。① 新产品的多渠道、多地点同时投放也是企业常用的快速投放方法,通过有效的物流管理,如实施零库存管理,开发快速供货系统,提高后勤保障能力来加速新产品的投放。把库存管理的部分功能代理给第三方物流系统管理,可以使企业更加集中精力于自己的核心业务,更快获得市场化信息,进而改进服务质量。

第二,基于时间因素的销售优势。在产品更新换代不断加快、设计和产品的生命周期变短的市场环境下,企业必须整合所有销售手段,发动全方位、快节奏、高强度的促销攻势。同时,要压缩销售中处理问题的时间,如即时回答顾客问题和要求,尽快处理订单,密切与开发、生产等工作之间的衔接和配合等。具体来说,要充分利用现代化的营销方式,建立以网络为基础的快速营销系统,实现企业与顾客之间的"零距离"。通过建立电子商务系统,实现企业与用户之间的双向沟通和交流,实现网上营销。建立面向顾客的电子咨询系统、客户服务系统、客户反馈系统,以便对顾客的售前服务、售中服务、售后服务的要求迅速做出反应,并付之行动。客户反馈系统可以随时接受消费者对产品的意见和建议,从而把握市场需求信息,以利于下一轮对市场需求的快速反应。建立网络化、实时化、快速化和全方位的产品分销与服务网络,使顾客在任何时候、任何地方都能快速得到实体产品与售后服务。

---

① 李仕兵,林向红. 浅析第三方物流企业运营模式[J]. 技术经济,2003,(1).

基于时间因素的配送与销售优势加快了企业的销售和配送速度,满足了产品或服务快速到达顾客手中的要求,为增强其竞争优势奠定了良好的基础。

四、小结

随着信息技术的快速发展和经济的全球化,市场竞争愈演愈烈,为了应付急剧变化的市场需求,需要企业做出快速响应,因而时间就成为制胜的关键因素,而通过获得基于时间因素的竞争优势就成为企业新的战略选择。

基于时间因素的竞争优势的获取是以产品研发为开端,经过生产制造、筹供和销售环节,最后以产品或服务送达到客户手中的配送环节为终点。通过实施并行工程、多功能团队来达到其缩短产品开发周期、快速导入市场的目标;为获得基于时间因素的生产制造优势,企业通过多品种、小批量的模式以及便捷式生产布局、加大现场管理的决策力度等方法,努力缩短生产制造的时间,提高生产效率;为获得基于时间因素的筹供优势,努力减少库存、大力消除浪费,并通过和供应商建立良好的战略伙伴关系等获得更快、更好的原材料供给;为获得基于时间因素的配送与销售优势,最大程度地缩短企业同用户之间的距离,通过网络营销,加快产品销售速度。而且,第三方物流也是快速将产品送达到用户手中的理想选择。此外,在获取基于时间因素的筹供优势和配送与销售优势的同时,还应特别注意现金流、资金周转等问题,即加快资金的周转速率,提高企业的现金利用率,使其成为获得基于时间因素的竞争优势的快速保证,实现企业的良好收益。

只有在企业经营的研发、生产、筹供、配送与销售等各个环节中,时刻体现缩短时间、加快产品要素的流动速度,进而达到节约成本、提高服务质量、对市场需求变动做出快速反应,并最终赢得基于时间因素的竞争优势。这种基于时间因素的竞争优势必将成为当今,乃至未来竞争的实质和核心。

专题十二　从微软的成功剖析标准之间的企业全球竞争

一、引言

在短短的20多年中，微软已由当年创业之初的3个人的小企业一跃成为在全球拥有7万多员工的大型国际化企业，并且在个人计算、商业计算软件、服务和互联网技术方面都成了全球范围内的领导者。据CNET科技咨询网最新报道，微软宣布其2007年第一季度盈利为49.3亿美元，营收达到144亿美元，大大超出了分析家预期。[①] 在当今激烈的竞争环境中，微软成为IT行业一颗耀眼的明星，是当之无愧的全球软件业的领航者。

一项针对微软产品的考试——微软全球认证，在全世界122个国家通行现在已有49种语言的版本，是目前网络操作系统的基本技能认证。该项认证拥有者在全球各地均可享有高就业机会、高薪、相关学业免学分的待遇，甚至在北美的一些国家可以作为外来移民的技术评估标准。由微软认证的火爆可以看出，基于微软自己生产的产品和技术能力测试的认证已经得到全球众多国家的认可，并作为一种工作能力的考查成为越来越多的IT企业招聘人才的重要参考。微软公开地将其技术理念渗透到全球有志于IT事业青年的思想中，并使微软技术以全球技术标准的姿态引导人们进行软件学习的方向。以中国为例，遍地大大小小的电脑培训班都是以教授Windows运用、Office操作、Delphi编程等微软的常用软件应用为内容。微软在全球市场的影响可见一斑。

原微软全球副总裁李开复在清华大学演讲时指出，"作为全球最成功的企业之一，微软公司在过去的20多年里为全世界数以亿计的用户提供了无数杰出的软件产品，并以自己的实践经历揭示了软件产业内蕴藏的旺盛生命力和巨大商业价值"。微软的Windows和Office产品以90％以上的市场占有率为全球广大的用户所接受，成为现今操作系统和办公软件的市场标准。相比Windows操作系统，Linux操作系统虽然在安全性和稳定性上更胜一筹，但因为人们对Windows操作系统的熟悉程度，即使是在Linux的故乡欧洲，当地政府也大多放弃了对Linux的支持，被迫使用Windows操作系统。

众多的著作都在探讨微软成功的秘密，例如，《微软的秘密》《微软的成功之道》《微软团队：成功秘诀》等。《微软的秘密》一书总结了诸如公司组织结构、创造型人才的管理、产品创新、产品和标准竞争、信息反馈与交流、企业文化、产品开发七个方面的成功因素。然而，本专题将从标准之间竞争的角度论证微软的成功，并探讨其获取竞争优势的泉源。

---

① 资料源于Microsoft官方网站。

二、通过委员会竞争形成的标准和通过市场竞争形成的标准

据WTO的相关规定,国际标准已成为各国制定相关技术法规和标准的基础。越来越多的国家,把国际标准作为国际贸易和市场准入的必要条件,作为国际贸易仲裁的重要依据。我国对标准的定义是:在经济、技术、科学及管理等社会实践中,对重复性事务或概念,通过制定、发布和实施标准,达到统一,以获取最佳秩序和社会效益。标准是各方通过协商形成的统一规范和性能要求[①]。但该标准的定义未能体现本文下面所谈及的通过市场竞争形成的标准。于1972年出版的桑德斯(T. R. B Sanders)所著的《标准化的目的与原理》一书指出,标准化的目的是减少社会日益增长的复杂性。在技术领域,标准的作用更为明显。一项具有战略性的技术标准被国际性的标准化组织承认或采纳,往往可以带来极大的经济利益,甚至能决定一个行业的兴衰,影响国家的经济利益。

一些学者根据标准形成的路径不同,将标准的文献分为如下两类:一是政府标准化组织(government standard-setting organizations)或政府授权的标准化组织建立的标准,也可叫作"法定标准"(de jure standards);二是由市场选择的标准,也可叫作"事实标准"(de facto standards)。Jeffrey L Funk(2002)在此分类的基础上,从委员会竞争(committee-based competition)和市场竞争(market-based competition)的角度考察了标准之间与标准之内的全球竞争。

(一) 通过委员会竞争(committee-based competition)而形成标准

技术标准委员会是以国家、企业协会、民间组织等为主体,由支持不同标准的相关厂商在一起为讨论标准的确立,所组成的正式或民间组织。它的主要作用是在市场之外,在产品开发、上市之前确定标准,代表制造商、辅助产品制造、用户和政府进行协商和筛选。Rosenkopf、Metiu和George(2001)[②]指出在管理文献中对技术标准委员会领域的研究较少,甚至没有。他们认为,这些标准组织所形成的工作团体或技术委员会为不同公司的代表以及其他相关者提供了交换技术信息、探讨技术差异、选择标准和谈判未来发展的平台。Shapiro(2001)通过对这些标准制定组织长期观察发现,正式的标准组织对开发、制定新的技术起到非常关键的作用。但参与标准制定的企业认为正式标准制定过程过于政治化、缓慢,并且没有选择"最好的"技术。通常,通过委员会制定标准的周期长,需要平衡各方利益,所以难以形成统一标准。比较有影响力的国际标准组织有国际标准化组织(ISO)、国际电工委员会(IEC)、国际电信联盟(ITU)及国际标准化组织认可的制定国际标准的其他国际组织。为了使自己研制的技术成为国际标准,从而为自己带来更多的利益,各厂商乃至各国家积极争取在国际标准组织的话语权。

在移动通信领域,运营商、基础设备供应商、服务提供商等通信价值链上的各企业对

[①] 摘自《标准化基本术语第一部分》。

[②] Rosenkopf L, Metiu A, George V P. From the bottom up? technical committee activity and alliance formation[J]. Administrative Science Quarterly, 2001, 46(46): 748-772.

技术标准的争夺和博弈也愈演愈烈。由于移动通信设备制造的前期投入成本高昂，一旦他们所研发的技术成为全球标准，为国际上的企业所接纳，就将占领全球的通信市场，通过获取本国乃至全球的专利、标准费用将为他们带来丰厚的利润。移动基础设备制造商在委员会上的标准竞争比在市场上的标准竞争更关键。价值链中的相关企业通过加入标准委员会组织，参与标准制定，试图在国际标准中更多地加入自己的技术标准。为了提高国际竞争地位，争夺世界电信业的主导权，中国政府积极推动具有中国自主知识产权的TD-SCDMA技术开展，这是中国在其通信史上第一次提出并被广泛认可的国际标准。委员会通过国家和厂商的商讨、博弈、调整来制定国际标准，市场则通过规模报酬递增来促使全球标准的出现。

以手机市场竞争为例。1988年1月，欧洲电信标准协会(ETSI)成立，并允许任何参与电信业的欧洲公司加入该协会，这在很大程度上改变了欧洲移动通信市场的竞争格局。欧洲采取了开放的基于委员会的方式，这使任何在欧洲进行研发活动的公司都可以参与到GSM(第二代移动通信的一种标准)的开发中，并成为GSM的传播代理。许多公司包括阿尔卡特、摩托罗拉、诺基亚和AEG在完成GSM有关专利互换的协议时，日本公司成为最大的输家，因为它们没有参与GSM系统的开发，并且也没有同时发展GSM技术，因此，它们没有任何专利可以交换，不得不为手机支付销售额6%~10%的牌照费。而标准是专利的最高形式，谁拥有标准谁就对市场的掌控能力越强，就能起到"发号施令"的作用。

在之后的标准竞争中，日本公司吸取了2G时代的教训，日本第一大移动运营商NTT DoCoMo与爱立信、诺基亚结盟并选择GSM网络接口标准，得到了当时也正在提供GSM服务的亚洲和欧洲国家其他电信业者的支持。基于拥有全球众多支持者的GSM标准的i-mode移动数据服务使NTT DoCoMo在市场上取得极大成功，数据增值服务在日本获得广泛青睐。日本运营商通过与价值链中的设备制造商结盟，逐渐参与到标准的制定中，掌握了产业链中的主动权。截至2003年7月，i-mode服务已经拥有超过3 873万人的庞大用户群。也就是说，每3个日本人里就有1人在使用i-mode服务。也就是这个庞大的消费群体，将NTT DoCoMo送上了全球财富500强的第16位。而与此形成鲜明对比的是，美国设备制造商在没有任何运营商的参与下开发了CDMA One的宽带版本CDMA2000，这样导致美国公司在整个第三代标准制定的过程中几乎没有什么谈判权，从而使美国公司的3G运营难逃亏损的命运。[1]

在移动通信领域的竞争是以委员会的标准竞争为开端的。在各标准组织中，利益相关的厂商之间相互进行合作与博弈，争取自己的技术成为全球的技术标准，为今后的市场化运作打下基础。Jeffrey L Funk(2002)[2]指出，一个公司如果支持成功的标准，通常它的市场份额和收益会增加，而其他的公司也会被迫采取同样的标准，否则就只能在不断萎缩的市场中竞争。而在市场上的标准竞争决定了一个企业能否拥有广大的客户群，能否为企业带来客观的利益。

---

[1] 对这一标准的形成机制还可以进行深入探讨。
[2] Jeffrey L Funk. Global competition between and within standards[M]. Palgrave Macmillan publisher, 2002.

(二) 通过市场竞争(market-based competition)而形成标准

在对现在文献的考察中发现,有关标准竞争的大部分研究都集中在选择业界标准的纯市场竞争中(David & Greenstein,1990)。[①] Shapiro 和 Varian(1999)[②]认为,企业在委员会中通过协商形成法定标准(de jure standards),但最终仍由市场决定真正的胜利者和事实标准(de facto standard),标准竞争是不兼容的技术之间争夺市场支配权的战斗。市场选择的标准也是事实标准,是企业利用其市场优势通过控制市场形成产品格式的统一或产品格式的单一,从而确定技术上的主导权。Arthur(1989,1996)[③]从市场的不可逆性、收益递增机制和路径依赖等角度对市场标准的竞争作了深入的分析。他考察的重点是一种技术或产品的历史用户规模,在存在规模收益递增的情况下,一种技术的历史使用率越高,该技术被选择的概率就越大。也就是说,使用这种技术的用户越多,该技术对用户来说价值就越大。此外,国内外文献针对标准竞争的研究一般认为,标准对企业经营的成败起到关键作用。Hill(1997)[④]认为,高科技行业中标准的竞争决定企业甚至行业的兴衰,产生赢家通吃(winners take all market)的局面。Morris and Ferguson(1993)[⑤]经研究发现,一个企业可以通过控制技术体系的标准而主导整个体系和产业链。我国学者熊红星(2006)[⑥]认为,在经济全球化的背景下,随着技术创新和技术融合趋势的增强,以及产业边界模糊的出现,技术标准不仅是一种竞争手段,而且已经成为市场竞争对象,成为决定一个企业或者企业集团生死存亡的重大问题。在市场竞争中,企业通过使其拥有的技术成为市场标准从而取得市场领先者的地位。

微软公司正是利用其在市场上的高占有率成为国际市场的事实标准,获得其他企业难以比拟的高盈利。然而市场标准并不是恒久不变的,以 IT 产品为例,其研发的加速让企业生命周期随之加速。IT 界一两年就可以出一个新的产品,每一种新产品的诞生都可能带来市场标准的变更和企业地位的重新洗牌。微软取代了蓝色巨人 IBM 的大型计算机和硬件的标准地位,是平台和软件系统的成功。而随着新的互联网时代的到来,微软将面临更大的挑战和更强大的竞争对手。不甘于人后的微软看到互联网时代崛起的 Google 公司和雅虎凭借强大的搜索与广告业务赚得钵满盆满,微软也加快了向互联网的转型速度。一直奉行标准之道的微软明白互联网之争将是多标准、多方向的突围之战。

此外,DVD 标准的市场竞争也在如火如荼地进行。CD 光盘于 1980 年诞生,15 年后

---

① David, P. ,S. Greenstein. The Economics of compatibility standards: an introduction to recent research[J]. *Economics of Innovation and New Technology*,1990.

② Shapiro C, H Varian. Information rules[M]. Boston:Harvard Business School Press,1999.

③ Arthur W B. Competing technologies, increasing returns and lock-in by historical events[J]. *Economic Journal*, 1989,99(1).
Arthur W B. Increasing returns and the new world of business[J]. *Harvard Business Review*, 1996,(7-8).

④ Hill C W. Establishing a standard: competitive strategy and technological standards in winner-take-all industries[J]. *Academy of Management Executive*, 1997,11(2):725.

⑤ Morris C R, Ferguson C H. How architecture wins the technology wars[J]. *Harvard Business Review*, 1993,(71):86-96.

⑥ 熊红星. 网络效应标准竞争与公共政策[D]. 上海财经大学, 2005.

拥有统一技术标准的 DVD 于 1995 年问世,时隔七年,下一代 DVD 技术以更加多样的形态浮出水面。目前,下一代 DVD 标准之争是以索尼松下所支持的蓝光 DVD 和东芝所主导的 HD DVD 的两大阵营角逐。蓝光 DVD 技术标准由索尼公司主导,加入蓝光阵营的有飞利浦、松下、日立、先锋、三星、LG、夏普、汤姆逊、苹果、戴尔、惠普等公司。HD-DVD 标准,由东芝、NEC、三洋三家企业主导,后加入的有微软、英特尔及惠普等。标准之间的竞争是对市场份额争夺的结果。在过去的三年里,蓝光技术标准的支持者和 HD-DVD 标准的支持者展开了激烈的竞争,双方争夺的焦点是价值数十亿美元的 DVD 播放器、PC 驱动器和光盘市场。特别是在全球第一大软件厂商——微软和全球第一大芯片厂商——英特尔公开表示对 HD-DVD 阵营的支持后,为 HD-DVD 的标准之争增加了巨大的力量。随着技术的日新月异,DVD 光盘早已不局限于在电视机上播放,它的全球标准的选择,还将影响个人电脑、电子产品、游戏机等设备。所以全球标准的获得对于企业在市场上的竞争具有重要意义。

三、微软的基于标准的全球竞争

在经济全球化的当今,一个重要的特征是越来越多的全球性行业、全球产品的出现。在这些全球性行业中,特别是在软件、电子、通信等以技术为核心的高科技领域,标准之间的竞争将越来越激烈。微软的成功除了技术和偶然因素外,还与微软竞争理念密切相关,那就是尽一切可能争取自己公司的技术为全球标准。正如微软创始人比尔·盖茨所说,在市场开拓初期,技术水平一时的高低有时并不重要,具有决定性意义的是抢占市场份额并借此建立市场标准。[①]

(一)微软在激烈的标准竞争中突围

创业初期的微软受到幸运之神的光顾,当时的 IT 巨头 IBM 将操作系统外包给微软。微软把握机遇,为 IBM 个人电脑提供了 DOS 系统,并保留 DOS 的独占权。借助 IBM 的市场优势,微软也随着 IBM 个人电脑的销售而走近了千家万户,DOS 成了当时一枝独秀的市场标准。相对竞争对手,微软一起跑就领先了许多。但微软的成功并不仅仅是靠技术和偶然的因素,而是把握了成为市场标准的机遇,利用标准占领市场。

蕴含巨大利润空间的软件行业始终是众商家激烈竞争的战场,其他企业也希望通过技术创新和市场运作成为全球的技术标准,从而获得 IT 霸主的地位。微软的竞争对手苹果公司在 1984 年发布了拥有绚丽图形操作界面的 Macintosh 操作系统,它不仅界面美观、操作简便,而且还可以播放出美妙的音乐。这达到了当时操作系统的技术顶峰,对微软的 DOS 系统造成强大的威胁。然而技术更优的 Macintosh 系统未能把握绝好的机遇,因为它的不兼容,用户难以体验如 DOS 系统般的完全掌控感,便逐渐对 Macintosh 系统失去兴趣。在 Macintosh 发布的第二年,苹果公司就出现了严重的亏损。试想如果苹果在 1984 年而不是迟至 1994 年,就将其 Macintosh 操作系统授权给其他计算机硬件销售

---

① 于成龙.比尔·盖茨全传[M].北京:新世界出版社,2005.

商,它可能就已经成为操作系统的主要生产商了。对比而言,微软所提供的 DOS 系统为全开放的系统,可以为第三方厂商开发的应用程序提供方便可靠的接口,因此吸引了众多开发商开发 DOS 应用程序,促使 DOS 成为操作系统的全球标准。尽管现在仍然有一些 IT 技术人士对微软的技术嗤之以鼻,指出 Windows 操作系统的漏洞百出,他们甚至认为微软是技术的剽窃者,Windows 系统抄袭苹果公司的图形化操作界面,就连用于发家的 DOS 系统也是转手倒卖得来的,但微软始终懂得抓住市场和利用市场,赢得全球技术标准,站在软件领域的最高处。

(二)微软的产品延伸与捆绑销售强化其技术标准市场地位

在微软的产品取得一定的市场地位之后,微软就不断地采取产品延伸与捆绑销售的措施,以强化其标准的市场地位。微软将 DOS 系统捆绑上当时的 IT 巨头 IBM 公司的个人电脑,成为当时 PC 机的绝对标准的操作系统,后继在主流的 Windows 的操作系统中不顾反垄断压力,频繁地自我捆绑 IE 浏览器、Windows 媒体播放器、Windows Massager,以及将来在 Vista 系统(微软研发的新操作系统)中极可能捆绑自我开发的反间谍甚至反病毒软件等。微软将这些软件捆绑在已经成为全球标准的 Windows 操作系统中,试图让操作系统带动其他微软的软件产品,成功地实现了微软产品的延伸。待到欧盟反垄断制裁姗姗来迟,全球大多数客户可能早已经熟悉了和习惯了微软的软件操作,成为其忠实用户,这正是其他的浏览器厂商、媒体播放器软件商、即时通信商及杀毒软件商所担心的情况。微软依靠操作系统的成功,牢牢掌握了全球 90% 以上的桌面市场,并借助操作系统的全球标准地位带动微软其他产品的销售。它成功地利用了主销产品与延伸产品之间的相互配合、相互促进的特点,从而强化其技术标准的市场地位,为微软带来了巨额利润。

(三)微软全球技术标准的巩固以技术创新为基础

然而,成为全球技术标准并不会一劳永逸。软件行业是利润丰厚的行业,其他软件制造商集聚着大量的人才研发更为先进的软件,希望有朝一日能取代微软成为全球标准。所以要想继续保持其垄断地位,就需要不断地提升技术以实现产品创新。微软深知在软件业激烈的竞争中,技术是唯一可以长期延续的财富和优势。李开复在《微软的成功之道》一书中谈道,在 2005 财政年微软在研发领域投入大约 85 亿美元,超过其营业额的 1/5,这个比例在"世界财富 500 强"的企业中居首位。

互联网新时代的到来,使软件行业的利润空间更大,竞争更加激烈,对技术更新的准确性、及时性要求更高了。仅仅靠 Windows 的成功已经不能确保微软的霸主地位,稍有疏忽就会被其他的企业所取代。于是,微软积极进行软件研发并寻求与其他厂商的技术合作,将自己的产品领域迅速蔓延到办公软件、数据库、媒体娱乐工具、电子邮件、杀毒软件等领域,并借助 Windows 的标准地位带动其他软件的发展,取得惊人的成绩。

(四)伴随微软产品不断升级的巨大收益

微软从成立开始就将"产品升级"的概念贯穿始终,20 世纪 80 年代,DOS 操作系统问世并迅速风靡全球,从而奠定了微软在软件业的霸主地位。1983 年,微软公司宣布开发图形用户界面(GUI)系统。1985年,Windows 1.0版问世,接着陆续开发了Windows 2.0版等,1990年5月,Windows 3.0正式投入商业应用。1992年4月,Windows 3.1版推出。1993年,升级到Windows 3.2。这些操作系统简称为Windows 3.X,它们运行在DOS之上,受到DOS操作系统的限制。1995年8月,Windows 95面世,改变了在DOS下的运行模式。1998年,推出功能更为强大的Windows 98。2000年3月,微软公司正式发布了Windows 2000中文版。微软公司于2001年11月9日正式推出了包括家庭版和专业版的Windows XP,界面更加灵活、便捷,包括数字多媒体、家庭联网和通信等方面的功能。微软因为标准的成功而引领市场20多年,在这20多年里,微软不断地进行技术创新和产品升级,加快了新产品开发的步伐。

通常,随着科技进步,产品性能的提高,软件、电子等高科技产品的价格将会下降,特别是在产品更新速度加快的计算机领域中,从芯片到磁盘驱动器,从游戏软件到路由器,由于市场竞争的激烈和大批量生产的单位成本的减少,价格都呈现迅速下跌的态势,而且下跌的幅度往往很大。然而微软的操作系统借助其全球标准的优势,掌握了价格的主导权,其价格下降的趋势并不明显。它的Windows操作系统的价格与1985年刚推出时基本相同。据业内分析家估计,Windows 95卖给批量购买软件的计算机生产商的价格约为每套45美元。这个价格与它上一代产品,即Windows 3.1和DOS软件混合产品的价格持平,甚至略高一些。Windows 95升级版的零售价格为89.99美元,与刚推出时的价格相同。DOS与升级为Windows 3.1时的价格几乎一样。微软的Office中的Word软件在1990年的价格为399美元,而升级为Office套件后原始价格虽降为249美元,但在此后价格一直未变。占据90%以上市场份额的桌面操作系统和Office办公系统,凭借全球技术标准的地位和居高不下的软件价格让微软从中获得了非常可观的效益。分析家预计,Windows操作系统经营企业的毛利超过92%,经营利润超过50%。特别应当指出的是,微软在全球的垄断地位,在发展中国家市场获得了更大的收益,甚至是过度的收益。以微软Office软件为例,其美国售价为50美元,相当于美国人一两个小时的工资收入。在中国则卖到6 999元人民币,相当于中国人一年到两年的平均工资水平。[①]

在软件行业,微软一直在追求标准的道路上努力:通过全开放的DOS系统,微软战胜了技术更优的Macintosh操作系统,成了全球的事实标准;Windows系统的成功使微软控制了全球桌面系统的绝大部分的市场份额,并借助桌面系统的市场优势,利用其垄断地位,捆绑销售了微软互联网、娱乐、杀毒软件等产品。微软一直奉行以技术创新为先导以巩固其技术标准地位;随着微软产品的不断升级,产品性能不断改善,加上几乎不变的高价格,赚取巨额的利润。微软的成功不仅仅是市场销售的成功,更是标准竞争的成功。

四、微软成为市场标准企业的竞争优势源泉

(1)成为市场标准的企业在标准之内的竞争中,即在研究与开发、筹供、生产、销售、成本等领域的竞争中处于有利地位。标准之间的竞争是企业在市场或委员会中,通过与

---

① 胡星斗.全世界发展中国家团结起来[J].IT时代周刊,2007,(12).

同行业其他企业相竞争、博弈使自己的核心技术更多地成为全球的市场标准的过程。而标准之内的竞争是企业通过研发、筹供、生产、销售等各个环节的不断优化以及相互间的有力配合,形成企业的关键技术,乃至全球的技术标准的过程。当企业的核心技术成为市场标准后,就拥有了技术上的主动权。企业利用其技术优势,使新技术在原有技术标准的基础上实行平滑过渡,并通过在其核心技术中加入技术壁垒给竞争对手造成障碍,形成技术上的垄断地位并为成为下一代技术标准打下基础。同时,成为市场标准的企业由于掌握了大多数的市场资源,而其他企业为了自身的利益,更倾向于为这些企业提供便捷的供货和销售的渠道。因此,当它们在与价值链上的其他企业合作时,成为市场标准的企业就处于有利的地位。此外,由于这些企业依靠其市场优势,随着产品销量的增加、成本的降低,赚取大量的利润,相较竞争对手,它们更有意识也更有实力去实现技术创新。

(2) 成为市场标准的企业处于成为市场领导者的有利地位。国内标准成为全球标准的公司在世界市场上占有最大的份额。美国的公司控制了世界上模拟的基础设施和电话市场,因为 AMPS(以及它的衍生物 TACS)是全球的模拟标准。欧洲的公司占据了全球的数字基础设施和电话市场,因为 GSM 是数字全球标准。成为市场标准的企业就处于成为市场领导者的有利地位。微软的 Windows 操作系统和 Office 办公软件以绝对的优势领跑全球软件业,成为被市场所认可的技术标准,从而将微软推向了 IT 界的市场领导者的位置。成为市场标准的微软,其产品的生产与发布还将影响价值链上的硬件制造商、网络运营商、服务提供商等。据 IDC(互联网数据中心)预计,2007 年,随着微软最新的操作系统 Windows Vista 的推出,其每一美元的销售额,将为整个 IT 产业带来超过 18 美元的收入。仅在美国本土上,微软合作伙伴将于 2007 年产生直接与 Windows Vista 产品相关的收入达 700 亿美元;而在全球市场,2007 年,得益于这两款产品的合作伙伴企业收入预计将超过 2 500 亿美元。

(3) 有利于实施产品升级导向的扩展并创造新的市场。信息产业中的微软、英特尔、IBM 和医药行业的公司都是依靠产品的不断升级得到扩展的。产品升级导向的业务扩展是在原有业务的基础上,通过增加产品的技术含量,增强产品的功能、特征,改进产品结构的扩展。尽管现有产品与原产品有相似之处,但其特征可能已有实质性的改变,其功能已有数量级的改变,从而拓宽了产品的业务领域和范围,因而会创造一个全新的市场。例如,个人电脑的出现改变了早期的大型中央计算机的应用范围、功能、结构,使计算机进入家庭,创造一个新的市场。计算机网络的发展又使大量新业务得以产生而展现出无限的商机。在多产业融合和行业边界模糊的背景下,控制和争夺重点领域的国际标准是企业应对市场竞争的有力武器。微软依靠 Windows 和 Office 的市场标准地位,不断地实现进行产品的优化和升级,在升级的过程中实现了功能的扩展,成功地进入手机、汽车、电视等相关领域,在娱乐和互联网的市场上迅速扩大自己的产品覆盖范围,力争在新的空间取得领先。例如,MSN、E-mail、网络社区等都在市场占有率方面处于领先地位。在竞争的压力下,苹果、惠普等公司也相继进入互联网领域和手机领域,希望在新的前沿领域开辟自己的战场。它们都选择进入那些在公司战略和未来产业中占有重要地位的领域,从而保证确切地掌握最新的标准技术,为赢取全球竞争地位做准备。

从经济学的角度可以看出，在垄断条件下，垄断厂商对其产品价格有决定权，垄断为企业带来超额利润。20多年来，微软竭尽所能建立全球标准，其产品在全球个人电脑市场上占据着主导地位。微软打造的Windows桌面操作系统和Office办公软件创造了大批习惯用户，这种"习惯"让竞争的天平向微软倾斜，使市场后来者以及产业链上的企业只能被迫服从微软的技术标准。2007年，微软做出了Windows XP操作系统将于2008年1月停止供应的决定，兼容、系统资源分配等一系列问题，使其他的硬、软件厂商处于被动的局面，他们不得不在新装的PC机上使用高配置的Windows Vista系统。此外，微软一次次在操作系统和办公软件上捆绑销售其他软件产品，在微软双重标准的钳制下，竞争者逐渐丧失竞争力而在竞争的浪潮中湮灭。

（4）正反馈效应与网络经济性。Katz M和Sharpiro C(1994)[①]将标准竞争定义为网间竞争、系统竞争。技术创新、科技的发展带来了网络经济时代，而信息产业是网络效应最明显的产业。在网络市场，企业控制网络最有力的工具就是标准。在网络经济时代，一旦某种全球标准形成，获胜的企业就可以通过降低配件成本、消费者的转换成本、利用对该标准的控制而控制市场，为企业带来可观的利润。

网络效应是指产品的价值随着使用者的增加而增加的现象，或者说是指一个使用者从产品消费中得到的效用随着其他消费者的增加而增加的现象。Katz & Shapiro (1986)[②]把网络效应分为两种形式，即直接网络效应与间接网络效应。直接网络效应是指消费者需求之间的相互依赖性，使用一种产品的用户可以直接增加其他用户的效用。间接网络效应主要产生于基础产品与辅助产品之间技术上的辅助性，这种辅助性导致了产品需求上的相互依赖性。

在直接网络效应的作用下，一种技术要成为市场的标准，关键要在用户基数或网络规模上拥有优势，一旦在用户基数上存在优势，正反馈机制的作用就会使市场竞争的均衡向这种技术标准倾斜，最终这种标准就会成为市场上的事实上的标准。从某种程度上说，微软就是靠放任盗版来获得用户基数的增加。盖茨在1998年7月20日出版的 Fortune 上说："虽然中国每年的电脑销售量有300万台，但人们不花钱买软件，总有一天他们是要付钱的。"微软通过打击盗版每年在中国直接获益竟也高达20亿元，远超中国前十大软件公司年利润总和。[③] 微软对盗版的放任是有它的市场野心的，因为对软件的使用是个学习的过程，并且转换成本较高，当人们对使用微软的产品"上瘾"后，即使后来需要为正版支付多于其他正版软件的费用，也心甘情愿，这就是网络效应所产生的路径依赖。虽然市场上存在比微软的Windows更稳定、技术更先进的操作系统，但由于缺乏一定的用户基数，而难以成为市场认可的全球标准或技术。

技术上的相互依赖将产生间接网络效应。随着经济全球化的深入，单一的产品已不能满足消费者的需求，很多产品是"系统产品"，它需要借助其他厂商和企业产品才能体现

---

① Katz M, Sharpiro C. Systems competition and network efforts[J]. *Journal of Economic Perspectives*, 1994, 8(2): 93-115.

② Katz M, Sharpio C. Network externalities, competition and compatibility[J]. *The American Economic Review*, 1985, (75)3: 424-440.

③ 胡星斗. 全世界发展中国家团结起来[J]. IT时代周刊, 2007, (12).

出自身的价值。例如,不同版本操作系统的使用需要以与之相兼容的电脑硬件为载体,各种技术标准的手机卡只有当其与支持这种制式的手机相匹配才能使用等。回顾个人电脑的发展历史,全球IT产业链上的最上端的盟友微软和英特尔的Wintel联盟一度被称为IT业界的合作楷模。这两者都是IT界的领航者,掌握了个人电脑的重要组件操作系统和CPU的全球标准。它们互相利用对方在各自领域的市场优势,通过硬软件技术的相互依赖性,让彼此用户融合、基数扩大,形成间接的网络效应。

网络效应具有正反馈的特征,当企业的技术标准成了该行业的全球标准时,正反馈机制使收益递增,并通过"跑马圈地",迅速占领市场,在圈地范围内阻止该标准技术被即使是客观功能优于它的技术所替代,从而形成市场锁定。所以,标准技术并不一定是最优的技术,而是被最多人和企业使用的技术,如此,产生一个滚雪球般的网络,从而使采用全球标准技术的企业获得网络效应。

五、小结与启示

标准的竞争可以分为两类:基于市场竞争形成的标准与基于委员会的竞争。微软的成功正是标准基于市场竞争的成功的典型代表,是平台与软件系统的成功。微软借助已经成为全球标准的操作系统,号令"诸侯",赢得全球软件业的霸主地位。随后微软借势而上,通过捆绑销售、战略联盟、技术创新等一系列手段,巩固其全球事实标准的地位。在微软的标准之道中,我们可以看出:通过网络效应的正反馈效应,越来越多的用户选择微软,规模收益递增,从而市场选择出全球标准;随着技术进步,行业边界模糊趋势越来越明显,为了应对更加激烈的竞争,微软进入手机、娱乐、互联网等领域,并与价值链上其他企业结成战略联盟,试图在更多的行业都烙上微软的印记,争夺新的领域的标准地位。因为"当公司的产品或技术成为全球的标准时,公司就会受益"。

在标准形成中的作用,本质上是其研发能力、专利成果、市场能力的综合反映。难以在标准形成中发挥作用是中国企业在国际化竞争中的重要障碍。我国企业在寻求发展壮大的道路上,一直受到来自国外企业的标准和技术的制约。特别是在软件、电子产品等高科技领域中,核心技术成为一个企业生存和发展的命脉。据相关调查表明,在全球1.6万项国际标准中,99.8%的国际标准是由国外机构制定的,中国参与制定的国际标准不足2‰。发达国家的大型跨国公司利用它们在技术标准上的垄断地位,对我国企业的利润进行掠夺和侵占。微软是标准竞争成功的典型例子。中国企业可以通过借鉴微软在标准竞争的成功寻求企业的振兴与发展:要有意识地制定基于标准的竞争战略。通过加强技术创新积极推动与标准有关的自主研发;要凭借中国巨大市场潜力的有利地位,积极参与标准的制定,在国际标准组织中增加话语权。我国企业还可以与其他企业建立战略联盟以支持某种标准,通过网络的正反馈效应使所支持标准的相关安装基础价值最大化。

解密移动通信技术发展变迁①

现代通信技术产业已经成为高新技术产业的主要代表,而制定通信技术的国际标准也已成为通信技术产业的主要战略目标和竞争焦点。在2015年的IMT-2020(5G)峰会上,IMT-2020(5G)推进组正式发布了《5G网络技术架构白皮书》,可达10Gb/s的下载速度的5G网络又一次进入了人们的视野。近20年来,从1G、2G到3G国际标准TD-SCDMA的自主知识产权和专利风险论证,到4G的LTE发展再到未来5G标准构建等重要问题上,知识产权特别是专利都体现了重要影响力。

1G:模拟信号传输,"大哥大"横行的年代

1986年,第一套移动通信系统在美国芝加哥诞生,采用模拟信号传输,模拟式是代表在无线传输采用模拟式的FM调制,将介于300Hz到3400Hz的语音转换到高频的载波频率MHz上。此外,1G只能应用在一般语音传输上,且语音品质低、信号不稳定,涵盖范围也不够全面。1G主要系统为AMPS,另外还有NMT及TACS,该制式在加拿大、南美、澳洲以及亚太地区广泛采用,而国内在20世纪80年代初期移动通信产业还属于一片空白,直到1987年的广东第六届全运会上蜂窝移动通信系统才正式启动。

在第一代移动通信系统在国内刚刚建立的时候,我们很多人手中拿的还是大块头的摩托罗拉8000X,俗称"大哥大"。那个年代虽然没有现在的移动、联通和电信,却有着A网和B网之分,而在这两个网背后就是主宰模拟时代的爱立信和摩托罗拉。一部"大哥大"在当时的售价非常高,当然,除了手机价格昂贵之外,手机网络资费的价格也让普通老百姓难以消费。当时的入网费高达6 000元,而每分钟通话的资费也有0.5元。

不过由于模拟通信系统有着很多缺陷,经常出现串号、盗号等现象,给运营商和用户带来了不少烦恼。于是在1999年A网和B网被正式关闭,同时2G时代也来到了我们身边。

2G:数字调制传输,昔日的王者诺基亚的时代

到了1995年,新的通信技术成熟,国内也在中华电信的引导下,正式挥别1G,进入了2G的通信时代。从1G跨入2G则是从模拟调制进入到数字调制,相比于第一代移动通信,第二代移动通信具备高度的保密性,系统的容量也在增加,同时从这一代开始手机也可以上网了。

2G时代是移动通信标准争夺的开始,由于1G时代各国的通信模式系统互不兼容,也造成了厂商各自发展其系统的专用设备,无法大量生产,一定程度上抑制了电信产业的发展。由于占尽先机同时获得广大厂商的支持,2G时代GSM开始脱颖而出成为最广泛

---

① 网易数码:5G就要来了?解密移动通信技术发展变迁。
第一财经:华为打入5G核心标准规则制定上拥有更多话语权。
中国财经报:标准竞争:用"话语权"提升竞争力。

采用的移动通信制式。

早在1989年欧洲就以GSM为通信系统的统一标准并正式商业化,同时在欧洲起家的诺基亚和爱立信开始攻占美国与日本市场,仅仅10年工夫诺基亚就推倒摩托罗拉成为全球最大的移动电话商。

3G:第三代移动通信标准,开启移动通信新纪元

第二代移动通信技术标准竞争结束,随后通信厂商也在思考通信标准下一步该往哪个方向发展,此时,人们对移动网络的需求不断加大,因此,第三代移动通信网络必须在新的频谱上制定出新的标准,享用更高的数据传输速率。3G分为四种标准制式,分别是CDMA2000、WCDMA、TD-SCDMA、WiMAX。在3G的众多标准之中,CDMA这个字眼曝光率最高,CDMA是Code Division Multiple Access(码分多址)的缩写,是第三代移动通信系统的技术基础。中国于2009年的1月7日颁发了3张3G牌照,分别是中国移动的TD-SCDMA、中国联通的WCDMA和中国电信的WCDMA2000。

新一代移动通信系统,同样是建构在数字数据传输上,3G最吸引人的地方在于每秒可达384 Kbit的高速传输速度,在室内稳定环境下甚至有每秒2 Mbit的水准,稳定的联机品质也利于长时间和网络相连接,有了高频宽和稳定的传输,影像电话和大量数据的传送将更为普遍,移动通信有更多样化的应用,因此3G被视为是开启移动通信新纪元的关键。

世界上主流的3G规格为WCDMA与CDMA2000系列,另外,还有中国主推的TD-SCDMA。WCDMA主要为日本和欧洲许多国家所使用,著名的日本NTT DoCoMo FOMA即采用此规格。而支持3G网络的平板电脑也是在这个时候出现,苹果、联想和华硕等都推出了一大批优秀的平板产品。当时相对成熟的WCDMA网络和CDMA2000网络让中国联通和中国电信拥有很大的起跑优势,而中国移动的TD-SCDMA由于是自主研发,因此,在3G用户数量、终端数量、运营地区上都存在一定的劣势。从现在来看,采用自主技术的中国移动在网络上吃了大亏,网络速度上一直被电信和联通紧紧压制,平板电脑的网络制式也是大多为联通3G网络。

4G:无线蜂窝电话通信协议,100Mbps的速度下载

4G网络是指第四代无线蜂窝电话通信协议,是集3G与WLAN于一体并能够传输高质量视频图像以及图像传输质量与高清晰度电视不相上下的技术产品。4G系统能够以100Mbps的速度下载,比拨号上网快2 000倍,上传的速度也能达到20Mbps。

该技术包括TD-LTE和FDD-LTE两种制式。从严格意义上来讲,LTE只是3.9G,尽管被宣传为4G无线标准,但它其实并未被3GPP认可为国际电信联盟所描述的无线通信标准IMT-Advanced,因此在严格意义上其还未达到4G的标准。只有升级版的LTE Advanced才满足国际电信联盟对4G的要求。

2013年12月,中华人民共和国工业和信息化部在其官网上宣布向中国移动、中国电信、中国联通颁发"LTE/第四代数字蜂窝移动通信业务(TD-LTE)"经营许可,也就是4G牌照。至此,移动互联网的网速达到了一个全新的高度。对用户而言,2G、3G、4G网络最大的区别在于传输速度不同,4G网络作为最新一代通信技术,在传输速度上有着非常大的提升,理论上网速度是3G的50倍,实际体验也都在10倍左右,上网速度可以媲美

20M 家庭宽带,因此 4G 网络可以具备非常流畅的速度,观看高清电影、大数据传输速度都非常快,只是资费是一大问题。

如今 4G 信号覆盖已非常广泛,支持 TD-LTE、FDD-LTE 的手机、平板产品也越来越多,很多平板,支持 4G 网络已经成了标配,支持通话功能、网络的 Android、Win 系统平板也非常常见。

5G:划分为移动互联网和物联网两大类,速度或达到 10Gbps

5G,即第五代移动通信技术,也是 4G 之后的延伸,目前,5G 的需求及关键技术指标(KPI)已基本确定,国际电联将 5G 应用场景划分为移动互联网和物联网两大类,各个国家均认为 5G 除了支持移动互联网的发展外,还将解决机器海量无线通信需求,极大地促进了车联网、工业互联网等领域的发展。

我国的通信产业发展经历了从"落后"到"追赶",再到"比肩"甚至"引领"的艰苦历程,我国从 1985 年开始专利受理,直到 1997 年才接到国内申请人的通信技术专利申请,而这第一次申请通信专利就是 TD-SCDMA 的标准框架专利——"具有智能天线的时分双工同步码分多址无线通信系统及其通信方法",比美国高通公司从 1989 年就开始的 3G 底层技术 CDMA 相关专利申请整整落后了 8 年。

而这种差距从 4G 时代开始缩小,在 2004 年 11 月 3GPP 的魁北克会议上,3GPP 决定开始 3G 系统长期演进(long term evolution)的研究项目。随后,从 2005 年开始,华为、中兴等国内企业与国外企业都开启了 4G 专利申请之路。到了 5G 时代,截至 2017 年 1 月,全球涉及 5G 新技术的 1 600 余件专利申请中,中国的专利申请数量排名第一,在 3GPP 相关标准提案数量中,华为、三星、爱立信、高通等企业排名前列。2016 年 11 月 17 日,在 3GPP RAN 187 次会议关于 5G 短码方案讨论中,中国华为推荐的 PolarCode(极化码)方案获得认可,成为 5G 控制信道 eMBB 场景编码的最终解决方案,是中国在 5G 移动通信技术研究和标准化上的重要进展。[①]

---

① 华为官网:http://www.huawei.com/minisite/5g/cn/.

行业边界模糊与基于行业边界模糊的价值网分析模式

专题十三

一、问题提出

以传统工业为基础的产业经济,行业之间边界固定,分立明显,既构成了企业制定战略的基础,也构成了产业经济的运行基础,是制定产业政策的基础。自20世纪90年代以来,数字化技术、通信和计算机技术的迅速发展,使以其为技术支撑的诸多行业之间的边界由清晰走向模糊,推进了信息、电信、文化、娱乐、传媒、出版、金融、证券、保险、零售、物流、旅游、酒店等行业之间的相互渗透和融合,在全球形成了大规模并购和重组的浪潮,多元化又一次成为大公司的战略重点。与此同时,资源配置、整合方式也发生了结构性变化,许多新的业态应运而生,从而形成了新的经济增长点,直接改变了传统产业结构,催生了以信息为基础的新经济,影响广泛、深远。

为此,1996年,美国实施重大改革,将电信和媒体统一立法管理,引发出一场电信、互联网、媒体和文化企业的交叉兼并与产业重组。2000年1月,世界最大的互联网服务公司——美国在线与世界上最大的媒体公司——时代华纳通过换股方式实现合并,交易额达1840亿美元,成为互联网业与传统媒体业融合的标志性事件。

同时,行业边界模糊与产业融合也给企业带来了巨大的扩展机会。戴维·莫谢拉(2002)[1]指出,产业融合使资源在更大范围内得以合理配置,从而大大降低了提供产品和服务的成本,形成了成本优势;同时,扩大了网络的应用范围,使各种资源加入网络的可能性增大,产生网络效应;并且,融合导致的生产系统的开放性,将使得消费者成为生产要素的一部分,产生消费者常规效应。这三方面效应的共同作用,将为企业带来巨大的收益递增机会。

1978年,麻省理工学院媒体实验室的创始人Negrouponte用三个圆圈来描述计算、印刷和广播三者的技术边界,认为三个圆圈的交叉处将成为成长最快、创新最多的领域。他的开创性思想引起了学术界的关注。

对于产业融合的内涵及其界定,研究者们有着不同的理解。Yoffie(1997)[2]指出,融合就是"采用数字技术后原来各自独立产品的整合"。Greenstein & Khanna(1997)[3]将产

---

[1] 戴维·莫谢拉.权力的浪潮——全球信息技术的发展与前景(1964—2010)[M].高铦,高戈,高多,译.北京:社会科学文献出版社,2002:9.

[2] Yoffie D B. Competing in the age of digital convergence. U.S. The President and Fellows of Harvard Press, 1997.

[3] Greenstein S, Khanna T. What does industry mean? [M]. in Yoffie ed, Competing in the age of digital convergence. U.S. The President and Fellows of Harvard Press, 1997.

业融合定义为"为了适应产业增长而发生的产业边界收缩或消失"。Ono 和 Aoki(1998)[①]构建了一个用三维坐标表示的理论框架,并借此来阐述电信、广播等媒体信息服务融合的实质。Lind(2005)[②]更是指出:融合无处不在(convergences are ubiquitous),并将仅用于定义信息通信业产业融合的概念扩展到了更广泛的领域,"融合是分离的市场间的一种汇合和合并,跨市场和产业边界进入壁垒的消除"。日本著名产业经济学家植草益(2001)[③]则从产业融合的原因及结果两方面对其进行了更具广泛性和有用性的定义,即产业融合就是通过技术革新和放宽限制来降低产业间壁垒,加强产业企业之间的竞争合作关系。对于行业边界模糊与产业融合与产生的原因,大多数研究将其归功于技术创新和技术进步。Malhotra(2001)[④]揭示了信息技术融合的技术基础,认为数字技术的出现是产业融合的重要驱动力。数字技术使隶属不同产业的企业因为产业间供需双方的连接而成为直接的竞争对手。Sahal(1985)在进行了对技术创新的研究以后,指出技术融合所产生的创新活动及其在一系列产业中的广泛应用和扩散会激活那些原本死气沉沉的市场,推动某些产业的发展,就如数字电子学对计算机和通信业所产生的影响那样。Bally(2005)[⑤]认为,技术融合不只发生在信息传输业,在诸如保健食品、数码相机、包装技术和机械工具等领域均有技术融合发生,因此更一般地看,技术融合是从根本上改变以往各独立产业或市场部门的边界,并使它们融合成一个新的竞争环境的技术共同成长过程。

面对行业边界模糊这一环境的重大改变,企业应做出各种战略反应。Estabrooks(1995)探讨了计算机、通信、媒体、娱乐业和金融服务(业)等行业的许多公司对技术变化做出的战略反应,并着重描述了企业为了实现规模经济性和范围经济性而做出的跨产业融合的多元化战略反应。Tapscott(1996)[⑥]注意到,在这个融合的时代,一些公司视野狭隘,只关注自己的市场和资源,另一些公司则拥抱融合,通过多元化的投资进入相近产业。随着一些行业边界变得日益模糊,跨产业边界的新服务、新产品大量出现,使基于产业分立的传统规制框架面临巨大挑战。Martha(2001)[⑦]等人指出,信息产业的融合导致了跨产业边界服务的出现,这些变化使传统上基于确定的产业边界或是针对某一产业而设置的规制机构难以有效地发挥作用,因此应该对原有机构的组织功能进行调整使之适应新的产业环境。Poullet 等人(1995)在对欧洲普遍使用的二分法(或称部门法)规制体系进行了系统分析以后指出,媒体和电信产业之间的融合将在有关竞争性保护、多元化保护以

---

① Ono R, Aoki K. Convergence and new regulatory frameworks[J]. Telecommunications Policy,1998,22(10):817-838.

② Jonas Lind. Ubiquitous convergence: market redefinitions generated by technological change and the industry life cycle[J]. Paper for the DRUID Academy Winter 2005,Conference, 2005,(1):27-29.

③ 植草益.信息通信业的产业融合[J].中国工业经济,2001,(2).

④ MalhotraA. Firm strategy in converg ingindustries: an investigation of US commercial bank responses to US commercial-investment banking convergence[D]. Doctorial thesis of Maryland University,2001.

⑤ Bally N. Deriving managerial implications from technological convergence along the innovation process: a case study on the telecommunications industry[R]. Swiss Federal Institute of Technology,2005.

⑥ Tapscott D. The Digital economy : promise and peril in the age of networked inteligence[J]. Journal of Academic Librarianship, 1996, 22(5):156-168.

⑦ Martha A, Garcia-Murillo and MacInnes I. FCC organizational structure and regulatory convergence[J]. Telecommunications Policy,2001,(25):431-452.

及普遍服务等方面,与现行规制体系发生冲突,因此在构建新的规制框架时应该着重关注所存在的问题。Blackman(1998)[①]分析了电信和其他传媒产业间的技术融合所产生的规制问题,认为产业融合将会导致可供选择的网络增多,从而提高了市场的竞争程度,使信息服务更为广泛可用。因此必须重新检查原来基于市场失灵威胁和公共利益的规制基础,重新设计一种适应信息市场的新的规制框架。

应该指出,上述文献多是注重于对产业融合的研究。然而,产业融合是企业对行业边界模糊这一重大环境变化的战略反应的结果。因此,本专题在分析相关文献的基础上,探讨行业边界模糊特征、趋势,分析价值链分析模式的局限性,分析以顾客为中心的价值网分析模式的局限性,在此基础上提出基于行业边界模糊的价值网的分析模式,探讨其对传统分析范式的冲击,进一步就行业边界模糊对企业扩展进行经济学分析,最后借鉴欧洲、美国的经验,针对我国当前产业政策进行思考并提出建议。

二、行业边界模糊的特征与趋势

(一)行业边界模糊的三种基本形式

可以按照行业所提供的产品或服务的实物与非实物形态之间的关系,即按有形产品之间、无形产品之间、有形产品与无形产品之间这三种基本形式,讨论行业边界模糊的情况。

1. 无形产品之间的行业边界模糊

无形产品之间的行业边界模糊的最典型的例子就是电信、广播电视和出版业的融合。从专用平台到非专用平台的转换,以及从低宽带要求到高宽带要求的转换在电信、广播电视和出版三个产业融合中是十分关键的内容。因为从专用平台到非专用平台的转变,意味着三大产业运作都是在同一个操作系统中工作,是在这种互联的基础上,再加上从低带宽要求转向高带宽要求,电信、广播电视和出版这三个产业才得以产生真正意义上的产业融合。在电信、广播电视和出版三大产业融合过程中,不仅语音、视像与数据可以融合,而且通过统一的实现技术使不同形式的媒体彼此之间的互换性和互联性得到加强。这样,无论是照片、音乐、文件、视像还是对话,都可以通过同一种终端机和网络传送及显示,从而使语音广播、电话、电视、电影、照片、印刷出版以及电子货币等信息内容融合为一种应用或服务方式。

2. 有形产品之间的行业边界模糊

有形产品间的行业边界模糊最明显的就是3C融合,即计算(computing)、通信(communication)和消费电子产品(consumer electronics)的融合。奥冯索和萨维托(Alfonso and Salvatore)等人在1998年的研究表明,20世纪八九十年代,计算机、通信、半导体以及其他电子产品行业发生了较明显的产业融合现象,并且与其他融合现象不明显的产业相比较,该产业的绩效得到了明显的提高,且产业绩效与技术融合状况存在正相

---

① Blackman C R. Convergence between telecommunications and other media: how should regulation adapt? [J]. Telecommunications Policy,1998,22(3):163-170.

关关系。① 根据权威数据统计机构 IDC 在世纪末的一项调查显示：客户希望数字娱乐设备可以集传统的电视、电话、PC、游戏、影音娱乐等相关功能于一身，而现在大部分 IT 厂商和消费类电子厂商的产品也都在朝这个方向努力，即利用同一个终端实现所有移动信息的交互功能，整合尽可能多的应用。

3. 有形产品与无形产品之间的行业边界模糊

有形产品与无形产品间也出现了行业边界模糊的趋势。例如，最近几年"4C"融合概念的提出。所谓"4C"融合，是在"3C"融合提出的基础之上，多加了一个"content"作为融合的元素，以满足未来人们在任何时间、任何地点、通过任何设备来实现计算、沟通和娱乐的需要。这表明在信息产业中，设备制造商、网络运营商及内容提供商之间，在业务方面已经越来越多地互相渗透与进入。这方面比较典型的例子有 IBM、惠普等。IBM 和惠普一直以来以设备制造为主业，但进入 20 世纪 90 年代以来，它们开始逐渐转型，转向以信息服务、咨询服务提供为主，而设备制造所占业务收入逐渐降低。

（二）产业融合在特定产业中的具体体现

行业边界模糊首先出现在以信息作为主要产品载体的产业，进而波及对信息技术有广泛应用的各种传统产业。几乎可以认为信息化所带来的行业边界模糊已经波及几乎所有的第三产业与相当多的传统产业。以下仅就几个典型的产业融合加以论述。

1. 信息产业与文化产业的融合

新闻出版、广播电视和音乐娱乐等文化产品最终表现为信息形式，信息技术的发展促进了文化产品的创新。数字技术为所有的信息产品提供了一个统一的平台，技术融合同时也导致了文化产品传播渠道的融合。例如，信息技术融入电影制作技术，使电影仿真效果得以加强，出现了 3D 电影等新的表现形式。数字技术和互联网技术的发展，使网络游戏成为青少年群体中的一种新兴娱乐形式。纸张作为书籍等出版物的传统载体逐渐被电脑和互联网所替代，电子书的出现对传统出版和印刷行业造成了巨大的冲击。在数字化条件下，电视和电影的传统网络很大程度上与互联网发生了融合，数字电视已经成为电信运营商和传统媒体产业争夺的焦点。

信息产业与文化产业之间的融合直接体现为企业间的合并。例如，2000 年，美国在线和时代华纳的合并，成为传统媒体产业和互联网产业间融合的里程碑。尽管互联网泡沫的破灭让许多最早实施类似多元化战略的企业没有获得预期协同效应，但这些企业仍然非常重视技术发展以及行业边界模糊的趋势。

2. 金融服务业的相互融合

信息技术的发展提高了银行、证券、保险等传统三大金融部门之间的信息共享程度，各种金融信息能够利用先进信息技术更为全面迅速地披露。同时，经济发展带动了金融产业的需求增长。在这两方面的推动下，金融产品的创新加速，大量新型金融衍生产品得以应用，而这些衍生产品实际上很难沿用传统的银行、证券和保险三大类标准进行划分。

---

① Alfonso Gambardellaa, Salvatore Torrisib. Does technological convergence imply convergence in markets? Evidence from the electronics industry[J]. Research Policy, 1998, (27), 5: 445-463.

金融服务业在信息技术支持下发生了边界模糊。

目前西方商业银行几乎都是全能银行,为客户提供综合服务。例如,花旗集团就把所有业务划分成九个核心类别。2003年,这九个核心类别业务盈利情况为:信用卡收益占集团收益的21%;消费者融资占11%;消费金融占24%;资本市场占26%;交易服务占4%;私人客户服务占5%;保险及年金占4%;私人银行占3%;资产管理占2%。①

3. 家电业与信息产业的融合

根据权威数据统计机构IDC在20世纪末的一项调查显示:客户希望数字娱乐设备可以集传统的电视、电话、PC、游戏、影音娱乐等相关功能于一身。2003年,美国数字家庭工作组对数字家庭框架提出一个完整的相关构想。数字家庭作为一场实现人类居住环境和生活方式的根本性变革,跨越建筑、环境、家电、信息和通信诸多行业领域,从另一个角度为3C融合提供了明晰的思路。

2006年年初,英特尔在中国推出了新一代家用电脑平台欢跃(VIIV)。英特尔试图借此整合硬件、软件和内容供应,以构建统一的数字家庭解决方案。在新的价值网中,不仅包括传统的PC厂商,还容纳了像海尔、长虹朝华、TCL、海信等一大批家电厂商。

4. 信息产业与传统制造业的融合

另外,传统制造业纷纷加强自身企业信息化的实施力度,以信息化带动工业化发展。目前,信息化已经成为装备制造业发展的一个主要动向,数控机床(NC)、柔性制造单元(FMC)、柔性制造系统(FMS)、计算机集成制造系统(CIMS)、工业机器人、大规模集成电路及电子制造设备等的开发与推广应用,促进了装备制造业与信息产业之间的技术融合。

5. 新的业态的形成

行业边界模糊及其之间的交叉融合必然带来新产品、新服务的出现,从而形成新的业态。其中最为典型的是现代物流业。在20世纪八九十年代,物流产业的变化比自工业革命以来几十年所发生变化的总和还多。其主要推动力量包括微机和数据处理技术的商业化以及通信技术的发展。现代信息技术使分散在不同部门、不同地域之间的物流信息实现交流和共享,从而达到对各种物流资源进行有效协调和管理的目的。早在20世纪80年代,物流企业已经开始应用条形码和EDI技术将顾客与供应商连接起来。90年代末互联网的快速发展大大降低了数据通信成本,进一步推动了物流资源的整合。②

三、行业边界模糊与价值链分析模式的局限性

(一) 价值链分析方式

价值链的概念由波特于1985年在其名著《竞争优势》中提出。波特认为可以把企业创造价值的过程分解为一系列互不相同但又相互联系的增值活动。由于产品技术的复杂程度日益提高,单个企业几乎不可能完成所有的生产经营,于是形成了前后顺序关联的、横向延伸的、纵向有序的活动集合,从而形成产业价值链。传统价值链模式如图13-1所

---

① 周永发. 西方商业银行发展动向[J]. 现代商业银行,2005,(1):45-47.
② 骆温平. 第三方物流[M]. 上海:上海社会科学出版社,2001.

示。实际上,产业价值链是供应商、制造商、分销商和顾客的价值链相互联结而成,是企业价值链在产业层面上的延伸,是多个价值链的整合。① 在产业链中,每个环节都由若干同类企业组成,它们之间是竞争关系,而上下游企业之间是交易关系。

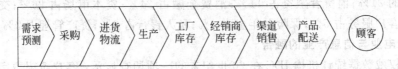

图 13-1　传统价值链模式

价值链是企业根据外部环境、内部资源来制定战略的一种分析方法。通过价值链分析,企业能够较容易地识别自己在市场中所处的位置,以确定业务重点,制定正确的战略。

(二)行业边界模糊与价值链分析模式的局限性

随着信息技术和互联网的发展,行业之间的技术、业务、运作和市场的通用性增强,跨行业的业务交叉和创新成为可能。企业之间、产业之间的联系更加广泛,企业向其他产业扩展和渗透的现象日益普遍。这促进了更大范围的竞争与合作,以致在有的情况下很难判断企业属于哪个行业。

在技术创新和政府放松经济性管制的共同作用下,各产业之间的进入壁垒降低,不同产业之间形成了共同的技术基础和市场基础,各个产业之间的传统边界趋于模糊,甚至消失。企业的价值创造活动已经不再局限于本产业的价值链上,而是向其他产业延伸,融合其他行业的产品和服务,形成价值网。因此,企业在多个行业的交叉与渗透已无法用价值链理论作为指导。因此,在行业边界模糊的环境下,企业的跨行业扩展行为需要有新的、更适合的分析模式,这就是本专题第五部分所提出的基于行业边界模糊的价值网分析模式。

四、以顾客为中心的价值网模式

价值网的概念首次出现在 Mercer 顾问公司著名顾问 Adrian Slywotzky(1998)的名著《利润区》(Profit Zone)中。他指出,由于顾客的需求增加、互联网的冲击,以及市场的高度竞争,企业应该改变事业设计,将传统的供应链转变为价值网,如图 13-2 所示。② 此概念的提出,引发了国内外学者对此的研究和探讨。Kathandaraman 和 Wilson(2001)③在他们提出的价值网模型中,将优越的顾客价值、核心能力和相互关系作为价值网的三个

---

① 李平,狄辉.产业价值链模块化重构的价值决定研究[J].中国工业经济,2006,(9).
② [美]亚德里安·J.斯莱沃斯基,大卫·J.莫里森,等.发现利润区[M].凌晓东,等,译.北京:中信出版社,2002.
③ Prabakar Kathandaraman, David T. Wilson. The future of competition—value-creating networks[J]. Industrial Marketing Management,2001,(30).

核心概念,着重体现价值网是以顾客为核心的需求拉动网络。而在 Verna Allee(2000)[①]看来,价值网是一种除了交换商品和服务外,还融合了知识和其他无形利益的价值交换体系。Weiner 等人(1997)[②]对美国的电力产业进行研究后的结论为,电力企业必须从纵向一体化向基于价值网的虚拟一体化转变,这个虚拟的价值网包含了电力在从生产、供应、分销、能源服务、电力市场和 IT 产品与服务在内的所有环节。

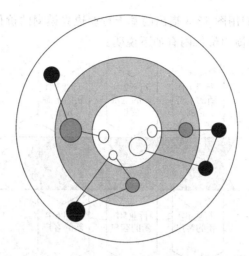

图 13-2　以顾客为中心的价值网模式

对价值网做出进一步研究的是 Sherer(2005)[③]。他认为,传统供应链的线性结构限制了对上下游企业的协调,不能有效整合顾客的需求,因此在信息技术的支持下,应使用价值网的概念来突出其协调和整合功能。有学者将价值网称为价值群(范晓阳,2004)[④],认为企业通过一系列的经济交易和制度安排,重新安排价值群中供应商、合作伙伴、客户的角色和关系。价值群的概念指出了单个价值链的交叉现象,但没对此种现象出现的原因进行分析。

从上述分析中可以看出,以顾客为中心的价值网强调的是顾客需求的增加,另外还强调核心能力的作用,包括企业的形态(如虚拟企业),是对其功能的描述。本专题将提出基于行业边界模糊而形成以企业为中心(主体企业)的跨行业边界的渗透和扩展而形成的价值网。该价值网与上述以顾客为中心的价值网属于不同的分析范式。

---

① Verna Allee. Reconfiguring the value network[J]. The Journal of Business Strategy, 2000,21(4).
② Michael Weiner, Nitin Nohria, Amanda Hichman, etc. Value Networks—the future of the U. S. electric industry[J]. Sloan Management Review, 1997,38(4).
③ Susan A. Sherer. From supply-chain management to value network advocacy: implications for E-supply chains, Supply Chain Management, 2005, 10(2).
④ 范晓阳.从价值链到价值群的演变[J].经济与管理,2004,(10).

五、基于行业边界模糊的价值网分析模式及其对传统分析范式的冲击

(一)基于行业边界模糊的价值网分析模式的提出

基于以上分析,我们用图 13-3 提出的基于行业边界模糊的价值网分析模式。对于所提出的基于行业边界模糊的价值网有如下说明。

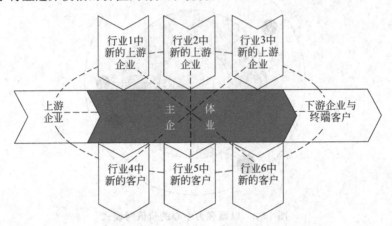

图 13-3　基于行业边界模糊的价值网

(1) 在行业边界模糊环境下,基于行业边界模糊的价值网围绕某个行业价值链展开,见图 13-3 所示的横向大箭头,并以该行业的某个主体企业为出发核心。

(2) 基于行业边界模糊价值网的主体企业在图中处于中间位置。从主体企业的上游企业看,除了与原价值链中的上游企业发生联系外,又与其他行业 1、行业 2、行业 3……(这些行业此前往往是与主体企业所在行业无关的行业)以及新兴行业中的新的上游企业发生联系,获取它们提供的产品和服务。

(3) 从主体企业的下游企业/客户看,除了与原价值链中的下游企业发生联系外,又与其他行业 1、行业 2、行业 3……(这些行业此前往往是与主体企业所在行业无关的行业)以及新兴行业中的新的下游企业发生联系,为它们提供新的产品和服务。

由上述分析可知,基于行业边界模糊的价值网的分析模式与图 13-1 传统价值链分析模式完全不同(对此,将在下面作专门比较),也与图 13-2 中以顾客为中心的价值网分析又完全不同。基于行业边界模糊的价值网的分析模式是以企业为中心、主体,即从企业的资源、能力出发,与其他行业资源、能力相结合去发现客户的需求,创造新的需求。因此,基于行业边界模糊的价值网为我们提供了一种新的分析范式。

行业边界模糊,技术和市场的融合使以往在各自产业价值链上发展的企业,逐渐地形成了以某个行业的主体企业为核心的价值网,在它们的交叉处涌现出许多的融合性质的新产品和新服务。正如图 13-3 的虚线所示,主体企业、上游企业、下游企业、行业中新的上游企业、行业中新的客户之间都有相互关系。在不同产业价值链上的上游企业、行业中

新的上游企业也可以通过技术创新、产品(服务)创新、管理创新与主体企业或其他企业的交叉、融合创造新的产品(服务)与市场。企业突破行业边界形成的融合产品(服务),在原先各自的产业部门中是不存在的,它是技术进步发生在不同产业边界处的特定产物,是跨产业的混合型产品。

(二) 价值链与基于行业边界模糊的价值网的比较及其对传统分析范式的冲击

价值链和基于行业边界模糊的价值网是不同环境的产物,因此各有其适应性。表13-1对两者要素进行了比较,以进一步分析基于行业边界模糊的价值网形成的原因与特征。

表13-1 价值链与基于行业边界模糊的价值网分析模式的比较

对比要素	价值链	基于行业边界模糊的价值网
背景时代	20世纪80年代以前	20世纪90年代末
经济特征	资源经济	知识经济、信息与网络化
行业边界界定	可按业务活动的纵向延伸界定	业务活动不仅纵向延伸,并向其他方向扩展而难以界定
扩展方式	行业内的一体化	行业内的一体化、跨行业的多元化
可实施策略	集团协作、战略联盟、纵向一体化等方式	纵向一体化、合资、合作、虚拟企业、更广泛的战略联盟、网络化等方式
经济理论解释	交易成本理论	交易成本理论、范围经济性、网络经济性、速度经济性
分析范式含义	S-C-P分析范式,波特"五力"模型,相关或无关多元化	对S-C-P分析范式、波特"五力"模型、多元化的冲击

第一,背景时代。在20世纪90年代以前,产业间分立明显,行业边界清晰,价值链的分析模式顺应了当时的环境。然而,进入20世纪90年代,行业边界模糊化现象的日益普遍使价值链的分析效力受到了制约,逐步形成基于行业边界模糊的价值网模式的分析模式。

第二,经济特征。在20世纪80年代以前,企业的发展大都依赖自身拥有的传统资源,体现为资源经济的特征。自20世纪90年代以来,伴随知识导向的经济增长、信息与互联网技术的发展,企业间的信息交换与知识共享给企业的扩展带来了更大的空间。

第三,行业边界的界定。价值链分析模式可按业务活动的纵向延伸对行业的边界进行界定;而在基于行业边界模糊的价值网分析模式下,企业的业务活动在价值网各个方向的延伸使行业边界难以界定。

第四,扩展的方式。在价值链模式下,企业大多采用行业内一体化方式实现扩展;与之相对应,在基于行业边界模糊的价值网模式下,企业可以通过向价值网的各个方向延伸实现多元化的扩展。

第五,可实施策略。在价值链的分析模式下,企业扩展策略的选择面较窄;而在价值网分析模式下,企业扩展可选择的策略更为广泛,形式也较为灵活。

第六,经济理论解释。企业在两种分析模式下的一体化扩展行为都可以用交易成本理论来解释。然而,在基于行业边界模糊的价值网分析模式下,企业通过信息化手段实现跨行业的多元化扩展,体现了企业既能获得速度经济性和网络经济性,又能获得范围经济性的特征。

第七,分析范式的含义。在传统的资源经济环境下,形成了几种典型的分析范式。它们是结构(structure)—行为(conduct)—绩效(performance)即 S-C-P 分析范式、波特的"五力"模型以及相关多元化与无关多元化的分析模式,当然也包括价值链分析模式。然而在行业边界出现模糊的情况下,上述分析范式的有效性值得考究。例如,S-C-P 分析范式把外生的产业组织的结构特征(规模经济性要求)看作企业长期利润的来源,认为不同产业具有不同的规模经济性要求,因而它们具有不同的市场结构特征。但是在行业边界模糊的情况下,上述产业组织结构特征不复存在,而使 S-C-P 分析范式的前提受到冲击。同样的理由,波特的"五力"模型、相关多元化、无关多元化的分析范式也受到冲击。而基于行业边界模糊的价值网分析模式,则从更广阔的范围,从新的市场环境,结合原有价值链和其他行业的联系,对企业内外资源的整合进行分析。

六、行业边界模糊与企业扩展的经济学分析

行业边界模糊以及产业融合为身处其中的企业带来了巨大的机遇与挑战。行业边界模糊与企业扩展的经济学分析可以从以下几个方面展开。

(1)基于行业边界模糊的价值网分析模式,以(主体)企业为核心展开,强调企业对市场的引导、创造作用与资源配置作用。从企业与市场的关系看,基于行业边界模糊的价值网分析模式围绕以企业为中心(主体企业)的跨行业边界的渗透和扩展而形成的价值网展开分析。它强调企业对市场的能动性,强调企业对市场的引导、创造作用。在行业边界模糊的环境下,许多企业(正如图 13-3 的虚线所示,不仅包括图中的主体企业,而且包括其他价值链上的企业)做出战略反应,主动地、创造性地整合其他行业的资源。这样,创造出差异性产品、新的产品、新的服务,从而引导顾客的需求,创造新的市场,起到了资源配置的作用。这与价格机制所起的资源配置作用有根本的不同。企业突破行业边界形成的融合产品(服务),在原先各自的产业部门中是不存在的。它们是技术进步发生在不同产业边界处的特定产物,是跨产业的混合型产品(服务)。同时,伴随新的产品、新的服务的出现,也会出现新的业态、新的企业。

(2)信息技术的发展和互联网的应用使企业在更大范围内追求速度经济性。随着信息技术的发展,近年来许多新产品的开发正跨越多重技术领域,并往往涉及信息技术方面的投入,以使企业的产品与其他企业的类似产品形成明显的差异,从而取得有利的市场地位。于是,以数字化技术为基础,出现了行业之间的交叉与渗透。不仅沿着原有业务活动,产业链扩展有了越来越强的关联性,而且围绕基于行业边界模糊的价值网的所有企业,加速了资源转化过程及各种要素、产出的流动,在更大范围内带来速度经济性。

同时,信息技术的应用加快了传统产品和服务的更新换代,使企业能够对市场需求迅

速做出反应,甚至创造出新的需求而改变市场活动的方向。这方面的例子多不胜数:传统彩电向高清数字电视的转变、印刷图书向电子图书的转变、全球定位系统(GPS)在物流上的应用等。此外,整合有效的信息系统,有助于企业在业务、生产、物流、营销等环节中加快其经营作业的速度,提高其快速反应的能力。这方面的例子在各行各业的电子商务应用中屡见不鲜。

(3) 整合外部资源,搭建更大的网络应用平台,获取新的和(或)更高的附加价值,获取网络经济性。企业通过实现行业间的业务交叉渗透,整合外部资源,可以扩大企业业务范围,获取网络经济性。例如,电信运营商在其通信网络的基础上加入天气信息元素,提供手机天气预报的增值业务;报业集团通过互联网的应用推出电子版报纸,开展更具便捷性与成本优势的新业务。另外,也可以使所经营的商品或服务附加上新的和(或)更高的附加价值,并使企业经营成本大大削减,给企业内成员带来乘数效应。①

(4) 通过业务整合,在更大范围内获取规模经济性和范围经济性。通过跨行业的业务整合,可以推动企业业务量的增加、规模的扩大,获取规模经济性。另外,新业务可以与现有业务共享品牌声誉的平台、分摊各种市场营销和管理费用,包括成长性、效率提升、市场扩展、成本节约等,获得范围经济性。例如在 21 世纪初,摩托罗拉、惠普、戴尔等跨国 IT 巨头都相继进入家电领域。而在 20 世纪 90 年代末国内的海尔、海信、TCL 等消费类电子巨头进军 IT 设备制造领域。特别是,受网络经济性影响的技术会产生正反馈的效应,使业务活动的融合能够获取规模经济性与范围经济性带来的经济受益。

(5) 突破了无关多元化的概念,使不相关的业务关联起来,形成新的业务增长点,甚至形成新的行业。传统观点认为,无关多元化所涉及的业务活动之间基本上不存在相关性。然而,技术进步、信息技术的发展,行业之间的相互渗透,在原有业务中融入其他行业的业务元素,使原本不相关的业务关联起来而形成新的业态。通过这种产业融合,企业打破了产品生命周期和传统业务在时空上的约束,实现了产品和服务的延伸,开发出具有成长潜力的新市场,形成新的业务增长点,甚至新的行业。

在现实中这种例子比比皆是:单机版电脑游戏开发商在游戏开发中引入互联网与实时通信技术,推出了年轻一代的新宠——网络游戏;手机制造商在手机产品中融入了数码相机功能、MP3 音频解码功能,甚至具备操作系统的智能功能,使手机逐渐演变为数码相机、MP3 随身听等产品的替代品,这种集多功能于一身的手机产品越来越受到消费者的青睐。这些新产品、新服务往往都能开发出具有潜力的新市场,为企业带来巨大的增长拉动力。以腾讯为例,其传统产品是互联网实时通信软件 QQ,在与电信运营商进行了技术融合后,推出了新产品移动 QQ,即通过手机与互联网上的 QQ 好友进行通信,此新产品为腾讯带来了近 50% 的营业收入,并一度保持 30% 以上的年增长率。

(6) 推行更广泛的战略联盟,发挥价值网的协同效应,有利于建立进入壁垒,获取持续竞争优势。基于行业边界模糊的价值网的形成,可以使企业更容易、更有效地扩大产品线,进入一种新的产品领域,改善市场渗透并在现有的区域范围中提供更好的服务,或者以较低的风险在新的区域范围内营销产品、开发新的技术等。通过推行更广泛的战略联

---

① 毛蕴诗.公司经济学[M].大连:东北财经大学出版社,2002:303.

盟,企业可以很好地整合内外部资源,提供更多样、更便捷的产品和服务,为消费者创造更大的价值。例如,日本最大的移动信息运营公司 NTT DoCoMo,通过与应用服务提供商之间的战略联盟,使其 i-mode 业务获得极大成功,丰富的多媒体增值业务迅速风靡全日本,有效地提升了用户的 ARPU 值,并为顺利开展 3G 业务打下了坚实的基础。

另外,通过建立起广泛的战略联盟,企业还可以进一步增加客户的转换成本、转购成本,增加竞争者的进入成本,从而建立起较高的进入壁垒,有利于企业获得持续的竞争优势。通过广泛的战略联盟获取竞争优势的典型例子就是银行卡的发行。各大银行竞相与百货商场、餐厅、航空公司、酒店等零售终端建立起合作关系,共同推出刷卡消费优惠。通过这种捆绑关系,银行可以借助对方的市场力量稳固自身的顾客群体并进一步开发出潜在市场,从而获得竞争对手难以复制的竞争优势。

由于行业边界模糊成为一种普遍的现象,与资源经济相关的几种典型的分析范式在解释企业行为、绩效上存在很大的局限性。因为如前所指出其分析的前提:行业之间边界固定,行业之间分立明显,已经不复存在。在资源经济框架下,规模经济性、范围经济性是企业效率、利润的主要来源,也是其扩展的主要动因。然而,在行业边界模糊的环境下,对企业的扩展行为、绩效的解释有了新的观点。原有的扩展方式已经无法榨取规模经济性与范围经济性,即它们不再是企业效率、利润的主要来源。企业在追求规模经济性与范围经济性的同时,以更多的方式,在更大的范围内追求速度经济性与网络经济性。并借助正反馈作用和网络效应,获取更高的效率,获取收益递增。

七、基于行业边界模糊的价值网——以电信运营商为例（整合资源的几大主体）

电信业是 20 世纪 80 年代以来发展最为迅猛、变革最为彻底的一个行业。其发展演进对从价值链到基于行业边界模糊的价值网分析模式转变的应用研究具有很强的实践意义。20 世纪 80 年代初,美国对电话市场开始放宽管制,拆分了 AT&T 公司,逐步开放市场引入竞争;英国则通过《电信法》对英国电信(BT)实施私有化。我国也在 1994 年成立了中国联通,开始了中国电信业现代意义上的变革。在近 10 年的时间里,电信业发生了激烈的演变并有了迅速的发展。伴随电信业务的不断创新,电信网络得到了迅速的扩张升级,电信运营市场越做越大,上下游的市场的参与者也日趋增多,竞争环境和产业格局已变得异常复杂。结果是原有电信业的价值链迅速地被分解。新的供应商和新的客户的加入,形成了以电信运营商为核心,与金融、娱乐、医疗等其他行业相互渗透的价值网。

在移动通信的 2G 时代,由于企业以语音业务为主,产业链结构简单,基本上由设备制造商、运营商和客户顺序构成,移动数据业务提供商只是依附于电信运营商而存在。进入 3G 时代,运营商之间的竞争正在升级换代,单纯的业务、规模之间的竞争模式已经成为过去,以运营商为核心的市场价值网之间的竞争模式正在形成(见图 13-4)。运营商对价值网中环节、要素的掌握,将决定市场的竞争效果。所以,从价值网的角度来说,各个环节间的合作经营、共同盈利是 3G 商业运作的基本。作为价值网核心环节的运营商必须整合上下游的业务,创造、建立有效的商业模式和盈利模式,创造、引导新的客户需求,构建一张"共赢"的价值网。

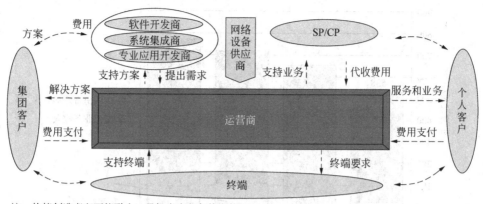

注：价值创造者有可能融合，承担多个角色的职能

图 13-4 基于行业边界模糊的价值网——以电信运营商为例

第一，运营商与设备供应商、终端厂商的合作。这是电信运营商新业务开发和推广的关键环节。与设备供应商的合作包括技术培训、在设备开发方面的交流及争取设备供应商的买方信贷等。与终端厂商的合作包括技术联盟、研发联盟和资本合作。中国联通CDMA的机卡分离、双网双待机等在技术和合作模式上都是这方面成功的案例。

第二，与内容或应用提供商的合作。在这种合作中，运营商必须准确定位自己，即运营商是"平台提供者"和"用户聚集者"。同时要建立利益分享机制，运营商获得通信费，内容或应用服务费要合理分成。日本的i-mode能获得巨大成功，表现在用户层面是它的价格优势和丰富的内容；而在商业模式方面是"内容提供商可以专注于开发内容，NTT DoCoMo则替它打理好所有的计费和分账。用户被不断更新的、方便的、有用的内容所吸引"。

图 13-4 是以电信运营商为核心的价值网。图中的网络设备供应商、软件开发商、系统集成商、专业应用开发商等是上游企业；图中的个人客户、集团客户则是其下游企业或终端客户，企业手机银行、银证转账、银基通等业务是电信运营商和金融业交叉形成的新服务。另外，如图 13-4 所示，上游企业与个人客户、集团客户也可能形成一种网络关系。

例如，美国最大的移动运营商 Verizon 与迪士尼签订长期合作协议并推出全新的视频服务内容；韩国 SK 电信开通专用游戏门户"GXG"；中国电信与百代（EMI）共同开发了"明星语音短信"业务；中国移动与香港英皇娱乐公司推出的"英皇盛世"，开辟"MTV音乐专区"等业务，说明了网络运营商和娱乐业交叉业务的深入开展。据调查显示，收发电子邮件、下载音乐和看电视是消费者最希望在手机上拥有的新服务，这些都为专业应用提供商、互联网服务提供商和电信运营商提供了更大的合作空间。网络运营商与医疗行业之间渗透的最典型例子是英国的 Mamety 公司，该公司是一家医疗器材公司，它与无线网络运营商结成联盟，整合了产品制造商、信息中心和医院等资源，为心脏病患者提供服务，收取信息服务费。

图 13-5 是近年中国联通业务收入结构。由图 13-5 可见，中国联通增值业务收入正在迅速增加，而传统语音业务收入所占比例在相应减少。而增值业务收入的增加正是基

于行业边界模糊的新业务扩展的结果。

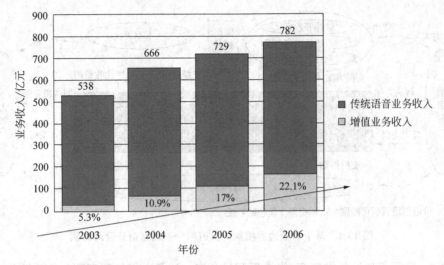

图 13-5　中国联通业务收入结构

数据来源：中国联通上市公司年报。

八、美国、欧洲的反应与对我国产业政策调整的启示

行业边界模糊对传统产业组织理论提出了新的挑战，同时对基于这种理论的政府管制工作提出了新问题。由于市场边界的不确定，传统判定产业集中度和垄断的方法已经不再适合。因此，基于"结构—行为—绩效"（S-C-P）的产业组织分析框架受到冲击，建立于此基础之上的政府管制方式也应随之调整。

西方发达国家是信息技术革命的发源地，也是调整产业政策的先行者。早在 20 世纪 70 年代，以卡恩（Kahn）教授为代表的一批西方学者就指出，传统政府管制模式压制技术革新，导致企业低效率运行，引发工资和价格相继上升，是资源无效率配置的重要原因。美国是最早实行放松管制的国家，其后是日本和欧洲的部分国家，而后又波及许多其他发达国家和地区。①

在世纪之交，互联网大规模发展的浪潮进一步推动了各个国家管制改革的进程。例如，在西方发达国家的积极推动下，1996 年 12 月，WTO 签订了在 2000 年实现信息技术产品零关税的全球性协议。1997 年 2 月，WTO 又签订了在 2000 年全面开放电信市场的协议。1997 年 11 月，WTO 再次通过协议，全面开放金融市场。

（一）美国政府放松管制促进产业融合

从 20 世纪 70 年代开始，美国已经开始对金融、铁路、航空货运、天然气、有线电视、原油、电气等行业开始放松管制（deregulation）。例如，1975 年 5 月 1 日取消证券市场的股

---

① 植草益. 微观规制经济学[M]. 北京：中国发展出版社，1992：168.

票委托手续费规定,开始放松对证券业的管制;1976年,《搞活铁路业和管制改革法》成立,放松了对铁路运费、企业合并和线路撤销等方面的管制;1977年,通过了《放松航空货运法规法》,放松了航空货运业的进入管制和费用管制;1978年,成立的《天然气政策法》分阶段取消对井方价格的管制;1982年,《加恩—圣·杰曼存款金融机构法》成立,准许商业银行进入证券市场,扩大了银行资金筹措范围,扩大了金融机构的资金运用范围,放松了针对银行在地域上和业务上的管制,加强了金融业的竞争。① 1988年,管制行业所提供的产品产值占美国GNP的比例从1971年的17%降到了6.6%。②

从20世纪90年代开始,美国政府针对通信、金融和物流等发生边界模糊的行业,通过修订法律和改革管制机构等一系列措施,进一步调整了管制体系。

1996年,美国政府将电信和媒体统一立法管理,新电信法摒弃了1934年电信法中基于自然垄断理论的管制方式,旨在通过引入竞争而实现在新技术环境中放松管制。新电信法不仅通过一系列条款降低电信业的进入壁垒,而且打破了传统电信、广播和电视业之间的行业边界,允许电信公司以多种方式提供原来只有广播和电视业才拥有的业务。这一调整导致美国媒体企业和信息服务企业的规模空前扩大,产业迅速整合、集中。但这种调整方式的基础是美国管制机构的统一以及对媒体内容管制的开放。早在1979年,联邦最高法院就已经判决停止公用有线电视的节目管制和无线电节目的内容管制(联邦通信委员会从1934年成立伊始就已经拥有了对各种公共载体和广播的管制权)。因此,尽管美国针对通信和媒体的管制政策改革取得成功,但对其借鉴仍须结合国情。

在金融业,美国政府于1999年通过了《金融服务现代化法》(*Financial Services Act of 1999*),废除了1933年制定的《格拉斯—斯蒂格尔法》,允许以金融控股公司的方式进行混业经营。这标志着美国金融业分业监管的时代已经过去,而进入了混业经营的全能银行时代。③ 美国对发生边界模糊的金融行业采用了以银行为中心的"伞状"监管体系,美联储作为这一"伞状监管者"的最终目标就是保障整个金融体系的安全。由于金融行业的混业经营有可能带来系统性风险,中央银行参与对此类金融结构的监管显然是有其优势的。④

物流产业是伴随信息产业发展起来的新兴产业,其中涵盖了包括仓储、运输、包装、报关和信息系统建设等多个行业的职能。为解决各种运输方式之间的衔接与协调问题,有的政府正在筹建"大运输部",以实现对交通运输集中统一管理。

一系列的产业改革措施给美国经济产生了巨大的推动作用。第一,显著降低了电信、金融和物流等行业的价格水平。第二,许多行业的收费方式以及相关的新服务类型大量增加。第三,企业效率和服务质量有了很大改善。第四,改革带来了新一轮需求的放大,推动了经济增长。⑤

---

① 植草益. 微观规制经济学[M]. 北京:中国发展出版社,1992:169-181.
② 张磊. 产业融合与互联网管制[M]. 上海:上海财经大学出版社,2001.
③ 蔡汉明. 浅析中国金融控股公司改革[J]. 湖北大学成人教育学院学报,2004,(4):22-24.
④ 中国银监会上海监管局政策法规处. 欧洲对混合金融集团的监管[N]. 国际金融报,2005-01-21(第八版).
⑤ 周振华. 信息化与产业融合[M]. 上海:上海人民出版社,2003.

（二）欧洲各国以协商为基础，实施管制改革，促进产业融合

欧洲各国的金融业管制改革都得到了欧盟相关文件的指引。1993年，欧共体各成员国通过协商，全面推行全能银行制度。2002年，由欧盟颁布的《金融集团指引》确立了针对全能银行等各种混业经营的金融集团的监管基础。各欧盟成员国必须在2004年8月前将其转化为国家法律，并且在2005年1月1日起生效。这些指引只是对各个成员国金融机构的最低要求，各成员国需要在此基础之上自行选择是否制定更为严格的规则。另外，这种针对金融集团的监管属于补充性质，金融集团内部的各单位个体仍要受到单独监管。

法规和政策的改变需要相应的管制机构配合。1997年，英国金融服务管理局(Financial Services Authority)的成立有力地推动了一体化金融监管模式的发展。2002年后，德国、奥地利、爱尔兰、比利时和荷兰等国相继成立了类似的一体化金融监管机构。然而，这些一体化的监管机构的监管要求和监管责任有较大差别，它们的监管方式也不尽相同。[1]

顺应电信和广播电视业边界模糊的要求，欧洲电信业也发生了巨大的变革。例如，1997年欧洲委员会"绿皮书"(Green Paper)针对三网融合，提出了电信、广播电视和出版三大产业融合不仅仅是一个技术性问题，更是涉及服务以及商业模式乃至整个社会运作的一种新方式，并把产业融合视为新条件下促进就业与增长的一个强有力的发动机。[2] 在"绿皮书"指导下，欧洲各国政府纷纷加大管制改革的步伐。例如，英国政府于1998年7月发表《管制通信——处理信息时代的融合》绿皮书，初步明确了管制改革方向与采取渐进式的改革方式。在这一文件指导下，英国政府实施了一系列管制改革措施。第一，为了更好地协调各种传统管制机构，在各传统管制机构之间建立协调小组，由公平贸易管理局牵头设置了两个常设委员会负责跨领域或重叠管理事项。第二，明确了以消费者为导向的改革路径，出台共有设施的检讨议案，明确政府保护消费者利益的责任，确定管制目标。第三，改革竞争法，加强了对反竞争行为的限制，加大了针对垄断势力的惩罚力度。第四，主管电信和媒体产业的部门共同寻求保障双方网络互联互通的法律。第五，针对一些领域重点改进管制框架，包括公众电视广播服务、内容控制、无线电频谱、从模拟广播向数字广播过渡等。英国政府这一系列渐进式改革措施推动了产业融合的发展，提高了管制的有效性，并且能够及时适应条件的变化。但这种经过改革的管制模式需要加强对细节的审查，有可能带来管制成本的提高。[3]

（三）对我国产业政策的启示

放松管制已经成为发达国家与地区政府管制改革的趋势。放松管制有利于促进行业

---

[1] 中国银监会上海监管局政策法规处.欧洲对混合金融集团的监管[N].国际金融报，2005-01-21日(第八版).

[2] European Commission. Green Paper on the Convergence of the Telecommunications, Media and Information Technology Sectors, and the Implication for Regulation. COM(97)623 [Z]. Brussels：January 1998.

[3] 张磊.产业融合与互联网管制[M].上海：上海财经大学出版社，2001：163-166.

边界模糊和新产业的发展。然而,在我国存在部门分割、业务分割与地域分割的现象。这严重地阻碍了企业做大做强,阻碍了新兴业态的形成,企业难以获得规模经济性与范围经济性,资源效率难以充分发挥。特别是发生边界模糊的行业都具有较强的垄断特征,因此当渗透与融合涉及这些行业时,遇到的阻力相对更大。因此,产业政策调整要求政府打破部门与业务的分割,要求对原有的部门设置和审批流程实施大刀阔斧的改革,以开放、公平、公正的行业政策促进各行业的融合和发展。

各国经验表明,很难找到一种有效保持对各产业内不同业务独立管制的方式。在金融领域方面,可以逐渐对银行、保险、证券等业务实施统一监管,鼓励混业经营,以利于金融企业规模经济性和范围经济性的进一步发挥。针对通信运营商,可以通过新牌照的发放,实现移动、数据、固话等业务的统一经营。针对物流业,应尽快整合各相关部门的物流资源,尤其是物流信息资源。

专题十四

创新与变革
——苹果公司转型与成功的逻辑分析

一、苹果公司①成功转型

苹果是什么企业？乔布斯曾向 100 位苹果员工提出一个问题："谁是世界上最大的教育公司？"结果只有两人给出了正确答案："苹果。"最近一项全球调查结果让人吃惊：苹果是互联网排行第一的企业，微软则是介于互联网与软件之间的企业。

近几年全球经济持续低迷，欧洲债务危机迷雾重重，然而苹果却在全球市场独领风骚。苹果在全球创造了巨大的新市场，最近成为全球市值最高的公司。2011 年 7 月 27 日，苹果的现金和有价证券总额达 762 亿美元，甚至超过了美国政府现金 738 亿美元。2012 年 8 月 24 日，苹果股价、市值均创历史新高，达 6 211 亿美元，超过了沙特阿拉伯、澳大利亚等国的 GDP，在全世界可以排第 21 位。2017 年 5 月 9 日，苹果市值又创新高，市值突破 8 000 亿美元，超过 2015 年 183 个国家的国内生产总值（GDP），苹果市值几乎是伊朗和奥地利 GDP 的总和。

众所周知，乔布斯于 1976 年创立了苹果电脑公司，在高科技企业中以富于创新而闻名。之后一段时期，乔布斯被迫离开苹果。谁能想象如今的苹果帝国，在乔布斯重返之前股价一度跌落到历史谷底，身处破产边缘？自 1997 年乔布斯回归苹果以来，苹果公司实现了重大转型，取得了极大成功。苹果已不再是过去人们所认为的手机制造企业、计算机制造企业。它在研发和产品应用方面均跨越了多重领域，实现了跨产业升级，推动了产业发展，成为全球市场大赢家。尽管苹果开始面临竞争对手的巨大挑战，但乔布斯时代的苹果却为我们研究企业转型与成功的决定因素提供了很好的案例。

本专题将从苹果成功转型的实践出发，结合相关理论以全新的观点，从不同的视角全面、深入地探讨苹果成功背后的逻辑——苹果成功的决定因素。

二、企业成功的文献研究

企业成功的背后各有其逻辑所在，并且不尽相同。围绕"什么造就了一家成功的公司"这一重要问题，国内外学者均尝试对成功企业进行探索与研究，总结归纳出一些共性因素，对未来企业的发展提供了一定的借鉴与启示。

彼得斯和沃特曼（2003）通过对 75 家历史悠久的知名成功企业进行研究发现，尽管每个优秀企业的个性各不相同，但它们拥有许多共同品质：崇尚行动、贴近顾客、自主创

---

① 以下简称苹果。

新、以人促产、价值驱动、不离本行、精兵简政、宽严并济。企业想在市场中生存,必须在这些方面努力,逐步确立优势,追求卓越;约翰·凯(2005)认为,不应该用组织规模和市场份额来衡量成功,而应该用价值增值来衡量——超出原材料、薪金总额和资本投入的那部分产出。公司战略应以"我们如何才能与众不同"这一问题为出发点,着眼于价值增值这一基本目标。通过对包括宝马、IBM 在内的一系列欧美企业案例进行分析,约翰·凯确定了能为企业带来价值增值的四项关键要素:创新、声誉(特别是品牌的形式)、战略性资产(政府垄断或限制竞争对手进入市场的其他方式)和治理(公司与员工、供应商和客户之间的关系)。企业应当根据组织的独特能力和优势,特别是在组织治理的关键领域内,制定合适的战略,采取相应的行动以获取成功;科林斯和波拉斯(1994)选取了波音、沃尔玛等 18 家基业长青公司作为研究对象,总结出它们的成功经验。研究结果发现,这 18 家公司的共同特征是:保存一种核心理念,同时刺激进步,积极改变除了核心理念以外的任何东西。科林斯和波拉斯认为,能长久享受成功的公司一定拥有能够不断适应世界变化的核心价值观和经营实务。进入世界 500 强是企业成功的一方面,然而更重要的是,500 强企业如何保持持续成长的问题。毛蕴诗(2005)对世界 500 强企业进行研究发现,尽管这些成功企业未必总是保持持续稳定的增长或高速成长,但是,总体上具备了一些共同特征,如在成长过程中有卓越企业家或职业经理推动,拥有技术积累与技术创新能力,拥有战略性资产,具备跨地域的控制能力,跨文化的协同能力,具有交叉技术研发能力、具有整合内外部资源的能力等。

  回顾苹果的成功,苹果既有与以往企业相同的成功要素,又有其特殊性所在。在规则严格、范围宽广、竞争激烈的全球市场中,乔布斯领导下的苹果公司如何脱颖而出,是本文研究的重点。

  一些学者从不同角度对苹果公司的成功进行了研究。Christoph(2010)认为,创新是驱动苹果发展的主要动力。技术更新、全球化、超越竞争等经济环境的变化,促使创新成为组织绩效关键的决定因素,日益要求企业识别创新并把创新作为提升战略竞争力的重要内容(Barkema & Mannix,2002)。[①] 苹果公司总是设法通过不断累加的研发投入和不断缩小的产品周期来实现产品的创新升级,苹果的成功就在于它为创新、创造所做的努力。叶健(2009)[②]将苹果公司的成功归结为它的四个核心竞争力——企业文化、产品创新、用户至上和特色营销,其中,产品创新是苹果崛起的根本。苹果产品纯净的设计、软件和硬件的无缝整合,以及独特的用户体验经常被认为是苹果获得成功的最关键的三个因素。然而,Sharam(2012)从防御战略的崭新角度出发,认为苹果成功的真正原因在于其对创新有一个完整的保护体系,从而使苹果公司能及时应对竞争对手的行为,以维护公司利润,保持市场领先。

  综合前人研究发现,目前国内外学者对苹果公司成功要素的研究角度不一,但均涉及创新方面的分析。然而,我们面临的是独特的乔布斯和他的苹果,对苹果成功因素的分析

---

① Barkema H G, Mannix E A. Management challenges in a new time[J]. Academy of Management Journal, 2002, 45(5): 916-930.

② 叶健. 苹果公司核心竞争力分析及其启示[D]. 复旦大学, 2009.

不能泛泛而谈。从本专题的分析可知,同样是创新,乔布斯的苹果也是与众不同的。所以,我们要从企业的异质性出发,从苹果公司的创新实践中总结出其成功因素,并从理论上加以支持和深入分析。

三、苹果成功背后的逻辑

(一) 苹果重新选择了乔布斯,乔布斯富于创新精神,是天生的企业家

美国总统奥巴马在乔布斯逝世后,评价他为美国最伟大的创新者之一。"乔布斯拥有非凡的勇气去创造与众不同的事物,并以大无畏的精神改变着这个世界。同时,他的卓越天赋也让他成为能够改变世界的人。"诚如其所言,乔布斯富于创新精神,是天生的企业家。

Cole(1949)[①]提出,企业家凭借他们拥有的特殊能力,能够创造、维持一个以利润为价值取向的企业。企业家有能力发现新兴的扩展机会,并能用一种全新的方式整合现有资源,利用这些机会获取企业竞争优势,实现企业内生成长(Penrose,1959)。这种对机会的敏感认知和自主追求,正是企业家精神的本质(Holcombe,1998;Minniti,1999;Lumpkin 和 Dess,1996;刘亮,2008)[②]。Prahalad 和 Hamel(1990)[③]进一步指出,企业的核心竞争力是一种聚合性学识,特别是关于如何协调不同的生产技能和整合多种技术流的学识。而这种"聚合性学识"的主要承载者就是处于企业知识核心的企业家。企业若在其成长过程中遭遇困境,有卓越的企业家或职业经理人或能使之转危为安,重新推动企业快速发展(毛蕴诗,2005)。乔布斯于1997年重返苹果,正是促使苹果公司转型并最终获得成功的重要因素之一。

企业家是一种稀缺的资源。从创业伊始到成为苹果教父,乔布斯多方位地展现了自身的才能,包括他的创新能力、营销能力、审美趣味及张扬的个性。乔布斯是一名天生的企业家,执着而富有创业激情。他的激情所在是打造一家可以传世的公司,为了创业敢于中途退学。乔布斯是电脑天才,也是经营天才,同时喜欢书法等人文学科。他的成功体现了一个具有强烈个性的人身上集合了人文科学和科学技术的天赋后所产生的巨大创造力。乔布斯与一般成功企业家的区别还在于,他能够洞见未来的技术趋向,并能够创造用户自己都不了解的需求,还能成功地将概念、技术、设计等一一实现,做出让人们惊叹的产品。

---

① Cole M. The Webbs and their work /[M]. Frederick Muller Ltd. 1949.

② Minniti M. Entrepreneurial activity and economic growth[J]. Global Business & Economics Review, 1999, 1(1): 31-42.

Holcombe R G. Entrepreneurship and economic growth[J]. The Quarterly Journal of Austrian Economics, 1998, 1(2): 45-62.

刘亮. 企业家精神的度量及其度量方法的改进[J]. 世界经济情况, 2008, (4): 93-100.

Lumpkin G T, Dess G G. Enriching the Entrepreneurial Orientation Construct-A Reply to "Entrepreneurial Orientation or Pioneer Advantage"[J]. Academy of Management Review, 1996, 21(3): 605-607.

③ Prahalad C, Hamel G. The core competency of the corporation[J]. My Publications, 1990.

(二) 苹果通过产品创新创造市场、引导市场

创新是永恒的话题。Schumpeter(1912)提出,创新是一种全新的组合,包括采用新生产方式、引进新产品、发现新原料、开辟新市场和实现新的企业组织形式。他强调创新在经济发展中扮演着非常重要的角色;Damanpour(1991)[1]认为,创新包含产品、管理、服务、技术等方面,具有原创性的新产品会有较高的价值(Klein Schmidt & Cooper,1991)[2]。产品创新是基于顾客对产品的品种、价格、质量、服务、信誉等要素的评价和满意程度,对产品进行有针对性的增强、提高或削弱等改良活动。这种活动通过采取各项措施,降低顾客在消费产品过程中的时间、金钱、心理成本,使顾客从产品消费过程中取得尽可能大的感知利益(Michael Porter,1996)[3]。

苹果擅长打造令人一见倾心的产品,这得益于其产品创新的能力。乔布斯反复强调,公司的产品是干净而简洁的,这种设计理念贯穿整个产品系列。过去几年里苹果创造的iMac、iPod、iPhone、iPad等都延续了苹果的这种设计风格。其软件产品也同样具备强大的吸引力,从电脑操作系统到个人应用程序,苹果公司的软件产品凭借卓越的图形化使用体验、友好的人机交互模式和绚丽的外表赢得了无数用户的青睐。

苹果的案例有力地证明了如下观点:"企业、企业家可以通过产品创新、制度创新、组织创新创造市场,引导市场。"在相当多的情况下,企业通过发现、创造新的需求,创造市场,因而改变了市场活动的方向。人们的需求极其广泛且存在不同层次,自发需求和派生需求都在不断更新。因此,企业通过产品创新创造市场,始终存在大量的机会与可能。这方面的例子有许多,诸如自20世纪以来杜邦公司所发明的一系列化纤产品、索尼发明的随身听等都创造了规模巨大的新市场。苹果的iPod系列产品也是如此。

乔布斯领导下的苹果公司,其产品并非是针对目标人群的普通产品的改进,而是消费者还没有意识到其需求的全新设备和服务。乔布斯从不依赖市场调研,他的伟大在于能在市场尚未意识到某种体验之前就准确预判并完美交付这种体验,而且他总是对的。乔布斯相信:"如果我们继续把伟大的产品推广到他们的眼前,他们会继续打开他们的钱包。"事实正是如此,苹果公司通过不断的产品创新赢得了市场。全球消费者狂热地崇拜乔布斯和苹果,追捧其产品。这与教科书上所倡导的"顾客是上帝"大相径庭。相反,它表明乔布斯的苹果才是顾客的上帝。即使乔布斯已然离去,消费者对苹果的"顶礼膜拜"依然。

(三) 苹果产品研发跨越了多重技术领域,其应用跨越了多个产业领域,是跨产业升级的典范

自20世纪90年代以来,数字化技术、通信、计算机技术和互联网的迅速发展,以及与之相关的技术融合,使诸多行业之间的边界正在由清晰趋向模糊,出现了电子产品、电信、

---

[1] Damanpour F. Organizational innovation: a meta-analysis of effects of determinants and moderators[J]. Academy of Management Journal, 1991, 34(3): 555-590.

[2] Kleinschmidt E J, Cooper R G. Impact of innovativeness on performance[J]. Journal of Product Innovation Management, 1991, 8(4): 240-251.

[3] Porter M E. What is strategy? [J]. Harvard Business Review, 1996, 74(6): 61-78.

文化、娱乐、传媒等行业之间的相互渗透和融合。

行业边界模糊是随着信息技术和互联网的发展,行业之间技术、业务、运作和市场之间的联系增强,而出现的企业向其他产业扩展和渗透,产生跨行业的业务交叉和创新(毛蕴诗、王华,2008)①。产业融合是行业边界模糊的反应和结果,它使过去不相关的业务变得相关,突破了无关多元化的概念,突破了传统产业链的观点。产业融合进一步提升服务业的内涵,提高服务业的技术含量,提高其附加价值,激活了很多原本死气沉沉的市场,形成许多新的服务、新的业务、新的业态,甚至新的产业、新的经济增长点。戴维·莫谢拉(2002)指出,产业融合使资源在更大范围内得到合理配置,大大降低了产品和服务成本;融合扩大了网络的应用范围,使各种资源加入网络的可能性增大,产生了网络效应;而且融合导致了生产系统的开放性,使消费者成为生产要素的一部分。这三方面效应的共同作用,为企业带来巨大的收益递增机会。

近年的发展趋势表明,新产品的开发必须结合多种不同学科的不同技术,大量使用不同技术领域的专利,这样才能使企业的产品与其他企业的类似产品形成明显差异,从而取得有利的市场地位(毛蕴诗,2005)。乔布斯在苹果公司的创新体系上,始终强调用户需求这一点。以用户需求为中心,跨产业整合技术,实现"4C"融合,开发创新产品,是苹果成功的一大因素。所谓"4C"融合,是在"3C 融合"(计算 computing、通信 communication、消费电子产品 consumer electronics 的融合)的基础上加上"内容"(content)作为融合元素,以满足未来人们在任何时间、任何地点,通过任何设备实现计算、沟通和娱乐的需要。这种产业的融合源于乔布斯对完美的狂热和积极追求。乔布斯已彻底变革了六大产业:个人电脑、动画电影、音乐、移动电话、平板电脑和数字出版,并重新描绘了零售连锁产业的画面。

乔布斯时代的苹果公司,其产品(如 iPad)从使用功能来看,跨越了传统的通信、计算机应用,延伸至文化、娱乐、传媒、金融、证券、艺术等领域。从产品研发来看,跨越了传统的制造(触屏显示器、无线天线、使用界面和传感技术、闪速存储器、主电路板等)、IT、文化创意、艺术等领域。苹果公司的产品研发和产品应用都跨越了多重领域,实现了跨产业升级,推动了产业发展,在全球创造了新的经济增长亮点。

(四)苹果立足全球整合资源,创造新的商业模式

通用电气的 CEO 韦尔奇曾指出,"能在全球整个最大的范围,集合全世界最佳设计、制造、研究、实施以及营销能力者就是全球竞争中的赢家,因为这些要素不可能存在于一个国家或一个洲之内"。② 跨国公司正是通过其他优势资源的跨国界转移,在全球范围内利用其他资源,有效地进行资源整合。跨产业升级的本质也在于全球范围的资源整合。Barney(1991;2001)认为,企业如果拥有有价值的、稀缺的、不可模仿的、不可替代的资源,企业就有获得持续竞争优势的潜力和机会。资源的来源渠道既可以是企业内部又可

---

① 毛蕴诗,王华. 基于行业边界模糊的价值网分析模式——与价值链模式的比较[J]. 中山大学学报:社会科学版,2008,48(1):156-161.

② 毛蕴诗.跨国公司战略竞争与国际直接投资[M].广州:中山大学出版社,1997.

以是外部,但是企业需要通过一定的过程来整合资源,才能提升各种动态性能力。企业的这些能力可以确保企业绩效的提高,从而促进企业成长(董保宝、葛宝山、王侃,2011)。

苹果正是不断整合全球资源、创新商业模式的典范。在生产上,苹果公司并非通过在东道国设立子公司进行生产,而是在全球范围内寻找最具生产成本优势的工厂进行代工,以获得最低成本和最高效率。几乎所有的苹果硬件产品都是由外包合作伙伴负责制造的。它们主要分布在亚洲。苹果从韩国、日本、中国台湾等地的供应商处采购零部件,然后交予富士康、和硕联合、广达等中国台湾代工企业,它们在中国的工厂则源源不断制造出 iPhone、iPad、Mac Book,再输往全球。苹果的 IC、分立器件供应商主要集中在美国,部分分布在欧洲,少数在韩国、日本等亚洲国家和地区;存储器、硬盘、光驱供应商则相对集中;被动器件的高端领域被日本厂商垄断,中国台湾厂商主要提供片式器件等相对标准化、成熟化的产品;PCB 供应商主要集中在中国台湾、日本;连接器、结构件、功能件厂商主要是欧美、日本、中国台湾公司;显示器件主要由日本、韩国、中国台湾厂商提供;ODM、OEM 主要由中国台湾厂商承担。正是通过对全球各种资源的整合和利用,苹果不断提升自身的能力,建立了竞争优势。

从苹果产品价值链的主要环节来看,日本、韩国、德国、美国、中国等地的企业是苹果公司的主要供应商和生产基地。按照各环节附加值的高低不同,可以画出苹果的价值链分布图,如图 14-1 所示。可以发现,苹果整合利用了全球资源,构建了独特的全球价值链,集中聚焦创造利润最大的两个环节,使自身资产轻量化运作。需要土地、厂房、设备等重资产投入的基础生产环节全部外包,而形成核心竞争力的开发设计,以及最终实现利润和回收现金流的市场销售等环节则全部由苹果自己完成。苹果产品的开发设计是整个苹果产业链顺畅运行的基础,核心是员工,硬件投入很少,而创造的价值很高。同时,苹果通过在全球建立销售体系,以独一无二的产品和品牌确立主导地位,影响最终的利润分配格局。

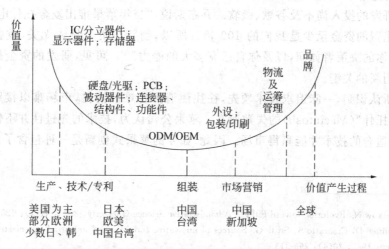

图 14-1 苹果产品(iPhone)全球价值链的价值分布

另外,苹果在 iPod、iPhone、iTunes、Appstore 等产品和服务间建立商业联系,开创了"产品+服务(包括内容)"的全新商业模式,形成了一种跨产业的、由不同产业价值组成的新商业链条。这种商业模式创新是企业系统的整体变革,追求的是在未来竞争环境下的与众不同,而不是简单的技术创新或产品创新(Siggelkow,2002)[1]。通过"iPod + iTunes"模式的创新,苹果重新整合了全球资源。它聚合了包括世界五大唱片公司在内的上下游资源要素,把欣赏音乐的整个流程整合起来,创造了一个全新的音乐消费产业链,成为音乐播放器产业和音乐唱片产业的颠覆者。

尽管苹果的直接利润主要体现在产品销售上,但其能够快速增长并获得较高溢价,也得益于其开放的产品平台对资源的整合。苹果抓住了消费者单曲购买音乐的需求,通过iTunes整合音乐资源并将iPod和互联网结合,迅速扩大了产品销售,提高了在便携电子产品领域的知名度。在接下来的产品选择中,苹果加强iPhone和iPad的研发,将外观简洁明快、图形界面漂亮的特点融入其中,加上多点触控、重力感应等功能的衬托,苹果系列产品的销量可观。硬件产品的畅销又促进了第三方在App store上共享、销售应用软件,软件的实用性和趣味性反过来刺激更多的消费者购买苹果的硬件产品,从而形成了良性循环,加强了苹果品牌影响力,推动苹果公司不断发展。

(五)苹果不断创新,集成创新,围绕核心技术构建战略性资产

大多数企业持续地进行技术创新(Cesaratto, et al. 1991)[2],一方面,这对竞争优势的构建十分重要;另一方面,也是企业实现可持续发展的有效路径(Trappey,et al. 2012)[3]。事实上,包括苹果在内的许多成功企业都得益于其技术创新能力,因此,技术创新作为研究企业成功的一个视角受到了广泛关注。

苹果的产品素来以创新著称。自乔布斯重返苹果以来,研发投入不断增加(见表14-1),创新力度不断增强。可以说,iPod、iPhone和iPad系列产品的成功研发铸就了苹果今日的辉煌。伴随逐年增长的研发投入和坚持不断的创新,自2007年起,苹果公司连续4年超越谷歌、微软等巨头,被《商业周刊》评为"全球最具创新能力的公司"。然而,苹果用于研发的投入尚不及谷歌、微软。乔布斯说,"当年苹果推出麦金托什电脑时,IBM在研发上花费的资金至少是我们的100倍。所以,创新与资金投入无关,重要的是你的团队如何、你的决策者如何,以及你自己有多大的能力"[4]。可见,研发的资金投入并不是决定实现创新的关键。

乔布斯认识到,一味追求技术领先,往往使消费者难以消化,市场难以接纳。这正是苹果"麦金托什"(Macintosh)的失败所在。苹果公司认为,技术的先进性并不代表顾客的高需求,最适合的技术才能赢得市场。因此,如今的苹果式创新是一种包含了技术创新、

---

[1] Siggelkow N. Evolution toward Fit[J]. Administrative Science Quarterly, 2002, 47(1): 125-159.

[2] Archibugi D, Cesaratto S, Sirilli G. Sources of innovative activities and industrial organization in Italy[J]. Research Policy, 1991, 20(4): 299-313.

[3] Trappey A C, Trappey C, Hsiao C T, et al. System dynamics modelling of product carbon footprint life cycles for collaborative green supply chains[J]. International Journal of Computer Integrated Manufacturing, 2012, 25(10): 934-945.

[4] 转引自林艾涛,陶双莹.乔布斯的10个与众不同[J].时代周刊,2011.

表 14-1　苹果公司年度研发费用

财政年	研发费用/亿美元	研发费用占净销售额的比重/%	年增长率/%	备注
1997	4.85	6.85	/	
1998	3.03	5.10	−37.56	
1999	3.14	5.12	3.63	
2000	3.80	4.76	21.02	
2001	4.30	8.02	13.16	iPod 面世
2002	4.46	7.77	3.72	
2003	4.71	7.59	5.61	
2004	4.89	5.91	4.25	
2005	5.35	3.84	8.96	
2006	7.12	3.69	33.08	
2007	7.82	3.26	9.83	iPhone 面世
2008	11.09	3.41	41.82	
2009	13.33	3.11	20.20	
2010	17.82	2.73	33.68	iPad 面世
2011	24.29	2.24	36.31	
2012	33.81	2.16	39.19	
2013	45	2.58	33.09	
2014	60	3.28	33.33	
2015	81	3.46	35	
2016	101.25	4.70	25	

产品创新、工艺创新和商业模式创新的集成式创新，其中，技术创新是集成创新的基础和核心。科技部前部长徐冠华(2001；2002)[①]提出，企业应当以提高战略性产业或产品的国际竞争力为目标，加强相关技术的配套集成与创新，使各种单项和分散的相关技术成果得到集成。其创新性以及由此确立企业竞争优势的意义远远超过单项技术的突破。

乔布斯奉行产品实用主义技术风格。苹果未像微软和IBM那样在全球布局研发中心，乔布斯的技术哲学更多是小团队的设计攻关，以及核心技术和专利的小额收购。事实上，无论 iPod、iPhone 还是 iPad，其核心技术很少由苹果自己开发。如果需要技术，苹果会选择购买专利。乔布斯在业界有个绰号是"伟大的小偷"，他很会利用和改进别人技术进行集成创新，站在别人的肩膀上获取自己的成功。然而，正如管理大师彼得·德鲁克所

---

① 徐冠华. 推动原始性创新培养创新型人才[J]. 科学新闻, 2001, (2): 4-10.
徐冠华. "十五"期间中国科技发展战略与对策[J]. 科技和产业, 2002, 2(11): 5-6.

说,对企业而言,真正的创新并不是技术的创新,而是"为技术创造出市场"的创新。企业在进行技术集成创新的同时,需要其他系列创新的配套跟进,从而推出市场认可的产品,最终形成企业的战略性资产。

传统的资源基础观认为,能为企业带来持续竞争优势的资产是战略性资产。因此,企业独特的、难以模仿的战略性资产是企业获得持续竞争优势的关键。由于这些独特而难以模仿的资源缺乏流动性,其竞争对手无法轻易得到,从而使企业得以实现这些战略性资产的经济利益,获得竞争优势(姜付秀,2003)。① 在现代经济中,品牌作为一种战略性资产已成为核心竞争力的重要来源。对企业而言,树立品牌意识,打造强势品牌,是保持战略领先性的关键。而在提高品牌竞争力的过程中,保持技术的先进性是维护品牌价值的重要条件(崔文丹,2008)。②

尽管苹果的专利体系中很少有涉及基础研发的核心专利,但类似滑动解锁等创意专利却占多数。正是这些创意专利集成在一起,维系着苹果独特的品牌个性,创造出卓越的品牌价值,形成了苹果公司的战略性资产。品牌包含了消费者的情感,以溢价的方式体现出来。在苹果iPod新品推出时,价格高达三四百美元,而消费者依然愿意通宵达旦地在专卖店门口排队,只是为了比别人早一点能用上该产品,这便是苹果品牌的魅力。苹果公司的品牌战略主要强调消费者的体验和情感,其"年轻、可靠、友好、简单"的品牌个性已深入人心。苹果的成功在于它将这些个性贯穿至方方面面,让与这些个性相合的苹果迷狂热追捧。以苹果零售店为例,从店面空间的前卫设计、轻松的氛围、友好的协助到无柜台式的结账方式等都彰显出苹果独特的品牌个性,吸引了越来越多的追随者。追随者自愿为苹果代言,恰恰又促进了苹果品牌的认知程度和追捧程度。通过开发外形吸引同时兼具强大功能性的产品,苹果已经拥有了一群基础客户,这群客户在有意无意间又成了品牌的倡导者。消费者对苹果品牌系列产品的高忠诚度最终为苹果公司带来了丰厚的利润。

(六)苹果通过跨产业升级获取四大经济效率:范围经济性、规模经济性、速度经济性与网络经济性

乔布斯于2010年曾说过,自己的激情所在是打造一家可以传世的公司。乔布斯时代的苹果目标明确,愿景清晰,旨在创造一家基业长青的企业。利润是其赖以生存和扩展的前提条件。在乔布斯时代,苹果的股东从未分过红。利润都被用于支持企业的创新与持续成长。苹果在全球整合资源的跨产业升级模式—商业模式,不仅为其获取了范围经济性、规模经济性,更能为其在互联网时代获取速度经济性和网络经济性。

首先,苹果在设计Mac Book、iPhone和iPad时采用了许多可以通用的零部件,人机交互等技术也能够在这几种产品中实现协同共享,苹果由此获取了一定的范围经济性,降低了研发和人力等方面的成本。同时,由于零部件的共享创造了更大的出货量,形成规模经济性。这还使苹果具有更为有利的讨价还价能力,也节约了供应链各环节的成本。苹果的零售店和应用商店是苹果获取范围经济性的另一种方式。苹果零售店提供所有苹果

---

① 姜付秀.能力的竞争与企业的竞争优势[J].现代管理科学,2003,(11):32-33.
② 崔文丹.提高我国高新技术企业品牌资产价值策略研究[J].中国流通经济,2008,22(3):43-46.

产品的体验、销售与售后服务，应用商店则成为 iPod、iPhone 和 iPad 消费者购买软件的平台，任何苹果用户均可在应用商店下载应用程序。这种软硬件资源共享的模式，为苹果带来了巨大的经济效益，同时也构成了苹果公司独特的竞争优势。

苹果通过全球资源整合，集中聚焦于产品的开发设计以及市场销售，这使苹果可以更敏锐地捕捉市场需求，加快研发速度，缩短产品生命周期，从而获得速度经济性。

苹果每一年度在不同的产品线上都会有不同的新产品出现。仅以 iPhone 手机为例，自 2007 年苹果首次推出了将创新性电话、可视性 iPad 和网络媒体工具结合的 iPhone 手机，每一年都有新的创新产品出现，成为人们热购的佳品。与此同时，苹果的生产组外包，苹果产品存放在供货方，也加快了产品的库存周转。2001—2011 年，苹果公司存货周转天数一直保持在一周以内，长期保持着领先行业标杆企业戴尔公司的优势。这种基于时间因素的竞争，使苹果公司获得了更多忠诚的消费者、更低的生产成本、更快速的成长机会等竞争优势。诚如微软总裁比尔·盖茨所言，"速度是企业成功的关键所在"。

其次，苹果通过整合外部资源，搭建了巨大的网络应用平台，获取了新的更高的附加价值，实现了网络经济性。互联网能产生正的外部效应（网络效应）。网络效应是指商品价值不仅取决于生产这种商品所耗费的社会必要劳动时间，而且还取决于这种商品被生产出来且被使用数量的情况。而在互联网时代，具有这种网络外部效应的商品随处可见，如电话、手机、电脑、软件等。例如，苹果利用互联网的便捷，其产品应用跨越了许多产业。越多的人采用苹果公司的应用系统，独立的软件开发商就会引进更多的应用软件；应用软件越多，其他人采用苹果公司产品的可能性就越大。这些多产业的融合给苹果产品带来了更强的差异性和更高的附加价值，并使企业跨产业经营成本大大削减，进一步维持了苹果产品在市场上的领先地位。

苹果的高额利润来源也与其注重成本控制有很大关系。在代工生产领域，低成本与高质量素来是硬币的两面，但苹果却巧妙地解决了这一矛盾。苹果凭借其对价值链的有力掌控，对代工厂商提出了严格的成本要求。伟创力是苹果的代工生产（OEM）厂商之一，由于苹果自己指定原料供应商，伟创力在原材料成本控制上没有运作空间，只能在人力和管理等方面节约成本。该工厂专门针对苹果设计的一份成本节约方案显示，工厂甚至要通过适时关闭工作台上的灯管来节约成本。出于成本等各方面的考虑，苹果有时也会更换原材料供应商。在任何一次更换原材料以及辅料时，都要经过复杂的基本验证测试、设计验证测试、小批量及大批量验证测试等环节，在一定程度上节约了成本并保证了质量。与此同时，为了降低成本，苹果给 iPad 的硬件配置并不算高，但消费者却很少能分辨出性能上的差别。苹果通过 iOS 软件平台与硬件相配合，即便硬件条件稍低，也完全不影响用户的使用体验，这也是苹果维持成本优势的秘诀之一。

（七）苹果产品具有全球性产品的特点，受到不同文化的欢迎

随着经济全球化的发展，越来越多的产品成为"全球性"产品，生产和销售产品的国界越来越不重要。受益于技术的飞跃进步，人们日益体验到通过现代化来提高生活质量的可能性，消费偏好趋同，全球性标准化产品能在文化各异的国家和地区受到欢迎。当然，各国的经济、技术水平、文化偏好、民族兴趣等差别总是存在的，但它们的存在并不影响市

场全球化、产品全球化的发展(毛蕴诗,2001)。[①]

一直以来,苹果产品都是全球性产品的典型代表。它巧妙地结合了人文、艺术与科学,提取了东西方文化的共性因素使之交融,被誉为"IT世界中的艺术品"。苹果以其卓越的产品性能,加之先进科技与人性化设计的完美融合,给消费者带来了愉悦的用户体验。苹果是一种时尚文化、个性化的象征,由其以"I"(我)作产品名称的前缀可窥一二。苹果产品崇尚简约的设计风格,不仅给人们带来视觉上的享受,而且在形式上和精神上都迎合了这个时代的美学标准。苹果的简约与现代人生活的繁复正好形成对比,满足了人们内心对简单生活模式的向往。而多样的彩壳选择,则满足了现代人对个性化的追求。苹果产品的这些特性使其跨越了地域、文化的差异,在全球范围内赢得消费者的喜爱,最终帮助苹果公司在全球市场获得成功。

苹果产品全球化过程中也注重对当地文化偏好的把握。以iPhone为例,iPhone被引入中国之后,没有像"Nokia"或"Sony"那样译成中文"诺基亚"或"索尼",而是沿用了原有的名称"iPhone"。这样一个名字虽然使用了英文而不是本土的中文,却更能得到消费者的认同。这与消费者心中对西方技术和文化的认同是分不开的。作为全球性的产品,使用英文名称容易让人们将语言的"全球性"和"西方性"与产品本身的"全球性"和"西方性"相结合,这正契合了中国消费者对国外产品和文化的向往,有利于苹果产品的销售和市场的扩大。

四、苹果的成功实践为进一步研究跨产业升级提供了一个基本框架

苹果公司的产品研发跨越了多重技术领域,产品应用于多个行业领域,是跨产业升级的典范。它的成功为企业的跨产业升级提供了一个基本的分析框架。

苹果通过跨越多重行业领域、多重技术领域,改变价值链的一些环节与过程,形成全新的商业模式,使其产品独具特色。通过这样的转型,产品(服务)提升了竞争力和附加值。苹果公司的发展模式是将若干技术资源通过一个企业主体的应用与配置(形成战略性资产),应用于若干行业的模式。这种模式体现为具有不同附加值的不同的技术,可以应用于不同的行业;而存在不同的附加值的多种技术整合,也可应用到一个行业,并大大地提升产品的附加值。这事实上就是苹果升级模式的本质。这种模式会给企业带来四大经济效率——规模经济性、范围经济性、速度经济性和网络经济性,也会使企业升级的空间更加广阔,升级路径的选择更多。

五、基于苹果成功实践的跨产业升级模型的提出

以下我们就乔布斯重返苹果公司以来,其苹果产品的研发与应用实践,结合基于行业边界模糊的价值网分析模型,来提出苹果公司的跨产业升级的模型,即本文所称的S-O-S

---

① 毛蕴诗. 管理学原著选读[M]. 大连:东北财经大学出版社,2005.

模型的具体形式。该模型如图 14-2 所示。

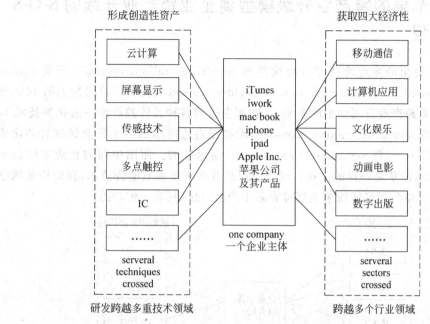

图 14-2　苹果跨产业升级模型

（1）产品研发跨越多重技术领域(several techniques crossed)。苹果在研发产品过程中跨越了多重技术领域，通过整合多种技术，使其产品的功能得以拓展。以苹果的 iPad 设计为例，在最新的 iPad 上苹果应用了云计算、屏幕显示、传感技术、多点触控、IC 等多种不同的技术与服务。我们用图 14-2 左边的虚线方框及其里面的几个实线方框表示苹果的研发所跨越的若干技术领域。

（2）产品的应用由于功能的拓展而跨越多个行业领域(several sectors crossed)。从产品的使用功能看，苹果的 iPad 跨越了传统的通信、计算机应用，而延伸到文化娱乐、传媒、金融、证券、艺术等领域。其 App 应用软件当中还涉及图书、地图导航等许多跨产业的服务。我们用图 14-2 右边的虚线方框及其里面的几个实线方框表示苹果产品所跨越的若干典型的应用领域。

（3）图 14-2 中间的实线方框表示苹果公司及其产品，我们用 One Company 表示，苹果公司及苹果的产品如 iPhone、iPad、Mac book、iWork、iTunes 等。这些产品都体现了其基于研发、应用两个维度跨产业升级的本质。

事实上，乔布斯对完美的积极追求彻底变革了众多产业，如个人电脑、动画电影、音乐、移动电话、平板电脑和数字出版及零售连锁。从苹果的产品系列看，主要有两大类：一类是硬件和软件相结合的产品，如 iPhone、iMac、iPad 等；另一类是软件产品，如 iWork、iTunes、iCloud 等多媒体工具或服务平台，这些产品分属不同的产业。由其产品的分类可以看出苹果的跨产业升级的本质。

六、从苹果的跨产业升级模型到企业跨产业升级的 S-O-S 模型

本文所要提出的企业跨产业升级模型为 S-O-S(several-one-several)，即是 several techniques crossed—one company—several sectors crossed 的简称。该模型如图 14-3 所示。它是在苹果跨产业升级模型的基础上，将图左边的各种具体的技术一般化为技术 1、技术 2、……（即 several techniques crossed），而将图右边所示的多个行业领域具体化成行业 1、行业 2、……（即 several sectors crossed）而形成的。而图中间的企业主体（one company）则表示像苹果那样的公司。这个公司起着在研发领域整合技术，在应用领域整合市场的作用。该公司可能像苹果那样有若干产品，也可只有一种产品。

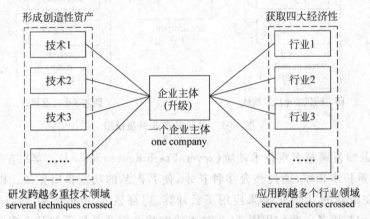

图 14-3　跨产业升级 S-O-S 分析模型

S-O-S 模型源于行业边界模糊的价值网分析模型。企业在发展过程中多产业的融合及跨行业的发展使一个企业可能处于多条价值链之上（如图 14-3 所示）。从基于行业边界模糊的价值网分析模型来看，企业需要协调和整合不同价值链的上下游的企业或客户之间的关系。具体地可以从需求和供给之间的关系加以分析。需求端其实属于应用领域需要满足的部分，对应的供给端则是研发领域需要创造的能够转化到应用领域的创造性资产。因此，基于行业边界模糊的价值网分析模型与提出的 S-O-S 模型之间是有本质上的联系的。我们用图 14-3 中对角线上方的各个行业的企业表示供给端，在图 14-3 中表示为左侧研发的多重技术领域（several techniques）。相应的图 14-3 中对角线下方的各个行业中的客户则表示需求端，相当于图 14-3 中右侧多个行业应用领域（several sectors）。

从本质上来看，这是将以企业为中心的价值网模型更加具体化的一种分析模式，研发领域是价值链上游部分，而之后的应用领域属于价值链的下游部分。

七、跨产业升级的 S-O-S 模型的理论解释

企业升级的一个重要衡量是附加值的提升。一般的升级路径体现为业务在微笑曲线上向左右两端延伸而提升附加值。但是,如果用微笑曲线来分析跨产业升级行为和效果,则表现为若干微笑曲线的叠加。将图 14-3 的模型用微笑曲线来描述就如图 14-4 所示。不同的技术各有其高低不同的附加值,在图 14-4 中表示为左边的技术 1、技术 2、技术 3;而不同的行业应用也各有其高低不同的附加值,在图 14-4 中表示为右边的行业 1、行业 2、行业 3。当技术只应用于单一行业时其所获得的附加值只有一条曲线。图 14-4 中的粗体线表示通过三条微笑曲线(假设研发跨越三个技术/领域,应用也跨越三个行业)的叠加而形成。该微笑曲线一般在三条微笑曲线的上方,即其附加值往往明显高于原来的附加值。以下结合图 14-4 的微笑曲线来对 S-O-S 模型做出具体的理论解释。

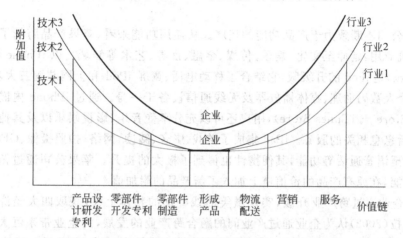

图 14-4 S-O-S 模型与通过叠加形成的新的微笑曲线

(1)企业通过不断拓宽和深化技术,实现微笑曲线的左端上移。技术创新是企业实现可持续发展的有效路径。跨产业升级的基础在于技术创新,关键在于跨越多重技术领域、跨越多重应用领域的产品研发创新。通过案例研究发现,企业可以通过两条途径不断深化核心技术能力(毛蕴诗、罗顺均,2013)①。一方面,企业可以将成熟的技术运用在全新的领域,开辟出一系列全新市场领域。另一方面,企业通过延续性技术开发,不断积累企业技术能力,并突破一系列关键部件壁垒与限制,从而实现企业整体升级;通过完善整体解决方案,实现从传统营销向生产服务的延伸。在这种情形下,企业的微笑曲线就从图 14-4 中的技术 1 向左上移至技术 2 或技术 3。

苹果基于其核心技术,不断拓展产品功能、提升产品性能,通过替代现有产品市场和开辟新的需求市场,将核心技术跨越性地运用于多个产品领域和市场领域。乔布斯重返

---

① 毛蕴诗,罗顺均,熊炼. 基于专用技术深化和应用领域拓展的企业升级——针对大族激光的案例研究与理论模型的提炼[J]. 学术研究,2013,(9):57-65.

苹果后,不断增加研发投入、坚持深化核心技术、拓展应用领域,以创造新的经济增长点。以人机交互技术为例,苹果公司一直是业界公认的该项技术的领跑者。继 Apple Ⅱ、Macintosh 和 iPod 之后,苹果又创造性地将人机交互技术应用在了智能手机领域。iPhone 手机率先应用了多点触屏、重力感应器、光线传感器,甚至三轴陀螺等超过 200 项的专利与技术,并把这些技术的作用发挥到了极致。2010 年,苹果又把人机交互技术延伸到了平板电脑领域,推出了 iPad,开辟了新的市场需求。

(2) 企业通过拓展产品功能,实现微笑曲线的右端上移。产品功能拓展是指在原有功能的基础上加入新的功能、新的元素,使产品拓展到传统功能领域之外的领域,扩大产品的应用范围、应用空间和附加值,使产品具有更高的使用价值。功能拓展不仅实现了技术研发在不同行业的应用,而且实现了产品跨产业的使用(毛蕴诗、温思雅,2012)①。企业产品在不同产业之间的拓展,既创造了新的产品、新的市场,同时也促进了产业结构的调整与升级。在这种情形下,企业的微笑曲线就从图 14-4 中的行业 1 向右上移至行业 2 或行业 3。

苹果公司不断致力于产品功能的拓展。从使用功能来看,苹果产品跨越了传统的通信、计算机应用,延伸至文化、娱乐、传媒、金融、证券、艺术等领域。以 iPhone 和 iPad 为例。iPhone 是 iPod 的升级版,它结合了移动电话、宽屏 iPod 和上网装置三大功能,集照相手机、个人数码助理、媒体播放器及无线通信设备于一身。通过 iPhone 内嵌的下载平台(App Store + iTunes Store),用户还可以充分享受音乐、影视娱乐以及其他和人们的工作、生活息息相关的服务。iPad 集成了游戏、影音、阅读、网络、拍照摄像、GPS 导航、电子罗盘甚至语音通话等功能,其便携性也得到了极大的提升。苹果公司通过拓展产品的跨产业功能,在原有产品的价值链上加入了新产品的附加值。

(3) 企业通过跨产业升级,实现微笑曲线叠加的整体上移,获取四大经济效率。戴维·莫谢拉(2002)认为企业通过产业间的融合跨产业的发展,为企业带来巨大的收益递增机会。如图 14-4 所示,升级过程中因研发跨越多重技术领域,出现了左端技术 1、技术 2、技术 3 的叠加,而因为应用跨越多个行业,出现了右端行业 1、行业 2、行业 3 的叠加。这样在微笑曲线左右两端叠加的基础上,企业就实现了微笑曲线的整体上移,给企业带来了四大经济效率:①规模经济性;②范围经济性;③速度经济性;④网络经济性。这种网状的升级模式,使升级空间更广阔,升级选择路径更多。一般来说,跨产业升级会从总体上扩大产品或业务的应用规模。同时,研发和生产领域跨越多重技术,以及产品应用跨越多个行业也会因为部分资源共享而获取范围经济性。而且,如果企业的跨产业行为涉及互联网,那么获取网络经济性和速度经济性将会大大提升跨产业升级的效益。企业通过全球资源整合,集中聚焦于产品的开发设计及市场销售,使它们可以更敏锐地捕捉市场需求,加快研发速度,缩短产品生命周期,从而获得速度经济性。通过搭建巨大的网络应用平台,产品应用跨越了许多产业,获取新的、更高的附加价值,则实现了网络经济性。

苹果在设计 MacBook、iPhone 和 iPad 时采用了许多可以通用的零部件,人机交互等技术也能够在这几种产品中实现协同共享,苹果由此获取了一定的范围经济性,降低了研

---

① 毛蕴诗,温思雅. 基于产品功能拓展的企业升级研究[J]. 学术研究,2012,(5):75-82.

发和人力等方面的成本。同时由于零部件的共享创造了更大的出货量,因而形成规模经济性。苹果在研发和应用上跨越多个领域,每一年度在不同的产品线上都会有不同的新产品出现。仅以 iPhone 手机为例,2007 年,苹果首次推出了将创新性电话、可视性 iPad 和网络媒体工具结合的 iPhone 手机。与此同时,苹果的生产组装外包,产品存放在供货方,也加快了产品的库存周转,获得了速度经济性。2001—2011 年,苹果公司存货周转天数一直保持在一周以内。这种基于时间因素的竞争,使苹果公司获得了更多的忠诚消费者、更低的生产成本、更快速的成长机会等竞争优势。利用互联网的便捷,苹果产品的应用跨越了许多产业。越多的人采用苹果公司的应用系统,独立的软件开发商就越会引进更多的应用软件;应用软件越多,其他人采用苹果公司产品的可能性就越大。这些多产业的融合给苹果产品带来了更强的差异性和更高的附加价值,并使企业跨产业经营成本大大削减,进一步维持了苹果产品在市场上的领先地位。

八、跨产业升级 S-O-S 模型的应用价值

(1) 跨产业升级的实践是近年来的一个重要趋势。特别是随着行业边界模糊与产业之间的交叉融合,这一问题显得更加重要。国内外文献的研究表明,对这一问题的研究甚为缺乏。本专题在文献研究、背景研究的基础上,结合升级的衡量明晰了跨产业升级的概念内涵。同时经过分析指出,由于微笑曲线具有价值链和附加值两个维度,因而比其他的分析方法更有助于分析企业升级的过程。在此基础上,我们提出了基于行业边界模糊的价值网分析模式,利用乔布斯苹果成功的案例来研究跨产业升级的思路。

(2) 本专题在行业边界模糊、产业融合的前提下,借鉴价值网的分析模式,基于苹果公司的商业模式构建了苹果的跨产业升级模型。该模型从两个方面分析企业行为和结果。一个方面是企业的研发跨越多重技术领域。例如苹果所采用的技术,是属于不同技术领域的。这种研发跨越不同技术领域的行为往往会提升产品和服务的技术含量,为产品提供新的功能、新的应用,因而,使产品创新升级甚至研发出全新的产品。另一个方面是所研发产品的应用跨越多个行业领域。这种一项技术领先或多项技术整合所支撑的产品,在原先的行业领域应用可以提升产品的附加值,而在多个行业领域的应用,使多产业价值链间发挥协同效应,从而使企业整体价值链上升。

为此,我们可以提出,跨产业升级实质上是通过将某项或多项技术的深化或融合支撑的产品应用于多个行业领域并实现附加值大幅度提升的过程。

(3) 鉴于苹果案例在跨产业升级方面极具典型性,本文将该模型一般化为企业的 S-O-S 模型。作为一般化的模型对于解释企业的跨产业升级行为更具价值。由于微笑曲线具有价值构成与附加值变化两个维度,我们结合微笑曲线的变化和组合对跨产业升级进行了理论解释,并归因为四大经济效率的获取。

(4) 基于该案例提炼的跨产业升级 S-O-S 模型具有两方面的典型应用价值。首先,当一种技术应用在不同的行业时(several sectors crossed),其在图 14-4 所示的 S-O-S 模型的左边就只有一种技术(即一个方框)。这时的模型实际上为 one technique-one company-several sectors。其所对应的微笑曲线的右端可以有多条,其升级后的微笑曲线

是相应曲线的叠加。例如,深圳大族激光公司通过拓展激光技术在印刷、医疗、航天等多个行业应用实现的企业整体价值的提升,实现了跨产业升级。其次,多重技术领域在单行业的应用(several techniques crossed),其在图14-4所示的S-O-S模型的右边就只有一种行业(即一个方框)。这时的模型实际上为 several techniques-one company -one sector。其所对应的微笑曲线的左端可以有多条,其升级后的微笑曲线是相应曲线的叠加。又如,台湾自行车公司巨大机械(GIANT)将材料技术、先进制造、工业设计等多个领域的技术不断融入自行车行业,使其产品的单位价格得到了很大的提升,同样实现了升级。然而,企业升级往往是多种方式的结合,升级路径事实上是权变的结果(毛蕴诗、郑奇志,2012),所以企业跨产业升级的研究同样需要考虑权变因素的影响。因此,在未来对于S-O-S模型的应用研究中融入企业的内部和外部环境因素是一个重要的考虑,这样能够使模型变得更加科学,分析更加有效。

九、苹果面临的挑战

利润越高,竞争越激烈。高利润企业的产品容易引来竞争企业的效仿跟随,新的进入者不断推出高质量的同类产品,抢夺高利润企业的市场和利润。如应用 Android 系统的三星手机对 iPhone 而言是一个不小的挑战;谷歌的 Nexus 平板电脑在功能上与 iPad 也并无本质差异,相反价格更易被消费者接受。就发货量而言,iPad 系列产品 2012 年三季度的市场份额为 50.4%,比第二季度的 65.5% 出现明显下降,而三星、亚马逊等使用谷歌 Android 系统的平板产品份额迅速攀升。[①] 可见,苹果的绝对优势正在削弱,苹果公司必须重新考虑其高价格和高利润所带来的负面影响。

乔布斯一手铸造苹果的辉煌。2011年乔布斯的离世,引发了人们对于苹果未来发展的担忧。如今缺少乔布斯的执掌,苹果影响力或将逐渐减弱,给竞争对手迎头赶上的机会。

苹果现任 CEO 蒂姆·库克掌权以来出现的诸多问题也被当成苹果式微的信号。库克如何保住苹果的优势和品牌形象,并且提升公司在顾客心中的地位,是目前苹果公司面临的挑战之一。

创新一直是支撑苹果品牌价值的主要动力。之前苹果在音乐播放器、智能手机和平板电脑领域的创新,一直是亮点频出。然而,2012年,苹果推出的 iPhone5 等一系列新品,产品更多停留在改进、升级的小修小补,在创新方面乏善可陈。苹果新品的创新不足让投资者失去信心。2013年1月24日,苹果股价暴跌12.35%,跌幅创下2008年9月以来最大,单日市值蒸发超过500亿美元。[②] 消费者对 iPhone 的忠诚度也首次出现下降趋势。如何维持并提升苹果的创新能力,也是苹果公司需要重点考虑的问题。

另外,苹果作为一个在全球配置资源的世界级企业,在其过度追求利润,不承担社会责任及环境保护等方面也受到诸多批评。美国《纽约时报》、华泰联合证券研究所等多家

[①] 资料来源:国际数据公司(IDC)发布的《平板电脑市场报告》。
[②] 苹果让出全球市值第一创新潜力受到质疑[N].北京晨报,2013.

机构都曾对苹果公司产品的供应链、利润与成本进行解剖。以苹果iPhone为例，iPhone的利润在各国家、地区间的分配中，苹果公司占据了58.5%的利润，韩国公司、美国其他公司分别占据4.7%、2.4%，而中国大陆劳工成本只占了1.8%，苹果公司攫取了产业链上的大部分的利润。

以富士康为首的苹果代工厂商在过去几年间也备受人权组织的指责。业内人士多次曝光富士康强制要求工人长时间劳动，忽视员工健康，且仅付给工人极低的工资，严重影响了苹果的企业形象。2012年2月，美国FLA（公平劳工协会，Fair La-bor Association）对富士康深圳观澜、龙华工厂及成都工厂展开的工人权益调查报告也显示，富士康确实存在数十桩严重违反劳工权利的行为。此外，近年来陆续曝光的"毒苹果"事件，也揭露了苹果供应商对环境和公众健康造成的严重损害。在2013年央视的"3·15"晚会上，苹果公司在中国地区的售后服务问题也遭曝光，以及中国用户购买iPhone后，无法在保修期内享受整机更换服务等一系列无视中国法律、法规的问题。

企业的价值是企业利害相关者共同创造的。利害相关者包括股东、员工、债权人、供应商、消费者、社区、政府等，他们也共同承担企业的风险。在经济全球化的今天，苹果既然在全球范围配置资源，就应当更积极地在全球范围来思考、处理诸如劳工权益、环境保护、社会责任等重大问题。特别是在位居苹果全球第二位市场的中国，苹果更应该处理好上述问题，摆正自己"中国公民"的位置。

专题十五 公司重构的动因理论解释——全球视野

一、公司重构：企业成长的永恒主题

成长是企业的永恒主题；重构是企业成长的永恒主题。

公司重构的英文为 corporate restructuring，在有的英文文献中也表述为 corporate redesigning，corporate reorganization 或 reconfiguring the firm，可译为公司重构、公司重组、公司再造、公司重建、公司重新设计等（在有些情况下，其内容还涉及 relocation，意为重新布局；refocusing，意为重新聚焦或重返核心业务）。本书将其统一表述为公司重组，但须与国内较为流行的再造工程（reengineering）、再造公司（reengineering the corporation）或业务流程再造（business process reengineering，BRP）相区别。

无论是在背景、目标还是在思路、内容上，公司重组均与再造工程或业务流程再造（BRP）之间存在显著区别，这是不同层面的问题。再造工程的主要内容是过程创新、过程改善、过程再设计。它立足于改进内部效率，对企业业务流程的基本问题进行反思和彻底的重新设计。它在本质上是局部的变革而不涉及总体战略的变化，尽管再造工程也可能拓展到公司的其他方面，但是即便如此，也带有局部的特点。然而，内部效率再高、产品成本再低、产品质量再好，若产品不为市场认可，业务流程再造（BRP）的努力仍将付之东流。

考察公司发展的历史，可以发现变革、改组、重组是一个从不间断的过程。有研究表明，公司的改组、重组大约几年发生一次。但是为什么 20 世纪 80 年代以来，有众多的公司如此集中地进行重组，并形成趋势。这就需要进行深入细致的分析。

公司重组在 20 世纪 90 年代以来才受到足够的重视，还体现在美国公司重组的实践与成功引发了学者们对公司战略理论、并购理论、所有权控制理论、理论财务和组织理论、委托—代理理论、公司治理结构、核心竞争能力理论、效率理论——从规模经济性与范围经济性到速度经济性与网络经济性领域的富有意义和卓有成效的探索。

公司重组也引发了对不同国家管理模式与实践的比较研究，特别是对美国、欧洲、日本管理模式与实践的比较研究。以此为基础，学者们对公司重组的背景与动因、方式与效果进行了深入研究。

二、文献研究

国外学者对公司重组的理论、动因、内容、方式、效果，以及国际间的公司重组进行了研究和比较，可为我们的研究提供有益的参考。事实上，在过去 10 多年里，国外围绕公司重组的著作和论文就有成百上千篇。钱德勒(1989)就客观地肯定了美国企业的重组活动:在20世纪70和80年代,重组已成为美国工业中主要的活动——通过重组来缓解早些年无约束多样化的压力,同时也使许多美国公司得以轻装上阵去迎接不断强化的竞争。通过削减分布的数量,并将其资源集中于公司具有最强的生产、销售和研究能力的产品与工艺,旨在结束高层经理与执行经理分离的大多数重组目标得以实现。这种重组是作为长期战略规划的一部分而进行的。

早期的研究多着重于财务重组。例如,哈佛大学教授迈克尔·詹森(Michael Jensen,1983,1989,1993)对美国20世纪80年代的兼并、举债收购(或称杠杆收购,leveraged buyout)进行了较为系统的研究,甚至认为这是与重组有关的公司治理的一个重要创新优势。美国的布莱尔(Blair Margaret,1990,1995)在其著作中也对举债收购与公司重组、公司控制与公司重组等方面进行了深入的探讨,以及Joseph W. Bartlett(1991)对公司重组、举债收购进行了探讨,但是更多研究着眼于举债收购、资本重组方面。美国的弗雷德·威斯通(J. Fred Weston),韩国的S. 郑光(Kwag S. Chung),美国的胡安·A. 苏(Susan E. Hoag,1990),美国的弗雷德·威斯通(J. Fred Weston),Juan A. Siu,Brian A. Johnson(2001)的研究远远超出了财务重组的范围,而对兼并、剥离、分立、分拆、公司控制等方面进行了理论联系实际(包括案例)的探讨。[1]

Joseph W. Bartlet(1991)研究表明20世纪五六十年代的混合兼并浪潮、集团化浪潮(wave of agglomeration)之后,出现了向非集团化(deconglomeration)的逆转,资产剥离交易、分立、分拆加快了。Joseph W. Bartlet(1991)指出,今天的经理已经懂得,市场并不认同集团化。[2]

Esward H. Bowman和Harbir Sight(1990)[3]、S. Shiva Ramu(1999)[4]等学者均认为广泛的公司重组的内容可分为三部分:业务重组(business portfolio restructuring)、财务重组(financial restructuring)、组织重组(organizational restructuring)。George P. Huber,William H. Glick(1993,1995)[5]等结合绩效改进,对组织重组的背景、动因进行了理论与经验研究。

1992年9月,宾夕法尼亚大学(University of Pennsylvania)的沃顿学院(Wharton School),以公司重组为题举办了专题研讨会。该研讨会收到了60多篇论文。众多学者出席了这一研讨会。美国三家大公司的高级执行总裁也出席了研讨会。他们是AT&T

---

[1] Weston J F, Chung K S, Hoag S. Mergers, restructuring, and corporate control[J]. Journal of Finance, 1990, 45(5): 1723.
Weston J F, Siu J A, Johnson B A. Takeovers, restructuring, and corporate governance[J]. Prentice Hall Upper Saddle River Nj, 2001.

[2] Joseph W. Bartlett, Corporate restructurings, reorganizations, and buyout[M]. John Wiley and Sons INC, 1991.

[3] Bowman E, H. Singh. Overview of corporate restructuring: Trends and consequences[M]. In L. Rock and R. H. Rock(eds.)Corporate Restructuring. McGraw-Hill. New York, 1990.

[4] Shiva Ramu, Restructuring and break-ups: Corporate growth through divestitures[M]. Spin-offs, Split-up and Swaps, Sage Pubns, 1999.

[5] Huber G P, Glick W H. Organizational change and redesign: ideas and insights for improving performance[M]. Oxford University Press, 1993.

的副总裁 Blaine Davis 博士、Indecap 集团的 CEO James Emshoff 和服务集团人力资源部的副总裁 Gene Remoff。这些高级总裁介绍了各自公司的重组过程,并认为,公司重组是 20 世纪 90 年代管理领域的重大挑战,也是高层管理重点关注的问题。研讨会强调了公司重组的多个方面,强调了重组对于竞争优势、公司绩效和股东的重要性及重组后果,讨论了有关公司重组的初始动力、理论观点、背景与研究方法。许多论文指出,重组有助于改进公司绩效,但是也会出现未曾预料到的后果。

近年来,欧美学者、日本学者还对重组的背景、动因进行了深入研究和国别比较。Rolf Buhner、Abdul Rasheed 和 Joseph Rosentein(1997)[1]从委托—代理关系人手,对美国和德国公司的重组与方式进行了理论与实证方面的比较研究,研究深入到公司治理结构上的差别方面。Kim S. Cameron、Sarah J. Freeman 和 Aneil K. Mishra(1995)[2]对以组织紧缩为特征的重组进行了系统的研究,考察了其特征、短期与长期效果。日本学者寺本義也(1997)[3]的研究认为公司治理结构、目标、战略等方面正在转变,并向美、英靠拢。然而,日本学者对公司重组的研究仍然不够,有关的论著不多,也较少按照公司重组的内容——业务重组、财务重组、组织重组来加以研究。

S. Shiva Ramu(1999)[4]在其专著《公司重组与剥离》(*Restructuring and Break-ups*)中研究了全球范围的重组,还特别以印度等国为例研究了发展中国家企业的重组。Tarun Khanna and Krishna(1999)[5]研究了发展中国家企业集团的重组。

Denis David J. 和 Kruse Timoth(2000)[6]发现,无论兼并活动活跃与否,企业在业绩下降后进行以提高业绩为目的的重组活动并不因兼并活动的减少而减少。Sumit K. Majumdar(2000)[7]的研究表明,在组织紧缩过程中,放弃哪种类型的资源对于最终的成功十分关键。在不恰当的紧缩中,大公司将可能失去进行内部学习的转移能力。Winfried Ruigrok;Anddrew Pettigrew;Simon Peck;Richard Whittington,(1999)[8]对 1992—1996 年欧洲公司基于互联网特征的组织重组和新组织形式进行了经验研究。

如今,公司重组备受重视的重要原因不仅在于其 20 世纪 80 年代以来成功的实践和

---

[1] Rolf Bühner, Abdul Rasheed, Joseph Rosentein, Corporate restructuring patterns in the US and Germany: a comparative empirical investigation[J]. Management International Review, 1997,(37): 319-338.

[2] Cameron Kim S, Sarah J Freeman, Aneil K. Mishra. Best practices in white collar downsizing: managing contradictions[J]. The International Journal of Human Resource Management 1995,(3)6: 656-670.

[3] [日]寺本義也. 人事管理強まる経営戦略との連動(特集 2001 年の人事部)–(21 世紀の主要人事課題を検証する)[J]. 経営者, 1997, 51.

[4] Shiva Ramu, Restructuring and break-ups: corporate growth through divestitures[M]. Spin-offs, Split-up and Swaps, Sage Pubns, 1999.

[5] Palepu K, Khanna T. The Right way to restructure conglomerates in emerging markets[J]. Harvard Business Review, 1999, 77(4): 125-134.

[6] Denis D J, Kruse T A. Managerial discipline and corporate restructuring following performance declines ☆ [J]. Journal of Financial Economics, 2000, 55(3): 391-424.

[7] Majumdar S K. Sluggish giants, sticky cultures, and dynamic capability transformation[J]. Journal of Business Venturing, 2000, 15(1): 59-78.

[8] Ruigrok W, Pettigrew A, Peck S, et al. Corporate restructuring and new forms of organizing: evidence from Europe[J]. Mir Management International Review, 1999, 39(2): 41-64.

明显的效果,而且还在于进入90年代中期以来,世界许多大型公司仍旧不断出现生存危机,需要持续重组,仍然需要通过重组来医治大企业病,重建竞争优势。重组仍然是企业普遍采用的战略手段,也是企业向网络时代、新经济时代转型的战略手段。

国内学者对公司重组的理论与实践研究尚处于起步阶段。文献研究表明,国内学者对再造工程给予了较为广泛的关注,却忽略了比之深刻得多、广泛得多的公司重组这一重要趋势。因而,在理论与实践方面,还存在许多误区。

首先,在理论上和实践中将公司重组与再造工程(Reengineering)混同。近年来,国内学者对再造工程(Reengineering)给予了较为广泛的关注,出版了一些有关再造工程的译著、编著等。例如,1998年,上海译文出版社出版了迈克尔·哈默、詹姆斯·钱皮的 *Reengineering the Corporation*,书名译为《改革公司》。张全成编著的《再造工程》(天津人民出版社,1996)也着重讨论哈默、钱皮的这一主题。至于有关论文,更是随处可见。国内对再造工程的广泛介绍,给人以深刻的印象。然而,却忽略了比其深刻得多、广泛得多的20世纪80年代以来公司重组这一重要趋势。

其次,国内对公司重组的研究缺乏分析框架。极少学者对应国外重组(restructuring)的含义来研究重组。因而从内容上看,国内外对公司重组的研究并不是一回事,真正意义上的研究尚处于起步阶段。就如资本经营被滥用一样,重组也变为人云亦云的时髦流行语言。在理论上也缺少对国内企业重组的环境、动因、效果方面的研究。国内的研究较多地集中在企业兼并方面,然而公司重组虽也包括兼并,但更多地强调剥离、分立、紧缩规模、紧缩范围的战略调整。同时,在实践方面,缺少对国外企业重组的特点、趋势和案例的研究,难于对我国企业战略重组、战略调整提供应用参考。

国内极少数学者对公司重组进行研究,学者们认为,重组之所以以迅速的势头扩散至范围广泛的企业是由于以下原因:企业发展动机的作用;通过战略、市场、组织、人事、技术以及产品的调整进而提高企业资源的配置质量,充分发挥经济资源的最大使用效能,从而提高企业的整体运行效率(俞铁成,2001)[1];是对企业以往盲目并购所导致的结局进行修正(芮明杰,2002)[2];提高企业效益和竞争力的一种有效手段(汪应洛,2000)[3]。汪应洛教授认为,在企业战略指导下,企业的财务管理模式是追随业务发展方向的。一旦企业业务出现行业内竞争加剧或者技术壁垒消失,企业的市场地位受到竞争对手的威胁,经营效益下降等问题时,企业的整体战略就面临调整的需要。这时,企业的财务管理模式就应当随之予以调整。

笔者于1998年在德国纽伦堡大学合作研究期间注意到这一重要趋势。先后发表了《公司重组与竞争优势》(1999、2000)、《范围紧缩为特征的公司重组与我国企业战略重组》(2000)、《全球公司重组与我国企业战略重组》(2000)、《中国上市公司的亏损问题与重组研究》(2001)、《企业集团成长与重组的实证研究——对广东40家大型重点企业的问卷调

---

[1] 俞铁成.公司紧缩[M].上海:上海远东出版社,2001.
[2] 芮明杰.国有企业战略性改组[M].上海:上海财经大学出版社,2002.
[3] 汪应洛,WANG Yingluo.支持快速产品创新的先进制造模式及其管理研究[J].中国机械工程,2000,11(1):86-88.

查》(2002)、《全球公司重组——案例研究与中国企业战略重组》(2004)等论著。

然而,就理论与实践而言,无论对国外企业还是国内企业而言,我们对公司重组的研究是远远不够的。通过值得推敲的全球百年经典案例进行系统研究,并探讨其深层次的背景、动因、存在问题、效果与方式,是本专题的主旨所在。

三、公司重构的历史背景——对企业过度膨胀、过度多元化的反思与矫正

1. 以组织紧缩为特征的公司重构

组织紧缩包括从管理的角度致力于提升组织的效率、生产力和竞争力的一系列活动。它是一种影响企业员工和生产流程的战略。

20世纪80年代初,在组织研究领域逐步形成若干主流观点:①组织规模越大越好;②无止境的增长是组织生命周期发展的必然结果;③组织的适应性、灵活性与充足的资源、松散的结合形式有关;④一致性和适合性是有效组织的标志。这种"大即是好"的幻觉在组织理论上也找到了相应的支持。在传统的组织设计和变革的模型中,有一个压倒性的观念,就是将组织的成长和扩张作为衡量组织绩效的主要标志,尤其是当组织面临复杂多变的环境的时候。

然而,20世纪80年代末,上述观点无一例外地受到了挑战。这主要是因为在美国的组织实践出现了与上述结论截然相反的现象:①规模较小的公司可以同规模较大的公司达到同样好的绩效;②紧缩、衰退和成长同样是组织生命周期的必然结果;③非充分的资源、非紧密连接和充分的资源、紧密的连接一样与适应性和灵活性有关;④冲突性和非一致性与适应性和一致性都是有效组织的标志。因此,以组织紧缩为特征的公司重构成为西方大型、老牌企业在新的环境压力下的主要变革。以压缩层次(扁平化)和紧缩规模为主要内容的组织紧缩也成了治疗大企业病的有效疗方。

2. 企业过度多元化与范围紧缩

20世纪六七十年代,公司的内部结构和外部的政治、财政和法规环境都促进了公司的扩展和多元化经营。可以说,重视扩展和多元化的战略在20世纪六七十年代是一种甚为普遍的趋势,并曾受到广泛的赞扬。

然而,多元化扩展也会带来若干问题。规模过大会造成管理困难,管理层次过多,效率低下;业务范围过广使高层经理难以有效地管理每一个业务并保持其战略优势;会产生巨大的非正常债务;难以实现协同作用;出现大企业病等。

正如重视扩展与多元化经营的战略在20世纪六七十年代受到广泛赞扬与效仿一样,它们在20世纪80年代开始受到广泛的批评。有的公司财务专家甚至对公司的成长成为管理思想的核心感到不解。自20世纪80年代以来,伴随变革与创新思想在管理与企业界的树立和发展,在世界范围内掀起了"返回核心"的公司重构热潮。公司重构的一个重要内容是对过度多元化的矫正而进行的范围紧缩。可以说,20世纪80年代的范围紧缩是企业对20世纪60年代的过度多元化的一次逆向调整。

四、公司重组的内容

公司重组是现有公司对目标、资源、组织体制的重新定位,重新配置,重新构造和调整,以适应内外部环境变化,逆境求生,保持和创造竞争优势的过程。

公司重组本质上是战略层面的问题,因而要从战略高度上加以理解。

公司重组是以战略—结构—过程为思路,进行公司战略调整,结构重组,以及业务、财务、组织、文化方面的全面跟进,是从总体到局部的全面变革。

通过重组可以重塑公司的竞争优势,缓解公司生存危机,为公司构筑起持续增长的平台,形成公司核心竞争力。从现有文献、案例,以及公司重组的背景、动因看,公司重组是面向大企业、企业集团的课题。

公司重组有不同的分析方式,许多学者对公司重组的内容有了较为一致的认识。例如,Esward H. Bowman 和 Harbir Sight(1993)、S. Shiva Ramu(1999)等学者均认为广泛的公司重组的内容可分为以下三个部分:

- 业务重组(business portfolio restructuring);
- 财务重组(financial restructuring);
- 组织重组(organizational restructuring)。

尽管公司重组的三个部分之间互相影响,互相配合,但分别就其中之一进行分析是认识公司重组的重要途径。

(一)业务重组——形成新的业务组合,形成新的地区业务分布

业务重组的要点在于,立足于长期战略而对公司业务活动范围进行的调整、平衡和重组。业务重组作为一个过程,可以采用多种手段,即通过一系列企业创建、并购、剥离、分立、分拆等,构造公司新的业务组合。在这一过程中,一些被认为不合适的业务、次要的业务通过剥离、分立、分拆等方式得以放弃、弱化;而另一些重要的业务则通过新建、兼并、置换得以加强。尽管业务重组中创建与兼并活动占有重要地位,但是剥离与分立、分拆等对公司长期发展至关紧要的方式已成为当今企业非常流行的一种战略手段。有鉴于此,本小节主要对业务重组中的剥离、分立、分拆方式及其决定因素加以考察。

业务重组包括业务的扩展、收缩与控制方式的改变。一个典型的业务重组既包括业务的扩展,也包括业务收缩与控制方式的改变。这意味着企业业务有进有退,有增有减,有强化有弱化。

业务重组的方式可分为企业业务内部化与企业业务外部化。企业业务内部化代表了企业扩展,包括创建、并购业务。当市场交易活动成本过高,或该项活动对企业很重要,或业务成长潜力大时,内部化行为就可能发生。

与内部化相反的是企业活动的外部化。企业业务外部化代表了企业收缩与控制方式的改变,包括业务剥离、分立、分拆等。企业业务外部化有两种途径。一是放弃原先由企业自行处理的业务,而交由市场解决。当企业内部的交易活动成本过高,或该项活动对企业较不重要时,或当业务处于困境,无成长希望时,外部化行为就可能发生。这样,企业内

部交易就变为一般的市场交易。二是子公司或准市场化。大企业将一些业务、一些职能部门分离出去成为独立的子公司以避免规模过大的缺点,并发挥不同业务、职能部门的能力。业务重组的主要内容之一是,将一些业务放弃或改由市场提供。美国排名前500家的公司都已发展得如此庞大,以致现在不得不再将权力分散给一些独立的部门,这些部门也就成了独立的大厂商。

1. 业务剥离与资产出售

剥离是指将公司的某部分资产和业务出售给外部其他公司,通过出售,公司获得现金或市场债券。有必要指出剥离与清算(liauidation)的区别。首先,二者的背景不同,剥离可分为自愿地与非自愿地实施某一战略的步骤,而清算则是被动的。其次,剥离是一次性交易,而清算则涉及将公司资产分拆出售的一系列交易。

剥离的决定因素可从三方面考察。首先需要考虑的是总体经济与行业因素。这主要是从环境角度考虑其与公司战略的配适,如果环境发生了重大变动,或是预测环境将有结构性变动,就应做出反应,并往往导致业务调整。其次需要考虑的是公司本身的特征,主要是资源与能力状况,诸如资本是否充足,资本投资的要求,以及现有多元化程度的高低等。这实际上要求检讨公司资源、能力、业务范围与公司战略的配适。最后需要考虑的是检讨公司战略与绩效之间的关系,如有关公司的低利润水平、低收入增长、低价格—收入比率等。因此,剥离的目的在于使组织摆脱那些不盈利、需要太多资金或与公司其他活动不相适宜的业务,从而使企业致力于加强自己的核心优势,降低多元经营的程度。

具体来说,业务剥离的动机如下:紧缩范围、放弃原始业务、改变战略或重组、通过向更适合的公司出售而使资产增值、要求大量追加投资对资金的需要、收获过去的成功、去掉以往收购中不合意的业务、为以前的收购融资、避免被接管、满足政府要求、将业务卖给经理层、挽回错误、学习等。

2. 业务分立与股权分立

分立是公司将一些业务、一些职能部门分立出去成为新的独立子公司以避免规模过大的缺点,并发挥不同业务、职能部门的能力。在分立公司业务重组中,新创立的子公司股份按比例分配给母公司股东,使它们也成为新分立公司的股东。因此,业务分立总是伴随股权的重新安排,这也体现为母公司与下属机构控制关系的转变。通过分立,越来越多的公司致力于那些具有专门知识、专业技能和长期承诺的业务。这些公司也能以更积极的姿态开展业务。

(1) 分立并不向母公司提供额外的资金,而剥离可向母公司提供额外的资金。

(2) 当公司规模扩大而进行规模紧缩或组织紧缩时,分立就是普遍采用的手段之一。例如,AT&T于1995—1996年就曾自愿进行分立。

分立可分为自愿分立、非自愿分立和防御性分立。许多分立案例发生在企业集团、大企业,但就自愿的分立而言,不少公司有潜在的分立动机以形成新的公司。

非自愿的分立往往由于规制的原因。出于社会舆论对经济的过分集中的抨击和政府的干预,大公司不得不采取分立的战略。例如,由于美国司法部1974年反托拉斯法诉讼结果,AT&T于1984年将其22个下属公司重组为7年地区控股公司。再如,美国百事可乐(Pepsico)在20世纪七八十年代曾收购了快餐业务,后因盈利状况不佳而将其分立为独立的公司。瑞士的诺华思(Novartis)系于1996年由汽巴(Ciba)与三度士(Sandoz)合并而成。1997年2月又从诺华思中分立出汽巴化工业务,价值达41亿美元。这是瑞士的第一宗免税分立案。

防御性分立作为一种重组往往被公司用作防止敌意接管的手段。

3. 分拆

分拆(有时也表述为demerger或break-up)是指将不同的业务分开并设立专门的机构来管理。分拆往往与大企业、企业集团的业务活动有关。有时分拆的结果是将母公司分解为若干分立公司(spin-offs),而母公司不再存续。

(1) 与分立不同,分拆往往发生在企业集团(conglomerate)和大企业中,其原因主要有以下几方面。多元化业务造成较大的管理成本。集团内不盈利的业务往往要由盈利的那部分业务来补贴。而就投资者而言,其在非多元化公司的付出要比诸如通过收购而多元化少。因此,投资者可以有机会直接投资于其所期望的业务。

可能因集团内存在业务利益上相互竞争的冲突而进行分拆。例如,AT&T曾是一个纵向一体化的公司。它制造电话设备,同时又提供电话服务。因此,Baby Bells对于购买AT&T的设备甚为勉强,因为它们不愿意向其国内市场的直接竞争对手购买设备。

(2) 分拆可能是为了减少债务负担。例如,Hanson、AT&T、西尔斯等都曾为减低债务而分拆。

(3) 分拆可使绩效差的业务独立出来。例如,AT&T将国家现金National Cash Register(NCR)分拆出去。

(4) 通过分拆避免敌意接管。例如,由于受到Hanson集团的出价威胁,ICI分拆并新成立了Zeneca公司。

(5) 在有些情况下,分拆可使公司的股价上升而使其有一较"客观的价值"。

4. 企业创建

企业创建也称"绿地投资",是指在现有公司领导下建立新的业务如建立新厂、新的部门、新的子公司等。这种方式,往往称内部发展的创建方式。它区别于兼并其他公司及其业务的活动(合资、合作等)而取得的扩展。

采取新建的方式实现企业的扩展,涉及企业进入方式的重大战略决策。在实践中,创建方式适合建立具有技术专属优势的新企业,适合建立具有特殊技术要求、产品特性的企业,也适合业务活动具有特殊的技术要求,独特的业务过程的新企业。对于某些存在明显的规模经济性的行业,往往采用新建方形成有效的企业规模。新建方式对于企业转型,形成新的业务组合、新的业务地区布局是非常有效的手段。但是,创建方式有若干局限性,如进入生产与市场的周期较长,不肯定因素较多,导致市场重新分配,加剧竞争的强度等。在实践中,现有公司通过创建新的业务、新的企业永远是企业成长的重要方式。这特别是对那些进入高新技术领域的企业,需要加强控制的业务而言更是如此。

5. 并购

并购包括收购企业与企业之间的合并。在属于收购的情形,存在收购企业或购买方(发起兼并的一方)与被兼并的另一方。这时被兼并的一方将丧失其法律上的独立性。合并是指两个或两个以上的公司,成立一个新公司的过程。该过程中原有企业均丧失法律上的独立性,而形成一个新的企业法人。该过程若无人抗争,各方自愿,称为合并。

采取并购方式实现企业的扩展,也涉及企业进入方式的重大战略决策。并购实际上是公司之间资源的重组过程,以一定代价来整合被兼并企业的资源。在实践中,并购方式适合进入非相关业务领域,易于实行多样化经营。在并购的情形下,可获得被兼并企业的市场份额,获得生产与销售方面的更大的规模经济性,并因不增加行业中的竞争者,而不会加剧竞争,使企业处于更有利的市场地位,甚至是支配性的市场地位。此外,并购可以迅速获得被并购方现有技术人员、生产设备,几乎可不间断地进行生产,缩短投资回收年限;利用被并购企业的销售渠道以及与客户的关系、信用,迅速进入市场。

但是,并购方式有若干局限性。例如,复杂的财务谈判与目标企业价值评估的困难,对兼并企业后的市场潜力和长期利润较难做出正确估计,原有企业规模、产品结构与厂址约束,困难的管理机构调整和人员安排等。在全球范围先后出现五次并购浪潮。最近的一次并购更具有全球化、大规模化的特点。

形成新的业务组合,可能导致公司完全转型,也可能导致公司部分转型。在一项较为综合的业务重组中,公司往往会加强一些业务,新增一些业务或放弃一些业务。例如,置换(makeover)某公司撤离一些业务的同时收购一些相关业务以加强其核心业务。置换就是为收购而撤离的一种重组方式。

而在经济全球化的环境下,业务重组也是与对业务地区分布的调整联系在一起的。调整的结果可能体现为:加强某些地区的业务,将某些业务转移到新的地区,放弃某些地区的业务,从而形成新的地区业务分布。

(二) 资产与财务重组:形成新的资产与财务结构

财务重组涉及调整公司的资本结构、债务组合,形成合理的资产结构、债务结构。资产与财务重组的内容可以从两方面考察。首先,财务重组也包括财务政策的调整,如对股东支付更多的红利、调整现金收入结构等。通过财务重组,公司可获得以下两个方面的好处。①防止对低回报业务进行投资:当投资机会并不很合适时,即使公司有闲置资金也将其分给股东,而不一定进行投资。②促进业务集中:通过股票交易筹集分公司资金促使分立公司的管理者更集中于所辖业务。调整资产、债务组合主要是提高借债融资水平,迫使管理者集中于核心业务,减少对多元化项目的投资。

其次,财务重组要为业务重组服务。伴随业务的调整,往往需要公司资产、债务调整的配合,形成新的资产、债务组合。

因此,财务重组也涉及资产切离(equity carve-out)与资产切入(equity carve-in)、资产置换(asset swap)、股权切离(initial public offering)、股权分立、与兼并有关的资产、债务变动等。

资产切离是指母公司出售其子公司的资产,这样子公司成为一个独立的公司,它拥有自己的董事会、首席执行官(CEO)独立的财务报告书。资产切离是业务剥离的手段。拥有全部分公司资产的母公司进行资产切离时,仍保有对切离后的独立公司的50%以上的资产并继续进行控制。资产切离的动因可能是为了改善公司绩效。有学者的研究表明:切离后的公司有更好的绩效,主要原因是公司治理的变化、对人力资源的更好利用和财务方面的改进。

资产置换是公司重组的另一手段。置换是两个公司之间通过业务剥离与收购替换而进行的一次资产交易。具体形式包括业务置换、资产置换、部门(分公司)置换与管理控制置换。

财务重组的一个重要手段是举债收购或杠杆收购(Leveraged Buyout,LBO)。LBO是指由一群投资者或买方集团通过举债融资方式购买一家公众公司的全部股票或资产,使公司私有化。收购中买方集团可能与投资银行或商业银行合作,也可能与收购专家合作。

在有的情况下,LBO的新所有者也在收购之后出售部分资产,以便紧缩业务范围。当然,也存在若干通过LBO、通过调整之后整体出售或分拆出售而获利的动机。

在实践中,有三种类型的LBO。第一种是MBO,即管理层收购(management buyout),即由企业管理人员结合投资群体,通过举债的方式从公众持股者手中购买股票,实现公司私有化。管理者由此取得较高的所有者权益,促使他们减少公司财务活动中的浪费。管理层收购也可以采用举债注入大量资本,而不一定要私有化。第二种方式为EBO(employee buyout),即全体雇员收购。第三种方式为LBO的一种特殊形式,即由另一家公司或合作伙伴进行收购。现在,在许多公司,财务重组在一定程度上已取代业务流程再造而成为公司主要的业务战略。当然财务重组的成功必须在公司营销和经营战略取得成功的情况下才表现出来。

股权切离(initial public offering,IPO),是指一家公司的全资子公司的部分普通股的首次公开发售,故也可称为分立的IPO。一家子公司股权的IPO类似母公司股权的第二次发售。

在有些情况下,LBO的新所有者也在收购之后出售部分资产,以便紧缩业务范围,减少债务。投资者实施收购的目的在于提高LBO的效率,并在5～8年内出售获取收益和规避风险。因此,许多实施LBO的公司一般不会投资于研究与开发或采取其他措施提升公司的核心业务能力。研究表明,LBO方式在较为成熟而效率较低,且不需要进行大规模研究与开发投资的业务领域最为成功。在这种情况下,业务活动效率的改进会带来绩效的改进。然而,即使如此,效率改进也需要3年左右的时间。研究表明,经理获得资产所有权的动因比归还债务的动因更有助于改进绩效。现在,在许多公司,财务重组在一定程度上已取代业务流程再造而成为公司主要的业务战略。LBO也成为财务重组中的创新手段而受到重视。但是应当指出,LBO因其大量举债而增加公司的财务风险。并且,财务重组的成功必须在公司营销和经营战略取得成功的情况下才表现出来。以嘉士伯啤酒公司为例,其通过出售债券、股份而增加贷款的方式改变资产结构,不但降低了资产成本,而且为经营活动的投资创造了更多的资金来源。

(三)组织重组——形成灵活、高效的组织体制

组织重组可以从两方面分析。一方面,组织重组是对环境变动的反应。自20世纪80年代以来,全球企业环境都发生了很大变动。这就要求公司对组织进行重新设计与调整。另一方面,组织重组要为业务重组服务,在业务、资产发生变动后进行相应的调整。

具体而言,组织重组涉及四方面内容:①与业务重组、资产重组相配适的组织变动;②以规模紧缩为特征的组织紧缩;③以转换机制为特征的组织重组;④以网络模式为特征的组织重组。

1. 与业务重组、资产重组相配适的组织变动

组织是为战略服务的。因而,组织重组也要与公司的战略相配适。组织重组是公司对环境变动的有效反应。当公司业务扩大、范围扩大时,往往需要进行组织调整。其重组涉及公司结构、制度、业务流程、管理与职能部门的变动,旨在为公司战略服务,与业务扩展相配适。当业务重组以范围紧缩为特征,涉及业务剥离、分立、分拆时,组织机构也要相应调整。在这种情形下,原有组织内部的一些部门会被撤销、分离出去,并可能导致对整个组织结构的重新调整。

2. 以规模紧缩为特征的组织紧缩

当公司规模过大、管理层次过多而要进行机构调整时,在一定程度上会体现为规模紧缩。规模紧缩涉及减少雇员数量,往往也包括减少管理层次或减少业务部门。20世纪80年代,层次结构开始衰退,许多公司为了能跟上技术和经济的迅速变化,对自己的组织机构做了积极的变革。

在相当多的情况下,规模紧缩是出于把过高的成本降下来。全球性的竞争,迫使企业尽可能降低成本,采取削减开支、裁减公司雇员、取消一些管理层等措施。

在另一些情况下,规模紧缩是为了克服官僚主义,鼓励创新,将机构恢复到一种平面的权力分散的等级框架上来。这就是所谓的组织的扁平化与小型化。据认为,小型与扁平的组织结构有利于企业的创新。这种结构削弱了大规模生产的成本优势,使小公司可以与行业中的大型企业竞争。同时,计算机与电信技术的进步对管理产生冲击,也带来管理方面的创新,这也削弱了曾经只在大型企业中才有的优势。

20世纪80年代,人们把计算机与电信的出现视为管理和生产的工具,计算机整合技术的广泛运用提高了作业效率和效果。例如,传真使独立的公司能比以前容易地交流信息,协调其业务活动。管理信息系统的实施使许多中间管理层次成为多余。这些新技术削弱了"由公司制造"的决策的优势。例如,计算机辅助设计系统(CAD)、辅助加工系统(CAM)使经常变动的产品设计与加工批量的初始成本变得最小。

应当指出,缩减规模并不意味着整个经济活动的规模或总体就业水平的下降。实际上,虽然在20世纪90年代许多大公司进行了大规模裁员,但是整个美国的就业水平却有较大上升。这些大公司虽然没有增长,但通过合理调整而在其他地方创造了新的就业机会。

竞争的日趋激烈对公司的快速反应能力提出了新的要求。为了迅速对市场与竞争做出反应,需要改进制造和运送方面的生产力,需要工作组织方面的重大变化。组织重组可使工作正确进行并消除大多数管理层次。这就有如一个由高素质的音乐家组成的乐队,只有一个"经理"(即指挥)而没有中间层次。过多的层次会因信息的多次传递造成对市场反应灵敏度下降。扁平结构下的团队式工作小组的结构性安排更适合于对市场做出快速反应的需要。

此外,经济技术环境的变化,使企业扩展过程中的大企业病显得更为突出。组织紧缩实质上是对大企业病的医治。这将在本节加以专题论述。

3. 以转换机制为特征的组织重组——内部市场制度

大企业的过度扩展带来了新的管理问题。许多像国际商用机器(IBM)、美国通用汽车(GM)、西门子(Siemens)这样的大公司,过去曾从其巨大的规模经济性、范围经济性中获得了压倒性的竞争优势。而现在与小且灵活的公司相比,规模太大反而成为竞争中的不利因素。

企业过度扩展的结果使大公司发展成如同整个国民经济那样庞大的经济体系,在企业内部形成高度集中的计划机制,从而造成组织失效。企业主管可以随意调动资源,指令某个单位以某种价位出售某种产品,或制定指令性财务指标,甚至追求与公司利益不一致的个人目标等。此外,还由于企业过分庞大、层次机构过多而导致官僚主义盛行,权责不清,办事拖拉等。这种类似中央计划的机制对集团经济难以适应。为此,大企业必须寻找一种有效的组织形式,在规模与有效性之间做出一种选择和权衡。

组织重组的另一重要内容涉及企业内部运作机制。就此而言,尽管组织重组可以采用将某些机构剥离、分立的做法,但在相当多的情况下,决策者还是倾向于将这些机构保留在内部。内部市场制度为组织的重新设计提供了一种全新的思路。汤姆·彼得斯极力主张:"让市场原则进入公司的每个角落。"

内部市场的概念代表了并往往伴随组织创新。内部市场本质上是克服"市场失效"与"组织失效"的一种选择。内部市场的出现缘于,大企业由许多内部企业组成,通过机构改革形成一种适应性更广的组织框架。这一框架不是建立在权威观念上,而是建立在企业概念之上。内部市场的概念超越了一般的结构。与僵硬的层次结构或由中央协调的网络不同,这些企业之间相互进行业务交易,同时也与该大企业之外的客户进行交易。这种内部市场经济可使企业发生类似外部市场那样的快速而连续不断的结构变化。当企业要推出新产品、提供新服务、进行新交易时,不论是在内部市场还是在外部市场,都会自动形成一种富于创造力的相互作用关系,迅速进行要素动员,使市场机制的长处得到充分的发挥。与此同时,一些难题的解决方案也会自动、迅速地出现,而这种高效、灵活的机制即使在最佳层级结构下也是不可能的。

内部市场体现企业组织创新与制度创新有以下两方面。

首先,组织结构由层级结构转向内部企业结构。在这一过程中,传统的权力结构主要被"内部企业"所取代,公司由这些内部企业所构成。所有的内部企业都要对效益负责,但在执行业务活动时,享有如同外部企业那样的自主权。自20世纪90年代以来,一些大公司的权力金字塔已开始演变成一种扁平式的、分权的组织机构,变成了众多个小型的利润中心,由一个网络将这些中心联结在一起。公司的组织机构已不再是一个权力金字塔,现在它成了一个在市场机制作用下,由一连串不断变化着相互关系的内部企业所组成的网络。这一网络系统实际上只是几十年前所出现的由大公司分权化管理趋势的延伸。

其次,企业主管主要通过设计和调节企业的经济手段、政策,而不是用指令方式来实施管理。例如,通过财务、风险资本公司,信息咨询,经销服务,战略,政策,激励,企业文化等方面的手段。领导的职能着重于搞好协调和合作。

近几年来,西方一些大公司不断引进市场体系,超越层级结构的、称为内部市场的组织机构正在出现。这种组织机构越来越多地采用了"内部承包""内部顾客""模拟市场"以及属于市场经济特性的其他形式内部关系。有些厂商甚至采用了"内部杠杆接管"(LBO),以让经理们对这些企业实施真正的控制。有些全球性的公司,比如阿塞亚·布朗·博韦里(ABB),在世界各地就有上千个利润中心,这些利润中心往往有它们自己的市场、顾客及竞争对手。中心也会向母公司的其他部门推销产品,为同一批顾客相互展开竞争,甚至还会将合同给予其他公司的竞争者。

某一实行内部承包制度的公司惠普(HP),其内部各单位享有很大的经营自主权,但在效益上须接受公司的控制。该公司的一位经理说:"财务上的控制是相当严格的。但对如何去实现财务目标,公司却给予很宽松的环境。"这样,既增强了控制,也有利于创造性的发挥,企业精神也得到鼓励。

柏树半导体公司(Cypress Semiconductor)是内部市场最完善的典型之一。它的每个业务单位都是一个独立的小公司,各有其自己的董事会,其辅助单位(从生产附属单位到测试中心)都向生产单位推销服务。总经理罗杰斯说:"我们摒弃了组织中的社会主义的成分。"美国微波通信公司(MCI Cornmunications)与美国电话电报公司的垄断做法对着干,它设计的机构与其说是层级结构的,不如说是市场性质的,任何人都可以办新的企业;只要你有能力,公司就可以为你调拨资源;单位之间相互竞争。这一做法取得了一连串的成功——电话费率打了折扣,微波传真公司及朋友与家庭公司的成立,所有这一切已使微波通信公司成了美国的第二大通信公司。其他实行内部市场制度并取得成效的典型例子还有强生公司(Johnson & Johnson)、克拉克设备公司(CIark Equipment)、好面包连锁店(AuBon Pain)、美国铝制品公司(ALCOA Corporation)、努科公司(Nucor Corporation)、默克公司(Merck & Company)、太阳微系统公司(Sun Microsystem)等。①

4. 以"网络模式"为特征的组织重组

信息时代、网络时代的到来正在大幅度地改变企业行为、市场行为。公司需要对此做出反应。许多公司设计了以网络模式为特征的组织机构。

当公司进行了业务剥离、分立、分拆、置换、股权切离等方面的重组后,通过建立较为正式的网络组织以保持原来的信息、业务方面的联系就成为一种合乎逻辑的选择。或者,当组织重新设计涉及对外部资源进行依靠外部的筹供时,这种增加的"外部筹供"带来诸如合资、与供应商的战略伙伴关系,从而超越了组织机构框架与指挥系统。在这种情形下,组织重组带来了全新的网络组织的概念。这种网络组织解释了由供应商与销售商之间建立的合伙关系,企业的竞争对手在有利可图时,常常还会进行合作。例如,戴尔电脑公司(Dell Computer)通过筹划一个颇有生气的、与本公司人员密切合作的元件供应商网络,以最快的速度和最便宜的价格,生产了高质量的个人电脑,创建了一个与 IBM 不相上下的电脑产业。对一位采购经理的新作用的研究表明,随着公司与若干供应商之间的合资关系的建立,其工作发生了根本的变化。其采购部门成为公司活动的重要中心,经理自己则着重于制定采购策略,并定期与供应方和本公司的高层管理者交流与协调。另外,供应厂商也开始对该经理进行评价,包括对经理本人及其下属经理们的评价。

---

① [美]伊莱扎·C.柯林斯,玛丽·A.德文娜.工商管理新论[M].上海:上海译文出版社,1997:446-447.

Winfried Ruigrok、Anddrew Pettigrew、Simon Peck、Richard Whittington(1999)[①]对1992—1996年欧洲大公司的经验研究表明,出现了若干基于互联网特征的组织重组和新组织形式,即超越多分公司(multidivisional)的组织形式。

有些公司是通过形成新的"网络模式"来发挥其竞争优势并捕捉市场机会的。这种方式通常有两种实现途径。

对纵向一体化的公司来说,可行的重组过程是首先对公司的业务活动的价值链进行分析,找出可以充分发挥其优势并获取最大价值回报的价值链环节,然后将公司的资源重点配置到此环节,其他环节的业务则可以通过寻找在上游或下游的更具效率的合作伙伴来进行外部筹供。因此,上述重组过程涉及对内外部资源、业务的整合。而网络模式是实现这种整合方式的有效途径。

福特汽车公司(Ford)是美国企业史上纵向一体化程度最高的公司之一。在过去的10年里,它大胆采用外部筹供的方式,将其在汽车价值链中的卷入程度从60%降到40%。早期的福特是通过所有者权益关系与主要的供应商,如Excel维持着合作关系的。如今,福特和它的供应商们合作关系更多的是建立在信任而非合同或所有权的基础上,而这种关系是使网络功能更富有效率的保障。

对大多数公司来说,要让建立在信任基础上的伙伴关系替代建立在直接督导或签署详尽的合同基础上的伙伴关系,必须在管理哲学上有一个彻底的转变。Harley-Davidson公司在经历了几年的有限竞争并成为市场支配者后,其存货管理开始出现问题,而且由公司自己制造的零部件也属于低效率生产,因此,公司不得不对其管理哲学及运作规程实施全面改革,经过对员工进行较广泛的团队式培训之后,公司将存货和产品管理的权责下放给产品层次。但是,公司想同上游企业搞好关系的努力却在等待签署一份详尽合同的过程中屡屡受挫,一直到——用他们自己的话来说,是把"律师扔出去"之后,双方之间简单而又明确的合同关系才出现。

以上例子表明,要建立一种沿着价值链来有效利用公司资源的全新而又稳定的网络关系,必须以伙伴之间的交易成本最小化、伙伴之间责任明晰且相互信任为前提。而这些前提往往又成为选择这种重组方式的障碍或局限性。

简单地将垂直一体化的模式打破也许并不能起作用。将市场机制引入公司内部是另外一种实现网络式重组的途径。公司中的各业务单位可以按外部市场价格进行资源的转让。当然,选择这种途径也有前提条件,那就是公司内部的业务单位可以自由选择公司内部或外部的交易对象。ABB公司就是这样一个例子。它在全球有三种不同类型的利润中心。这三种利润中心除了根据各自的产品层次制定适应市场需求的经营决策外,彼此之间还形成了一种供应与销售的关系。在ABB设有经营部门的每一个主要的国家里,以国家为基础的子公司成了当地生产和组装电气产品的市场领袖;在ABB设厂的地方,也是ABB的利润中心,而且还是ABB富有经验的全球营销专家,将产品销往国内外。ABB的这种分布于世界各地的分支机构间的关系就好像网络模式中的伙伴关系一样,它们首

[①] Ruigrok W, Pettigrew A, Peck S, et al. Corporate restructuring and new forms of organizing: evidence from Europe[J]. Mir Management International Review, 1999, 39(2): 41-64.

先会各自按照所处的价值链环节来配置资源,然后通过市场机制与它们的网络成员发生联系,唯一不同的是,ABB 的这些重要的网络成员归属公司控制。施乐(Xerox)公司也已开始采用这种途径,它通过在公司内部形成各自独立的业务单位,并按各自的需要来进行外部的筹供、销售和服务。

　　Clark 设备公司是一家生产叉式升降机和其他工业设备的小型公司。然而,在其内部,已逐渐形成了由公司统一协调、指挥下的较为宽阔的独立业务群,包括法律咨询、财务、数据处理、电信、卡车、印刷和制图等。公司给这些业务单位两年的时间来将其业务的 50% 向外扩展,并且要自筹资金。经过一年的营运后,这些所谓的"公司"之间已不存在一个内部的资本市场了,而且彼此之间也不须被迫进行交易了。这些"公司"还被给予了成立 Clark 经营公司、自己出钱外聘职员或寻找公司外部投资者的权力。

　　与 Clark 类似,制造排水、排污设备的 Alcoa 公司也将其"分离技术业务部"(Alcoa Separations Technology,AST)改组成网络中的一个成员。在 R&D 这个关键环节,AST 积极开展外部合作以完成公司内部的项目。很快,AST 的项目预算中的 35% 都可以由公司外部解决,而且其业务发展方向仍紧扣公司的战略导向。事实上,这种伙伴关系更有利于公司的销售业务,因为建立在购买与销售关系上的伙伴关系可以使彼此之间互相学习,互相参与,从而使各自的资源在价值链上的转移更为顺利。

　　当然,不是任何公司都适合重组成这种内部市场结构的运行模式。该模式更适合组织结构属于全球混合式矩阵结构、规模较大的公司。而且,公司要拥有一大批经过良好训练的人力资源队伍。因此,在采用这种重组方式之前,必须对公司的管理哲学、公司政策、运行规程进行全面的思考,以检查公司是否适合采用这种特殊的重组方式。

五、公司重构的动因

　　20 世纪 80 年代,许多大型美国公司进行了成功的重构,而诸如德国、日本公司的重构动作迟缓。美国公司重构引发了对企业理论、制度经济学理论、委托—代理问题与公司治理、环境理论、公司战略、财务、组织理论以及产品生命周期理论等领域的有意义的探索。以下将分几方面对其进行论述。

(一) 现代公司理论对公司重构的解释

　　本书专题三提到,现代公司理论是"经理的企业"理论,是有关所有权与控制权关系的理论,重点研究出资者、经理以及其他利害攸关者之间的关系。从理论上讲,当称为委托者,如作为股东或出资者的某人或某一组织,雇用了另一些被称为代理者的人,如经理为其行事时,就形成了所谓的委托—代理关系。

　　(1) 委托—代理关系下对公司绩效低下的容忍与对出资者利益的背离。现代公司理论中的委托代理理论、经理行为理论和决策的行为理论都涉及经理的非利润最大化行为。由于现实中实现利润最大化存在各种困难,包括对投入或产出衡量的困难或其不可衡量性、环境与未来的不肯定性,企业目标或上层经理的一个可行的选择就是,实现令人满意的利润,或一定利润水平。詹森和梅林(1976)认为,当管理者只拥有公司所有权股份的一小部分时,可能会导致管理者的工作缺乏活力,或导致其进行额外的消费(如豪华的办公室、轿车、俱乐部的会员资格等)。因为大多数的花费将由拥有绝大多数股份的所有者来负担。① 因此,现实中经理(或代理人)倾向于容忍组织松懈,容忍对公司效率低下,容忍高成本行为。减少分配股利,增加现金流量,并使用留存资金来扩展公司业务和实行多样化。这种行为一方面使经理受资本市场的约束降低,另一方面还可将公司规模与经理报酬相联系。

由于公司极少由某个人进行决策,而是由具有不同目标(如市场份额、研究、利润)的群体、部门进行决策,所以组织在决策的能力、信息、目标等方面存在局限与冲突。公司是个人与组织的集合体,个人与组织(直接或间接地)处于不断的讨价还价的过程中,以获得有关业务范围、特殊政策和报酬的承诺。② 这一讨价还价的过程并不能消除管理组织之间的冲突。销售目标要求定低价,而利润目标希望定高价。销售和生产方面偏好高投资,而从利润考虑则希望低投资等。上述冲突与不一致性也体现在对出资者利益的背离。他们也会倾向于容忍组织松懈,容忍对公司效率低下,容忍高成本行为。

(2) 利害关系者权益理论框架下,委托—代理矛盾并不突出。相对于股东权益理论而言,在利害关系者权益理论(stakeholder capitalism)框架下,委托—代理矛盾并不突出。利害关系者权益理论认为,公司有重要的义务来平衡股东与其他利害关系者,特别是雇员,也包括债权人、供应商、客户和更广泛的社区之间的利益。如果说股东权益理论是以传统的英—美(Anglo-American)观点为代表的话,利害关系者权益理论则在日本和欧洲受到较为广泛的认同。由于利害关系者权益理论不如股东权益理论那样强调股东利益,因而委托—代理矛盾较不突出,或者说在对委托—代理问题的察觉上,较不敏感与相对滞后。

(二) 现代公司治理结构的变革对公司重构动因的解释——以美国为例

公司重构与现代公司治理结构的变革密不可分。自20世纪90年代以来,公司治理开始受到重视,人们对公司治理所涵盖的内容也有了更广泛的讨论和认识。可以认为,美国经济体制与美国公司治理结构的变革是推动其公司重构的重要因素。

在公司基本模型伯尔勒—米恩斯模型的框架下,传统的公司治理结构运作一般是通过外部市场机制来实现的,即公司的股东是高度分散的,并且依托一个庞大的资本市场。持股人更关心的是股票的涨落,对公司重大问题的参与方式主要是通过股票买卖来表明,即用脚投票。

但随着美国机构投资者的崛起与壮大,"自20世纪40年代以来,特别是近20年以来,大型金融机构已经集中地持有了所有股份公司50%以上的股票……作为集团性机构投资者,它们拥有大型公司公开发行的股票往往超过60%"。③ 美国的机构投资者随之成

---

① 转引自[美]弗雷德·威斯通(J. Fred Weston)、[韩]S. 郑光(Kwag S. Chung)、[美]胡安·A. 苏(Susan E. Hoag). 接管、重组与公司治理[M]. 唐旭,等,译. 北京: 经济科学出版社,1996: 202.
② R Cyert, J March. Behavioral theory of the firm[M]. Englewoods, 1963.
③ [美]玛格丽特·M. 布莱尔. 所有权与控制[M]. 张荣刚,译. 北京: 中国社会科学出版社,1999: 36.

为左右资本市场的关键力量。

上述变化是人们始料未及的,而这一特点也是任何其他国家所没有的。它带来公司基本模型——伯尔勒—米恩斯模型的变化,即在公司基本模型——伯尔勒—米恩斯模型中增加了机构投资者(如图15-1所示)。在增加了机构投资者的公司基本模型的框架下,股东对公司的监督作用也发生了巨大变化。为了维持股票价格,机构投资者可采取积极干预的办法,向公司董事会施加压力,迫使董事会对经营不善的公司,用更换总裁的办法,彻底改变公司的根本战略和关键人事,确保机构投资者的利益不受侵害。

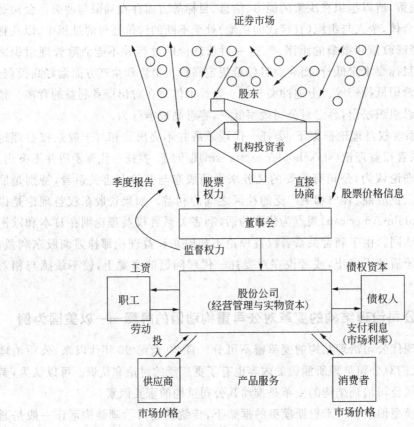

图15-1 增加了机构投资者的"伯尔勒—米恩斯模型"

资料来源:[美]玛格丽特·M.布莱尔.所有权与控制[M].北京:中国社会科学出版社,1999:38.

公司董事会的作用以及相应的人员构成一直是颇有争议的问题。这些问题包括董事会成员的结构、独立性、道德、时间投入、对信息的了解等。许多批评者认为董事会只不过是总经理的"橡皮图章"。然而,调查表明,美国公司董事会的结构确有其独有的特征,即外部董事占很大的比例,因而在其作用发挥上,也与日本、德国有所不同。在这种情况下,易于对公司管理层形成监督和压力,也易于在公司业绩低下的情况下,形成公司重构压力。

综上所述,20世纪80年代的美国,机构持股份额的增加,股东开始从用脚投票转为积极干预,企业董事会中外部董事占大部分比例的结构,以及股市为其他经理接管、控制业绩低下的公司提供机会,这都有助于更密切地监视经理的活动,使董事会更少地依赖总裁(CEO),从而促进更多的信息披露,同时对绩效低下的公司经理施加压力,当收购的威胁存在而形成对经理的压力时公司重构就可能发生。这些现象,标志美国的公司制度已从经理人员执掌全权的经理人资本主义,转变成投资人对经理人实行有效制约的投资人资本主义。

(三) 对企业目标的重新认识

企业目标对于解释企业的行为有着决定性的作用,因为企业目标是经营理念的反映。反观企业目标,它有其理论基础而与一定的企业理论相联系。在实践中,企业目标的选择会对股东与其他利害关系者,如雇员、债权人、供应商、客户,甚至社区的利益有直接影响。

20世纪六七十年代出现了组织的过度膨胀与过度多元化的趋势。当时的经理不断地扩大组织的规模与范围,而未能增加其价值(Jensen,1986,1991)。公司成长和发展成为管理思想的核心。而过分强调成长和发展,必然会影响利润,影响股东的分红。随着投资的进一步分散化,尤其机构投资的发展,基金经理自由地在整个股份公司范围运营资金,只忠于提高有价证券效益的目标,从而产生了股东追求财富最大化和公司经理追求成长的矛盾。20世纪80年代经济技术社会等一系列环境的变化,使许多老牌的综合性大型企业发现其在数十年前制定的成长战略过分僵化而不能对迅速变动的环境做出反应。这些老牌的综合性大型企业的绩效低下,引发了美国有关方面对企业目标的重新认识。

股份公司的性质决定股权应使管理部门把注意力集中于股本升值,适应新的所有制性质——股东越来越流动,投资越来越分散,机构投资占据重要地位,80年代的重构是重新将股东财富和利润放在公司的首位,是对公司目标的重新认识。

(四) 当产品生命周期进入成熟、衰退阶段,重构就更多地成为合乎逻辑战略选择

产品生命周期理论对公司重构动因的解释属于非企业制度方面。产品生命周期理论认为,开发、成长、成熟、衰退是产品生命的不同阶段,因而在某种程度上也可能代表组织生命周期的不同阶段。产品一旦进入成熟期,市场逐步饱和,产品销售收入不再增加,利润可能减少。在这种情况下,企业可能有5种选择:①无所作为或无法有所作为;②通过技术创新延续产品的生命周期;③开发全新的产品或服务;④原有产品向未开发的市场转移;⑤将该缺乏市场前景的业务剥离。以上③④⑤三种情形居于重构的范畴,并可能导致形成新的业务组合、新的业务地区分布。

弗雷德·威斯通等人在《接管、重组与公司治理》一书中,结合产品生命周期理论着重讨论了企业兼并与产品生命周期不同阶段的关系与动因。从兼并与被兼并的企业看,在产品引入阶段与开发阶段,新生企业可能会将自己出卖给外部成熟行业或衰退行业中的大企业,这样该大企业便可以进入新的成长行业了。这导致了相关兼并或混合兼并。较小的企业可把个人收入转化为资本利得。

在产品成熟阶段,实行兼并是为了实现研究与开发、生产和营销上的规模经济性,以

便能与采取低成本低价格经营策略的企业进行竞争。该阶段往往发生一些较大企业对较小企业的收购。

在产品衰退阶段,企业可能为了生存而进行横向兼并,为了提高效率和利润率而进行纵向兼并。相关兼并和同心圆式兼并为协同效应与拓展使用企业的管理能力提供了机会。处于成长性行业中的企业可能会实行混合兼并,以利用衰退行业中的企业所积累起来的资源。

在知识经济、信息时代,产品生命周期越来越短。往往是某种新产品一经问世,许多厂家纷纷效仿,新的竞争者迅速增加,过剩生产能力迅速增加,利润越来越薄,市场很快就进入成熟期。在这种情形下,企业重构的动因与机会倾向于增多。

在现实中,企业还会受到竞争者产品创新、技术创新、组织创新的冲击,导致产品出现结构性变化。当组织不能通过创新,包括产品创新、技术创新、组织创新、制度创新等来重新启动或延续企业生命周期时,组织紧缩、衰退就成为成长之后的必然结果。在这种情形下,企业就会成为缺乏利润贡献的产品或企业,成为没有前景的企业。从战略管理的观点出发,对于这类产品或业务,企业进行诸如紧缩、剥离、分立、分拆之类的重构手段就成为合乎逻辑的战略选择。

(五)企业核心能力与企业的边界

公司重构既可体现为以新建、并购为特征的扩展,也可体现为以剥离、分立、分拆、紧缩规模、紧缩范围为特征的收缩,还可体现为既有扩展又有收缩的综合战略。20世纪90年代以来得到很大发展的企业核心能力与竞争优势理论,以及与之有关的公司专用化人力资本对上述趋势提供了解释。

普拉哈拉德(C. K. Prahalad)和盖瑞·哈默(Gary Hamel,1990)认为,职工是公司"关键资源"的载体。他们认为:"核心能力应该是很难让竞争者模仿的。当它是一种个人技术和生产技能的综合协调产物时,模仿它就十分艰难。一个竞争对手也许会获得构成核心能力的部分技术,但它会发现它们很难去复制程度不同的内部协调和学习的综合范式。"[1]

坦珀(Tampoe,1994)认为[2],用来衡量核心能力的三个标准如下。

(1) 提升附加价值。核心能力可以提升产品的附加价值,使顾客觉得购买最终产品获得了最大的利益。顾客是决定某技术可否成为核心能力的最后裁判。核心能力若无法提供重大的价值,那就无法成为竞争优势的来源,因为顾客对此专长的差异化将会不在乎,此专长的差异化也就不会为企业带来所谓的优势。坦珀称此条件为可市场化。

(2) 重复使用性。核心能力要能发掘出许多新市场,即能具体形成核心产品或核心服务,并且应用到市场上。

---

[1] President's commission on industrial competitiveness. Global Competition: the New Reality. Washington, 1985.

[2] Tampoe M. Exploiting the core competitive of your organization[J]. Long Range Planning, 1994,(27)4: 66-77.

(3) 难以模仿。核心能力是属于差异性(异质性)的专长,而非必要性的专长。发掘核心能力的目的就是要建立持久性的竞争优势,也就是要求持久的差异化,所以核心能力必须难以模仿才有意义。

Dunning(1993,1998)和Stewart(1997)在研究跨国公司战略问题中提出创造性资产(Created assets)也称战略性资产(Strategic assets)的概念。创造性资产也称战略性资产,系指创造财富的资产和公司竞争能力的关键资源,因而也是企业核心能力所在。①

企业通过广泛应用其核心能力,通过差异化提升产品价值,通过发掘核心产品与服务的新市场而带来业务范围和规模方面的扩展,从而进入新的领域。另外,企业又通过剥离非核心业务或与非核心能力有关的职能而体现为规模与范围的收缩。因此,公司也正开始在它们的基本的或核心能力的意义上重新定义自己,并在捕捉市场和项目中开发这些能力。

在实践中,公司总经理将具体确定哪些技能是公司核心能力所不可缺少的。因而这些工作应当由公司职工承当,而另一些与公司核心能力无关的技能则可以剥离或转包出去而由市场提供。就此而言,公司的紧缩并不仅仅是对过度扩展、过度多元化的反思,而且包含了对公司核心能力业务的重新界定。这也解释了许多公司专注于高附加值、高技术含量业务的扩展,而将诸如厂房设备维修、会计账目处理、通信系统管理、法律与咨询服务、公共关系等企业职能(部门)剥离的原因。

(六) 从规模经济性与范围经济性转向速度经济性和网络经济性

如前所述,20世纪六七十年代,世界发达国家企业获得了过度的发展与过度多元化。这种发展实质上是工业化过程的继续与尾声。美国企业史学家钱德勒专门著书论述了作为工业资本主义原动力的规模经济性与范围经济性。获取上述经济效率对于西方发达国家工业企业的发展、现代工商企业的形成起到极大的促进作用。然而企业规模和范围扩展所带来的平均成本的下降是有一定限度的。超过这一限度,业务活动成本的下降会为其他方面成本的增加所超过。20世纪六七十年代,许多企业的扩展已经无法榨取规模经济性与范围经济性,而需要加以调整。

另一方面,技术创新、技术进步、管理创新也对"大就是好"的观点产生巨大冲击。即使是在过去认为存在明显规模经济性的钢铁、汽车行业,也出现了小规模企业获取低成本优势的例证。这也导致人们对传统观点的反思和进行重构的行为。

速度经济性与网络经济性对处于信息时代的企业行为则有较好的解释。速度经济性强调要素、产品的流动速度与通过能力的提高所带来的成本节约与效益增加。而网络经济性则强调以公司资源为基础,消除公司组织的内外部障碍、错误、冗余,有效进行沟通,让信息共享,对内外部资源有效利用与整合。所谓网络经济性(economics of network),

---

① Dunning J H. Multinational enterprises and the global economy / John H. Dunning [J]. Journal of International Business Studies, 1993, 39(7): 1236-1238.

Dunning J H. 13. Globalization, technological change and the spatial organization of economic activity [J]. Dynamic Firm, 1998: 289-315.

也称联结经济性,是指企业全部经营活动,物流、信息流、资金流以计算机为依托形成网络,以使所经营的商品或服务附加上新的情报价值。通过在企业内部或企业之间的计算机、通信手段的联结,使总成本大大削减,并给企业内成员带来乘数效应。可以说,网络经济性代表了信息时代获取经济效率最重要的源泉。

总而言之,对处于信息时代的企业,速度经济性与网络经济性在很大程度上解释了有关加强核心业务的兼并、整合,解释了对某些业务的分拆,更多地采用外部筹借的方式或通过使用关系形成网络式的战略联盟等重构行为。这也在很大程度上解释了企业从金字塔式的层级结构向扁平化的组织、网络式的组织转变的原因。

六、美国、德国公司重构的企业制度比较

德国公司重构比美国晚了 10 年[①]

Rolf Bühner、Abdul Rasheed、Joseph Rosentein(1997)的研究认为德国公司重构比美国公司重构晚了 10 年。美国在 20 世纪 80 年代强烈感到全球竞争的激烈和来自日本的威胁,而德国却是在 20 世纪 90 年代才开始察觉到竞争的压力。因此,直到 1991年,竞争压力才使德国加快了其重构活动,但已经比美国晚了近 10 年。(研究认为,日本公司重构比美国晚了 20 年,美国、日本公司重构的企业制度比较可参见专题三、专题十的相关部分)。德国公司重构比美国晚了 10 年的原因可以从理论结合实际方面加以分析。

1. 总体经济特征和企业制度的差异

总体经济特征强调竞争环境的作用。对经济制度差异的分析着重在企业制度以及与之有关的公司治理差异之上。

从总体经济特征看,德国公司在证券市场上市的较少,公司融资更多地依赖银行。德国的公司活动是以利害关系者权益为导向的。德国股份公司的所有权结构是典型的机构持股占统治地位,银行往往以大股东身份出现(占德国股票交易市场总资本的 10%),其目的是通过它们的能力来影响公司决策,以确保债务披露的安全性。公司之间实施战略性的联合是以持有具有控制权的股份为基础的,而小股东的投票权是由银行通过 Depotstimmrecht(包括了超过 50% 的私人持股)来加以管理的。德国经济与日本经济一样,还不是以证券市场为中心。债券在这两个国家家庭投资中只占很小的部分(均约为 6%),而美国高达 20%。另外,德国、日本两国的储蓄者往往是将其积蓄存在银行之中,而很少投资于股票。

在公司治理上,德国也有其独特的一面。在德国,公司控制权受到以大额持股的机构为代表的监事会以及有雇员参与的公司监事的影响,股东会议也是大额持股的机构和进行 Depotstimmrecht 管理的银行占统治地位。

---

① 除专门标注外,本小节内容来自:Rolf Bühner, Abdul Rasheed, Joseph Rosentein. Corporate restructuring patterns in the US and Germany[J]. Management International Review, 1997,(37);[英]罗纳德·多尔. 股票资本主义:福利资本主义[M]. 李岩,李小桦,译. 北京:社会科学文献出版社,2002.

尽管从纯理论的观点来看,德国的代理问题比美国更严重,但是在现实中德国重构活动远远没有美国活跃,由于对美国和德国跨国公司战略比较方面的经验研究非常缺乏,以至于一直未能察觉出使企业发展陷入困境的深层次原因。直到20世纪80年代后半叶,美国对企业重构的研究取得了引人注目的发展,并形成了大量研究成果,才揭开了这个使企业困惑的谜底。从现代公司理论的观点看,德国公司重构晚于美国公司,主要的原因在于:①股东并没有意识到将利益最大化作为公司活动的主要目标。美国公司的活动建立在股东权益理论的基础上,其企业制度被认为是容易导致代理冲突,并急需加以解决;而德国公司战略业务组合是建立在利害关系者权益理论的基础上,其企业制度不易产生代理矛盾,且更多强调平衡多种利益关系,尽量达到目标的一致性,但同时以牺牲股东的一部分利益为代价。②德国的会计原则与美国的一般会计原则相比,更着重于保护债权人,而非保护投资者。

总的来说,德国制度安排中存在广泛的利害关系者权益导向。这样的制度安排会限制对代理问题和矛盾的察觉。而且,股东的要求也不会作为公司活动的主要目标来加以考虑。德国公司经济活动的传统目标可以更好地从联盟理论角度加以概述,该理论强调在组成的各种利害关系人之间形成的平衡关系,确保公司成功和发展。这种理论导向导致这样一个结论:代理问题并非是公司经济活动的核心问题,于是对代理问题的察觉和对重构的迫切性因此而受阻。

2. 对美国公司和德国公司重构的经验研究结果

Rolf Bühner, Abdul Rasheed, Joseph Rosentein(1997)对美国和德国在1982—1988年的重构进行了比较研究。美国的样本是从《幸福》杂志中评选出的500家最大企业中抽选出来的,德国的样本则选自德国每年评选出的500家最大公司。采用的变量包括业务重构(资产剥离、多元化程度、规模紧缩程度)和财务重构(支付给股东的股利、内部投资占现金流量的比例、财务杠杆)。

比较研究结果表明,在缩小代理差距的压力下,美国公司比起德国公司进行了更大程度的业务重构和财务重构。二者之间的差别在于企业制度的影响。美国公司正面临股东对代理问题更清醒的认识。同样在德国存在的代理问题,由于倾向于保护债权人的会计准则等制度特征阻碍了对它的察觉。这说明美国公司将股东利益最大化作为其主要目标,从20世纪80年代开始,公司经理迫于股东的压力致力于重构。应当指出,德国的经济制度、企业制度也正在经受变革的压力。但是,德国公司制度却更多地强调其他利害关系组织的利益,并限制对股东有利的重构活动的激励和范围。

七、小结——公司重构的分析框架

通过对公司重构的内容、压力、背景、动因的阐述和分析,以及20世纪80年代以来美、德、日三国公司重构的比较研究,论述了重构是公司对环境变动的战略反应与战略调整,是对企业过度膨胀、过度多元化的反思与矫正,是公司保持和创造竞争优势所进行的全面变革。这也是当前中国企业所面临的一个现实课题。

图15-2表示了公司重组的分析框架。如图15-2所示并如在引言中所述的,公司重

组的背景与动因包括三方面的因素。第一方面的因素是全球企业环境的巨变。企业环境的变动包括市场全球化、知识导向的经济增长、信息与技术进步、创新的压力、竞争加剧等。为此,公司必须做出反应。

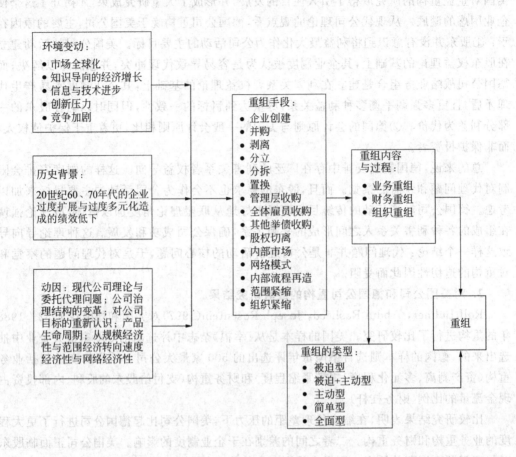

图 15-2 公司重组的分析框架

第二方面的因素是重组历史背景。20 世纪六七十年代,西方发达国家企业的过度扩展,造成企业绩效低下,引发了以范围紧缩为特征的公司重组与以组织紧缩为特征的公司重组。这实质上是对前一阶段企业过度扩展与过度多元化的反思与逆向调整。

第三方面的因素涉及重组的动因。这主要须从公司内部加以考虑,包括公司内部环境变动、公司战略、与公司治理有关的股东权益资本主义的抬头、利害关系权益资本主义等。

图中第二部分是公司重组所运用的各种手段以及公司重组内容与过程。重组的内容已在本专题前面进行了讨论。重组的过程与效果将在下面的案例分析中讨论。

IBM：从流程再造(BPR)到面向网络经济时代的重组①

全球最大的信息产业企业国际商用机器公司——IBM，出于宏观的世界经济格局的调整导致跨国经营的模式和观念变化、信息产业的超常规发展和市场的激烈竞争，以及微观的公司战略决策失误和结构流程落伍等内外部环境的巨大变化与强大压力，在公司成立80年之后，耗资逾百亿美元进行脱胎换骨的公司重组，再度辉煌。

（一）重组前的 IBM——蓝色巨人成了赤字巨人

IBM公司始建于1914年，80多年来一直引领信息产业潮流。至20世纪90年代初，IBM全球已有40万名雇员，业务遍布全世界150个国家，市场地位遥遥领先，旁顾无人。IBM公司不仅以领先的高科技闻名于世，而且以其成功的管理方式、独具特色的企业文化、卓越的企业精神和优秀企业公民形象为世人称道，成为哈佛商学院的经典案例，在全世界管理界广为流传。美国《时代周刊》曾撰文谈到IBM："IBM的企业精神是人类有史以来无人堪与匹敌的。它像一支数量庞大、装备精良而又组织严明的集团军，浩浩荡荡挺立于世。没有任何企业会对世界产业和人类生活方式带来并将带来如此巨大的影响。"它所首创的CIMS和MRPII工作方式至今仍广为应用，它一直保持的高质量大规模生产方式至今仍在其世界各地的工厂实行并可与日本企业媲美。IBM公司的创始人沃森很重视经营哲学和文化管理，早在20世纪20年代就为公司确立了"以人为核心，向所有客户提供最优质服务"的宗旨，明确提出了为职工利益、为顾客利益、为股东利益的三原则，后来发展为公司奉行的三原则——客户至上、追求完美的专业精神和尊重个人。这些卓越的企业伦理可以说是比日本人还要早的先进企业文化——员工"经济人"和"家族文化"。在IBM第二代领导人小托马斯·沃森任职期间，IBM为股东创造的财富超过了商业史上任何一家公司，这一成就一直延续到20世纪90年代的牛市，小沃森也因此被《财富》杂志评为20世纪最伟大的四位企业家之一。

然而，时至1991年，形势急转直下。1991—1993年，IBM公司连续三年利润和营业额出现负增长，亏损总额高达168亿美元，创下了美国企业的亏损记录，蓝色巨人成了赤字巨人，市场份额和企业形象下降。1993年，IBM亏损更高达80亿美元；股票跌至谷底，

---

① 本案例主要结合以下有关资料撰写而成：
华南理工大学MBA学员陈安琪的案例调研；
[美]戴维·贝赞可,戴维·德雷诺夫,马克·尚利,等.公司战略经济学[M].北京：北京大学出版社,2000：474-476；
广州日报,2002-01-12；
商业周刊,2002,(1~2)；
21世纪经济报道,2002-11-25；
IBM中国有限公司(公司资料)；
[美]J.弗雷德·威斯通,等.接管、重组与公司治理[M].大连：东北财经大学出版社,2000：222-228.
经济日报,2001-01-16.

专题十五　公司重构的动因理论解释——全球视野

仅得40美元,在华尔街曾为龙头股的IBM被视为"股市毒药"。全球人员从最高峰时的近40万人减至20万余人;甚至有人动议将IBM公司分拆成13个小公司自谋生路。最后导致董事会决定IBM公司总裁John Aker下台。IBM面临严重的危机,前景岌岌可危。

究其原因,是因为IBM公司未能适应已经发生的内外部环境变化而导致败落。外部环境的变化主要来自两个方面。首先,信息业市场竞争加剧,由于丰厚的利润回报以及经济全球化,大量信息技术厂商涌入,20世纪80年代初全球计算机厂商只有十来家,至1998年已经有数万家,竞争激烈。并且,经过10多年的市场培育,计算机用户已经相当成熟,对厂商的要求日益提高,市场转为买方市场。其次,IBM公司一直依靠其投资50亿美元研制成功的大型主机赚取厚利,没有注意到以主机为核心的运算模式已经过时,市场需求已经发生变化。

从20世纪50年代初计算机发明至今,信息产业的发展历经三大阶段:60年代到70年代是大型机即主机运算模式时代;到了80年代和90年代初,信息行业连续出现了两次大变革。首先,个人计算机使千万人使用计算机成为可能。其次,客户机(服务器)运算模式(即前台的个人终端与后台较大的服务器相联互动式工作)广泛流行;1993年,美国政府首先提出信息高速公路的概念,因特网(INTERNET)广泛流行,标志着人类正在进入网络运算时代。但是,IBM无视市场的变化而犯下了几个战略性的错误:未能控制个人计算机的两个关键部件:操作系统和微处理器。IBM以75 000美元的价格让比尔·盖茨买断了个人电脑操作系统DOS的经营权,同时又容忍英特尔(Intel),轻易获取了对微处理器的领先控制权。一是对个人计算机嗤之以鼻,轻视个人计算机的成长潜力,没有预期到个人计算机的市场的巨大,认为个人计算机的利润不可与大型主机(IBM公司传统强项)同日而语;二是对操作灵活、具有互动功能的客户机(服务器)运算模式不屑一顾,坚持主机后台与亚终端的传统运算模式。事实证明,这些战略是错误的。

更为主要的原因是,IBM内部出了问题。从20世纪40年代末50年代初IBM公司跨入计算机行业以来,只用了不到10年时间,便于60年代初确立了在计算机市场的霸主地位。在以后的20多年中,虽然历经风雨,遭受了各个方面的挑战和考验,其一统天下的全球市场领导地位始终未被动摇。到80年代和90年代初,IBM的业务如日中天,但是,过去滋生的大量问题也开始暴露。严重的大企业病日益突出:组织庞大、机构重叠、结构臃肿、人浮于事、政出多门、官僚作风严重、反应迟钝、缺乏效率和灵活性。显然,金字塔式组织结构和以功能为导向的运作方式已经落后。然而,由于奉行创始人老沃森所制定的不裁员的原则,公司无法裁员。这时的IBM目中无人,置用户的实际需求于不顾;思想僵化,缺乏管理创新意识,新技术和发明创造的产业化速度下降;公司过于庞大。终于,IBM公司市场份额和企业形象严重下降。恰逢90年代初,欧美经济萧条,官僚主义、本位主义严重,且公司的研究开发经费日益飞涨,1993年,IBM产品被挤出PC机国际市场第三位,大型电脑价格高昂,无人问津,主机市场前景暗淡;以硬件系统产品为主的公司经营战略也已不符合网络时代的市场需求。

(二)公司重组挽救了IBM

20世纪90年代初,欧美经济低迷,IBM公司积存已久的问题彻底暴露,急于找到解决问题的出路。适逢1990年,迈克尔·哈默提出了创新的BPR(企业流程再造)理论。IBM公司旋即聘请哈默来推动公司工作的重新设计,同时开发重新设计工作的软件包。1990年,重新设计工作的咨询服务费达54亿美元,1992年时更高达80亿美元。

不过,IBM虽于20世纪90年代初开始引进流程再造工程(Reengineering),但由于流程再造仅仅是发端于过程的一个业务再设计,并非是审时度势地对公司的"战略—结构—过程"进行全面的反思、再定位和调整。所以,IBM斥资上百亿美元的流程再造工程并没能挽救IBM每况愈下的局面,流程再造工程无功而返。1993年,IBM公司董事会迫于无奈,破天荒在公司80年历史上第一次聘请了一位非IBM内部"土生土长"的总裁。曾是麦肯锡顾问公司合伙人的郭士纳(Louis Jr. Gerstner)入主IBM后,为保证企业的长期持续发展,在组织上仍保持IBM作为跨国公司的资源丰富及规模优势,提出"合理规模"(right sizing)的口号,不再以裁员作为降低成本和提高效益的主要手段;并审时度势,对公司的战略目标作了重新调整。此外,郭士纳根据公司业务发展的轻重缓急削减不必要或对公司战略发展没有重大意义的一些项目的研究开发经费。未开源,先节流。公司支出减少,亏损额大幅下降,为郭士纳赢得了时间,使他能在治标之后,还可以采取重大的战略调整措施,彻底改变IBM公司的经营战略。

郭士纳在IBM重组计划中重新恢复了以客户为中心的方针,并以为股东盈利作为企业经营的第一目标,从IBM的企业战略、业务组合、组织结构、业务流程、企业文化五个方面进行全方位彻底的重组。这些改革措施推行不到一年时间,即1994年年底,IBM便扭亏为盈,开始回到正确的方向。但郭士纳仍小心翼翼,坚决而又慎重地继续推进公司的重组。直到1996年年初,才宣布IBM的运作已经进入良性循环轨道。

(三) IBM重组的内容

IBM的公司的重组可分为企业战略重组、业务重组、组织重组、流程再造、企业文化配适五个方面。

1. 战略重组

战略是指为保证企业长期生存和发展而做出的决定胜负的谋划。而企业的生存和发展与相关环境有密切的互动关系,企业得以生存的关键,在于它在变化的环境中需要新的经营行为时所拥有的自我调节能力。经营最成功的企业,是能够适应其相关环境的企业。因而企业的战略必须根据相关环境的发展趋势及时重组,保证现行战略对环境变化的适应,以求得可持续发展。

过去,IBM公司一直以硬件供应商形象定位。但是,20世纪90年代,硬件特别是IBM的传统支柱产品主机市场已经开始进入衰退期,而且信息产业市场的主要增长来自网络,由网络运算带来的营业额中2/3是由解决方案和服务获得的。新经济时代的竞争特点是一切为了效率,那么,服务战略的核心就是电子商务创新服务。IBM的优势是整合技术服务,即把软硬件技术和应用捆绑成一个包,把整套解决方案端出来交给客户。IBM不仅可以在技术方面提供帮助,还可以通过咨询和电子商务对客户的业务进行改进,帮助客户通过整合技术服务运行和管理自己的系统。根据这些市场变化,郭士纳在IBM公司市场营销战略上,先是提出了网络运算模式,并于1998年进一步发展为"电子商务"的战略目标,以此引领行业潮流;充分依靠公司80年中积累的丰富经验、世界领先水平的高科技和全球高水平的科技和管理人力资源,将公司重新定位为全面提供硬件、软件和行业解决方案的信息技术服务公司。

当然,也可以通过外购来管理自己的系统。我们认为,作为外购内容的一个组成部分,电子(E)—采购将获得巨大的增长,每个人都可以通过这一方式获得电子商务所能够带来的好处。

2. 配合战略目标,形成新的业务组合

IBM深刻检讨了过去几年来轻视环境变化而故步自封的思想。郭士纳接任后,明确地提出了IBM应该由传统的硬件供应商的单一角色逐步转变为全面提供硬件、软件和行业解决方案的一个信息技术服务公司的角色。为配合战略目标的调整,IBM通过兼并、分立、剥离等手段对IBM的业务进行了重新组合,突出了IBM适应全球竞争的核心业务的地位。具体来说,主要有以下几方面。

(1)建立独立的软件部门。IBM公司的主要战略调整任务是使软件系统事业,而不是硬件系统事业,成为IBM公司网络系统的基础,并使IBM公司的所有产品围绕网络运算(目前已演化为电子商务)进行。郭士纳经营理念的核心是:就本质而言,IBM公司应该成为一家专为客户解决问题的信息技术服务企业。因此,郭士纳于1995年1月任命汤普森主管IBM的全球软件事业。汤普森实施了雄心勃勃的再造计划,在短期之内,使IBM软件部门独立形成气候,成为一个相对完整独立的软件企业。特别要强调的是,在软件开发的标准和方面上,过去IBM开发的软件只能在IBM硬件平台上运行,不与其他厂商产品兼容;现在IBM不再唯我独尊,而是采用开放姿态,开发的软件独立于自身的硬件平台,在各大计算机系统上均可运行,大大地开发了市场。自此,IBM公司在国际互联网络软件系统、中型电脑软件系统、群组软件应用系统、数据库软件系统、应用开发工具系统、系统管理、战略研究、全球销售市场等各个关键领域之中,分兵出击,连连报捷,市场份额上升。

(2)兼并莲花公司,占领系统软件领域。对那些掌握本企业重大技术创新所需要的核心技术或关键技术的企业实施兼并,可以令本企业重现生机,或实现某些重大技术突破。1995年,IBM公司打破过去的清规戒律,斥资35亿美元,良性收购莲花(Lotus)公司,抢占群件系统(群件系指在分布式计算的环境下,使各网络终端用户协同工作的软件系统)的地盘。莲花公司拥有世界第一的群件系统Notes和台式电脑应用软件系统Smart Suites。兼并莲花公司,掌握了这两种软件系统,令IBM公司如虎添翼,也促进了IBM公司尽快向网络世界挺进的战略转移。

(3)大力开发Java语言软件系统。由于Java语言是互联网络上能够跨平台作业的通用程序语言,可以在多种电脑系统上使用,故这一新兴领域已成为兵家必争之地。IBM的目前战略是,将Domino万维网服务器作为主要工作平台,使所有的IBM系统与其他网络计算系统天衣无缝地融合在一起。

(4)收购Tivoli公司,夺取分布系统管理软件领域。由于IBM公司急于成为网络世界中的数据库产品、中型机软件系统以及管理系统的主要供应商,而Tivoli公司的TME10网络管理产品正好迎合了IBM公司的需要。1996年2月,IBM公司斥资9亿美元兼并了Tivoli系统公司。由此,IBM公司在分布式网络系统管理方面的产品水准突飞猛进,迅速达到行业领先地位。

(5) 加强硬件系统功能,发挥传统产品优势。在硬件系统方面,IBM 也采取了一系列重大的调整措施,将所有的大、中、小型机系统全部重新定位为网络服务器;而且,重新推动 PC 机事业,不断推出 APTIVA 家庭消费型电脑和 ThinkPad 笔记本电脑等新产品,力求重夺市场份额。而且产品研发方向全部向此方向发展,适应了市场需求,市场销路大增,1994 年起连续 4 年在美国位居前三名。

(6) 重新整合产品系列,集中精力于高附加值的核心业务。1998 年,IBM 壮士断臂,将其经营多年的 IGN(IBM 全球网络)作价 50 亿美元卖给美国电话电报公司(AT&T),由以经营通信网络为核心业务的 AT&T 公司管理该网络的基础设施维护升级,而 IBM 则专注于自身的核心业务——信息技术服务,继续为全球 500 强中的大部分企业进行信息系统数据管理服务。至于 AT&T,则早从 4 年前就将其原属公司内部的信息技术部门连人员带设备卖给 IBM,由 IBM 公司长期帮助其通盘料理全部信息技术系统和数据管理系统的维护与升级。在价值链上,IBM 公司与 AT&T 公司明确定位,各施所长,相得益彰,在各自的战略环节上获取最大的附加值。

(7) 在研究开发上高投入并加速产品化过程。为保持在技术上的领先地位,IBM 一直在研究开发上高投入,每年的研究开发费用保持约 50 亿美元。由于 IBM 拥有信息产业界内最强的研究开发队伍和资金投入,吸引到顶尖人才,每年美国的信息技术相关专业的近 10% 的博士毕业生进入 IBM 公司工作。1994 年,再造开始后,IBM 研究开发部门改变阳春白雪的闭门研究的作风,专注于有市场前景的项目。1999 年,IBM 公司共有 2 756 项专利在美国专利商标局注册,连续七年夺冠,同时还打破年度获得专利技术数的最高纪录。通过技术转让或出售技术使用许可,每年 IBM 公司赚取 10 亿美元以上的收入,并逐年增加。

(8) 原厂商设备制造(Original Equipment Manufacturer,OEM)。在将公司重新定位为全面提供硬件、软件和全面解决方案的信息技术服务公司之后,1998 年年底,IBM 再次明确将其服务、软件及领先技术的销售作为公司的发展重点领域。1998 年 11 月,IBM 旗下新成立了技术集团,寻求市场的新增长机会及持续发展。其中突出的一点采取开放合作的原厂商设备制造(OEM)模式。OEM 的含义是指某厂商研究、开发、设计并批量生产制造一种中间产品或技术,供应给最终产品厂商的一种模式,是为"原厂商设备制造"。公司通过 OEM 控制价值链上关键技术环节,效益极高。目前世界上许多企业都采用这一模式。

长期以来,IBM 自视很高,坚持只卖最终产品而不出售中间产品。直到 15 年前,市场上出现许多替代品,IBM 认识到应从附加值最高的环节上获利,才采用了 OEM 的模式,但并没有大张旗鼓。从 1994 开始,IBM 再造后,变得较为灵活和现实,大规模运用 OEM 向其他厂商供应中间产品。一个最典型的例子是,1999 年 3 月,IBM 与全球最大的电脑直销公司戴尔(Dell)公司宣布了一个战略性的、价值达 160 亿美元的技术合约,是信息产业中同类合约之最大一宗。根据此技术合作协议,戴尔将向 IBM 购买有关存储器、网络及显示器等技术,并集成到 Dell 计算系统中,将来的合约还将包括 IBM 的铜—硅芯片及其他先进技术。此合约的时间跨度为 7 年,还将涉及双方有关产品技术开发及其认证等广泛深入的合作。两家公司还宣布,今后将互相交换它们的最新技术。

由此,IBM公司从中得到丰厚的收益。而且,在竞争日益激烈的市场上,IBM公司使戴尔继续成为自己产品的主要购买方,如此一来就确立了稳定的客源。除此之外,其他计算机生产商也可能仿效戴尔公司,从IBM公司那里大量购买计算机零部件。因此,IBM公司生产的硬盘在市场上占有的份额还可能从目前的40%进一步上升。所以,有行家笑说,今后的很多计算机上可能像目前贴有标记"Intel inside"一样,贴上"IBM inside"标记。此外,1999年4月,IBM公司与EMC公司签订了大约价值30亿美元、为期5年的商业和技术合作计划。根据这项合作协议,EMC将继续购买IBM的磁盘驱动器用于其存储系统。进一步的计划可能会购买其他产品,如微处理器和定制芯片等。这项协议还包括相互使用专利技术的条款。自1993年以来,IBM的OEM业务一直以高于40%的增长率飞速成长。1998年,IBM的OEM业务收入已高达66亿美元。

3. 组织重组的跟进

在战略重组之后,便要开始组织的重新构建以保持其有效性。传统的组织理论把组织看作封闭系统,忽视外部系统的影响,考虑的只是专业化、部门化、管理和跨度、集权与分权等。现代组织理论认为,组织是开放系统,并且是社会——技术——心理系统,是由若干个分系统组合而成,存在于企业内部和外部环境之中的一体化的整体系统。

1) 组织结构扁平化发展——对市场需求做出快速反应的结构

IBM的组织结构重组基于流程再造,而流程再造则基于"以最快的速度到达市场"这一指导思想。也就是使公司在千变万化的环境中,能以最快的速度集结具备最适合技能的人组成团队,调度最需要的资源,创新性地实现对客户的承诺,达到最高的绩效和客户满意度。为此,IBM对公司的产品部门和市场部门进行了战略性的结构重组。一是使组织结构扁平化,将过去的金字塔式变为矩阵式也即纵横式结构;二是改变从自我出发以产品为导向的指导思想和以硬件产品为依据划分部门的组织结构,取而代之的是以研发为依托,以行业解决方案为主导,以产品技术为支撑,突出IBM人力、产品、技术全面丰富的特长,便于向客户提供信息技术服务,将原有的部门重新组合为三支专业队伍,这三个部门以项目导向而集结,有机、动态地协同工作。其运作方式是,经常按市场需要整合队伍,从其专门的业务部门和商业伙伴中总结技能以迎合客户的需要。固定[①]的组织结构中各部门的任务结构如图15-3所示。

IBM的组织结构中各部门的任务结构:①IBM公司研究行业解决方案的部门对该行业有深刻的了解,负责加强IBM公司提供基于行业的解决方案的能力;②IBM产品销售部门负责专门对该产品的技术和安装使用;③IBM全球服务部由那些在帮助客户管理信息技术投资方面富有经验的专业人员组成的;④IBM的全部市场业务和直销部门,在对中小型客户的管理方面,以及在扩大购买者队伍的技巧方面富有经验。

通过大规模的组织调整,IBM产生了一种全新的组织架构——纵横式的运作模式,就其实质而言,是一种矩阵组织结构上的网络式运作。而最关键的是,在流程运作方面采

---

① 注:自1995年开始,世界经济论坛与国际管理开发学院分别就各自理解的概念和研究方法独立发布国际竞争力报告。

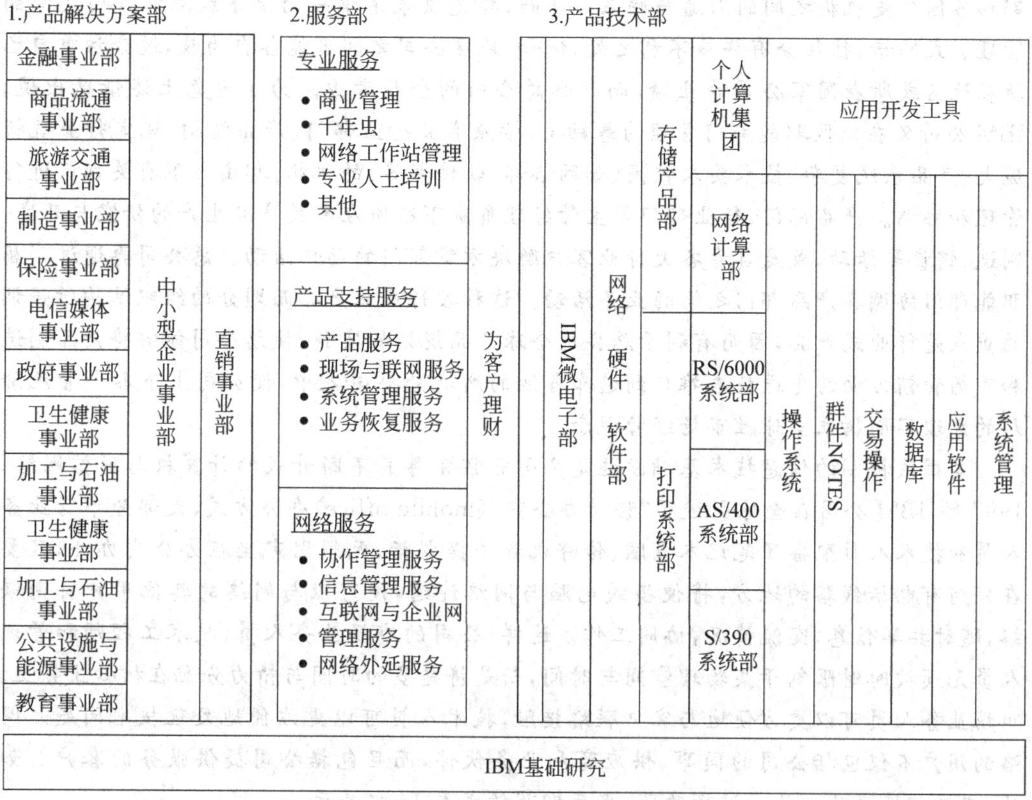

1. 产品解决方案部			2. 服务部		3. 产品技术部								
金融事业部	中小型企业事业部	直销事业部	**专业服务** • 商业管理 • 千年虫 • 网络工作站管理 • 专业人士培训 • 其他	为客户理财	IBM微电子部	网络硬件软件部	存储产品部	个人计算机集团	应用开发工具				
商品流通事业部													
旅游交通事业部							网络计算部					
制造事业部												
保险事业部			**产品支持服务** • 产品服务 • 现场与联网服务 • 系统管理服务 • 业务恢复服务			打印系统部	RS/6000系统部	操作系统	群件NOTES	交易操作	数据库	应用软件	系统管理
电信媒体事业部													
政府事业部													
卫生健康事业部							AS/400系统部						
加工与石油事业部													
卫生健康事业部			**网络服务** • 协作管理服务 • 信息管理服务 • 互联网与企业网 • 管理服务 • 网络外延服务				S/390系统部						
加工与石油事业部													
公共设施与能源事业部													
教育事业部													
IBM基础研究													

图 15-3　IBM公司重组后的基本组织架构（任务结构）

资料来源：华南理工大学 MBA 学员陈安琪的案例调研。

原出处：IMD，《世界竞争力年鉴》(1996、1998)。

用的是纵横式的运作模式。IBM公司过去几年的重组，带来了组织形式的革新，需要每个协作人员发挥其个人专长，投入以任务为主导的工作上，进而配合全球各地区业务项目的开展，最终成为IBM现有的组织模式。

2）与IBM全球战略配适的网络式管理模式

矩阵模式在20年前曾经风行一时，为许多跨国公司普遍采用。后来，由于内部结构烦琐，管理复杂，反应迟钝，容易滋长新的官僚主义，利弊参半，不少公司只好忍痛割爱。进入20世纪90年代以来，随着国际互联网络及通信技术的飞速发展，跨国公司内部网络纷纷建立，且内部信息交流渠道通畅，管理手段日益先进。在这种情况下，矩阵模式在略加改进之后，作为网络式结构又再次时髦起来，受到IBM公司、美国通用电器公司等世界级公司的青睐。IBM公司纵横式的模式正是这样一种网络式结构。

IBM公司在采取网络式管理机制之后，按照全球各大战略地区划分管理系统，如美洲区、亚太区、欧洲区等，将公司生产经营活动的主要环节纳入地区总部进行管理。在这种结构下，IBM公司总部负责全球市场规划与调整控制，各地区总部则负责本地区所属分公司的市场运行，包括产品研制、开发、设计、生产、推销服务等事宜。这种组织机制使公司经营事务掌握在对该地区市场非常熟悉的有关人士之手中，有利于公司总部、地区总部和各国分支机构之间的沟通与联系。然而,要是仅采用单一的上下级职能部门之间的管理模式的话,往往会有许多不利之处,例如,地区公司之间可能各自为政,过分注重自己所在地区或所在国家公司的业绩,而忽略总公司的全局考虑。为了避免上述情况出现,IBM 公司又在地区职能部门管理的基础上,按照有关行业部门、产品结构,规定行业规模庞大、产品系统复杂、技术要求较高(如网络部、软件部等)的机构,都由上下有关部门进行管理和协调。产品部门、行业部门等主管经理负责下级所在有关产品生产的研究与开发、制造、销售等活动,或是负责各大行业客户解决方案部门的动作活动。总公司再通过下属职能部门协调各产品部门之间的业务活动。这种按行业或产品而划分的组织结构所强调的重点是行业或产品,因而有利于总公司全球产品规划的实施,使总公司能够将产品制造和市场营销方面的先进技术推广到遍布各地的所有分公司之中,使公司上下各个管理阶层的经理牢固树立全球性市场经营观念。

支撑该机制的信息技术基础设施是公司非常完善并不断升级的计算机与通信网络。1997 年,IBM 公司在全球引进了"移动办公室"(mobile office)办公方式,大部分市场业务人员和技术人员配备了笔记本电脑、传呼机和手提电话,无须固定坐在办公室办公,只要在任何有电话线路的地方,将便携式电脑与网络连通,便可以与网络的其他用户自由联络,随时共享信息,交流情况,协同工作。这样,公司的市场业务人员、技术工程师和管理人员无须被时时限制于某物理空间与时间,而是将更多的时间与精力分配在核心业务上。市场业务人员可以更方便地与客户联络接触,技术人员可以更方便地处理技术问题。网络的用户不仅包括公司的同事、供应商和业务伙伴,而且包括公司提供服务的客户。如此,内外相连成为一体。这项改革,当年即节约成本 14 亿美元。

IBM 公司目前所采用的组织结构,在某种程度上属于一种混合式的矩阵结构,就其实质而言,是一种在地区部门结构和产品部门结构或行业部门结构之混合基础上所形成的一种多元管理体系。采取这种模式的原因在于:首先,按照以往传统的单一管理模式,无法发挥全球性的信息和技术优势;其次,随着全球市场的不断调整,不仅需要发挥公司全体员工的优势,还需要发挥公司全球网络的整体力量,使整个机构的运行代表行业的发展趋势。

在纵横架构之中,不同部门的特点是分散作战,但在需要时能否迅速整合起来采用网络模式的公司要面临的挑战。这时,领导者的能力相当重要,需要及时与有关部门协调,避免出现重复现象。及时沟通、注重交流、认真协调、不断整合,是保障管理机制顺利运转的重要环节。采用纵横模式或网络式管理架构,要求全体员工进行立体作战,全面进击,放得开,收得回,有张有弛,收放自如,应对有序,以客户解决方案为主,以项目为纲,纲举目张,上下左右,齐心协力,进行网络式支援。

在旧的组织结构中,在某一组织机构中有固定位置的人,只能固定在该位置上执行固定的职能,无论这些职能对满足客户需求是否有利。但是,在新的组织结构中,在某一组织结构中有固定位置的人,当一个市场机会出现时,便会按照该项目的需求,以其专长进入项目工作小组并在其中扮演团队成员的角色,与其他小组成员形成虚拟团队协同工作,直至小组任务完成为止。有关这种运作与组织结构的关系,将在以下加以详述。

4. 客户关系管理(CRM)系统工程——与战略、组织配适的企业流程再造

IBM市场部前副总裁巴克·罗杰斯认为,"质量是80年代企业成败的关键,而把客户真正当成合作伙伴的团队销售将是90年代的关键"。IBM在实施公司重组中下了很大力气,最关键、最困难的是以客户关系管理(Customer Relationship Management, CRM)主体流程为核心的企业流程再造。郭士纳在调整了公司战略与组织结构之后,开始在全球分阶段、分地区逐步进行CRM的部署,历时5年,至今IBM在北美和欧洲的公司已经基本完成CRM的实施,效果显著。自1995年起,IBM中国公司开始进行CRM的部署。自1996年起,部分实施,目前仍在继续进行中。该流程体系目前在中国的研究文章和实践中均属鲜见,而且已经开发为成熟的解决方案。笔者认为这对中国企业很有借鉴意义,在此特作详细介绍。

1) CRM概念介绍

为管理全球的运作,IBM在总部共有50多个流程,仅在亚太地区便有近30个流程。而CRM是其中一个重要的、以客户价值为中心、全球性的网状结构的主体流程,由12个子流程组成。它以最先进的网络信息技术为支撑,配以重整过的以客户为中心导向的灵活高效的组织结构,使IBM在全球的优势与资源能发挥最大效用,并能针对客户需求提供更快、更好的解决方案,以此为客户提供更大的附加值。

CRM流程非常复杂,参见图15-3。图中,纵向表示IBM的组织部门,包括行业解决方案事业部、中小型企业事业部、直销、产品事业部、全球服务事业部等;横向表示共用的流程、标准、信息系统等,交错形成纵横运作关系。

2) 为什么要实施CRM

根据"二八定理",一个产业的70%~80%业务量(以销售额计)来自20%的大企业,而其余20%~30%的业务量来自80%的中小企业和个人消费者。CRM的主要精神是最有效地运用有限的资源,照顾好占70%~80%业务量的市场。其目的是提高市场的占有率、降低营销费用和增加利润。如今,几乎每一个行业里,谁首先进入市场,提供最新的技术和产品,谁就会获得额外巨大的市场份额。速度可转变成竞争力、利润和成功。

目前,在全球市场上,平均每7个商机中,IBM必将争取其中的5个,而最后成功地从5个商机中赢得1个,相当于全球市场占有率14%,实行CRM的商机管理后,将在平均每7个商机中,争取其中最有利的3个,以达到全球市场占有率25%的目标。为实现这一目标,CRM设计的出发点首先是满足客户的要求及市场的需求。从客户的角度来看,他们希望更快地了解公司的业务情况,诸如价格等方面的情况,以便跟公司互动合作。响应客户和市场要求的时间必须快。CRM使IBM公司有能力去维系其在世界上任何地方的客户。这需要将IBM业务中各个不同的部分整合到一起,来为或大或小的客户们设计出解决方案,从而缩短交付周期。此外,CRM设计的目的在于提高生产效率,因为有很多共同的程序和工具,有一些基础性的东西,大家都可以用。而以往制度的最大缺陷就在于不能很好地分享全球的资源。例如,IBM在进行变革重建计划的初期,曾经调查发现,IBM在全球范围内的客户数据库有400多个,这是非常浪费的。因为IBM在全球范围内只有100多家公司。这意味着平均每个国家的公司都有三四个客户数据库。假如在世界范围内有一个共同结构的数据库,大家都可以去查,资源可以共享,就可以使IBM员

工的工作效率更加高效。举例来说,如上海宝钢需要一种炼钢的专用技术,台湾地区有这种技术,就可以带过来了。假如不带过来,就要为客户重新设计。再如,中国民航需要一个控制系统,传统的方法是首先在中国查阅有没有这种技术。如果有,但又很不完善的话就要重新设计。而根据 CRM 设计,可以直接查询 IBM 世界范围的专有技术数据库,看看到底哪个国家有,就迅速加以进口。如果没有一个共享的数据库,就无法做到这一点。当然,建立这一新的运行机制需要时间,要让这个机制发挥作用也需要时间,但只有这样做,才能最大限度地满足客户和市场的需求。整个 CRM 计划实施完成之后,可以提高利润,降低成本,预计可增值 4 亿美元。同时,通过这一计划,可简化员工工作,提高工作效率。简言之,CRM＝效能＋利润。

3) CRM 的 12 个子流程

CRM 体系包括 12 个子流程。子流程是一组明确定义、可复用、可定量分析、可控制的活动,如果合理运用,可产生一定量的附加值,并可通过好的管理将其附加值提高。子流程嵌入 CRM 体系中成为子模块,这些模块相对独立但彼此依存,并都直接或间接与客户关系相关。在不同的市场情况下,IBM 及其业务伙伴和客户通过 CRM 体系将某些子流程进行不同的组合,针对需求将世界一流的技术、解决方案和服务质量等资源进行最有效的整合,以最大限度地满足客户需求。另外,一些子流程则专门用于提高客户满意度和提供客户支持,从而始终如一达到对客户满意度的有记录追踪和解决客户投诉的目的。同时还为今后的业务运作和全面的商务管理提供信息支持。

这 12 个子流程是:①市场管理。IBM 的流程管理从对市场的系统分析开始,通过细分市场(具有普遍需求的客户群体),选出打算提供解决方案的部分。确定这些细分市场之后,就集成或开发符合世界标准的相应解决方案,并进而准备公司内部的技能资源。此外,该部分管理还包括 IMC(整合市场营销传播)的计划,用以平衡 IBM 和其商业伙伴的资源。例如,OEM 硬盘存储技术,关键是如何划分市场,是否进入,有无资源等。②客户关系管理。运用全球一致的方法论对各功能部门和各区域进行协调使一致。将直销和传统的面对面交易所包括的市场范围进行合并,覆盖 IBM 本身并外延至其商业伙伴的市场范围,并用来引发 IBM 解决方案的需求。对具体某一客户的需求则必须以有效的成本、优秀的服务和及时追踪提供解决方案。目标是通过互动来管理 IBM 与客户的共同利益。由于有严格跟踪的数据库记录,即使扮演流程中某一角色的人员发生变动,也不会对流程的执行有太大的影响。③技术管理与员工培训计划。IBM 识别出涉及被选中的细分市场所需技术的类型和数量,通过开发或收购而获得。同时对员工进行这方面技术的培训计划,以迅速满足客户在这些解决方案上的需求。④信息提供管理。利用 IBM 全世界范围的数据库,向客户、IBM 及其商业伙伴提供关于精选解决方案的信息。该数据库在收集营销和解决方案信息上采用固定的格式、结构和输入方法,包括解决方案设计、客户建议书、新技术、产品新性能、新解决方案等,许多信息全部放在一个数据仓库内,非常便于查询和挖掘数据。⑤市场机会管理。IBM 把公司有限的资源集中到能最有效地创造客户价值的市场机会上。首先对进入系统的市场机会采用市场管理流程进行精选,一旦一个机会被选中,就将其纳入流程,相应人员便开始进入流程角色。这些角色通常包括机会发现人、机会评判人、机会顾问、机会负责人、机会业务经理、项目建议书设计小组负责人、项目建议书及解决方案框架设计团队、质量控制人、项目实施团队、项目小组负责人、客户反馈收集人和资源协调人。这样便于公司调度资源,随时修正市场营销策略,实施计划。而且可以提供信息给主管分析,调整资源配置。⑥解决方案的设计与交付。IBM公司希望用连贯的方法和工具,在世界范围内快速发展、推出和交付优质的解决方案,以获得客户的认同。目标是从每一个销售机会中学习,抓住解决方案的组成和设计方案的尝试在其他市场机会中重新利用。⑦客户满意度管理。采用连贯性的、经检验的方法访问客户,以了解、评估和提高客户的满意状况。这样,客户的投诉能得到追踪,且被迅速地解决,并且能获取各种数据,以帮助识别和解决普遍的问题。⑧市场信息管理。IBM公司持续收集和协调各种数据,包括客户的大体情形、机遇、成功与失败、投诉的解决状况和技能的配置等方面。这种信息接着就会在全球范围内迅速地变成有用的东西,以支援正在进行的运作和整个业务管理。⑨供应商管理。IBM识别出最有效率的供应商,并加强与他们的沟通与合作。⑩知识管理。在满足客户需要和客户需求时能够及时、恰当地提供信息。其结果是提高了IBM公司解决方案的重要性。⑪需求管理。客户需求单一入口管理。设立专门的客户服务中心,由专人统一管理客户的投诉和要求,再由专人向公司内部相关部门转发并督促响应情况,避免因政出多门或互相推诿而误事。⑫业务伙伴管理。开通管理业务伙伴渠道,建立和管理业务伙伴关系。具体如设计合同类型、开发技术支持计划、开发和管理沟通计划、满意度管理、评估业绩、需求管理、技能管理,以确保IBM与业务伙伴资源整合,共同发展,取得高效益。

IBM这项大刀阔斧的改革在推行三年后开始显示初步的成果。各种新的产品源源不断地推出,新的技术成果也不断地迅速转化。最重要的是,对市场的反应加快,客户满意度提高,这一切都说明IBM已踏上新的里程。

5. 企业文化的配合——一个为重组服务的管理哲学

IBM自成立80多年来,由一个家族公司,逐步演变为全球最大的信息技术与服务公司,自有一套系统的企业文化。近年来,IBM除了在战略、组织结构和业务流程上进行重组外,还重整了企业文化。

文化是人们的生活方式和认识世界的方式。一般来说,文化可以定义和表示为人们的态度和行为,它是由一代代传下来的对存在、价值和行动的共识。文化由特定的群体成员共同形成社会与人们共同生活的基础。企业文化就是由企业与员工共同形成的员工在企业中共同工作与生活的基础。通常可以按照价值观系统来对文化进行划分,将文化的概念与价值的概念联系起来。不同的价值观系统代表了不同的文化,这些系统形成价值观模式,也可以称为文化模式。文化模式对人的价值观具有"价值定向"的作用。

文化模式与管理模式有着密切的关系。文化模式形成、发展、演化的方式及规律也影响管理模式的发展。文化模式的多样性决定了管理模式的多样性。文化也是一种管理手段。文化对企业管理和发展具有十分重要的作用。首先,它是用共同的价值标准培养企业意识的一种手段,可以统一员工思想,增强企业内聚力,加强职工自我控制。其次,能激励职工奋发进取,提高士气,重视职业道德,形成创业动力。再次,它是一个企业进行改革创新和实现战略发展的思想基础,有助于提高企业对环境的适应性。复次,有利于改善人际关系,使群体产生更大的协同力量。最后,有利于树立企业形象,提高企业声誉,扩大企业影响。

当进行公司重组时，企业管理模式发生变化，企业的价值观即价值取向出现了较大的变化，企业文化模式也随之变化。在重组中，IBM的企业文化出现了新的价值取向。

前面提及，IBM从创建以来所奉行的三原则——客户至上、追求完美和尊重个人。IBM对客户的无微不至有目共睹，而其对于员工的关怀爱护，也已成为IBM企业文化的有机组成部分。经过重组，IBM依然用此三原则为公司管理哲学的口号。据笔者分析，这三句话虽然字面没有变化，但实际上均已注入了新的理念。对"客户至上"，过去的理解是有客户需求就有市场，IBM在照顾客户利益的同时就要争取利润第一；现在的理解是以客户满意度为中心，客户满意，就能保持、驱动和发展市场，IBM争取的是市场份额第一，使企业长寿。对"追求完美"，过去的理解是精益求精，但逐渐变为搞研究开发的脱离市场实际，重组前IBM研发部门多年的成果大部分都束之高阁，没有任何实际用途，搞市场营销的不顾客户需求，阳春白雪，自高自大，反应迟钝；现在的理解是追求客户的最高满意度，按市场需求搞研究开发和提供技术服务，以此为标准追求完美。而对"尊重个人"，IBM的员工一向并不仅仅被视为只需满足生存需求的"经济人"，公司在强调对员工的优厚待遇之余，还突出尊重其人格，员工被视为"社会人"。但在过去的金字塔式组织结构中，公司就是"大家庭"，公司高层就像"大家长"(big father)，是仁慈的独裁者，员工对公司有认同感和归属感，但所受到的尊重是以被动与服从为代价的。而经过重组后的企业运作以流程为导向，特别需要强调团队精神，文化的差别化、个性化和多元化同样是企业具有活力、灵活应变的前提。因此，IBM公司现在强调的是，"杰出尽责的人才组成团体是成功之本"。公司的企业文化致力于把传统家庭的和谐与现代企业的进取结合起来，让每位员工实现自身人生价值的过程，凝聚为企业发展源源不绝的强大动力，从而实现企业的价值。员工被视为"文化人"，公司不但将员工看作高尚的人而尊重其人格，而且鼓励员工提出自己的看法，并充分尊重其观点，激发员工在工作中的主动性和创造热情，使公司的产品和服务总是领先。在这样的价值取向中，员工是以主动和自主的"文化人"存在。过去，公司员工遇到任务，首先考虑的是应该向上级报告，现在会马上考虑应该使用什么流程，而自己应该在该流程中扮演什么样的角色。

（四）显著的重组效果

从1994年起，经过近5年艰苦的重组，IBM公司已经重振雄风，取得了巨大的成果。如图15-4所示，公司连续6年营业收入创纪录，在营业收入增长的同时，其成本费用得到了有效的控制。即使在遭遇金融风波的1998年，全年营业收入也达817亿美元，纯利润63亿美元，其中服务收入为234亿美元，同比增长21%（按照不变货币计算增长24%），连续7年服务收入增长在20%以上，而且全部毛利的60%来自服务业和软件。1999年，业务收入达875亿美元，纯利润77亿美元，年增长率22%。1993年，IBM全球服务公司仅服务和维护的营业额为149亿美元，而在1999年，收入达到了335亿美元。更让IBM动心的是IT市场的新变化。即使在2001年高技术产业饱和、下滑的情况下，IBM仍能保持其收入与盈利水平。正是IBM的业务多样化且遍布全球，可使它避免了高技术产业下滑的冲击。2001年，IBM全球服务部成了该公司规模最大、增长最快的部门，其销售额占到总数的43%，可望带来357亿美元的收入与53亿美元的利润。IBM的重组业绩得

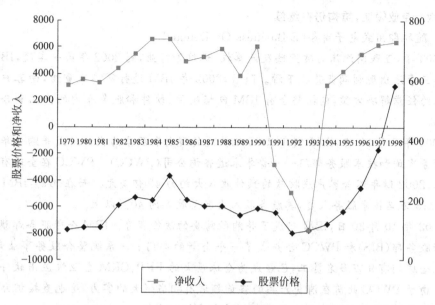

图 15-4　1979—1998 年 IBM 股票价格和净收入变化

资料来源：华南理工大学 MBA 学员陈安琪的案例调研

到市场的认同,2001 年 12 月 28 日,虽然标准普尔 500 种股票指数下降了 8%,但 IBM 的股票却上涨了 45%。正是郭士纳使 IBM 避免了分拆,恢复生机并重新获得竞争优势。为此,郭士纳被《商业周刊》评选为 2001 年度全球首位管理精英。

（五）总览

综合上述分析,本案例的公司重组模式主要如表 15-1 所示。

表 15-1　IBM 的公司重组模式

内容	从流程再造（BPR）到面向网络经济时代的重组
环境变动	世界经济格局调整导致跨国经营的模式和观念变化 信息产业的超常规发展 市场的激烈竞争
历史背景	严重大企业病：组织庞大、机构重叠、结构臃肿、人浮于事、政出多门、官僚作风严重、反应迟钝、缺乏效率和灵活性
重组动因	公司战略决策失误和结构流程落伍,导致蓝色巨人成了赤字巨人 1990 年 BPR（企业流程再造）失败
重组手段	通过兼并、剥离、分立等手段重新组合,突出了 IBM 适应全球竞争的核心业务
重组内容	组织重组：组织结构扁平化发展、与全球战略配适的网络式管理模式、客户关系管理（CRM）系统工程、企业文化的配合
重组类型	全面型：从企业战略、业务组合、组织结构、业务流程、企业文化五个方面进行全方位改革
重组效果	1994 年年底扭亏为盈,2001 年股票上涨 45%

专题十五　公司重构的动因理论解释——全球视野

(六) 专业领航,重构仍在继续

1. 随取即用式电子商务(E-Business On Demand)

2000年,互联网泡沫的破灭殃及计算机、通信等行业,到2002年第一季度,IBM已经连续第三季度出现利润及营收下滑。随后,2002年IBM进行第二次重组,向客户提供对方需求的任意解决方案,包括整合有IBM包括硬件、软件和服务在内的产品和合作伙伴的产品。

2002年7月30日,IBM宣布以35亿美元的现金和股票为代价正式并购普华永道的全球商务咨询和技术服务部门——普华永道咨询公司(PWCC)。PWCC在全球有3万多名员工,2002财年不含客户应收款的预计收入大约为49亿美元。而在此前,IBM已经拥有了近15万名技术服务人员,其服务收入占其总收入的40%以上。

2002年10月30日,IBM完成了并购所需要的法律程序。IBM全球服务部旗下的业务创新服务部(BIS)和PWCC合并成了一个全新的部门——系统整合服务事业部,这个部门在全球拥有9万多名员工,已经成为全球最大的ERP、CRM企业级应用软件的咨询部门。由于PWCC此前在消费产品的咨询领域有相当强大的实力,这也直接扩大了IBM的业务咨询范围,可以迅速地从行业顾问的角度切入市场。

2002年10月30日,IBM的未来董事长彭明盛(Samuel Palmisano)向全世界宣布IBM的一个"战略性新概念":随取即用式电子商务。在这个规模宏大的超级战略中,IBM计划将包括硬件、存储、网络计算在内的IT基础设施,操作系统、中间件在内的软件系统,与IBM的企业业务咨询服务全部整合在"On Demand"旗下,针对企业级的IT应用及业务流程变革提供一种前所未有的"彻底整合方案"。简而言之,"On Demand"可以为企业提供从最底层的芯片到最高层次的业务流程变革。

彭明盛说,他将义无反顾地调动IBM的全部力量,来帮助客户转型成为高度透明、具有高速反应能力的互联网生态系统——"On Demand"公司。在纽约的一次面向客户和合作伙伴的演讲中,彭明盛宣布一系列推动"On Demand"战略的措施:斥资100亿美元,通过研发、并购来获取提供"E-Business On Demand"的能力;在全球建立"On Demand"设计中心,帮助客户快速地应用包括Web服务、Linux和网络计算在内的开放技术;IBM业务咨询服务部将为客户提供"On Demand"评估,帮助客户开始将业务向"On Demand"转型。IBM正在将这个世界上最大的咨询和系统集成业务群重新调整。这是一个典型的矩阵式结构:纵向上,按照IBM内部的行业划分,以便让咨询服务、软件、硬件三个部门紧密地合作。横向上,按照ERP、CRM、人力资产、电子商务整合等专业解决方案来划分。IBM历经持续的公司重组,不仅雄风再现,而且继续朝着专注型方向进发。

为了提升利润率,彭明盛制定了逐步剥离低利润率硬件业务,重组软件和服务体制的战略。近年来,为了将大部分精力投入IT服务领域,IBM已经分立、剥离出售了多个硬件业务。

在硬盘驱动业务方面,IBM在2003年1月以20.5亿美元向日立出售硬盘驱动业务,日立公司和IBM的硬盘驱动器业务合并后成立的新公司名为日立全球存储技术公司,新公司70%的股权归日立公司所有,其余股权为IBM所有。日立全球存储技术公司完整保留了IBM原来的技术队伍。

在 PC 业务方面,IBM 在 2005 年 5 月以 17.5 亿美元向联想出售 PC 业务,IBM 与联想结成独特的营销与服务联盟,联想的 PC 将通过 IBM 遍布世界的分销网络进行销售。新联想将成为 IBM 首选的个人电脑供应商,而 IBM 也将继续为中小型企业客户提供各种端到端的集成 IT 解决方案。IBM 也将成为新联想的首选维修与质保服务及融资服务供应商。剥离后联想 PC 的合并年收入将达约 130 亿美元,年销售 PC 约为 1 400 万台。由于 PC 业务剥离和 Cell 处理器销售良好,IBM 于 2007 年第二季度盈利比同期增长了 10%。

在打印机业务方面,IBM 在 1991 年分拆了其低端打印机业务,并在此基础上成立了利盟,利盟在 1995 年成为一家独立上市的公司。2007 年 1 月,IBM 以 7.25 亿美元向理光出售商用数码打印机业务,并规划 3 年后退出打印机领域。IBM 与理光以 IBM 商用数码打印机业务为基础,成立一家合资企业 InfoPrint Solutions 公司。IBM 起初将获得合资企业 51% 的股份,但在随后的 3 年中,理光将逐步获得该合资公司剩余的 49% 股份,直至最终完全控股该合资公司。其中,理光将向 IBM 支付 7.25 亿美元,以获得合资企业 51% 的股份,而且这部分资金中还包括了其他 49% 股份的预支部分。而最终理光是否完全收购 IBM 商用数码打印机业务,则取决于该部门 3 年之后的盈利情况。而且理光在第一阶段将扩展其打印业务,并把 InfoPrint Solutions 公司变为其核心业务。

2. 智慧地球(Smarter Planet)

2008 年,全球遭遇经济危机,全球经济一片低迷。正是在这样的背景下,2008 年 11 月,时任 IBM 董事长兼 CEO 的彭明盛在纽约召开的外国关系理事会上,正式提出"智慧地球"(Smarter Planet),在 2008 年 11 月 25 日,IBM 一口气发布了 4 篇新闻稿来阐述这一战略理念。美国 IBM 公司在提出智慧地球概念的同时,提出了 21 个支撑智慧地球概念的主题,包括能源、交通、食品、基础设施、零售、医疗保健、城市、水、公共安全、云计算、建筑、工作、智力、刺激、银行、电信、石油、轨道交通、产品、教育、政府。如图 15-5 所示。

图 15-5　智慧地球概念

IBM 充分把握"感知化、互联化、智能化"的科技大势，提出"智慧地球""智慧城市"的愿景。支撑这个愿景的就是被我们今天所熟悉的云计算、大数据、移动、社交。该战略定义大致为：将感应器嵌入和装备到电网、铁路、建筑、大坝、油气管道等各种现实物体中，形成物物相联，然后通过超级计算机和云计算将其整合，实现社会与物理世界融合。在此基础上，人类可以更加精细和动态的方式管理生产与生活，达到"智慧"状态，提高资源利用率和生产力水平，改善人与自然间的关系。

IBM 的创新解决方案在智慧能源、智慧交通、智慧医疗、智慧零售、智慧能源和智慧水资源等政府、企业、民众所关心的重要领域全面开花，涵盖节能减排、食品安全、环保、交通、医疗、现代服务业、软件及服务、云计算、虚拟化等热点方向。

表 15-2 列示了 IBM"智慧地球"战略执行情况。

表 15-2 IBM"智慧地球"战略执行情况

时间	2012 年 12 月	2013 年 9 月	2014 年 4 月	2014 年 10 月	2015 年 3 月
战略行为	收购 StoredIQ 软件公司	收购 Daeja Image Systems	收购 Silverpop 公司	IBM 接管汉莎航空公司的 IT 基础设施部门	收购搜索引擎初创企业 Blekko 技术及团队
业务内容	处理失效的信息和降低数据存储成本	影像系统，加强软件业务	云营销服务	航空智能化	搜索引擎

2008 年，彭明盛代表 IBM 宣布了"智慧地球"愿景。为了保证和推动这次新的转型，IBM 再一次把目光放在领导力上，于 2010 年推出了最新的领导力模型。IBM 通过对领导力建设体系进行相应的完善和改进，以确保领导力体系能够与公司转型要求相一致。

IBM 在长期实践中逐渐摸索形成了一个领导力建设的完整体系，这个体系能够将标准化的领导力模型、科学化的领导力评测和个性化的领导力培养结合起来。所谓标准化的领导力模型，是指结合公司转型战略的需要，在全公司范围内建立统一的领导力要求模型。IBM 于 2010 年刚刚颁布的标准化领导力模型，包含九项要求。这九项要求所构成的领导力模型，对下至普通员工，上至公司 CEO 在内的所有 IBM 人都适用。这个标准化的模型要在每个 IBM 员工身上建立一种"IBM 特质"，同时也构成了 IBM 领导力建设体系的基础。

在实践中，IBM 通过科学的评测体系，以这九项要求为衡量标准，对每一个员工进行领导力评测。首先，被评测者通过网上系统，邀请特定人员（经理、同事、下属）参加测评。系统在 24 小时内会向被选中的人发出邀请，请他参与网上测评，并会定期提醒未参与测评的人。四周至六周后，系统会根据人们提供的在线匿名调查反馈自动生成个人测评调查报告。被评测者则可以在网上系统下载或打印本人的测评报告，根据测评结果制订个人发展规划。

根据这种 360 度的胜任力评测，每个人能够更清楚自身的优势和弱点，并了解为胜任其工作岗位需要何种领导能力，从而制订个人发展计划。在这个基础之上，公司会提供个性化的、有针对性的学习和培训支持，帮助个人达成成长目标。正是在这样一个行之有效的体系之下,IBM能够始终处于"善治"的状态,在转型和创新方面保持活力。

截至2014年,IBM在大数据方面的投入已超过240亿美元,并购了30家相关领域的公司,拥有超过1万名数据分析咨询师,400多名数学家,数千项专利;全球1000多所大学在教授IBM的数据课程。IBM在云计算的投入达60亿美元之多,拥有36 000名云计算的专家,SoftLayer就是其中最重要的一项。2013年,IBM在云计算方面的增长达到70%,收入达到40亿美元,80%的《财富》500强企业在使用IBM云产品。未来IBM在全球将建成40个云计算数据中心,中国已就SoftLayer在中国香港落地签署了战略合作协议。在移动方面,IBM推出了MobileFirst,收购了8家移动相关的公司;企业级社交应用连续四年全球第一;在安全领域,在全球进行了12项并购,拥有6 000多名专家,25个安全实验室,上千项专利。此外,在IBM内部,建立了20万个社区,85%的销售都转到了SalesConnect上。

3. 进一步重构:"认知解决方案和云平台公司"①

随着时间的推移,"智慧地球"理念中的重要组成部分——"智慧的××行业",得到了业界的广泛认同。IBM也逐渐将"智慧地球"归结于行业的解决方案,将业务集中于大数据与云计算的研发,为不同行业提供认知解决方案和智能化的支持。2016年也成为IBM公司向认知解决方案和云平台公司转型的元年。

2016年,IBM首席执行官罗睿兰(Ginni Rometty)在全球最大规模的国际消费类电子产品展览会(International Consumer Electronics Show,CES)上宣布借认知计算平台(Cognitive Computing Platform,CCP)重返消费领域,而这个CCP就是大名鼎鼎的沃森(Waston),并强调IBM将成为一家认知解决方案云平台公司(Cognitive Solutions Cloud Platform Company)。

由于Watson所代表的具备规模化学习、根据目标推理以及与人类自然互动能力的认知系统能赋予物件、产品与流程"思考"的能力,所以Watson正帮助企业以前所未有的方式获得洞察和决策支持——这就是IBM想要向世人展示的未来——将认知形式的思考能力融入各行各业的应用、产品和系统中,为各个行业甚至人类的生活、工作方式带来颠覆性的变革。② IBM的Watson已经在运动、健康、消费等领域与众多行业领导厂商展开了合作。

(1) 全球领先的大型家电制造商惠而浦公司与IBM将建立全新合作关系,以便将惠而浦的互联家电与包括认知分析功能在内的IBM Watson相连接,从而为用户提供更为个性化的服务。通过IBM Watson提供的认知分析、数据管理和保护在内的多种功能,惠而浦可以及时了解用户的习惯,更有前瞻性地为他们的客户服务。比如,根据用户使用烤箱的习惯(如食物喜好、营养状态等),来为其提供定制化的健康食谱。本次合作还将同时关注大数据的重要性与复杂性,惠而浦公司正在通过IBM云计算商业解决方案从电器设

---

① 罗睿兰. IBM已转型成为认知解决方案云平台公司[OL]. http://www.linkshop.com.cn/web/archives/2016/342844.shtml.
解读|IBM已转型为认知解决方案云平台公司[OL]. http://cloud.zhiding.cn/2016/0108/3071134.shtml.
② IBM的第四次战略转型:"认知商业"时代到来[OL]. http://tech.163.com/16/0306/07/BHF6CGVK000915BD.html.

专题十五 公司重构的动因理论解释——全球视野

备中实时提取数据与洞察,以实现产品的优化并根据消费者的独特需求定制并强化新功能。

(2) 体育用品公司安德玛(Under Armour)与IBM合作,在个人健康领域创造和提供更有意义的由数据支持的洞察。开发了一款名为"UA Record",结合了"认知训练系统"(cognitive coaching system),它可以被用作私人健康顾问、健身教练与助手,在睡眠、健康、运动和营养状况方面,提供及时且有数据依据的指导,甚至参考与使用者相类似的人的信息进行分析。它将汇总安德玛全球1.6亿用户的相对的健身与健康数据(如睡眠、健身、活动和营养等),为用户提供健身指导(如推荐符合某一健身指标的运动)。

(3) IBM和软银机器人控股公司(SBRH)合作推出了基于Watson CCP的智能机器人Pepper,它可以与人类正常沟通,可识别文字、图像和语音,通过行业定制化,可以在银行服务台、餐饮、零售、酒店、医疗接待等领域为人类提供智能的信息化服务。同时,IBM推出了WatsonTrend应用,提供给购物者了解节日流行趋势的新途径,同时还能够预测最热门商品,防止它们出现脱销。该应用可以通过苹果应用商店免费下载。借助于Watson的自然语言理解能力和机器学习技术,该应用能够发现消费者的喜好,从而找出规律和趋势,揭示人们为什么选择特定的产品或品牌。

(4) IBM与医疗技术与服务公司美敦力(Medtronic)在糖尿病管理方面展开深入合作,通过Watson的认知计算服务,现已达到了一个关键的里程碑。根据设想,Medtronic应用将通过相关的实时洞察与训练功能,来帮助糖尿病患者更好地了解日常活动对病情的影响,并做出相应调整。通过应用IBM Watson的认知计算能力处理来自Medtronic可穿戴医疗设备及其他情景化来源的数据,并提供个性化的糖尿病管理服务。早期研究显示,此类Medtronic应用具有给病患提供洞察的能力,例如,可能的低血糖风险以及食物和活动对患者血糖趋势的影响等。

以上四个合作案例,分别体现了Watson CCP在体育、服务、医疗与家电行业的实践,也清楚地表明了Watson CCP的发力方向,即为相关行业自身的变革提供幕后的智能化支持。

Watson CCP也积极展开与中国企业的合作。例如,2016年8月,IBM与杭州认知共同宣布,在华已有21家医院计划使用IBM Watson肿瘤解决方案(IBM Watson for Oncology),以期依托此认知计算平台,助力中国医生获得循证型癌症诊疗的决策支持,从而为患者提供个性化治疗方案。从长期来看,IBM Watson肿瘤解决方案的普及将有助于中国癌症治疗的转型,助力分级诊疗及普惠医疗的发展。2016年10月,IBM与世纪互联共同宣布,为进一步推进中国云计算创新发展,基于IBM云平台Bluemix,双方将共同支持区块链、物联网及先进的云数据服务。借助Bluemix专属版(Dedicated)与公共版(Public)相继在中国投入使用,IBM将为中国快速壮大的开发者们提供一套全面的区块链和物联网服务。2016年11月,北京能链科技与IBM共同宣布,双方将基于区块链技术,共同部署碳资产开发平台,加速构建全国统一的碳排放交易减排市场,助力企业高效、统一地开发碳资产,应对全球气候变化挑战。该平台有望成为全球第一个基于区块链技术部署的碳资产开发平台。

认知解决方案是IBM从研发战略开始正式转向IBM的产品战略和业务战略。认知解决方案是基于数据分析、物联网、人工智能等技术的综合创新解决方案。它有助于IBM继续发挥其在行业方面深入洞察及领先经验，有助于IBM整合研发成果与行业经验，提供复杂的、综合的高价值解决方案和技术，在创新市场领域重新引领产业发展趋势，重夺领先地位。

专题十六

重构全球价值链——中国企业升级的理论探讨

一、引言

在经济全球化背景下,新兴经济体企业如何融入世界经济并发挥作用,是一个极其重要并影响未来世界经济格局的问题。长期以来,受国际直接投资的比较优势、全球价值链等理论的影响,与之相关的由发达国家企业主导的国际分工观点认为,发展中国家企业主要从事附加值低的业务,而发达国家大企业则承担研发、关键零部件制造、销售、品牌管理、服务等附加值高的业务。其实质在于发达国家跨国公司在全球承担着价值管理的职能。在全球经济格局中,早期的美国耐克公司、阿迪达斯,近期的苹果公司以及其他跨国公司的实践都是如此。它们在整合全球资源的商业模式下主导国际分工,发展中国家企业只能获得极其微薄的利润。

但是,许多新兴经济体的优秀企业充分利用自己的优势,迅速成长,成为在全球范围内整合资源的主导企业。它们的实践和创新不仅为新兴经济体企业转型升级的研究提供了独特素材,而且在理论上向基于比较优势、全球价值链等理论,并向与之相关的由发达国家企业主导的国际分工观点提出了挑战。

上述新兴经济体促使笔者对全球价值链的观点及其与现实之间的差距进行反思,进而提出重构全球价值链的概念和内涵,并对重构全球价值链的理论根基、动因、过程与结果进行研究。本专题首先提出了重构全球价值链的基本命题,初步构建了理论分析框架;其次通过对捷安特自行车的纵向案例研究,分析新兴经济体企业重构全球价值链的动因、路径、效果;最后通过案例研究与重构全球价值链的理论分析框架的拟合,验明重构全球价值链。

在重新认识全球价值链理论的基础上,本专题提出重构全球价值链的概念并进行理论构建,探讨重构全球价值链的背景、动因、行为与效果,建设新兴经济体企业转型升级的分析框架与理论体系。

二、文献研究与研究方法

(一)文献研究与述评

1. 研究文献概览与研究类型、研究内容分布

在经济全球化的背景下,生产过程的分割化与生产任务和活动的国际离散,导致无国界生产体系逐步形成(UNCTAD,2013),在参与生产组织的各国或地区之间形成一个全球生产网络（Ernst，2002，2004），同时也形成了一个基于产品的价值创造和实现的全球价值链（Global Value Chain，GVC）（Gereffi，1999；Humphrey & Schmitz，2000）。

价值链重构（value chain restructuring）的概念最初由 Beck 等人（2001）提出，用来描述网络作用于价值链各个环节而导致价值链重组的现象，后来被应用于组织行为层面，指出企业为了向价值链的更高位置移动，用各种信息技术方法来增强其在价值链上的协调功能（Ramioul，2008）。全球价值链重构对发达国家能产生积极的贡献，由于价值链在全球范围内的延长，有利于发达国家就业人数的增加（Huws et al.，2009；Meil et al.，2009）。也有一些学者关注到全球价值链重构可能会给发达国家或发展中国家及其企业带来的一些组织与人力资源方面的变革和冲击，包括对特定群体的冲击（Khara 和 Lund-Thomsen，2012），如高技能专业工人被淘汰（Huws 和 Dahlmann，2009）。

重构全球价值链对发展中国家及其企业存在的作用和影响，仅有一些初步的探讨。UNCTAD（2013）指出，发展中国家参与全球价值链分工的增长速度越快，出口产品中的国内价值增值就越高，该国人均 GDP 的增长率也就越高。中国和其他的亚洲供应商在全球服装供应链的重构中成为赢家（Frederick 和 Gereffi，2011）。

2. 研究述评和理论缺口

第一，从研究规模来看，目前关注重构全球价值链现象的学者和文献还比较少，且没有明确的定义和内涵。从上述研究可以看出，在 CSSCI 和 SSCI 刊物中发表的有关对全球价值链的研究的文章很少，而在管理学的顶尖刊物中几乎没有。尽管重构全球价值链与转型升级之间有密切的联系，但当前有关转型升级的研究主要聚焦过程的角度，如着重在战略选择和路径，而缺少对其背后的理论加以探讨。现有文献对重构全球价值链这一概念并没有明确的定义：一是立足于组织行为层面的公司结构变化（WORKS，2005）；二是国际分工带来的价值链在全球分布而导致的各种宏观的就业问题，或微观的组织与人力资源变化（Ramioul，2008；Huws 和 Dahlmann，2009）；三是局限在价值链环节移动的层面来理解全球价值链的重构，将其理解为通过国际扩张而向价值链的高端位置移动（Pananond，2013）。也有学者将供应链重构和价值链重构结合在一起来探讨。本文认为，上述三种类型的定义都未能体现新兴经济体及其企业的能动性，也未能反映这些企业对全球价值链进行结构性的改变，甚至在国际分工中掌握主动权这一现象。因此，有必要进行深入的探讨。

第二，在研究范畴方面，侧重组织结构与人力资源层面，未能与全球价值链的结构性变动联系起来。目前在重构全球价值链方面为数不多的研究，主要集中于经济一体化和技术变革的背景下，处于全球价值链中的企业的组织结构的变化（WORKS，2005）、员工就业与工作环境（Ramioul，2008；Meil 等，2009；Huws 等，2009）、特定群体如高技能专业工人的影响（Huws 和 Dahlmann，2009）。这些研究主要集中在组织行为层面。尽管也有一些学者开始关注企业沿着全球价值链移动并改变地位的现象，但仍然基于原有的全球价值链来分析问题，未能与全球价值链的结构性变动联系起来。

第三，在研究对象方面，有关欧美发达国家企业、新兴经济体及其作用的研究还比较缺乏。尽管已有学者对新兴经济体的跨国生产企业尝试改变特定行业的全球价值链结构这一点开展了有益的探讨（Azmeh 和 Nadvi，2014），但总体而言，这种关注仅仅停留在从

"配合"到"共同领导"的转变,还没上升到"主导地位"的层面。正如本文引言所提及的,不少新兴经济体的优秀企业充分利用优势,成功地实现转型升级,甚至从代工企业成长为世界第一的品牌企业,或者通过反向收购等方式,整合全球资源,并主导了国际分工。这些实践在理论上向基于比较优势理论、全球价值链等理论,并与之相关的由发达国家企业主导的国际分工观点提出了挑战。

综上所述,在新兴经济体中出现不少转型升级的重大实践建设,但对转型升级的许多研究未能上升到理论层面,缺乏理论框架。许多研究仅描述升级过程、行为,但未能加以深入解释。例如,基于升级的 OEM 企业反向收购。因此,有必要立足于新兴经济体的实践,结合全球价值链的结构性变动这一本质变化,重新认识全球价值链理论。更具体地说,须结合新兴经济体企业的崛起,打破由发达国家跨国公司所主导的全球价值链及其由它们主导的国际分工,只有将两者联系起来,才符合当代企业发展的趋势。

(二) 理论构建与命题提出

本专题首先采用理论构建法,围绕"重构全球价值链"问题明确概念、提出命题和搭建框架,属于中层理论的构建(R. K. Merton,1968)。命题和假设要建立在可靠的理论基础之上(李怀祖,2004),①本专题所探讨的重构全球价值链的相关文献非常缺乏,必须从更高一层次的理论出发加以支持。根据 D. G. Wagner 和 J. Berger(1985)及陈昭全等人(2008)的观点,本专题综合采用深化、繁衍、竞争和整合四种发展理论的方法来建立理论。②首先采用深化的方法,在已有全球价值链理论的基础上,对发达国家跨国企业与新兴经济体企业之间的关系进行探讨,为现有理论添加新的成分。其次采用繁衍的方法,将国际分工、市场失效、利害相关者权益、权变理论等其他领域理论,应用到新兴经济体企业重构全球价值链的新现象之中。再次采用竞争的方法,基于新兴经济体企业的新视角,对现有的全球价值链理论提出挑战。最后采用整合的方法,基于多个理论根基创造新的"重构全球价值链"理论,明晰概念、命题和理论框架。

在命题提出的过程中,本专题使用了演绎和归纳相互印证的手段。笔者团队在 2006—2014 年多次对台湾的台南科学园区、工业技术研究院以及十多家代表性企业进行考察访问,包括捷安特、阿托科技、台积电、台联电、宏基、华硕等企业的调研,以及在 2006—2015 年对珠三角地区几十家企业调研,如顺德东菱凯琴、佳士科技、龙昌玩具、哈一代、珠江钢铁、广州互太等。大量的企业实地调研为理论构建积累了素材。多数案例的素材在本专题的命题提出中采用。

---

① 李怀祖. 管理研究方法论[M]. 2 版. 西安:西安交通大学出版社,2004.
② Wagner D G, Berger J. Do sociological theories grow? [J]. American Journal of Sociology, 1985,(90)4: 697-728.
陈晓萍,徐淑英,樊景立. 组织与管理研究的实证方法(第二版). 北京:北京大学出版社,2012

三、理论探讨与构建：重构全球价值链的基本含义与基本命题

（一）重构全球价值链及其基本含义

笔者通过观察发现，随着经济全球化进程的加快，新兴经济体企业的崛起，国际竞争格局发生了深刻的变化，具有创新精神的新兴经济体企业家打破了由发达国家跨国公司主导的国际分工及其在全球配置资源的格局。因此，根据上述的文献研究基础，本专题提出重构全球价值链的概念，即处于价值链低中端的新兴经济体制造型企业基于创新驱动，通过积累能力、寻求能力，打破由发达国家企业主导的国际分工，立足全球配置资源，向价值链中高端发展，促使全球竞争格局发生结构性变化的过程。

这一概念包括了几个方面的含义。首先，重构全球价值链的主体是新兴经济体企业，而且是原本处于全球价值链低中端的制造型企业。这实际上也界定了问题的边界，这与当前主流文献有所不同。无论是从全球价值链的形成，还是从全球价值链的发展演化来看，欧美等发达国家及其企业都一直占据着主导地位，尽管相关文献关注到了新兴经济体企业尝试改变特定行业的全球价值链结构的现象（S. Azmeh 和 K. Nadvi，2014），[1]但对这种作用的进一步研究还非常缺乏。

其次，重构全球价值链是新兴经济体企业转型升级的结果。该概念强调企业从全球价值链低中端向中高端移动，本质上是企业的转型升级行为，它是对原有全球价值链的改造和重置。

再次，该概念强调重构全球价值链是一个过程，包括驱动因素、行为过程和效果，也体现了新兴经济体企业打破现状、改变地位、重置资源、扭转格局的过程。

最后，这一概念强调了重构全球价值链的效果。一是打破由发达国家企业主导的国际分工；二是立足全球配置资源，向价值链中高端发展。在这两者基础上，实现全球竞争格局发生结构性变化的过程。

（二）重构全球价值链的基本命题与分析框架

1. 全球价值链与发达国家企业所主导的国际分工

全球价值链的形成，反映了价值链的空间分化和延伸，体现了垂直分离和全球空间再配置之间的关系（B. Kogut，1985；P. Krugman，1995）。[2] 同时，如上述文献研究所述，各参与国（地区）之间也形成了一个基于产品的价值创造和实现的全球价值链。因此，全球价值链是国际分工的结果。

---

[1] Azmeh S, Nadvi K. Asian firms and the restructuring of global value chains[J]. International Business Review, 2014, 23(4): 708-717.

[2] Kogut B. Designing global strategies: comparative and competitive value-added chains[J]. Sloan Management Review, 1985, 26(4): 15-28.

Paul Krugman. Growing world trade: causes and consequences, brookings papers on economic activity, 1995, (1): 327-377.

从参与主体来看,全球价值链涉及跨国品牌商、供应商、竞争对手、合作伙伴及客户等众多参与者,体现了全球范围内的国际分工。而发达国家跨国公司是全球价值链和国际分工中的主导者。跨国公司在跨国经营中为了绕过贸易壁垒、适应当地市场的特点、降低运输成本等,将价值链的部分环节转移出去,而直接组织、主导全球价值链的分工协作体系。比如,苹果公司主导国际分工体现在,在全球范围寻找最有生产成本优势的工厂进行代工,以获得最低成本和最高效率,代工组装价仅占市场售价的1%,而高附加值的环节主要在于美、日、韩,如IC、分立器件等。

发达国家跨国公司的主导作用,可以从以下两个方面得以体现。

一是从全球价值链的组成部分来看,发达国家企业占据了重要战略环节。全球价值链涵盖了从采购和运输原材料,到生产和销售半成品与成品,直至最终在市场上消费和回收处理的全过程。它包括了所有参与者以及生产、销售等活动的组织及其价值和利润分配机制,并且通过自动化的商业流程,以及通过与供应商、竞争对手、合作伙伴及客户之间的互动,来支持企业的能力和效率。

二是从全球价值链的驱动方向来看,无论是生产者驱动型还是购买者驱动型,发达国家企业均处于主导的地位。G. Gereffi(1994,1999)[1]根据全球价值链驱动方向的不同,将企业嵌入价值链分为生产者驱动型和购买者驱动型两种类型。一方面,在生产者驱动型之中,价值链的主要战略环节在研发和生产领域,是以发达国家跨国制造商为代表的生产者通过投资形成全球生产网络的纵向分工体系,而发展中国家企业则是通过合资、合作或并购等方式参与到生产制造环节中。另一方面,在购买者驱动型之中,以国际品牌制造商、国际零售商为代表的购买者通过全球采购或OEM、ODM等方式,来组织国际商品流通网络。在国家产业分工体系中,发达国家主要处于价值链的上下游,掌握着高附加值的研发和营销环节。而大部分发展中国家则利用廉价的劳动力和低成本制造的能力,通过参与低端产品的制造参与全球价值链。因此,提出如下命题。

命题1　全球价值链是由发达国家企业主导的国际分工的基本表现形式

2. 发达国家企业所主导的国际分工的市场失效问题

尽管从表面上看,国际分工是全球市场行为,但由于这一分工是由发达国家企业(跨国公司)所主导的,因此国际分工市场存在严重的不完全性。市场的不完全性为发达国家企业在国际分工中掌握主导权和获利,提供了重要前提和机会。最典型的例子是跨国公司基于市场不完全性和垄断优势在对外直接投资中获取较高利润(S. H. Hymer,1960)。[2]

实际上,国际分工存在失效本质上是市场失效的体现。发达国家企业所主导的国际分工市场的不完全性问题,主要体现在以下三个方面。

首先,国际分工市场并非一个完全竞争的市场。随着国际分工从产业间,发展到产业

---

[1] Gereffi G, Korzeniewicz M. Commodity chains and global capitalism[M]. London: Praeger, 1994.

Gefeffi G. A commodity chains framework for analyzing global industries[M]. Working Paper for IDS, 1999b.

[2] Hymer S H. The international operations of national firms: a study of direct foreign investment[M]. PhD Dissertation. Published posthumously. The MIT Press, 1976. Cambridge, Mass.

内,再发展到产品内(张向阳、朱有为,2005;张纪,2007),①在全球价值链中处于非战略环节的参与企业,仅能提供零部件、半成品,或组装、运输等生产服务,难以为市场提供完整的产品。只有掌握主导权的发达国家企业才可通过全球生产体系,为市场供应完整的产品。此外,新兴经济体企业在代工过程中,面临被发达国家跨国公司随时撤单的风险。

其次,国际分工市场存在严重的市场外部性。发达国家企业主导国际分工、掌握全球价值链战略环节的行为和决策,影响了其他国家的经济主体,但并没有做出相应的补偿或没有取得相应的报酬,这种国际市场外部性也称为国际外部性(俞海山、杨嵩利,2005)。② 而发达国家企业的不完全竞争行为,往往使代工企业及其东道国的利益(如生态环境)受到了损害,因此,对发达国家企业之外的企业及其东道国而言,这种外部性是负外部性。

最后,信息的不对称和不完备,使发达国家企业对生产过程的各个环节进行定价。这种不完全性可以明显体现在国际分工中不同国别企业获得全球价值链不同水平的附加值上。R. Tempest(1996)③详细描述了芭比娃娃玩具的产品内国际分工和价值链分布情况,在芭比娃娃玩具的生产流程中,美国公司提供产品模板并承担市场销售业务以及彩绘业务,印度尼西亚、马来西亚、中国等地区的企业承担部件组装业务并提供棉布等原材料。芭比娃娃玩具在美国的零售价约为10美元,其中美国公司获得了8美元的价值,而由中国劳动力所产生的增加值仅有0.35美元。由此可见,全球价值链上的高附加值环节往往集中在发达国家企业,这是发达国家企业拥有对生产过程各个环节的定价权的必然结果。发达国家企业通过掌握产品的关键技术、核心零部件、专利或品牌等关键资源,而掌控全球价值链各个环节的定价权。其他国家企业由于信息不对称和信息不完备,只能按照发达国家企业的定价来参与国际分工。

由此可见,国际分工市场并非一个完全竞争的市场,而是存在严重的市场外部性。因而,由发达国家企业主导的国际分工,存在严重的市场失效问题。因此,提出以下命题。

命题2　由发达国家企业主导的国际分工存在严重的市场失效问题

3. 由发达国家企业主导的国际分工的市场失效对新兴经济体及其企业的损害

由发达国家企业主导的国际分工造成的严重的市场失效有悖于利害关系者的权益,从而使全球价值链中所处位置低下的企业、东道国政府具有改变其所处地位的动机。利害关系者权益理论认为,公司有重要的义务来平衡股东与其他利害关系者,包括员工、供应商、客户和更广泛的社区之间的利益。利害关系者是那些为公司专用化资产做出贡献而这些资产又在公司中处于风险状态的人和集团(M. M. Blair,1995)。④ 而在全球价值链中,发达国家企业的利害关系者,包括广大的代工企业及其员工以及东道国政府。

一方面,国际分工市场失效严重损害了代工企业及其员工的利益。有数据显示,东莞贴牌衬衫的出厂价,仅为西方市场最终售价的百分之几。国际分工被发达国家企业所主

---

① 张向阳,朱有为. 基于全球价值链视角的产业升级研究[J]. 外国经济与管理,2005,27(5):21-27.
张纪. 产品内国际分工:动因、机制与效应研究[D]. 上海社会科学院,2007.
② 俞海山,杨嵩利. 国际外部性:内涵与外延解析[J]. 宁波大学学报(人文版),2005,18(3):6-10.
③ Tempest, Rone. Barbie and the world economy[J]. Los Angeles Times, 1996,(22).
④ Margaret M. Blair. Ownership and control: rethinking corporate governance for the 21st century[M]. licensed by The Brookings Institution Washington, D. C., U. S. A. 1995.

导而造成的市场失效,具体表现在全球价值链中研发设计、营销服务等高附加值环节都由发达国家企业掌控,我国许多行业和企业核心技术受制于人,缺乏自主创新,企业利润不断降低。如前文笔者调研的数据显示,品牌采购商掠去了绝大部分的利润,广大 OEM 企业仅赚取微薄的收益。另一方面,国际分工市场失效也不同程度地损害了东道国利益。具体表现为:一是在生态、环境等方面受到不同程度的破坏;二是以牺牲环境为代价的生产模式难以获取相应的收益回报。《纽约时报》曾撰文批评苹果公司一味攫取利润,漠视其供应商让工人们在极端严酷的环境下工作,甚至发生过 137 名工人因用有毒物质清洗苹果手机屏幕使神经系统受损,4 名工人在两次 iPad 工厂爆炸中遇难等安全事故,这实际上是国际分工市场失效所导致的代工企业及其员工的利益受损。苹果公司立足全球配置资源,中国是其全球第二大市场,但是苹果并没有承担"中国公民"的社会责任。苹果公司并没有出台相应的废弃手机回收制度,苹果手机具有电子内置封闭性的特点,废弃手机随意丢弃更会对环境造成严重的污染。

更有甚者,一些跨国公司在产品质量、价格、召回制度、产品维修、赔偿政策等方面明显区分了发达国家市场与发展中国家市场。例如,日本公司专门制造卖给中国和亚洲市场的产品。如丰田就有典型的"丰田卖给中国的车";日本人曾说过一句话,"一流产品在国内,二流产品往欧美,三流产品销亚洲,压仓底的产品高价卖给中国人"。① 这是最为典型的恶意的市场分割行为。

许多新兴经济体公司的发展案例表明,正是在这样的背景下,处于全球价值链低端的企业不愿意永远停留在价值链的最低点。它们具有向全球价值链高端位置移动的动机,不甘心停留在全球价值链的低端环节。同样,东道国政府具有改变其所处地位,推动本国企业升级的动机。因此,提出如下命题。

命题 3 由发达国家企业主导的国际分工,损害了利害相关者的权益,从而使全球价值链中所处位置低下的企业、东道国政府具有改变其所处地位的动机

4. 全球价值链高端环节存在巨大的利润空间

从全球价值链各个环节的利润分配上来看,价值链高端存在巨大的利润空间,而其他环节则利润薄弱。有些学者基于不同国别企业在全球价值链中处于不同环节,具有附加值与利润差异,解释了全球价值链高端为何存在巨大的利润空间。R. Kaplinsky(1993)认为,发达国家和发展中国家在全球价值链中的利润分配存在不公平,这是因为领袖企业对全球价值链的治理能力来源于研发与设计、品牌和营销等竞争力资源,而这些环节进入壁垒高,利润丰厚,与之相反,发展中国家基本处于进入壁垒低、利润低、竞争激烈的生产环节。

一方面,全球价值链高端巨大的利润空间,为新兴经济体企业转型升级提供了机遇与空间。另一方面,也有学者基于国别利益分配变化,指出发展中国家及其企业不进则退,在全球价值链中所处位置低下的企业,具有改变其所处地位的动机。比如,张二震等人(2004)提出,发达国家多以资本、技术和知识参与分工,在利益分配中处于主导地位,而发

---

① 资料来源:丰田员工谈不买日本车的四大理由[OL].环球网汽车频道.http://auto.huanqiu.com/roll/2015-08/7214035.html.

展中国家常以劳动力、土地等要素参与分工,在利益分配中处于不利地位,并且发达国家的跨国公司还会通过转移价格进一步剥夺发展中国家的利益。① Arndi(1997)证明了全球价值链分工在提高其最终产品国际竞争力的同时,改善了资本充足的发达国家的福利。这在一定程度上说明了全球价值链高端环节不仅为企业带来了巨大的利润空间,还升了国家福利。

正如中国企业需要向发达国家企业支付高额专利费的例子所体现的,在利润空间和成本压力双重因素的推动下,新兴经济体企业具备了改变其所处地位的动机。因此,提出如下命题。

命题4 全球价值链高端巨大的利润空间为新兴经济体企业转型升级提供了机遇与空间。在全球价值链中所处的位置低下的企业,具有改变其所处地位的动机

5. 新兴经济体迅速成长的经济与巨大市场和企业转型升级

随着经济全球化,许多新兴经济体的经济迅速发展,形成了巨大消费市场。新兴经济体以其经济快速发展和经济自由度高为特征(Hoskisson等,2000),②引发全球经济重心向其转移。新兴经济体,如"金砖四国""新钻11国"所开创的新兴市场成为世界经济发展的主要引擎(陈凤英,2009)。③ 中国是近30年来世界上最大的新兴经济体和增长最快的市场,以中国大陆、台湾地区和香港地区组成的中国经济区,自20世纪80年代末以来日益取代日本成为亚洲经济中心(Z. Wang和G. E. Schuh,2000)。④ 一个明显表现是从"中国制造"(made in China)到"市场在中国"(sold in China)的转变。

新兴经济体迅速成长的经济与巨大市场,为其产业和企业在全球价值链上往高端环节转移和实施转型升级提供了机遇与空间。新兴经济体企业可以通过以下四种手段来实施升级。一是通过市场培育品牌;二是通过市场培育技术;三是积累转型升级所需要的资金;四是国内外市场互动,优势互补。发展中国家可以凭借国内市场的发育,从而进入区域或全球市场的价值链分工生产体系中,本土企业在此期间能够表现出强的功能与链的升级能力(H. Schmitz,2004)。⑤ 刘志彪、张杰(2007)⑥认为,如要摆脱被俘获的地位并自主发展,需要转向国内市场空间,培育国内价值链。事实上,发展中国家的制造企业,在为跨国企业代工的过程中,实现了产品和工艺两方面的升级(H. Schmitz,2004)。G. Gereffi(1999)、R. Kaplinsky和M. Morris(2001)的研究也提及,从OEM到OBM的升级路径之中,关键核心能力就是品牌营销能力。杨桂菊(2010)的研究也表明,在OBM和IBM两个阶段,市场营销能力起着关键作用。在实证方面,H. Schmitz(2004)通过对印度和巴西

---

① 张二震,马野青,方勇,等. 贸易投资一体化与中国的战略[M]. 北京:人民出版社,2004.
② Hoskisson R E, Eden L, Lau C M, et al. Strategy in emerging economies[J]. Academy of Management Journal, 2000, 43(3):249-267.
③ 陈凤英. G20与国际秩序大变局[J]. 现代国际关系, 2009,(11):8-9.
④ Wang Z, Schuh G E. Economic integration among Taiwan, Hong Kong and China:a computable general equilibrium analysis[J]. Pacific Economic Review, 2000, 5(2):229-262.
⑤ Schmitz H. Local enterprises in the global economy:issues of governance and upgrading[J]. International Affairs, 2004, 37(2):320-322.
⑥ 刘志彪,张杰. 全球代工体系下发展中国家俘获型网络的形成、突破与对策——基于GVC与NVC的比较视角[J]. 中国工业经济, 2007,(5):41-49.

的研究,发现本国市场专业化的企业,将更愿意发展设计、品牌及市场渠道等附加值较高的服务职能,而在本国市场获取上述能力后,开始国际化,进入周边国家市场甚至在全球区域内进入多个市场。

中国经济体培育了世界上最大的产业集群,比如,广东省的中山灯饰、佛山照明、佛山乐从家具、东莞玩具,台湾地区的自行车和纺织。尽管一些产业集群及其企业,因无法突破发达国家和跨国公司的钳制而遭遇发展瓶颈(H. Schmitz,2004),但是也有一些企业、产业集群在转型升级方面获得了成功。本书专题三中的许多典型案例,以及台湾自行车产业、台湾联华电子等转型升级案例很好地印证了这一点。因此,提出如下命题。

命题5 新兴经济体迅速成长的经济与巨大市场也为其企业转型升级提供了机遇与空间

6. 新兴经济体的优秀企业家的创新创业精神

新兴经济体的经济发展与市场成长,离不开优秀企业家的创新创业精神。在企业家精神和创新的驱动下,不少优秀的中国企业实现转型升级,积极参与全球竞争,提升了竞争能力。想要深入剖析新兴经济体企业重构全球价值链的动因,可以结合企业的异质性和能动性来考察。新兴经济体企业要打破现有国际分工,并立足于全球来配置资源,甚至改变全球竞争格局,离不开新兴经济体企业的核心竞争力(M. Bell 和 M. Albu,1999)[1]和动态能力(D. J. Teece,G. Pisano,et al.,1997)[2]。现有文献认为,新兴经济体企业的链内或链间升级,关键是培养创新能力,同时优化产品、改进工艺流程,以获取更高的附加值。企业进行创新活动取决于核心能力和动态能力,核心能力和动态能力对促进企业的流程升级和产品升级发挥着重要作用(R. Kaplinsky 和 M. Morris,2001),能比竞争对手更快地获取升级绩效。A. Morrison,C. Pietrobelli 等人(2007)[3]从创新的角度研究企业升级,认为创新能够带来附加值提升。从新兴经济体企业的创新实践来看,主要表现在以下几个方面。

一是自创品牌意识强,成立不久就自创品牌。例如,位于东莞的台升家具公司成立初期为美国客户做 OEM,4 年后决定进入美国品牌家具市场,创立 Legacy Classic 品牌,以中低端产品切入美国市场并确立品牌知名度。之后又抓住机会先后四次收购欧美品牌企业,进入高端产品市场。

二是维护品牌意识强,拒绝了外资收购。例如,位于东莞的佳士科技公司潘磊总经理,拒绝了美国林肯电气公司开出其 10 年也可能赚不到的收购价格的诱惑,做通了众多股东的思想工作,化解了收购风波。公司目前已在 28 个国家和地区成功注册了"JASIC"佳士商标。

三是创新研发投入大,成立研发中心,长期保持高比例研发投入。例如,佳士科技公

---

[1] Bell M, Albu M. Knowledge systems and technological dynamism in industrial clusters in developing countries[J]. World Development, 1999, 27(9):1715-1734.

[2] Teece, Pisano, Shuen. Dynamic capabilities and strategic management[J]. Strategic Management Journal, 1997,(18):7.

[3] Morrison A, Pietrobelli C, Rabellotti R. Global value chains and technological capabilities: A framework to study learning and innovation in developing countries[M]. SLPTMD working paper series,2007.

司于2001年主导成立工业设计部,在当时资金吃紧的情况下引进了专业的设计师团队,推动企业迅速由单纯的OEM经营模式过渡到OBM模式。即使在金融危机的2008年,潘磊总经理也在全国率先推出了ITPT半导体管,以环保节能作为发展重点,现在市场走向非常好。又如,广州互太纺织公司年研发经费投入约占年销售总额的3.3%,人均产值50多万元,远高于同行业平均水平。因此,提出如下命题。

命题6 处于全球价值链低中端的新兴经济体的优秀企业基于创新驱动,通过积累能力、寻求能力,实现转型升级,从而打破由发达国家企业主导的国际分工

7. 权变理论、升级路径与重构全球价值链

新兴经济体的优秀企业打破原有国际分工,立足全球配置资源,重构全球价值链可能受多种因素的影响,因此不同企业可能采用不同的升级路径来改变在全球价值链中的地位。例如,M. Ramioul和B. De Vroom(2009)[①]发现了知识在欧洲服装、食品、软件开发、信息技术研发等行业的价值链重构中的关键驱动作用。UNCTAD(2013)指出,发展中国家在全球价值链中的发展路径主要有六种。第一,参与全球价值链,即和跨国公司签订制造合同,进料加工出口。第二,为全球价值链做好准备,即暂时放缓全球价值链的融入度,优先致力于提高产品在国内的附加价值,替代进口。第三,在价值链上升级,即全球价值链融入度已经很高的国家,增加出口产品中的国内附加值或者参与价值链上更多的业务功能。第四,在价值链上竞争,即一些发展中国家通过出口附加值高的产品参与全球价值链的竞争,国外公司通过并购将其纳入全球生产网络中。第五,转换全球价值链,即放弃出口产品生产,而转向进口成分更多的加工行业,提高全球价值链的融入度。第六,在价值链中飞跃,即少部分发展中国家通过吸引外国直接投资,快速实现本国高附加值产品的出口。

基于权变理论,新兴经济体企业要重构全球价值链,可能会受外部环境变化和内部企业家理念的影响。市场空间、竞争秩序及创新环境的变化,有利于加速企业升级。而企业家精神与品牌意识在企业建立自主品牌的过程中,对新兴经济体企业在重构全球价值链中选择不同升级路径有不同的影响。此外,低端制造企业与合作企业建立起良好的关系也有利于它们在运营过程中开展学习,为企业实施升级提供不同的模板和不同的路径选择。

在经济全球化、信息技术和互联网迅速发展的时代,基于重构全球价值链的多种驱动因素,权变理论更加适用于分析动态环境下的企业升级,因此具有越来越大的影响力。毛蕴诗、郑奇志(2012)提出企业升级路径的选择模型,认为企业根据其自身资源与能力和对环境变化的判断,采取不同的升级路径。因此,提出如下命题。

命题7 新兴经济体企业在升级过程中,通过多种升级路径,重构全球价值链

8. 重构全球价值链与全球竞争格局的结构变化

新兴经济体的一些优秀企业打破了由发达国家企业主导的国际分工,全球竞争格局也随之发生了结构性变化。这主要体现在三个方面:一是新兴经济体企业立足全球配置

---

① Monique Ramioul, Bert De Vroom. Global value chain restructuring and the use of knowledge and skills[M]. Work organisation and restructuring in the knowledge society- WORKS project, 2009.

资源,由代工走向全球价值链的高端环节,体现为附加值的提升;二是新兴经济体企业在国际市场逐渐具有话语权,可与发达国家跨国公司较为平等地对话;三是一些新兴经济体企业替代发达国家跨国公司产品。

前文已经指出,S. Frederick 和 G. Gereffi(2011)[①]认为中国和其他的亚洲供应商在供应链重构中成为赢家,终端市场多元化、亚洲新兴经济体旺盛需求以及区域整合的生产网络让中国的服装供应商不断升级和扩大全球市场份额。S. Azmeh 和 K. Nadvi(2014)[②]提出亚洲跨国服装生产企业正在改变服装行业的全球价值链结构。来自新兴经济体尤其是"大中国"和南亚的一级供应商逐渐参与更大范围、更多功能的价值链上的活动。亚洲跨国制造商在全球价值链中的地位,由原来的配合西方领导企业,逐渐转变为和领导企业合作,形成共同领导,在全球价值链的地理分布及组织结构调整中发挥重要的战略作用。

笔者对国内企业调研发现,位于广东东莞的 OEM 企业龙昌国际控股有限公司通过两次收购,先后获取了设计研发配套企业、品牌企业的技术、销售网络等战略性资产,从 OEM 向 ODM 再向 OBM 升级。广州国光电器股份有限公司通过收购获得"爱浪""威发"等多个音响品牌,实现了升级。与此类似成功地实现转型升级的国内企业还有很多,因此,提出如下命题。

命题 8 新兴经济体企业重构全球价值链导致全球竞争格局发生结构变化

四、重构全球价值链的基本理论框架与研究结论

根据文献分析与命题,进一步提出新兴经济体企业重构全球价值链的基本理论框架,如图 16-1 所示。首先基于 GVC、市场失效、利害相关者权益等理论基础,围绕全球价值链的基本范畴提出命题 1、命题 2 和命题 3,在此基础上分析了重构全球价值链的三大动因,形成了命题 4、命题 5 和命题 6,然后结合权变理论提出重构全球价值链的路径选择,即命题 7,最后分析重构全球价值链的效果,提出命题 8。

(一)研究结论

首先,全球价值链的主导者存在角色演变过程。本专题结合多个新兴经济体企业实践,发现在全球价值链中存在一个从初期由发达国家跨国公司主导,到新兴经济体优秀企业逆袭主导的演变过程。

其次,新兴经济体企业重构全球价值链,存在多种内外部驱动因素。外部驱动因素主要有全球价值链高端存在巨大利润空间,以及新兴经济体自身巨大的市场空间;内部驱动因素主要有新兴经济体企业的企业家精神与创新驱动。

再次,新兴经济体企业通过多种路径来重构全球价值链,不仅可以从全球价值链低端

[①] Stacey Frederick, Gary Gereffi. Upgrading and restructuring in the global apparel value chain: why China and asia are outperforming Mexico and Central America[J]. Special issue of International Journal of Technological Learning, Innovation and Development, 2011: 67-95.

[②] Shamel Azmeh, Khalid Nadvi. Asian firms and the restructuring of global value chains[J]. International Business Review, 2014,(23): 708-717.

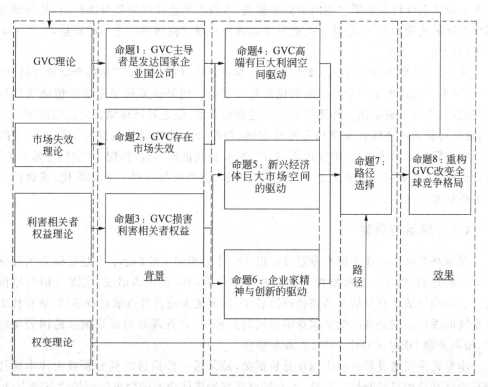

图 16-1 重构全球价值链的基本理论框架

的生产制造环节延伸到品牌营销、研发设计等高端环节,而且还可以提高原本生产制造环节的附加值水平,从而改变全球价值链。

最后,新兴经济体企业重构全球价值链,导致全球竞争格局发生结构变化,体现出三方面的效果:一是立足全球配置资源,由代工走向全球价值链的高端环节,体现为附加值的提升;二是在国际市场具有话语权,与发达国家跨国公司平起平坐;三是直接替代发达国家跨国公司产品。

(二) 理论贡献

在理论贡献上,本研究主要体现在以下三个方面。

其一,立足新兴经济体企业的实践,对现有全球价值链等理论和观点提出了挑战。全球价值链理论和与之相关的国际分工观点界定了发展中国家企业和发达国家企业分别处于低附加值、高附加值两种截然不同的环节。本专题通过理论构建和实践探讨,分析了全球价值链主导者从发达国家跨国公司到新兴经济体优秀企业的演变过程,打破了现有发展中国家企业在全球价值链中"被俘获说"的角色定位,对现有全球价值链等理论和观点提出了挑战。

其二,首次基于新兴经济体的视角提出了"重构全球价值链"的概念,为企业升级实践搭建了新的理论基础,提供了新的研究视角。企业转型升级实践的背后缺乏深层次的理论基础,为此,本专题界定了研究边界,明确了重构全球价值链的主体是新兴经济体企业,认为企业从全球价值链低中端向中高端移动,本质上是企业的转型升级行为,是对原有全球价值链的改造和重置,搭建了企业升级实践与全球价值链理论之间的桥梁,扩展了企业升级理论的。

其三,综合采用竞争、深化、繁衍和整合四种方法,初步构建了"重构全球价值链"的理论,对转型升级提供了一个全面的理论解释。当前国内外研究对于全球价值链和转型升级问题,主要基于战略选择和路径方法等过程的角度,缺乏对该现象背后深层次理论的探讨,缺乏对新兴经济体企业重构全球价值链、转型升级的动因及效果等深层次问题的分析。本专题通过明确概念、确定边界、提出命题、搭建框架,初步构建了"重构全球价值链"的理论体系,为新兴经济体企业重构全球价值链、转型升级提供一个体系化、逻辑性的全面分析框架。

(三)启示与展望

对新兴经济体企业来说本专题具有以下三个方面的实践启示:一是要树立国际分工主导者的意识,通过企业家精神和创新驱动来争取国际市场话语权,实现重构全球价值链。二是选择适合自身情况的路径或路径组合,避免走进盲目追求自有品牌、放弃代工断资金链的误区。三是在改变全球竞争格局的过程中,要处理好与发达国家跨国公司的关系,协调兼顾 OEM、ODM、OBM 的业务组合。

本专题主要通过理论初步构建分析框架,还须进一步通过案例分析或大样本统计来进行验证结论的可复制性。此外,本专题对新兴经济体企业的微观层面的动态能力、组织学习等维度尚未深入探讨,将作为后续研究进行有益的探讨。

专题十七

OEM 企业重构全球价值链

一、捷安特——从代工迈向世界第一品牌

(一) 案例企业与调研过程简介

捷安特自行车[①]是台湾巨大机械股份有限公司(以下简称巨大)旗下的自行车研发生产企业(下称捷安特)。巨大成立于 1972 年,以贴牌生产(OEM)外销代工起步。巨大的目标是自主经营、永续经营,同时也要获得营销部分的利润及要掌握经营命脉。1981 年,巨大开始尝试建立品牌捷安特(GIANT),1986 年,成立台湾捷安特销售公司并随后以自建销售渠道的方式先后进军欧洲、美国、日本、澳洲、加拿大、中国大陆等市场,到目前为止,捷安特已经是全球自行车产值第一的企业,2014 年,营业收入为 600 亿台币,品牌价值达 4.22 亿美元。捷安特国际化经营程度深入,在全球范围内有 9 个工厂,分别为中国台湾 2 个、中国大陆 6 个、荷兰 1 个;并拥有 13 家直营的销售公司,在全球多个重要的市场都有销售渠道。

在案例资料获取方面,笔者首先系统地收集与捷安特相关的二手资料和台湾自行车产业的资料,包括各种文献资料、集团网站的公开信息、相关新闻报道、出版物等,通过整理二手资料初步明确了访谈提纲。经过多方安排,笔者调研团队得以分别于 2011 年 5 月与 2013 年 11 月两次赴位于台湾大甲的捷安特台湾总部进行实地调研,并与捷安特台湾总部特别助理兼发言人许立忠、对外联络部陈部长进行访谈。许特助于 1985 年加入台湾巨大集团,一直跟随在刘金标董事长身边,并曾负责总管理处长达 10 年,对捷安特品牌的成立和随后的成长有着深入的了解,提供了信息全面深入的第一手资料。在随后的案例研究和案例写作过程中,笔者仍与许特助保持密切联系,通过电子邮件确认访谈时不明确的问题,并获得了一些关键问题的答案。

为保证访谈的可靠性和客观性,我们要求参加者尽量提供相关证据和数据,确保一手数据与二手数据相互印证(A. Langley,1999),[②]使用多种类型和多个来源的数据,如会议记录、内部刊物、历史资料等,实现三角测量(K. M. Eisenhardt,1989)。

通过半结构访谈加电话访谈获取资料,数据来自总部特别助理兼发言人、昆山公司高管、对外关系部部长、海外供应商经理,分别标示来源编码为 SA01、SA02、KS01、SN01。通过实地参观获取资料,标示来源编码为 SD。通过二手资料获取资料,数据来自官网信息、报刊或网页等公开材料、公司年报与内部记录等内部资料,分别标示来源编码为 WS、

[①] 巨大机械股份有限公司拥有捷安特品牌捷安特销售公司于 1986 年成立,其后不再区分巨大机械股份有限公司与捷安特公司。案例研究中巨大和捷安特为同一家公司。

[②] Langley A. Strategies for theorizing from process data[J]. Academy of Management Review,1999,24(4):691-710.

PM 和 NM。

(二) 案例分析

根据捷安特参与全球价值链的过程,可以划分为完全代工期、共建品牌期、自创品牌期 3 个阶段,如表 17-1 所示。根据本研究提出的重构全球价值链的理论框架,捷安特在这 3 个阶段对应 8 个命题的测量维度及其关键字的编码有效条目共计 228 条,如表 17-2 所示。捷安特 3 个阶段典型引语示例及编码结果如表 17-3 所示。

表 17-1 捷安特参与 GVC 过程的阶段划分

阶段	第一阶段	第二阶段	第三阶段
阶段名称	完全代工期	共建品牌期	自创品牌期
时间范围	1972—1980	1981—1985	1986—2014
参与 GVC 方式	OEM	OEM、OBM	ODM、OBM
在 GVC 的地位	受跨国公司俘获	受跨国公司俘获	主导 GVC

表 17-2 测量维度和关键字的编码条目统计

命题	测量维度	主要关键字	第一阶段	第二阶段	第三阶段	小计
1	国际分工主导者	合作协商、客户抵制、客户撤单	6	8	9	23
2	市场失效	不完全竞争、外部性、定价权	9	8	6	23
3	利害相关者权益	俘获关系、利益损害	13	15	7	35
4	GVC 高端的利润空间	利润、营收、附加值	6	0	8	14
5	新兴经济体市场空间	市场成长、市场规模、盈利空间	0	0	18	18
6	企业家精神与创新驱动	创新、冒险、进取心、勇于承担、超前行动	15	18	21	54
7	路径选择	品牌、研发、渠道、流程、业务组合、战略联盟	0	16	32	48
8	改变全球竞争格局	附加值提升、在国际市场话语权、替代跨国公司产品	0	4	9	13
	条目数合计		49	69	110	228

表 17-3 捷安特三个阶段典型引语示例及编码结果

命题	测量维度	关键词	典型引语示例	编码来源	对应阶段	编码结果
1	国际分工主导者	合作协商、客户抵制、客户撤单	为了避免现有的代工自行车品牌的抵制且最大限度地保留代工业务,巨大不断地与其最大的代工客户美国的 Schwinn 进行品牌发展合作协商	SA01	1. 完全代工期	Schwinn 主导

续表

命题	测量维度	关键词	典型引语示例	编码来源	对应阶段	编码结果
1	国际分工主导者	合作协商、客户抵制、客户撤单	1986年,当"巨大满心欢喜地开展品牌建设时,就遭遇了晴天霹雳"传来Schwinn秘密访问深圳市,准备建立中华自行车公司到中国大陆投资自主生产的消息	SA01、NM	2. 共建品牌期	Schwinn主导
			捷安特发起并领导组建A-TEAM战略联盟,选择了与台湾市场上最大的竞争对手美利达自行车结盟。两家企业共同向零部件商下单,从而使台湾本土的订单量能够达到零部件商生产规模经济性水平,零部件商也就愿意留下来给捷安特提供其生产需要的零部件	PM、SA02	3. 自创品牌期	捷安特主导
2	市场失效	不完全竞争、外部性、定价权	对Schwinn来说,自己的代工商要走出来和自己竞争,这总是一件遗憾的事情。一开始Schwinn的品牌合作建设意愿并不高,也更希望巨大能够安心本分地给自己做代工,不要到市场上来分一杯羹	SA01、SD	1. 完全代工期	捷安特无法提供完整产品
			经过4年的努力,捷安特品牌合作计划最终确立,但是其合作条款也对巨大十分不利,两公司将合作成立新公司,捷安特品牌归新公司所有,巨大仅占20%股权	SA01	2. 共建品牌期	捷安特无法独立参与GVC品牌环节
			从研发、设计、采购、生产、制造、配销、通路、品牌、零售到消费者,我们的店都在带消费者骑车,是全价值链覆盖	KS02、SN01	3. 自创品牌期	捷安特覆盖全价值链环节
3	利害相关者权益	俘获关系、利益损害	捷安特代工价格相比品牌商在美国市场售价的占比,不到三分之一	SA01	1. 完全代工期	捷安特代工附加值低
			1986年,最大的下单企业Schwinn要离开,一年100多万台的量,那时候成立危机小组。巨大预测,占其收入75%的Schwinn将在5年内逐渐减少其订单并最终降为0,巨大将面临自有品牌推广计划触礁与最大代工客户流失的双重危机	SA01	2. 共建品牌期	捷安特受Schwinn钳制

续表

命题	测量维度	关键词	典型引语示例	编码来源	对应阶段	编码结果
3	利害相关者权益	俘获关系、利益损害	目前捷安特内部30%的ODM业务有着将近22%的毛利率,利润丰厚。 ODM业务还能促进捷安特进步,例如,通过生产对品质要求严苛的意大利品牌Colnago的订单,捷安特的产品品质也跟着水涨船高,始终处于行业前列。 通过ODM代工,可以和多个竞争对手建立合作,有利于形成战略伙伴关系,避免恶性竞争	SA01、KS01	3. 自创品牌期	捷安特自主统筹ODM和OBM业务
4	GVC高端的利润空间	利润、营收、附加值	下单的跨国品牌商,扣除关税、运输费用等其他成本,在整个链条中赚取了超过50%的利润	SA01	1. 完全代工期	Schwinn赚取高附加值
			—		2. 共建品牌期	—
			2012年,出口单价417美元;2011年,出口单价380美元。 2011年,捷安特营收474多亿台币;2012年,535亿台币;2013年,543亿台币;2014年,600亿(台币)	SA02、KS01	3. 自创品牌期	捷安特赚取高附加值
5	新兴经济体市场空间	市场成长、市场规模、盈利空间	—		1. 完全代工期	—
			—		2. 共建品牌期	—
			当时在中国大陆设厂,很多企业考虑是低成本,但我们考量的是大陆的内需市场。 2011年中国大陆市场是井喷,成长20%多,占整体营收的26%,2012年已经成为最大的市场,销量600多万台	SA01、KS01	3. 自创品牌期	中国大陆内需市场巨大,中国大陆市场增长迅速
6	企业家精神与创新驱动	创新、冒险、进取心、勇于承担、超前行动	当时的企业领导人刘金标说做就做,开始着手筹备品牌建设事宜。巨大显示出了巨大的品牌建设决心,不断地与Schwinn进行协商,经过4年的努力,捷安特品牌合作计划最终确立	SA01	1. 完全代工期	共建品牌的坚定决心

续表

命题	测量维度	关键词	典型引语示例	编码来源	对应阶段	编码结果
6	企业家精神与创新驱动	创新、冒险、进取心、勇于承担、超前行动	企业领导人刘金标毅然决然选择了将自创品牌之路继续走下去,摆脱要看代工品牌脸色过日子的状况,将生产的主动权掌握在自己的手里,避免日后再次发生这种代工品牌撤离的被动局面	PM、SA01	2. 共建品牌期	另辟蹊径的冒险精神 自创品牌的创新精神
			刘金标有着极强的企业家精神,自有品牌意识、长远的眼光使其在企业发展的开始就确立了也促使捷安特定下了走向世界的战略目标。研发总部在中国台湾,在中国大陆、欧洲、美洲都有产品研发机构。捷安特品牌每年都推出300多个不同车种。2007年,刘金标以73岁高龄踩着他所创立的品牌捷安特自行车环台湾岛骑行一周,让环台湾岛骑行成为一个跨年龄、跨性别、跨阶层的时尚运动	PM、NM	3. 自创品牌期	自有品牌意识 国际化的野心 建立研发中心 品牌车型创新
7	路径选择	品牌、研发、渠道、流程、业务组合、战略联盟	—		1. 完全代工期	—
			积累了相当数量的资源和能力,刘金标的心也大了,"不想当将军的士兵都不是好士兵"	PM	2. 共建品牌期	共建品牌
			捷安特投入研发的比例高达营业额的2.5%,约合12亿新台币(2.6亿元人民币),处于行业高水平。捷安特在其专注的车架、前叉和后叉这几部分的研发设计水平位居全球领先地位	KS01、SN01	3、自创品牌期	自创品牌,全球网络,研发拉动,组合业务,流程再造,战略联盟
8	改变全球竞争格局	附加值提升、在国际市场话语权、替代跨国公司产品	—		1. 完全代工期	—
			1981年开始共建品牌,先在台湾试点,占营收的10%	SA01	2. 共建品牌期	进入 GVC 品牌环节

续表

命题	测量维度	关键词	典型引语示例	编码来源	对应阶段	编码结果
8	改变全球竞争格局	附加值提升、在国际市场话语权、替代跨国公司产品	捷安特已经开始全球采购,例如,高级车型的避震器就是从我们这(FOX)采购的,齿轮、变速器分别向日本的 Shimano 和爱尔兰 Sran 采购。 捷安特的品牌已经在全球各地建立起来,销售额占营业收入的70%,30%是跟欧美的知名品牌代工。 和欧美这些客户,在产销供应方面是合作,在当地市场是竞争对手。 例如,美国的第一品牌 Trek,90%以上产品是我们供应的,我们是其最大供应商;但在市场上它是第一名,我们是第三名,也是一个竞争对手。	PM、SA01、SN01	3. 自创品牌期	进入 GVC 品牌研发等高端环节 与发达国家跨国公司平起平坐 替代跨国公司产品

1. 完全代工期(1972—1980 年)

捷安特的前身——巨大在成立后,一直做 OEM 外销代工。通过承接代工订单一步步扩大其生产规模。经过了将近 10 年的发展,成功承接了当时美国第一品牌 Schwinn 的订单,一跃成为台湾地区最大的代工厂商之一。在第一阶段的完全代工期,Schwinn 的订单占据了捷安特收入的 75%,捷安特作为代工企业,完全按国际客户的订单要求来生产,没有话语权。从自行车产品的国际分工来看,跨国公司 Schwinn 获取具有完全的主导权。

尽管市场上销售着由捷安特代工的 Schwinn 自行车,但因为捷安特无法提供完整产品,没有自有品牌,无法参与市场竞争。同时,Schwinn 对自行车生产过程的各个环节进行定价,捷安特和广大代工企业一样,不存在议价能力。这在一定程度上说明了由 Schwinn 等发达国家企业所主导的国际分工存在市场失效问题,捷安特在全球价值链中处于被俘获的地位,对 Schwinn 等发达国家企业存在依赖性。而自行车市场销售价与下单生产价之间高达 3 倍的悬殊差异,这也显示了 Schwinn 等发达国家企业对捷安特等代工企业的损害。

随着捷安特积累了一定的资源和能力,企业领导人刘金标开始不甘于只为别的品牌贴牌生产。向捷安特下单的跨国品牌商,扣除关税、运输费用等其他成本,在整个链条中赚取了超过 50%的利润。捷安特生产的产品品质在行业内数一数二,那为什么不创立一个品牌?创立品牌进行销售,不仅能提升收入和利润,还能摆脱国际下单企业的钳制,不受制于人。因此,刘金标说做就做,开始着手筹备品牌建设事宜。

2. 共建品牌期(1981—1985 年)

创立品牌需要很长的一段时期,在成功之前必须保证现有业务不受影响。为了避免来自现有代工自行车品牌的抵制且最大限度地保留代工业务,捷安特向最大代工客户Schwinn提出,联合共建新品牌。

对Schwinn来说,自己的代工企业一旦创立品牌,终有一日会在国际市场上同台竞技,这无疑是养虎为患。因此Schwinn对合作建设品牌意愿不高,反而提出并要求巨大能够专注于做好代工。但是,刘金标并没有退缩,表现出坚定的品牌建设决心,并不断地与Schwinn进行协商。经过4年的努力,捷安特品牌合作计划最终确立,但是合作条款对巨大十分不利。两公司将合作成立新公司,捷安特品牌归新公司所有,巨大仅占20%股权。为了日后长远的发展,为了能在国际市场上拿出自己的产品,巨大也接受了这个合作计划,表示雄心勃勃地要做出一番事业。

但是,共同打造新品牌的计划尚未确实执行就在1986年搁浅了。当年业界传出Schwinn秘密访问深圳市,准备建立中华自行车公司到中国大陆投资自主生产的消息。如果消息无误,巨大预测,占其收入75%的Schwinn将在5年内逐渐减少其订单并最终降为0。巨大将面临联合品牌推广计划触礁与最大代工客户流失的双重危机。

从上述案例可见,在第二阶段的共建品牌期,捷安特采取联合Schwinn共建品牌的方式以求改变国际分工地位。但是Schwinn为了维持其国际分工的主导地位,首先是不同意共建品牌,其次是设定不对等条款,最后是采用替换代工商的方式,设置高附加值环节的进入壁垒,罔顾捷安特的权益。从本质上看,主要因为捷安特无法突破由Schwinn等发达国家企业所主导的国际分工,在全球价值链中仍处于被俘获地位。由于由发达国家主导的国际分工存在市场失效问题,因此捷安特无法独立参与GVC品牌环节,无法实现完全竞争。

面临撤单危机,巨大需要进行抉择:要么在现有的市场中寻找新的代工客户填补订单缺口,要么通过自创品牌在市场上参与竞争。对于第一个抉择,巨大需要承担的风险较小,凭借巨大的生产技术,完全可以寻找到新的代工客户。但是受制于以Schwinn为代表的品牌企业而产生的危机在未来很可能会再次出现,且代工市场利润率逐渐下降,仅凭代工生产不利于巨大长远的发展。对于自创品牌的选择,虽然需要投入大量的资源并承担较大的风险进行市场开发,但是通过自创品牌经营,巨大能够获得以下几方面优势。第一,自身能够获得更多的价格、规格、条件自主权。第二,确保企业长期生存与经营。第三,提高企业股东和员工的自豪感与归属感。因此,以刘金标为首的捷安特人,果断做出了第二个抉择。

3. 自创品牌期(1986—2014年)

1986年,巨大成立台湾捷安特销售公司,标志着捷安特开始进入国际市场。由于捷安特和Schwinn合作即将终止,填补75%的生产订单缺口就显得特别重要。但是捷安特母公司所在的台湾市场容量较小,不能充分消化捷安特的产能,也不利于培养国际化一流的企业,因此,初创品牌后,捷安特怀着强烈的品牌建设的意图,逐步进入国际市场。

结合市场容量和竞争情况,捷安特选择了欧洲市场作为自主品牌进入的首站,在荷兰设立了第一个海外销售公司,还设定了未来3年内在荷兰、比利时、卢森堡、德国、法国、英国建立分公司,快速建立销售通路。通过引入山地车,捷安特在欧洲市场成功地建立起高档车先进入者优势,甚至使消费者将山地车与捷安特之间画上等号。捷安特在欧洲市场大获成功,次年便开始盈利。

在庞大的产能压力下,进军市场容量巨大的美国市场计划被提上了日程。捷安特试图以中低端产品为主力进入,快速提升销量和市场占有率,以量取胜。虽然前5年销售额快速增长,但损害了品牌形象,无法引进高端自行车。为此捷安特进行了多番尝试,包括赞助山地车赛事等,因而导致在美国市场连续几年的亏损,至2000年才初步挽回捷安特品牌形象。

"吃一堑,长一智",捷安特随后以高端产品为切入点开拓市场。相继开发日本(1989年)、澳大利亚(1991年)和加拿大(1993年)市场并获得成功,初步建立了全球的销售网络。

新兴经济体的市场空间也不容忽视。1993年,捷安特进入中国大陆市场,但其看中的不仅是低廉的生产成本,还有庞大的人口基数带来的巨大市场。当时大陆市场存在收入低、销售渠道闭塞等问题,捷安特凭借国际一流营销服务经验,逐步在各地区主要城市设立了十几个直营分公司和直营店做配销,以避免出现货款债务问题。为推广高端产品,捷安特在销售服务环节上下功夫,包括通路和品牌形象的建构。捷安特对销售人员开展系列培训,使其具备专业知识,以说服消费者购买比当时凤凰自行车高8倍价格的捷安特自行车。这与当时大陆国营商店人员的销售方式形成了巨大对比。捷安特还对销售人员进行分级认证。这样的努力不仅为消费者带来了便利及更好的购买体验,还给捷安特带来了巨大的收益。2012年,中国大陆成为捷安特最大的市场,占整体营收的26%。2014年,捷安特在中国大陆拥有3 000家经销商,年销售266万台自行车。

建立了品牌,开设了销售渠道,仅仅是踏出了品牌建设的第一步,捷安特还通过以下手段来巩固地位。

首先是研发拉动,推新技术新车型。捷安特的研发总部在台湾,在中国大陆、欧洲、美洲都有产品研发机构,投入研发费用占营业额的2.5%,约合12亿新台币(2.6亿元人民币),处于行业高水平。捷安特拥有多项世界范围内领先的专利技术,专注于车架、前叉和后叉研发,其研发设计水平位居全球领先地位,每年推出300多个不同车种。

其次是流程再造,降低成本提高品质。其中最重要的就是将及时化、自动化、系统化、持续改善的TPS丰田生产管理方式引入自行车生产中,开发出适合自行车行业的GPS(巨大生产系统),极大地提高了生产效率,降低了生产成本,使产品品质更加稳定。其在中国大陆的制造厂相继通过了日本工业JIS标准和美国消费者安全标准(C.P.S.C.)及ISO标准,质量水平得到了国际市场认可。

再次是组建战略联盟,立足台湾整合资源。为保留母公司所在的台湾厂房的正常生产运营,挽留零部件供应商不要撤离台湾,2002年,捷安特发起并领导组建A-TEAM战略联盟,联合台湾市场上最大的竞争对手美利达自行车,共同向零部件商下单。这样使本土订单量达到零部件厂商生产的规模经济性水平,稳定了零部件供应价格,提高了供货效率。同时,交货期从21天交货频率到10天、从一星期一次到每天一次,满足了捷安特GPS生产的要求。通过A-TEAM,也降低了研发费用。

最后是协调业务组合,统筹ODM、OBM业务。确立自主品牌为重心后,捷安特依旧没有放弃ODM业务,这带来了若干优势。一是30%的ODM业务带来了稳定可观的收益,毛利率达到22%,远高于其他行业3%～4%的毛利率。二是通过意大利品牌Colnago的订单,确立了较高的品质标准,通过向下单企业学习,带动研发设计向世界前列品牌靠拢。三是与多个竞争对手建立长达20多年的合作,有利于形成战略伙伴关系,避免恶性竞争。

通过上述手段,捷安特在国际市场上地位不断提升,与发达国家跨国公司平起平坐,甚至在部分市场替代了发达国家跨国公司产品。比如,美国自行车第一品牌Trek有90%以上产品由捷安特代工,捷安特是其最大供应商,而在市场上它们又是竞争对手,Trek第一名,捷安特第三名。此外,捷安特实现了全球采购,能够立足全球配置资源。比如,对于市场售价在2000美元以上的高端山地车,捷安特向美国FOX公司采购带避震器的前叉部件,采购单价上百美元。一部分的齿轮、变速器零部件分别向日本的Shimano和爱尔兰Sran等跨国公司下单采购。目前捷安特已成为全球自行车产值第一的企业,也带动了台湾自行车产业的发展,使台湾自行车的整体出口平均单价提升至2013年的450.64美元[①]的水平,远高于美国、日本和欧洲的水平,更超过中国大陆地区的7倍之多。

(三) 案例讨论

自1970年创立以来,捷安特从一个代工生产自行车的企业,逐步发展成为全球第一品牌(业务收入第一)的跨国公司。它的成长历程、背景及成长效果,印证了笔者提出的重构全球价值链的8个命题。现简单总结如下。

(1) 由发达国家自行车企业主导全球自行车价值链的国际分工使新兴经济体企业处于被动地位。20世纪七八十年代,发达国家自行车企业在全球自行车价值链中处于完全的主导地位,新兴经济体自行车企业往往沦为发达国家自行车企业的代工厂。捷安特的前身——巨大在成立后,一直做OEM外销代工。捷安特作为代工企业,完全按国际订单客户的下单要求来生产,没有话语权。从自行车产品的国际分工来看,完全由跨国公司Schwinn主导。

(2) 由发达国家自行车企业主导的自行车国际分工存在严重的市场失效问题。在捷安特为Schwinn自行车代工期间,捷安特和广大代工企业一样,没有掌握产品的关键技术、核心零部件、专利或品牌等关键资源,缺乏议价能力,只能按照发达国家企业的条件来参与国际分工,对Schwinn等发达国家企业存在依赖性,在全球价值链中处于被俘获的位置。例如,Schwinn对自行车生产过程的各个环节进行定价,这使自行车市场销售价与下单生产价之间的差距高达三倍。因而,由发达国家企业主导的国际分工,存在严重的市场失效问题。

(3) 由发达国家企业主导的国际分工损害了利害相关者的权益,使在全球价值链中所处位置低下的捷安特寻找机会改变其所处地位。发达国家企业为了维持其在国际分工中的主导地位,设置高附加值环节的进入壁垒,损害了利害相关者的权益。Schwinn在与捷安特的合作中,通过一不答应、二霸王条例、三换代工厂商的方式,不顾其权益,使捷安特无法独立参与GVC品牌环节,无法实现完全竞争。

---

① 数据来源:经济部国贸局,台湾地区自行车输出业同业公会整理。

(4) 全球价值链高端环节巨大的利润空间为捷安特的转型升级提供了机遇。发达国家多以资本、技术和知识参与分工,在利益分配中处于主导地位,而发展中国家常以劳动力、土地等要素参与分工,在利益分配中处于不利地位,这使发达国家企业掠去了绝大部分的利润,广大 OEM 企业仅赚取微薄的收益。向捷安特下单的跨国品牌商,扣除关税、运输费用等其他成本,在整个链条中可以赚取超过 50% 的利润。捷安特出于对收入和利润的追求,产生了向全球价值链高端环节移动的需求。通过创立品牌进行销售,不仅能够提升收入和利润,还能摆脱国际下单企业的钳制,不受制于人。

(5) 国内经济的迅速增长和市场需求的不断扩大也为捷安特的转型升级提供了机遇与空间。1993 年,捷安特进入中国大陆市场,但其看中的不只是低廉的生产成本,还有庞大的人口基数带来的巨大市场。捷安特凭借国际一流营销服务经验,逐步在各地区主要城市设立直营分公司和直营店做配销。多年的国内市场运营,为捷安特带来了巨大的收益。2012 年,中国大陆成为捷安特最大的市场,占整体营收的 26%。2014 年,捷安特在中国大陆拥有 3 000 家经销商、年销售 266 万台。

(6) 捷安特基于创新驱动,通过积累能力,打破了由发达国家企业主导的国际分工,积极参与全球竞争。新兴经济体的经济发展与市场成长,离不开优秀企业家的创新创业精神。在刘金标的企业家精神驱动下,捷安特创立品牌,通过组建 A-team 战略联盟,立足台湾整合生产资源,并通过构建全球营销网络、研发拉动、流程再造等手段,打破了由发达国家企业主导的国际分工。

(7) 捷安特在升级过程中,通过多种升级路径,重构全球价值链。捷安特陆续走出六条不同的路径:一是为应对环境变动而自创品牌,拥有与发达国家跨国公司同台竞技的产品。二是陆续在欧洲、美国、中国等多个市场搭建全球营销网络,实现国际化扩展。三是通过研发拉动,突破关键零部件壁垒,夯实产品功能,打造拳头产品。四是统筹兼顾 ODM 与 OBM 业务的发展,按 30% 与 70% 的比例,既巩固了自有品牌份额,又做带有研发设计的高级代工。五是通过流程再造,降低成本,提高产品品质。六是组建战略联盟 A-team。通过不同路径,捷安特不仅从全球价值链低端的生产制造环节延伸到品牌营销、研发设计等高端环节,而且还能提高原本生产制造环节的附加值水平。

(8) 捷安特重构自行车全球价值链导致全球竞争格局发生结构变化。捷安特从 OEM 起步,到实现自行车年产值全球第一,使全球竞争格局发生结构变化。主要表现在:一是立足全球配置资源,由代工走向全球价值链的高端环节,体现为附加值的提升;二是在国际市场具有话语权,与发达国家跨国公司平起平坐;三是直接替代发达国家跨国公司产品。

二、东莞台升家具有限公司的反向收购

(一) 案例企业与调研过程简介

台升国际集团(简称台升国际)前身为台升家具制造厂(简称台升家具),由郭山辉与刘宜美于 1992 年成立于中国台湾,为美国公司做 OEM,生产家具配套及小巧家具组件。

1995年,郭山辉赴广东东莞大岭山发展,设立东莞台升家具有限公司(东莞台升),继续进行家具代工生产。1996年,公司在东莞建立生产基地,共有五个生产厂房,产品线由家具组件扩展至餐厅、卧房家具及配套家具,每月可生产约40个货柜的产品。同年,在中国大陆建立了研发中心。台升家具的OBM之路始于1999年,当年3月在美国成立分公司并创立Legacy Classic品牌。在美国自创品牌的成效不显著,公司的OEM业务收入占95%以上。2001年起,台升家具抓住机会,先后四次收购欧美知名企业(包括委托订单企业),获取了这些公司的品牌、销售渠道及制造能力等战略性资产,实现了从OEM直接向OBM的升级。由此,公司的OBM业务占其总收入的比例达到了60%。2005年11月,台升的家具业务以顺诚控股的名义在香港联合交易所上市(见表17-4)。

表17-4 台升家具基本情况

项 目	内 容
成立时间	台升家具于1992年在广东东莞开始生产,于1995年设立顺诚控股,于2002年设立台升家具实业(浙江嘉善)
单位性质	2005年,顺诚控股在香港上市
所在地	广东省东莞市、浙江省嘉善市
所在行业	家具
OEM/ODM/OBM业务开展概况	拥有多个国际品牌如Universal Furniture、LegacyClassic、Craftmaster、Pennsylvania House、WillisGambier等(OBM)与代工(ODM)共存的业务模式
国际化情况	在美国的北卡、中国的东莞及嘉兴、孟加拉吉大港、印尼棉兰拥有五大制造基地,在中国、美国、欧洲分别设立三大研发中心,产品主要销往欧、美、日等发达国家和部分发展中国家,近年开始发展中国销售业务
企业规模	2015年有员工8 100人,中国(含大陆及台湾地区)、美国、英国等
销售规模	2015年的营业收入为4.35亿美元
市场地位	全球第一的木器家具企业

台升家具的转型升级受到了许多学者的关注。秦政强和赵顺龙(2010)运用全球价值链理论分析了东莞家具产业集群治理结构的演变。他们指出,台升家具依托东莞家具产业集群,成功地实现了工艺流程升级、产品升级和产业功能升级。台升家具通过引进新技术、新设备,并对其生产工艺流程进行改革,使其适应大规模定制的需要,成功进入美国市场。并且,随着生产能力和组织能力的提升,台升家具通过并购美国知名家具品牌制造商——环美家具,从制造商一举发展成为品牌制造商。潘谦(2015)从精益生产的角度分析了台升家具的生产流程优化,指出通过精益生产的实施和改进,台升集团的家具制造优势得到了进一步的强化,与实施之前相比,最大程度地减少了生产环节的浪费,持续优化和改进了生产水平,降低了在制品库存水平,缩短了产品交货期,提高了质量和效率,减少了成本,进而实现了产品从订单到交付的高效率目的,为保持集团持续竞争力和行业领先地位奠定了基础。而本节则是基于台升家具的案例研究来构建理论框架。

本案例的资料与数据来源于多个渠道,主要有:①二手数据收集,包括上市公司年报、报纸文章、期刊文章、企业文件、产品和企业宣传手册、研究报告、网站资料以及非正式的观察和观点等。②2009年笔者参观访问了位于东莞大岭山镇的公司生产基地,并且与公司董事长特别助理等高层管理者进行了访谈或电话访谈。③与公司不同部门的主管进行访谈。采用半结构化和开放式的访谈,受访企业的部门主管包括海外并购负责人、内销负责人等。

(二)"基于升级的OEM企业反向收购"(reverse acquisition by OEM enterprises based on upgrading)概念的提出与理论框架构建

通过对珠三角地区企业和台湾地区企业的调研发现,一些最初从事OEM的企业通过收购品牌企业实现了向OBM的升级。因此,根据对大陆、台湾等新兴经济体OEM企业的并购和升级实践的研究,笔者提出一个新的概念:"基于升级的OEM企业反向收购"(reverse acquisition by OEM enterprises based on upgrading)。"基于升级的OEM企业反向收购"是指处于价值链低端从事OEM业务的企业,收购目标企业的战略性资产,实现能力提升的过程。这一概念具有三方面的含义:首先,它是处于价值链低端的OEM企业收购处于价值链高端的企业或其战略性资产,甚至包括收购过去向OEM企业下达订单的品牌企业;其次,在实践中,主要是指新兴经济体企业收购发达国家企业资产的现象;最后,收购往往实现了企业从OEM向ODM或OBM的升级。

本案例的研究目的有三点。首先,针对"基于升级的OEM企业反向收购"的概念,根据现有的企业升级模型,具体化升级路径,提出"基于升级的OEM企业反向收购"模型。其次,围绕模型框架,通过典型案例企业探讨OEM企业通过反向收购实现升级的效果和决定因素。最后,通过模型匹配,探讨OEM企业实施反向收购获取战略性资产从而提升资源能力的过程,并最终验明"OEM企业反向收购"理论分析框架的应用价值。

参考毛蕴诗、郑奇志(2012)提出的企业升级的模型,本研究将该模型中的升级路径具体化为OEM企业为获取战略性资产进行的收购,在模型中加入"战略性资产获取与能力提升"要素。并且,为了更好地解释"基于升级的OEM企业的反向收购"的行为和效果,本案例研究加入了"升级路径与附加值曲线(微笑曲线)的匹配"要素,这样形成了基于升级的OEM企业反向收购的模型(见图17-2)。根据文献研究,在案例与模型的匹配分析中,企业反向收购的影响因素包括企业资源与能力的积累、企业家的精神与能力、环境因素与变动三个维度。

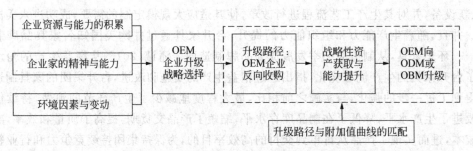

图17-2 "基于升级的OEM企业反向收购"模型

本研究采用理论抽样的方式,在前期调研资料积累的基础上,对东莞、深圳和佛山等地若干家企业进行了程序上的筛选,最后决定以台升家具作为案例研究对象。台升家具目前已是全球第一大木器家具企业,实施收购前OEM业务收入占95%以上,通过反向收购实现向OBM的升级。特别要指出的是,台升家具在升级的过程中进行了四次反向收购,能够在单案例研究中遵循多案例研究的复制和扩展逻辑,得出可靠、可推广的结论,丰富模型的构建。本研究将阐述对案例调研的结果,对案例公司做描述性研究,再过滤出强而有力的证据,之后运用模式匹配的分析方法(Yin,2003),总结实证成果,尝试验证并丰富本研究的理论模型。

(三) 案例企业的历次OEM企业反向收购行为及升级效果

根据案例情况和本研究框架,表17-5总结了企业的历次反向收购的事实、其获取的战略性资产以及升级的效果。

表17-5 台升家具历次OEM企业反向收购比较(收购事实与战略性资产获取)

		第一次	第二次	第三次	第四次
收购策略与目标	时间	2001年	2006年	2007年	2008年
	目标企业/品牌	美国前五大家具销售商之一环美家具(Universal Furniture)	美国Craftmaster沙发公司	美国顶级家具品牌Pennsylvania House	英国高端家具品牌Willis&Gambier
	OEM企业反向收购的类别	订单委托企业/品牌企业	研发生产企业/品牌企业	品牌企业	品牌企业
获取战略性资产	产能	分布在世界各地的工厂,在美国的仓储设施	在美建立沙发制造设施,实现环美家具全组装进口沙发项目	—	—
	品牌与销售渠道	依托环美家具品牌在美国家具市场的名气、形象和销售渠道,台升家具得以进入中高端家具市场	获取Craftmaster的中高端沙发品牌并在美国销售	获得超过150年的顶级家具品牌Pennsylvania House,进入顶级家具市场	向欧洲市场进军,从单一的美国家庭市场家具向宾馆、酒店、写字楼家具等多元化的市场转变
升级的效果		第四次收购后,OBM业务收入已达到60%。由代工企业升级为拥有多个品牌和遍布全球的销售网络企业			

台升家具的首次收购是在2001年,收购在美国上市的环美家具有限公司(Universal Furniture,环美家具)。当时环美家具已是全球知名的家具公司,在世界各地有多间工厂,其销售渠道位居全球前五位。环美家具由于管理不善出现亏损,董事长郭山辉当时果断进行收购,收购后第二年即扭亏为盈,并实现了由OEM向OBM的升级。事实上,在收购之前,台升家具是为环美家具代工的企业。收购使其品牌实力大大增强,使公司能够进入中端和高端家具市场。这样与公司在1999年创立的品牌Legacy Classic(提供中端及

低端产品)达到了相辅相成的效果。由于业务迅速发展,公司于2002年在浙江省嘉善市(现嘉善县)成立台升实业,作为第二个制造业务,其生产厂房也于2004年投产。2006年5月,公司抓住机会收购美国沙发制造公司Craftmaster Furniture Corporation。通过收购该项资产,公司在美国建立了沙发制造设施。次贷危机导致美国房市严重衰退,而家具行业同样也受到严重打击。台升家具当机立断、抓住时机迅速进行第3、第4次收购和扩张。2007年,公司收购了拥有150多年历史的美国全木质顶级家具品牌Pennsylvania House,进入顶级家具市场。2008年9月,公司收购英国品牌Willis Gambier,进入欧洲品牌家具市场,这是公司市场全球化的重要步骤。图17-3表示了台升家具实施并购前后OEM、OBM收入比例的变化情况。台升家具在1999年自创品牌和收购环美家具之前,OEM业务收入为95%,在2001年收购环美后,OBM达到50%,在完成第四次收购后,公司OBM业务收入已达到60%。

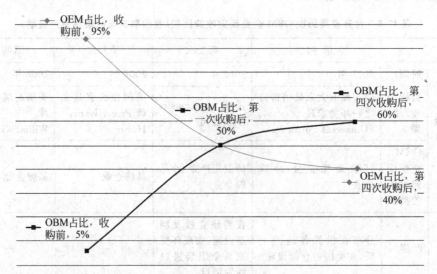

图17-3 台升家具并购前后OEM、OBM收入占比

目前,台升家具在美国家居家具行业是具领导地位的企业,在美国、欧洲乃至全球市场推广销售,已拥有超过3 000名客户,主要包括全国性或地区性的百货商店和零售连锁店,以及遍布美国、加拿大及全球其他地方的独立零售商店。

(四)OEM企业反向收购的影响因素

台升家具四次OEM企业反向收购的内外部因素比较如表17-6所示。

1. 企业家精神与品牌意识是OEM企业反向收购的主要动力

伦普金(Lumpkin)和格雷戈里(Gregory)(1996)曾指出,企业家精神是与流程、实践和决策活动高度相关的。因为高层领导人积极的创业精神,能引领整个组织把握开发新技术和新产品的机会,让组织不畏困难地前进。前面的文献研究已指出,企业家精神体现为创新、前瞻性和风险承担三个维度(Miler,1983)。台升家具董事长郭山辉正是具有敏锐、勇于创新、积极进取、富于激情、执着和坚持不懈,同时也勇于承担风险的企业家精神。

表 17-6　台升家具历次反向收购的内外部因素比较

		第一次(2001年)	第二次(2006年)	第三次(2007年)	第四次(2008年)
企业资源与能力	收购前关键资源情况	企业盈利能力较强,资金流动性强,有2亿美元可供调配	2005年,顺诚控股在香港上市,股东资金从2004年的1.37亿美元跃升至2005年的3.69亿美元,增长达2.69倍,营业额和利润也实现历史新高,提供并购必要的资本		
	收购前关键能力情况	很强的生产制造能力,但美国自创品牌(OBM)能力不足	成立沙发团队,但沙发品牌与通路不足	美国品牌特别是顶级品牌与通路不足	英国品牌与通路不足
企业家精神	企业家精神	董事长郭山辉具有创业创新的精神,创立自有品牌的意识,坚持与执着、低调务实的品性,能快速捕捉商机			
环境因素与变动	竞争环境	国内市场竞争日益激烈	国内市场竞争激烈,等待从实木家具跨足沙发产业	金融危机后发达国家市场低迷,目标企业销售额从每年1亿美元,降到2000万美元,收购成本下降	金融危机后发达国家市场低迷,目标企业亏损,收购成本下降
	成本压力	人民币升值、人工工资不断增加、加工贸易出口退税率减少使其总成本增加,利润大幅度减少			
	行业特征	技术含量低、销售量大、品牌和营销渠道具有价值			

1992年,30多岁的郭山辉凭着一股豪气成功说服五家合作厂商,从台湾到东莞大岭山设厂。由于很多亲友、客户、合作厂商都不看好这一投资行为,郭山辉拍胸脯保证:"赚的归你们,赔钱我负责"。① 在调研中我们发现,郭山辉在创业初期就已表现出自创品牌的强烈意愿,并首先在美国市场自创品牌和布局,同时也为今后收购欧美品牌、销售渠道做好准备。台升家具先后实施四次以品牌和销售渠道为导向的收购,为企业快速实现全球化布局以及OBM业务抢占先机。可见,企业家精神对OEM反向收购、企业升级的顺利完成,占有着无可取代的重要地位。

2. 较强的资本积累和财务能力是OEM企业反向收购的基础

实施收购方案要求并购企业具备一定的资本积累。OEM企业反向收购的目标对象是产业链上高附加值企业,往往拥有并购企业所缺乏的战略性资产,因此对并购企业的财务能力要求更高。

从1992年在中国大陆设厂开始,台升家具的制造能力每年以30%的速度增长,4年后进入美国"卧房组合"家具市场。从1998年开始,出口的家具货柜从每月100个增加到300个,制造能力已大大超过了环美家具等大企业。台升家具由于OEM规模巨大,所以具有很强的内部积累能力。虽然台升家具第一次OEM反向收购时还没上市,但据内部调研了解,随时有2亿美元可供调配。这为台升家具收购环美家具提供了资金保障。台

---

① 资料由笔者调研所得。

升家具在2005年以顺诚控股的名义,将家具板块业务整合在香港上市,由此资本积累进一步加强,上市后股东资金从2004年的1.37亿美元跃升至2005年的3.69亿美元,增长达2.69倍。每年3 000万~5 000万美元营业额的公司,成功地成为市值106亿美元的公司,有效地提升了财务管理水平,营业额和利润也实现了历史新高。这又使台升家具积累了更多的资本,保证了其后在接下来的三年中能够持续地收购欧美企业。此外,当地政府的大力支持,包括公司层面上的税收减免、优惠及良好经营环境的建构,也在一定程度上减少了它们的财务负担。

3. 成本上涨和利润下降、激烈的国内外竞争、国际贸易壁垒等环境因素

环境变动首先体现为成本上涨与利润空间的下降。为此,台升家具迫切需要通过提升产品附加值来加以应对,这也是其选择收购获取战略性资产方式实现升级的直接原因。据对台升家具的调研显示,近年来台升家具原料价格的提高幅度均在20%左右。另外,人民币升值、人工工资成本增加3%、加工贸易出口退税率的减少,几项成本加起来就使其2007年的利润减少了大约12%。而且,近几年来,大陆的劳动力成本又有了较大幅度的提高。对台升家具来说,还面临其他新兴经济体众多OEM企业出口带来的激烈竞争。

随着国际贸易摩擦日益加剧,OEM企业出口贸易遭遇多重壁垒。2003年,美国对中国木制床组进行反倾销控诉,尽管台升家具在2006年获得该案的胜诉,但也为此付出沉重的财务成本。因此,通过OEM反向收购获取国际中高端品牌是企业在国际贸易中保持相对安全地位的有效方式。

4. 结合行业特点选择升级战略

台升家具所处的行业科技含量低、产品生命周期长、设计的新意和实用重要而研发相对不重要。另外,由于销售量大,因而品牌和销售渠道显得相当重要,是行业的战略性资产。因此,台升家具充分考虑了所在行业的特点并抓住了提升关键能力所在。它选择收购具有营销网络和品牌价值的目标企业,跳过ODM阶段,直接开始OBM业务。

(五)获取战略性资产与能力演进

对台升家具OEM企业历次反向收购的获取战略性资产与能力演进,如表17-7所示。根据表17-7,台升家具通过获取战略性资产而获得的能力演进可以从自主创新能力、生产制造与服务能力、营销与战略能力三个维度加以分析和比较。

表17-7 台升家具历次OEM企业反向收购的能力演进

	第一次(2001年)	第二次(2006年)	第三次(2007年)	第四次(2008年)
自主创新能力	与日本公司合作开发了自动仓储系统(ASRA)。于2002年在美国设立了研发中心	凭借木制家具的独特业务模式和策略基础,2005年,台升家具成功扩展至沙发家具和儿童家具,促使品牌业务增长5 020万美元,增幅达12.4%	—	2008年,在意大利设立了研发中心,并开始在中国大陆开展科研补助项目,鼓励研发

续表

	第一次(2001年)	第二次(2006年)	第三次(2007年)	第四次(2008年)
生产制造与服务能力	由只生产3种低端产品,提升到40多种的全产品线生产。自动仓储系统大大提升了制造服务能力。2002年,台升营业额突破3.6亿美元,单月出口1 400个货柜,出口量成长40%以上	2006年,扩大东莞和浙江嘉善厂房,建设额外生产线并增建仓库,每月生产能力增加1 000~1 200个货柜。缩短了Craftmaster一半的制造流程,交货周期从四周缩短至两周	—	2008年,资本支出650万美元,主要用于扩大美国的仓储能力和中国的生产能力
营销能力与市场能力	收购后开始了在全球的业务布局,除了美国市场外,还扩展至其他地区	从实木家具跨足沙发产业	收购后将一系列由本身生产设备制造的高级实木家具推至美国市场,扩展到酒店家具行业,产品涵盖最高级、高级、中高级的价位	迅速实现英国家具市场7%~8%的销售,打开欧洲家具市场。提供整系列家具、酒店及办公室家具,建立完善的"国际到府"物流服务,建立大型销售商、百货公司,以及全国、地区及独立零售商等不同分销渠道

1. 台升家具的反向收购大大促进了研发设计能力的提升

企业在从OEM到ODM再到OBM发展的过程中,关键是要不断地进行技术创新,使产品和工艺得以不断升级。就台升家具而言,其自主创新能力提升主要体现在流程创新、产品创新和外观设计在内的技术创新项目。

伴随台升家具多次收购品牌企业,它先后于2002年、2008年在美国和意大利设立了研发中心,与于1996年在中国设立的研发中心的形成了三大研发中心。研发中心的主要作用是,当美国、英国设计师以及在中国的意大利籍、国内设计师将款式设计出来后,研发中心人员将图纸规格化,并落实到工程用纸,确定具体的尺寸和颜色,以供规模化生产。2008年,台升家具开始在中国大陆开展科研补助项目,鼓励研发。在流程创新方面,台升家具在2001年第一次收购后即与日本公司合作开发了自动仓储系统。

2. 台升家具的反向收购直接提升并促进了其生产制造和服务能力

OEM企业反向收购后,不仅仍然保留OEM业务,而且为OBM业务提供了坚实的产品基础和丰富的产品系列。J. Humphrey(2004)认为,在OEM生产中,供应商所承担的制造功能已经变得更广泛,可能包括采购和物流等职能。

就台升家具而言,在收购品牌企业后,规模扩大极大地拉动了其制造与服务能力的提升。台升家具原本只代工环美家具的3种低端产品,在2001年收购环美家具后,为了适应市场规模,台升家具对整个产品生产流程进行优化,仅用了一个月时间就完成了全产品线的生产,提升至 40 多种产品线。台升家具收购美国 Craftmaster 沙发公司,也就直接获取了沙发的生产能力。Craftmaster 生产百多种款式、上千种布料的客制化沙发,台升家具在收购后更将其客制化交货期从四周缩短至两周。2006 年,着手扩大其在广东东莞和浙江嘉善两地的生产能力、仓储能力。第四次收购后的 2008 年,又投入了 650 万美元,提高其在全球的生产和仓储能力。随着台升家具从代工转变为自有品牌的生产制造,它更为重视精益生产。目前,台升家具的车间里有几条生产线都在拼接边角余料,而在以前,像这样的边角余料会被焚烧掉。这样虽然增加了胶水、人工成本,可是会提高 5%~10% 的木材利用率。同时,在通过安全测试以及国外相关标准测试的条件下,台升家具对产品进行了重新设计,以节省产品的原材料成本。

3. 台升家具的反向收购直接获取并快速提升了营销能力与市场能力

OEM 企业反向收购有助于迅速培养和建立市场竞争所必需的市场营销能力。文献早已证明营销能力对公司绩效的重要性(Song,等,2005;Vorhies & Morgan,2005;Nath & Mahajan,2008)。

台升家具的四次收购直接获取了欧美企业知名品牌和相应的营销网络,建立一系列全球化品牌与国际销售渠道,同时围绕品牌进行营销机构的布局也大幅度提升了企业的营销能力。2001 年,台升家具收购了全球前第五大家具销售商环美家具的品牌和销售渠道,开始了其在全球的业务布局。在第二次收购后,台升家具获得沙发品牌 Craftmaster,得以从实木家具跨足沙发产业。2007 年,通过收购美国顶级家具品牌 Pennsylvania House,台升家具得以进入顶级家具市场,使其产品涵盖最高级、高级、中高级的价位。其后,公司将其高级实木家具推广到美国市场,扩展至酒店家具领域。而在第四次收购之后,台升家具不仅实现了英国家具市场 7%~8% 的销售,打开了欧洲市场,还建立了独立零售商、大型销售商、百货公司等不同渠道的销售网络,以销售整系列的家具。

(六)事实发现

(1) 本案例主要根据珠三角地区和台湾地区若干 OEM 企业通过收购战略性资产实现升级的现象,提出了"基于升级的 OEM 企业反向收购"概念。

这一概念包含三方面的含义:首先,它是处于价值链低端的 OEM 企业收购处于价值链高端的企业或其战略性资产,甚至包括收购过去向 OEM 企业下达订单的品牌企业。其次,在实践中,主要是指新兴经济体企业收购发达国家企业资产的现象。最后,收购往往实现了企业从 OEM 向 ODM 或 OBM 的升级。

(2) 提出基于升级的 OEM 企业反向收购模型,将该模型的升级路径具体化为 OEM 企业为获取战略性资产进行收购并实现升级。

该模型可用于解释:随着 OEM 企业的规模扩大,资源能力的积累,加之企业家精神的驱动,出现的新兴经济体处于价值链低端的 OEM 企业收购发达国家企业(甚至是收购委托下单企业)或其战略性资产实现升级的行为。这样的现象和案例在金融危机发生之时和之后得到了更多的支持与印证。

(3) 通过选择位于广东珠三角的台升家具进行案例调研和模型匹配。台升家具成立之初是以 OEM 为主的企业,其所进行的四次"反向收购"的对象都是欧美著名的企业和品牌,并实现了由 OEM 企业升级为以 OBM 为主的企业,升级后其 OBM 业务所占比重达 60% 以上。经过四次收购之后,台升家具已发展成为全球第一的木器家具企业,这也完全符合美国经济学家斯蒂格勒的观点,即现代大公司的形成无一不是通过兼并实现的。收购使台升家具的产品市场迅速扩展,在其行业内部逐步取得支配地位的优势。尽管本案例是单案例研究,但是案例企业进行了四次基本上是性质相同的收购。案例企业与本节提出的基于升级的 OEM 企业反向收购模型之间的匹配验明了模型的解释能力。

(4) 通过案例企业与模型的匹配,本节讨论了案例企业通过反向收购实现了升级的主要驱动因素。它们包括企业资源与能力、环境变动、企业家精神,企业则结合自身的特点选择了升级战略与升级路径。

案例企业与模型的匹配表明,四次收购在升级过程中获取目标企业的战略性资产起到了关键作用。收购直接提升了企业制造与服务能力、营销与市场能力,也促进了企业创新、研发能力的提升。为此,进一步验明了 OEM 企业反向收购模型的应用价值。为进一步说明,我们用图描述了企业附加值曲线(微笑曲线)从 OEM 向 OBM 移动,其附加值也由低向高提升的过程。如图 17-4 所示,在微笑曲线上,总的方向是由 OEM 向 OBM 上移,但具体而言,由于制造能力、物流仓储能力、营销能力、品牌获取均有提升,因而升级后的微笑曲线如图中虚线所示。该虚线是原微笑曲线的右半部分向右上移动的结果。

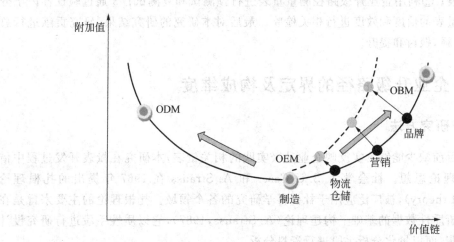

图 17-4 从 OEM 向 OBM 转变的附加值曲线(微笑曲线)变化

(5) 进一步的分析表明,案例企业通过四次收购实现了由代工企业向具有自有品牌企业的升级,并成为在该业务领域的领先企业。台升家具的升级实现了其价值链的重构,并成为立足全球配置资源的跨国公司。

专题十八 企业升级量表开发

企业升级是一个过程,其升级方式(upgrading ways)也可理解为升级路径、升级模式,有的研究还将其按不同类别加以区分研究。从现有的文献来看,对企业升级方式的研究仍停留在定性的探索阶段,对企业升级路径的内涵探讨不够,并且对企业升级路径的理解过于狭窄,研究对象大多集中在 OEM 企业,也没有提供企业升级路径的操作化定义。虽然有些学者围绕企业升级方式提出了一些分类或衡量(R. Kaplinsky 和 M. Morris,2001;毛蕴诗和吴瑶,2009)[①],但他们并未进一步进行实证研究。迄今为止,仍缺乏一套系统用于企业升级研究的量表。这在很大程度上限制了企业升级研究的深入开展和理论的总结、提升与形成。

笔者从转型升级背景下中国大陆和台湾地区企业的实践出发,开发出企业升级路径的测量量表,包括:①运用扎根理论的一般流程,使用 Nvivo8.0 质性分析软件对多行业、多地区的企业管理人员的半结构化访谈材料进行编码和提炼,开发出企业升级路径构念的测量量表;②利用企业升级路径测量量表进行预测试和复测试;③通过验证性因子分析对测量量表的信度和效度进行相关检验。最后对本研究的研究结果、研究贡献进行总结,理论解释,探讨和提升。

一、企业升级路径的界定及构成维度

(一)研究方法

由于目前缺少能够真实反映企业升级实践的相关量表,本研究在量表开发过程中借鉴了扎根理论思想。社会学者 B. G Caser 和 A. Strauss 在 1967 年提出的扎根理论(grounded theory),被广泛应用于社会科学研究的各个领域。扎根理论的主要宗旨是在收集和分析质性数据的基础上构建理论(A. Strauss,1987),它以质性手段进行研究设计与资料收集,而以量化分析手段进行资料分析。

如果精确的假设不存在,或精确的假设存在但太过抽象,不好用演绎方法来验证时,最好采用扎根理论研究方法(Martin & Turner,1986)。[②] 现有研究对企业升级路径的认识比较抽象,在量化方面难以操作,相关实证研究比较缺乏,在企业实践中也没有得到很好的解释,因此运用扎根理论较为合适。目前有不少学者运用扎根理论思想进行量表开

---

① Kaplinsky R,Morris M. A handbook for value chain research[M]. Report Prepared for IDRC,2001.
毛蕴诗,吴瑶. 企业升级路径与分析模式研究[J]. 中山大学学报(社会科学版),2009,49(1):178-186.
② Martin P Y, Turner B A. Grounded theory and organizational research [J]. The Journal of Applied Behavioral Science:A Publication of the NTL Institute, 1986, 22(2):141-157.

发(魏钧,2008;柯江林等,2009;丁瑛等,2010;单标安等,2013)①,并已证明其是进行量表开发的有效方法。

借鉴扎根理论的思想,本研究通过对企业管理人员的深度访谈收集资料,并利用Nvivo8.0质性分析软件进行编码分析,以提炼企业升级路径的测量维度和题项,开发相关测量量表。这可以为未来的相关实证研究奠定基础,进一步深化和拓展现有企业升级路径理论。

(二) 编码及初步量表

本研究对中国大陆、中国台湾地区开展企业升级实践的企业管理人员进行半结构化访谈,每次访谈前设计好访谈大纲,访谈中均有录音,随后把访谈录音整理成文本材料,使用Nvivo8.0质性分析软件进行编码处理,提炼题项,形成初步的企业升级路径测量量表。

在正式的访谈前,根据本研究的研究内容查阅文献,以确定访谈内容:①公司如何获取技术能力和市场能力以从事高附加值的活动?②公司如何提升在价值链中的位置?③哪些因素有利于或不利于企业升级?请举事例说明等。

需要说明的是,本研究的访谈对象以"目的性抽样"为原则,即选取能够为本研究提供最大信息量的研究对象(M. Q. Patton,1990)。②笔者于 2006—2011 年对珠三角地区的一些企业进行了调研和访谈,包括广东东菱凯琴集团、深圳佳士科技有限公司、龙昌玩具国际控股有限公司、哈一代玩具实业有限公司、广州互太纺织印染有限公司、台升国际集团,积累了丰富的访谈资料;也于 2013 年 3 月 5 日—2013 年 3 月 26 日对这些企业通过电话和电子邮件进行了回访和联系,以丰富访谈资料。另外,笔者于 2013 年 1 月 15 日—2013 年 1 月 21 日,对台湾的一些有代表性的企业和协会的管理人员进行了半结构化访谈。台湾地区比大陆更早进行工业化,进行产业升级的时间也早于大陆,具有丰富的实践经验。不少企业以 OEM 起家并成长为国际知名品牌,是企业升级的典范。访谈对象包括台湾电路板协会(TPCA)3 人、台湾阿托科技公司 1 人、台湾丽登纺织厂 2 人、台湾FOX 企业 1 人、巨大机械股份有限公司 2 人、台湾高雄美浓区农会 1 人,以了解企业进行企业升级的详细过程。每例访谈大约持续 2~3 个小时,访谈都是在公司现场进行,并通过随后的电话沟通和电子邮件进一步确认和获取更多信息。从受访企业所在行业分布来看,主要涉及化工、纺织、家电、自行车、玩具、家具、焊接等行业,访谈企业的特征如表 18-1 所示,具体访谈情况见附录一。

1. 编码分析

Nvivo8.0 软件操作,具体体现为建立树节点、节点之间的关系。郭玉霞(2009)③认为,将扎根理论研究的一般流程和 Nvivo8.0 质性分析流程进行比较,可以发现在Nvivo8.0 中将原始资料编码成自由节点的步骤属于开放式编码阶段,在这阶段主要形成

---

① 柯江林,孙健敏,李永瑞. 心理资本:本土量表的开发及中西比较[J]. 心理学报,2009,41(9):875-888.
丁瑛,张红霞. 品牌文化测量工具的开发及其信效度检验[J]. 南开管理评论,2010,13(5):115-122.
单标安,蔡莉,费宇鹏,等. 新企业资源开发过程量表研究[J]. 管理科学学报,2013,16(10):81-94.
② Patton M Q. Evaluation and research methods. Newbury Park:Sage,1990.
③ 郭玉霞,刘世闽,王为国,等. 质性研究资料分析:Nvivo 8 活用宝典[J]. 2009.

表 18-1 访谈企业的基本情况

企业名称	企业类型	主营行业	企业规模	成立时间/年	企业情况介绍
巨大（Giant）机械股份有限公司	民营企业	自行车	大型	1972	以 OEM 起家，在 1981 年自创品牌，产品销售 50 多个国家，12000 多家销售据点，2012 年销售收入 535 亿新台币
台湾 FOX 企业	外资企业	自行车零部件	中型	——	提供自行车前叉等零部件生产及服务
台南丽登纺织厂	民营企业	纺织	中型	2001	生产运动休闲的布料
台湾电路板协会（TPCA）	行业组织	服务部门	小型	1998	增进成员企业共同利益，提高整体对外竞争力
台湾阿托科技	外资企业	化工	中型	1994	为众多产业提供表面处理流程技术、化学品、设备和服务
台湾高雄美浓区农会	行业组织	服务部门	小型	1920	提供农业金融、营销、社区服务
广州互太纺织印染有限公司	民营企业	纺织	大型	1997	中国对外贸易 50 强，2010 年营业收入 45.65 亿元人民币，职工近 6 000 人
台升国际集团	民营企业	家具	大型	1995	公司最初为美国的客户做 OEM，生产家具配套及小巧家具组件，其后业务扩展至品牌家具市场
东陵凯琴	民营企业	小家电	大型	1998	生产电热水壶等西式小家电和洗衣机等大家电，成长以 ODM 为主导
佳士科技	外资企业	焊接	中型	1993	立足逆变焊机的生产和研发，成长以 OBM 为主导
龙昌玩具	民营企业	玩具	大型	1994	主营交通类玩具，2002 年开始 OBM 业务
哈一代玩具	民营企业	玩具	中型	1999	主营毛绒玩具，坚持自主品牌

初步的范畴；将自由节点归类到树节点中属于关联式编码阶段，在这阶段要归类出适当的范畴，并形成范畴间的连接；而不断反复的查询与编码，则是属于核心式编码阶段，通过搜寻与比较，以发展出更成熟的概念，进而构建完整的概念框架。

本研究首先将访谈资料导入 Nvivo8.0 质性分析软件中，并根据 A. Strauss 和 J. M. Corbin(1990)[1]提出的开放式编码、关联式编码和核心式编码三个不同层次编码方法进行编码。在 Nvivo8.0 操作上，体现为在开放式编码阶段把原始资料编码成自由节点，在关联式编码阶段对相似或相同的自由节点进行合并，抽取核心范畴建立树节点。

一级编码——开放式编码阶段。根据访谈的文本资料进行逐一编码分析，尽量用能够反映行动的词语来编码，并与之前的编码不断进行对比。为保证开放式编码的信度，访谈资料由本研究两位作者分别进行编码，待所有文本编码完毕后，再进行核对。如有存在

---

[1] Anselm Strauss & Corbin, J. M. (1990). Techniques for enhancing theoretical sensitivity. In A. Strauss (Ed.), Basics of qualitative research: Grounded theory procedures and techniques(pp. 75-95)

类属不清晰的编码,两位研究者根据相关文献讨论决定。在这步分析中,以开放的心态对每位管理人员的访谈进行文本分析和编码处理,直到访谈资料已经完全提炼不出新的编码,即达到"理论饱和"状态时不再编码,初步产生328个编码。

二级编码——关联式编码阶段。本研究对出现最频繁的初级编码进行归类,并反复回到原始文本材料,不断对比和分析材料与一级编码,形成相应的关联式编码,最终从一级编码中的328个编码中提炼出12个范畴。参照毛蕴诗(2012)的研究成果,这12个范畴分别命名为产品升级(CU)、功能升级(FU)、跨产业升级(SP)、替代跨国公司产品(SI)、"分拆重组,OEM、ODM、OBM方式并存"(FC)、突破关键部件壁垒(TC)、加大对生产服务投入(PS)、降低成本(RC)、"低碳运作、提升环保标准"(LC)、收购OBM企业品牌(MB)、形成战略联盟和新型竞合关系(SA)、流程升级(PU)。限于篇幅,具体一级编码及其举例如表18-2所示,关联式编码如表18-3所示。

三级编码——核心式编码阶段。笔者反复回到原始访谈材料,探讨各范畴之间的联系,通过核心范畴企业升级路径连接各种范畴间的关系。

表18-2 一级编码及其典型编码示例

一级编码	一级编码示例
拓展产品线;扩大产品应用领域;拓展产品功能;加快新产品的开发速度	我们已开发出许多满足不同法规要求如ELV、WEEE/RoHS,REACH等的产品(AT-H);不断开发新产品,订定新产品销售额必须占每年总营业额四分之一以上,以丰富产品线,开拓市场新领域(AT-H);研制出超细纤维、多种纤属纤维、加香、抗菌、排汗以及防紫外线等新型纺织面料,满足世界范围内的中高档品牌服装市场对面料的需求,国际市场占有率达5%(HT-R);研发人员必须创新,每年都推出新产品,每年推出300多个不同车种,不包括不同尺寸和颜色(JD-X);以前一个产品可以做2周,量很大、种类不多,但现在一天做十几样产品(JD-X)
加强研发设计;创立自有品牌;扩大研发和市场部门;自建营销渠道	现在是ODM,我们有很强的研发能力,只要告诉我们希望产品长什么样子,需要具备什么功能。我们的人画设计图,再确认是否OK(JD-X);对我们来讲,相对于IT产业,我们有比较大的好处是:已经有70%自有品牌,30%的OEM有最好,没有也不会让我们没法生存,因此可以选择客户(JD-X);并购环美家具以后,我们把它的制造部门关掉了,只留下销售和研发的部分,将这些部分转移到公司(TS-Q)
企业原有的技术应用于新的业务领域;电子产品与传统玩具进行结合	阿托科技以其在封装载版设备制作的多年经验,成功复制到半导体领域(AT-H);农会从卖生鲜的部分开始慢慢的转型,后来也做加工,另外要从传统的农业跨足到旅游(MN-Z);将传统玩具与电子产品融合生产电子玩具(LC-D)
在国内市场以低端产品替代进口商品,然后替代中端产品、高端产品	我们台湾这个产业,一直在不断地发展,我们从引进、模仿技术,逐步实现技术、产品升级,并开始打败欧洲,取代美国,现在我们超越日本,所以现在是名副其实的第一(TPCA-H);台湾是Notebook最大市场份额,现在也是有效替代进口电脑,10个里有六七个都是我们做的(TPCA-L)

续表

一级编码	一级编码示例
将附加值低的活动进行外包；转向高附加值环节的创新产品供应	你的产能负荷不了的话，你就要外包厂来做，比如比较困难的东西，我就放在我厂内做。比较大宗，比较容易做的我就给外包厂做(LD-L)；我们有部分是机器雕刻，但是机器雕刻的纹路比较浅，变化比较少，因此雕刻大部分都是外包的(TS-S)
保证关键零部件的供应；突破关键技术和材料的研发	首次针对半导体产业发表的制程设备Multiplate，突破传统晶元电镀思维，直接开发应用于晶元双面电镀的系统，包含完整的硬体制程系统及药业，并引起Intel等国内外大厂青睐(AT-H)；碳纤维也是独到的，1985年开始研发碳纤维。公路竞赛车，轻薄短小，让车架尽量简洁，让人在上面踩动的每一个力量得以最大的发挥(JD-T)
从产品提供商向产品和服务集成商转变；增加了在生产服务如物流、售后服务等方面的投入	在专业领域累积了数十年的生产Know-how，以及专业的工程师技术团队，提高顾客周到的现场服务，确保客户的制程与产品保持在最佳状态(AT-H)；生产及后勤补给系统以最快速度，准时将产品交到顾客手中，让顾客无后顾之忧(AT-H)；业务模式因全面的物流体系和交货能力进一步提升，可以灵活处理货运，将不同家具系列混合装船交付客户(TS-Q)
物流成本等都在不断下降；生产投入和消耗在不断下降	让油漆供货商直接把管道接到家具厂，可节省5%的采购成本(TS-Q)；因为我们北美采购时采用的是回头柜的方法，我们家具出口到美国一直都是出口超过进口量，所以集装箱的柜子都是多出来的，回来的空柜子我们就装木材，这样就比较节约运费(TS-S)；新型的内层黑氧化替代制程，能改善机组之清理工作及简化制程管制，以节能减耗方式降低操作成本，可有效降低废水排放量达45%(AT-H)
改进环保技术和设备，积极参与国际环保认证；开发环保产品和服务	通过环保采购、前期检测确保原材料绿色环保，并且主动将产品交给国际级的公正行进行测试，检测结果完全符合欧盟生态纺织品的要求(HT-Z)；了解世界各地的环保标准及趋势，提供客户绿色的环保产品(AT-H)；产品通过了国际Oeko-Tex Standard 100生态纺织产品认证，2008年又通过了瑞士GOTS有机棉产品认证(HT-M)
收购了国际品牌企业；获得需要的品牌和核心技术	台升在美国全资买了四个品牌，去年还买下美国最大的经销商FBI的17%股权，成为其比较大的股东(TS-S)；其实我们从OEM到ODM也没有太大的障碍，从ODM到OBM的过程里面我们通过购并的方式取得一些关键的资源(TS-Q)
联盟内成员内部管理不断规范；联盟内成员信息交换电子化和自动化；建设联盟内企业专用服务中心，促进企业间知识分享	供应商也希望被阿托科技认证认可，符合汽车环保生产标准制程，而成为车厂的供应链(AT-H)；企业竞争会带来红海，最后会杀价杀到没有利润，但是如果有合作的话，就可能走向蓝海，蓝海就是大家有一个永续发展的机制(TPCA-H)；收集全球各协会的资料，进行一个跨展会的合作，例如举办世界电子电路大会、研讨会等(TPCA-C)；产业分业分工，分得很细。我们做车架、前叉/后叉，价值占40%。其他零组件，有些是我们和配套厂一起研发的，有些是买现成的。这样才有效率，每个厂商做它专业的部分。避震器做不过Fox，变速器用日本的Shimano，轮胎是正新(台湾)、建大(台湾)，自己要做轮胎，技术没有它们那么强，也没有规模经济，价格也不会比它们低(JD-X)

续表

一级编码	一级编码示例
改进质量管理；引进新的设备和生产线；优化工艺流程，提升作业流程效率	在生产环节，对作业程序、效能进行改进，提高资源回收再利用。按照ISO9001品质管理系统、IEC/ISO 17025 实验室认证等的要求，对生产和研发的设备、流程进行改造（AT-H）；设备自动化程度高，染整一次成功率远领先于同行，每公斤布所耗用的水及能源只同业一半（HT-Z）；别人的生产流程可能要30天，而我们的用20天就可以搞定了（TS-Q）

注：括号中的字母表示访谈资料来源，开始字母表示访谈企业名称，后面字母表示访谈对象。如AT-H中AT表示台湾阿托科技，H表示该公司的黄盛朗总经理，其他类同。

表18-3 二级编码过程

二级编码	概 述	一级编码	一级编码数目
产品升级	企业通过不断完善、更新产品，引进先进生产线，快速推出新产品，增加产品附加值，扩大市场的覆盖面	拓展产品线，扩大产品应用领域，拓展产品功能，新产品开发速度加快，不断满足客户需求	40
功能升级	分离旧有的低附加值环节，向价值链上高附加值环节纵向延伸，企业凭借拥有的核心能力如研发、设计和营销等占据价值链关键环节，获取最大比例的产品增加值	加强研发设计；创立自有品牌，扩大研发和市场部门，自建营销渠道，与经销商紧密合作拓展市场，对竞争者的产品进行逆向工程，在开发新产品的时候参考供应商或者客户的意见	38
跨产业升级	把一个产业中获得的能力应用到另一个新的产业，从一条产业链跨越到一条新的、价值高的相关产业的产业链	从销售农业产品转入深加工，电子产品与传统玩具进行结合，进入新的业务领域，企业原有的技术应用于新的业务领域，企业的产品融合了多个行业的特征	16
替代跨国公司产品	企业先模仿进口商品和跨国公司在华生产的产品，并吸收先进技术，进行创新性研发，实现替代跨国公司产品	在国内市场以低端产品替代进口商品，然后替代中端产品、高端产品	18
分拆重组，OEM、ODM、OBM方式并存	将不同的业务分拆重组，如分拆为ODM/OBM企业和OEM企业，并设立专门机构进行管理，推动升级	将附加值低的活动进行外包，集中自身资源生产技术领先的产品，转向高附加值环节的创新产品供应	15
突破关键部件壁垒	掌握核心技术与关键零部件制造，以获取和保持超额利润	保证关键零部件的供应，降低风险；突破关键技术和材料的研发	19
加大对生产服务投入	从传统营销向生产服务进行延伸，加大投入，提升附加值	由提供产品向客户解决方案转变，增加在生产服务如物流、售后服务等方面的投入，从产品提供商向产品和服务集成商转变，提高产品竞争力	22

续表

二级编码	概　　述	一级编码	一级编码数目
降低成本	企业投入产出比率和生产效率的提高,注重成本(特别是制造环节的成本)降低以达到附加值提高的目标	生产投入和消耗在不断下降,相关的成本如采购成本、物流成本和管理成本等都在不断下降	28
低碳运作、提升环保标准	通过开发绿色技术和产品、投入及研发节能技术和设备、绿色工艺流程改造、提升国际环保标准认证等提升产品价值,实现附加值增加	重视环保材料的运用,企业不断改进环保技术和设备,积极参与国际环保认证,开发环保产品和服务,注重资源回收再利用	41
收购OBM企业品牌	克服缺乏自主品牌和技术实力相对落后的劣势,通过某些产业或技术领域并购,获取战略性资产实现企业跨越式升级	收购国际品牌企业,关闭制造部门,保留销售和研发;获得需要的品牌和核心技术	16
形成战略联盟和新型竞合关系	为战略联盟内企业搭建竞合平台,引起主要成员企业在微观层面升级,推动企业、产业技术创新,自主创新,进而带动产业集群从全球价值链的低端向高端转移	联盟内成员内部管理不断规范,联盟内成员信息交换电子化和自动化,建设联盟内企业专用服务中心,促进企业间知识分享	42
流程升级	通过对生产体系的重组,更有效率地将投入转化为产出,企业对生产过程进行优化,加强供应链和质量管理	提升物流管理能力,改进质量管理,引进新的设备和生产线,优化工艺流程,提升作业流程效率,引入新的管理信息系统	33

2. 形成初步量表

根据编码条目反映的内涵,本研究将企业升级路径定义为,企业(家)根据自身的资源与能力和环境变化而进行的企业升级战略选择之后的具体化行为。这一定义包含了两个含义:①考虑了企业升级路径受到企业内部的资源和能力、外部环境变化两个方面因素的影响;②强调企业升级是有目的的企业战略行为并有具体化的措施。

本研究的关联式编码对企业升级的路径有较好的分析和分类。根据相应的开放式编码和原始访谈文本材料进行具体的条目化,形成相应的题项。其中,产品升级、功能升级、流程升级、跨产业升级的部分指标参照 R. Kaplinsky 和 M. Morris(2001)、毛蕴诗(2009)的相关衡量指标进行了修正,并生成了初步的测量量表。随后,我们把初步测量量表提交给2名企业高层管理人员、3名研究企业升级的专家(1名企业管理教授、2名企业管理副教授)、1名企业管理专业博士研究生进行专家小组讨论,提出修改意见。这有助于理解企业升级路径的概念,从企业层面和理论层面提炼出的企业升级语句最大限度地保证了测量量表的准确性,并删除语义不明确的条目,尽量使语句简洁易懂,最后形成正式问卷,共有12个维度,包含44个题项,各题项如表18-4所示。

表 18-4　量表初始测量题项

升级路径	代码	题　项
产品升级（CU）	CU_1	公司的产品线不断完善*
	CU_2	公司的客户范围不断扩大
	CU_3	公司的产品应用领域不断扩大
	CU_4	客户的需求不断被开发
功能升级（FU）	FU_1	公司扩大了研发和市场部门*
	FU_2	产品研发所应用的技术不断增多*
	FU_3	通过专门的职能部门,推出和加强了新产品的开发*
	FU_4	与供应商或者客户协同开发新产品*
替代跨国公司产品（SI）	SI_1	公司模仿并替代了跨国公司的进口商品
	SI_2	公司模仿并替代了跨国公司在华生产的产品
	SI_3	公司模仿并替代了跨国公司海外市场销售的产品
分拆重组,OEM/ODM/OBM 方式并存（FC）	FC_1	公司建立(或收购)了其他价值活动中的有更高附加值的职能部门*
	FC_2	公司将低附加值的活动外包*
	FC_3	公司逐步退出现有的价值活动,转向产业中附加值更高的环节*
突破关键部件壁垒（TC）	TC_1	公司已经突破了关键零部件的研究开发
	TC_2	公司已经突破了关键零部件的生产制造
	TC_3	公司已经实现了关键零部件的市场销售
加大对生产服务投入（PS）	PS_1	公司增加了在生产服务(如物流、售后服务)方面的投入
	PS_2	生产服务(如物流、售后服务)提高了公司产品的竞争力
	PS_3	生产服务(如物流、售后服务)对公司的贡献不断提高
跨产业升级（SP）	SP_1	公司进入了新的业务领域(或行业)*
	SP_2	公司不断将原有技术应用于新的业务领域(或行业)*
	SP_3	公司产品融合了多个产业(如制造业与服务业、文化产业)的元素*
降低成本（RC）	RC_1	公司的生产投入和消耗在不断下降
	RC_2	公司的采购成本在不断下降
	RC_3	公司的物流成本在不断下降
	RC_4	公司的管理成本在不断下降
低碳运作、提升环保标准（LC）	LC_1	公司不断改进环保技术和设备
	LC_2	公司采购重视环保材料
	LC_3	公司积极参与国际环保认证
	LC_4	公司开发了很多环保产品和服务

续表

升级路径	代码	题 项
收购OBM企业品牌（MB）	MB_1	公司收购了国际品牌企业*
	MB_2	公司收购了具有研发或者设计能力的企业*
	MB_3	公司收购了营销渠道广阔的企业*
战略联盟和新型竞合关系（SA）	SA_1	公司与战略合作伙伴协同升级
	SA_2	公司与产业集群/联盟内的配套企业（如上下游）协同升级
	SA_3	公司与产业集群/联盟内的竞争对手协同升级△
	SA_4	公司所在的行业组织或者战略联盟实现了协同开发产品
	SA_5	公司所在的行业组织或者战略联盟实现了协同营销
	SA_6	公司所在的行业组织或者战略联盟实现了协同管理△
流程升级（PU）	PU_1	公司引进了新的设备
	PU_2	公司加强了供应链的学习和管理
	PU_3	公司有效地引入新的管理信息系统或电子商务
	PU_4	公司的物流和质量管理不断改进

注：表中带*的题项为在后文预测试中因为因子负载不足0.5（CU_1、FU_1、FU_2、FU_3、SP_1）以及跨载荷超过0.40（FU_4、FC_1、FC_2、FC_3、SP_2、SP_3、MB_1、MB_2、MB_3）而删除的题项，带△的题项为在验证性因子分析中因显示出很弱的确认性而被剔除的题项（SA_3、SA_6）。

二、企业升级路径测量量表的预测试

本研究首先进行了小规模的初测，以删除一些项目鉴别度较低的条目。2013年4月15日—5月5日，本研究在第113届中国进出口商品交易会（简称"广交会"）上对一些企业进行了问卷调查，采用了李克特7级量表评价法。本次调查发放问卷200份，回收问卷121份，回收率60.5%，有效问卷112份，问卷有效率56%。

受访企业基本情况如下。

所在地分布：广东占21.4%，浙江占33.9%，江苏占9.8%，福建占7.1%，山东占4.5%，上海占4.5%，其他省份占18.8%。

企业在成立之初有企业品牌的占48.6%，成立之初无品牌的占51.4%。

受访企业的产权：民营企业占84.3%，国有企业占5.6%，外资企业占6.5%，其他占3.6%。

成立时间：成立10年以内的占40.6%，11~20年的占43.8%，20年以上的占15.6%。

行业分布：纺织服装、鞋帽类行业占50.6%，日用消费品占11.2%，办公箱包及休闲用品类占11.2%，其他占27%。

企业员工：员工少于100人的企业占38.2%，100~300名员工的企业占27.5%，

300~500名员工的企业占11.8%,员工超过500人的企业占22.5%。

企业2011年总资产:小于1 000万元的占35.5%,1 000万~5 000万元的占23.7%,5 000万~1亿元的占17.1%,1亿~5亿元的企业占11.9%,5亿元以上的企业占11.8%。

2011年销售额:小于1 000万元的占26.0%,1 000万~5 000万元的占28.8%,5 000万~1亿元的企业占20.5%,1亿~5亿元的企业占12.4%,超过5亿元的占12.3%。

(一)探索性因子分析

本研究对所收集的样本采用SPSS16.0软件进行统计分析。探索性因子分析采用主成分分析法,因子旋转采用最大正交旋转法。检验企业升级路径44题项的基本结构,样本的KMO值和Bartlett测试结果显示,预测试样本数据适合做因子分析(KMO=0.869,χ^2=4 287.536,df=946,p=0.000)。经过多次探索性因子分析,删除因子负载不足0.5的5个题项(CU_1、FU_1、FU_2、FU_3、SP_1)以及跨载荷超过0.4的9个题项(FU_4、FC_1、FC_2、FC_3、SP_2、SP_3、MB_1、MB_2、MB_3),得到收敛效度与区分效度良好的包含30个题项的因子结构,删除后量表维度和题项如表18-4未标*的题项所示。30个题项的KMO值为0.886,大于0.5的标准,Bartlett球形检验的χ^2值为2 805.687(自由度为435),P<0.000达到显著水平,适合进行因子分析。

在正交旋转后,本研究共提取8个特征值大于1的因子,累计解释方差变动为81.752%。每个题项负载到原先指定的路径上,题项在单一因子上的负载在0.500~0.879,均大于最低标准0.50,这表示该量表具有良好的收敛效度。各因子负载如表18-5所示。

表18-5 探索性因子分析结果

升级	代码	因子								Cronbach's α系数
		1	2	3	4	5	6	7	8	
CU	CU_2	0.836								
	CU_3	0.784								0.83
	CU_4	0.781								
SI	SI_1		0.773							
	SI_2		0.834							0.935
	SI_3		0.809							
TC	TC_1			0.622						
	TC_2			0.600						0.892
	TC_3			0.500						

续表

升级	代码	因子								Cronbach's α 系数
		1	2	3	4	5	6	7	8	
PS	PS_1				0.837					
	PS_2				0.805					0.873
	PS_3				0.79					
RC	RC_1					0.809				
	RC_2					0.860				0.933
	RC_3					0.847				
	RC_4					0.869				
LC	LC_1						0.725			
	LC_2						0.784			0.902
	LC_3						0.794			
	LC_4						0.755			
SA	SA_1							0.826		
	SA_2							0.833		
	SA_3							0.852		0.967
	SA_4							0.863		
	SA_5							0.879		
	SA_6							0.868		
PU	PU_1								0.587	
	PU_2								0.689	0.872
	PU_3								0.843	
	PU_4								0.835	

（二）内部一致性信度分析

本研究从 Cronbach's α 系数分析来评价企业升级路径量表的内部一致性。预测试的企业升级路径各维度的 Cronbach's α 在 0.830～0.967，都远远超过可接受的水平 0.70，经过净化以后，问卷具有良好的内部一致性信度。

三、企业升级路径测量量表的复测及效度检验

预测试样本的数量较少且都是参加广交会的参展厂商，验证性因子分析（CFA）将增强样本的代表性。为了进一步检验企业升级测量量表的效度，本研究针对制造性企业进

行了第二次调查。

本次调查样本来自中国珠三角地区,主要原因是作为改革先行者,珠三角地区制造型企业获得了快速发展,但是在转型经济背景下,它们采用的粗放型发展方式面临严峻的挑战,升级压力更大。对这一地区的制造型企业转型升级研究具有典型意义。研究主要采用问卷来收集数据,问卷发放主要利用了两种渠道:①从中山大学企业与市场研究中心企业数据库中选取珠三角地区制造型企业发放,共发放问卷220份,回收问卷146份,剔除无效问卷12份,有效问卷134份。②笔者和广东各地区经济管理部门有良好的合作关系方便获得问卷调研支持。因此,我们通过广州、中山等地的经济管理部门向珠三角地区制造型企业发放180份问卷,回收问卷117份,剔除无效问卷14份,有效问卷103份。问卷收集时间从2013年6月至2013年10月。期间我们共发放400份问卷,最终回收263份,回收率为65.75%,有效问卷237份,有效率59.25%。

问卷采用李克特7级量表,请应答者根据实际情况在"1非常不符合"到"7非常符合"之间进行选择,要求企业高层管理者或对企业熟悉的中层管理者填写问卷,两次问卷调查都向问卷应答者表明可赠送本研究结果以提高问卷应答比例,所获得样本企业概况如表18-6所示。

在进行验证性因子分析时,使用表18-5中保留的30个题项,根据验证性因子分析结果,题项SA_3和SA_6因显示出很弱的确认性而被剔除(见表18-4标△所示)。研究进一步以修正后的28个题项为观测变量、8个因子为潜变量构造路径模型并进行收敛效度和区分效度分析。

表18-6 样本概况

企业所在地	百分比	企业员工	百分比
广州	45.6%	<250人	58.0%
中山	47.3%	250~1000人	29.4%
深圳	2.5%	>1000人	12.6%
其他	4.6%		
企业总资产(2011年)	百分比	企业销售额(2011年)	百分比
<1 000万元	24.9%	<1 000万元	17.9%
1 000万~3 000万元	21.9%	1 000万~5 000万元	19.9%
3 000万~5 000万元	11.9%	5 000万~1亿元	17.9%
5 000万~1亿元	11.4%	1亿~5亿元	27.4%
1亿~5亿元	15.5%	>5亿元	16.9%
>5亿	14.4%		
企业成立时间	百分比	企业行业分布	百分比
1~10年	31.2%	日用消费品	28.0%
11~20年	45.9%	家用电器	19.6%

企业成立时间	百分比	企业行业分布	百分比
20年以上	22.9%	家居家具	9.8%
		纺织服装、鞋帽类	12.4%
		办公箱包及休闲用品类	10.7%
		医疗保健	6.7%
		机械制造	7.1%
		建筑材料	8.0%
		电子	10.2%
		其他行业	4.0%

企业产权性质	百分比
民营企业	66.2%
国有企业	4.7%
外资企业	24.0%
其他	5.1%

（一）无回应偏差检验

本研究使用了两部分来源不同的样本。根据 J. S. Armstrong 和 T. S. Overton (1977)[①]及 D. M. Lambert 和 T. C. Harrington(1990)[②]的研究，对两组样本进行了无回应偏差检验。按独立样本 T 检验两组样本的企业总资产、企业销售额、企业员工数等客观题项。检验表明，两组样本没有显著差异，说明数据不存在此类偏差。

（二）数据同源偏差检验

为减少单一受访者所带来的共同方法偏差，本研究设计的问卷采用匿名调查，并告知受访者调研数据只用于学术研究，并对调查结果严格保密，以减少社会期望偏差。同时遵循相关研究的建议，通过 Harman 单因素检验来分析共同方法偏差的严重程度。在本研究中，对问卷所有条目一起进行因子分析，在未旋转时得到的第一个主成分，占到的载荷量是 46.127%，并没有占到多数，表明同源偏差并不严重。

（三）收敛效度分析

收敛效度主要通过标准化负荷系数、组成信度和平均方差提取量（AVE）来评价。[③]

[①] Armstrong J. S., Overton T. S. Estimating nonreponse bias in mail surveys[J]. Journal of Marketing Research, 1977, 14(8): 396-402.

[②] Harrington T. C., Lambert D. M., Sterling J U. Simulating the financial impact of marketing and logistics decisions[J]. International Journal of Physical Distribution & Logistics Management, 1992, 22(7): 3-12.

[③] Fornell & Larcker(1981)就收敛效度提出了 3 项标准判断：所有标准化因子负载（factor loading）要大于 0.5 且达到显著水平（$p<0.05$ 或者 $p<0.01$）、组合信度系数（composite reliability, CR）要大于 0.8、平均方差提取量（average variance extracted, AVE）要大于 0.5 进行评价。

本研究采用 J. C. Anderson 和 D. W. Gerbing 的方法，使用验证性因子分析的方法对企业升级路径测量量表的收敛效度进行检验，分析结果如表 18-7 所示。

表 18-7　收敛效度分析结果

潜变量名称	测量题项	标准化因子负荷	T 值	信度	标准化误差项	组成信度	平均方差提取量
CU	CU_2	0.792	26.634	0.627	0.373	0.885	0.721
	CU_3	0.867	38.259	0.752	0.248		
	CU_4	0.885	41.087	0.783	0.217		
SI	SI_1	0.911	64.143	0.83	0.17	0.946	0.853
	SI_2	0.959	94.81	0.92	0.08		
	SI_3	0.9	59.861	0.81	0.19		
TC	TC_1	0.958	116.1	0.918	0.082	0.959	0.885
	TC_2	0.959	118.305	0.92	0.08		
	TC_3	0.905	66.159	0.819	0.181		
PS	PS_1	0.927	86.38	0.859	0.141	0.96	0.89
	PS_2	0.982	157.368	0.964	0.036		
	PS_3	0.92	81.957	0.846	0.154		
RC	RC_1	0.711	20.568	0.506	0.494	0.925	0.758
	RC_2	0.945	92.565	0.893	0.107		
	RC_3	0.965	109.637	0.931	0.069		
	RC_4	0.838	39.372	0.702	0.298		
LC	LC_1	0.874	45.17	0.764	0.236	0.921	0.744
	LC_2	0.909	57.487	0.826	0.174		
	LC_3	0.855	39.924	0.731	0.269		
	LC_4	0.809	30.556	0.654	0.346		
SA	SA_1	0.805	26.16	0.648	0.352	0.912	0.721
	SA_2	0.789	24.359	0.623	0.377		
	SA_4	0.924	51.647	0.854	0.146		
	SA_5	0.872	40.514	0.76	0.24		
PU	PU_1	0.762	24.755	0.581	0.419	0.917	0.736
	PU_2	0.857	41.085	0.734	0.266		
	PU_3	0.891	51.837	0.794	0.206		
	PU_4	0.913	60.088	0.834	0.166		

如表 18-7 所示，每个题项的标准化系数处于 0.711~0.982，都明显高于建议的最低临界值 0.50，而且在 P＜0.001 的条件下都具有较强的统计显著性；平均方差提取量(AVE)介于 0.721~0.890，满足 0.5 最低标准值的要求；企业升级路径八个维度的组合信度介于 0.885~0.960，大于 0.6。[①] 综合以上分析，本研究企业升级路径 8 个维度的收敛效度都很高。

另外，本研究还利用 Mplus5.0 对模型的各项拟合度指标进行了检验。测量模型的 NFI 为 0.917，CFI 为 0.929，都超出 0.90 的标准。本研究 RMSEA 为 0.08[②]，SRMR 为 0.049 小于 0.08。这些分析结果表明，本研究的验证性因子分析模型与数据的拟合程度良好。

（四）区别效度分析

本研究采用 C. Fornell 和 D. F. Larcker(1981)推荐的方法来判定两个概念间是否具有较好的区别效度。[③] 在表 18-8 中，对角线上的数字为企业升级路径每一维度的 AVE 值的平方根，其他数字为各维度间的相关系数。可以看出，企业升级路径各维度 AVE 值的平方根在 0.849~0.943，而相关系数的值在 0.225~0.750，每个一维度 AVE 值的平方根都大于任何两个维度之间的相关系数，表明企业升级路径的各维度具有较好的区别效度。

表 18-8　区别效度分析结果

潜变量	CU	SI	TC	PS	RC	LC	SA	PU
CU	0.849							
SI	0.361	0.924						
TC	0.535	0.497	0.941					
PS	0.559	0.431	0.546	0.943				
RC	0.286	0.425	0.506	0.426	0.871			
LC	0.703	0.342	0.604	0.558	0.400	0.863		
SA	0.471	0.487	0.594	0.502	0.548	0.590	0.849	
PU	0.633	0.225	0.522	0.590	0.296	0.750	0.506	0.858

四、二阶验证性因子分析

如果较低阶的因子间紧密相关，且在理论上它们可以代表更广义的概念，就可以把较低阶的因子看作新的测量标识来估计较高阶的因子结构(王济川，等，2011)。前文利用验证性因子分析对一阶八因子模型进行了检验，根据表 18-8 分析结果显示，除 SI 与 PU 相

---

① 吴明隆(2010)认为若是潜在变量的组合信度值在 0.60 以上，表示模型的内在质量理想。
② 当 RMSEA 在 0.05~0.08 时，显示模型合理拟合(Browne & Cudeck,1993；MacCallum, Browne & Sugawara, 1996；Byrne, 1998)。
③ 衡量区别效度有两种方法：①若两两构面之间的相关系数小于 0.85，就可认为具有一定程度的区别效度；②根据 Fornell 和 Larcker(1981)的建议，具有良好区别效度的标准是本身构面的 AVE 值要大于本身构面与其他构面间的相关系数平方值或者 AVE 值的平方根大于两个维度之间的相关系数，表示这两个概念间具有较好的区别效度。

关系数 0.225 较小外,其余 CU、SI、TC、PS、RC、LC、SA、PU 八个因子之间紧密相关,且在理论上存在一个以产品升级、替代跨国公司产品、突破关键部件壁垒、加大对生产服务投入、降低成本、"低碳运作、提升环保标准"、战略联盟和新型竞合关系、流程升级为基础的更广义的概念——企业升级路径。因此,本研究把企业升级路径的八个维度作为一阶因子,把企业升级路径作为二阶因子,通过对数据的分析可以得到如表 18-9 所示的结果。

表 18-9　二阶验证性因子分析结果

二阶因子	一阶因子	路经系数	T 值	信度	观测变量	标准化系数	信度
企业升级路径	CU	0.753	16.007	0.567	CU_1	0.782	0.612
					CU_2	0.867	0.752
					CU_3	0.892	0.796
	SI	0.514	6.817	0.264	SI_1	0.906	0.821
					SI_2	0.963	0.927
					SI_3	0.899	0.808
	TC	0.753	14.576	0.567	TC_1	0.958	0.918
					TC_2	0.959	0.92
					TC_3	0.904	0.817
	PS	0.721	16.487	0.52	PS_1	0.927	0.859
					PS_2	0.983	0.966
					PS_3	0.923	0.852
	RC	0.545	8.267	0.297	RC_1	0.712	0.507
					RC_2	0.948	0.899
					RC_3	0.962	0.925
					RC_4	0.839	0.704
	LC	0.845	23.036	0.714	LC_1	0.869	0.755
					LC_2	0.905	0.819
					LC_3	0.858	0.736
					LC_4	0.818	0.669
	SA	0.73	12.9	0.533	SA_1	0.815	0.664
					SA_2	0.798	0.637
					SA_4	0.916	0.839
					SA_5	0.868	0.753
	PU	0.767	16.649	0.588	PU_1	0.76	0.578
					PU_2	0.861	0.741
					PU_3	0.89	0.792
					PU_4	0.911	0.83
χ^2		df		CFI	TLI	RMSEA	SRMR
5 063.351		378		0.909	0.900	0.074	0.075

表 18-9 中的数据显示,第二阶因子与各第一阶因子的标准化路径系数分别为 0.753、0.514、0.753、0.721、0.545、0.845、0.730、0.767,这说明把模型估计的一阶因子作为二阶因子的标识有较高的因子负载。八个一阶因子的方差被二阶因子解释的比例分别为 56.7%、26.4%、56.8%、52.0%、29.7%、71.3%、53.3%、58.8%。二阶因子模型的 CFI(0.909)大于临近值 0.9,TLI(0.900)等于临近值 0.900,SRMR(0.075)小于 0.08,RMSEA(0.074)小于 0.08。

因此,可以认为本研究的验证性因子分析模型拟合良好,理论假设的 8 个企业升级路径维度能较好地收敛于企业升级路径这一更高层面的概念。

五、结论与讨论

(一)研究结论与结果讨论

1. 首次开发出企业升级路径测量量表

本研究在多行业、多地区企业管理层的半结构化访谈的基础上,运用扎根理论,使用 Nvivo8.0 质性分析软件对访谈材料进行编码,初步产生关联式编码 12 个。关联式编码条目化后,经专家小组讨论形成初步测量量表,并基于制造性企业样本开发和验证了包含产品升级、替代跨国公司产品、突破关键部件壁垒、加大对生产服务投入、降低成本、"低碳运作,提升环保标准"、战略联盟和新型竞合关系、流程升级等 8 个企业升级路径维度的测量量表。分析结果表明,包含 28 个题项的企业升级路径量表具有较好的内部一致性信度、收敛效度、区别效度,系首次开发出一整套企业升级路径的测量指标。该测量量表较好地拟合了企业升级的现实情况,为研究企业升级提供了有益的参考和可操作化的工具。本研究所开发的量表对企业管理者和企业转型升级政策制定者也有一定的启示。在实际的创新和升级过程中,企业会根据所处的具体情况而采取不同的操作策略(A. H. Amsden,1989),企业的多种升级路径可同时存在或跨越(毛蕴诗,等,2010)。

2. 企业升级路径测量量表适用于中小型制造企业

现有文献对企业升级路径的讨论大多围绕 OEM—ODM—OBM 而展开。然而,本项研究是针对一般的中小型制造企业所进行的,并未要求研究对象是 OEM 企业。在本研究样本中,企业员工小于 1000 人的中小企业占 87.4%[①],并且样本具有较广泛的地区分布、行业分布的特点,所开发的测量量表对于中小型企业具有较广泛的应用价值。而对大型企业而言,其多元化特征十分明显(钱德勒,1987),更多的实践和研究着重公司重构的业务重构、财务与资产重构、组织重构等方面,这与企业升级有很大差别。

3. 企业升级路径测量量表既适用于 OEM 企业,也适用于有品牌的企业

研究样本中的有品牌企业与无品牌企业所占比例相当,大约各为一半。因此,所开发的量表既适用于无品牌企业(主要是 OEM 企业),也适用于一般品牌企业。

---

① 按照欧盟关于企业规模的分类标准,将职工人数少于 250 人的公司归类为小型企业,250~1 000 人的企业为中型企业,1 000 人以上的企业为大型企业。

4. 对新增加的六种企业升级路径相对于 J. Humphrey 和 H. Schmitz 的观点的解释与探讨

如文献研究中所指出，J. Humphrey 和 H. Schmitz 提出了过程升级、产品升级、功能升级、跨产业升级四种升级模式，并被广为引用。在本研究所开发的企业升级路径测量量表的八个维度中，产品升级、过程升级与 J. Humphrey 和 H. Schmitz 提出的两种升级模式一致，因此不再讨论。其余六种升级路径：替代跨国公司产品、突破关键部件壁垒、加大对生产服务投入、降低成本、"低碳运作，提升环保标准"、战略联盟和新型竞合关系，属于新增路径并且是本项研究的成果。现对其相关的原因作如下探讨。

企业在缺乏技术能力的初期，往往不具备很强的独立研发能力。它们通过模仿和跟进跨国公司的现成产品与技术，进行创新和改进，提高技术创新能力，从替代外国进口的产品开始，到替代跨国公司在华生产的产品，进而在国际市场替代跨国公司的产品，占领国内市场，进而开拓国际市场。企业从价值链中低端的位置向中高端位置移动，实现企业升级。

在制造产业链中，如果能够掌握关键部件，升值空间将会很大。E. Giuliani, C. Pietrobelli 等人（2005）[①]就将升级定义为增加附加值的创新。例如，成本分析表明汽车、空调、冰箱制造成本中关键部件所占比重往往达到30%。秦远建、王娟（2007）[②]以汽车行业为例的研究发现，关键零部件技术水平已成为控制整个汽车零部件行业的战略制高点。为了抢占和控制这一战略制高点，发达国家汽车巨头无一例外投入巨资，并加大关键零部件创新力度，以确保在这些领域的领先地位。在我国，研发投入不足使中国汽车产业缺乏核心技术，主导汽车产业发展的核心技术依然掌握在外资手里，这大大制约了我国汽车产业竞争力的提高（闫伍超，2008）。[③] 实现核心技术和关键部件制造的突破，能有效地推动了中国企业升级。

在整个价值链中，加大对生产服务的投入，将获取更大的升值空间。服务已成为制造企业价值创造的核心（I. Gremyr, N. Löfberg，等，2010）。[④] H. Raff 和 V. D. R. Marc（2001）[⑤]指出，生产者服务业的 FDI 具有明显追随下游制造业 FDI 的倾向。制造业和生产者服务业存在联动效应。制造业需要近距离、充分地利用生产者服务的投入；生产者服务是制造业发展转型与升级的重要支撑，因为它能够通过降低交易成本、促进专业化分工深化和泛化、促进人力资本和知识资本深化、增强产业竞争优势等多种途径与方式，支撑制造业的发展（高传胜、刘志彪，2005）。[⑥] 因此，实现制造业的服务化也是企业升级的有

---

① Giuliani E, Pietrobelli C, Rabellotti R. Upgrading in global value chains: lessons from Latin American clusters[J]. World Development, 2005, 33(4): 549-573.

② 秦远建，王娟. 我国汽车关键零部件技术创新产学研合作研究[J]. 汽车工业研究，2007，(10): 8-11.

③ 闫伍超. 中国本土汽车关键零部件企业成长战略研究[D]. 复旦大学，2008.

④ Gremyr I, Löfberg N, Witell L. Service innovations in manufacturing firms[C]// Ismot'07 Conference, Managing Total Innovation and Open Innovation in the, Century. 2010: 161-175.

⑤ Raff H, Marc V D R. Foreign direct investment in producer services: theory and empirical evidence[J]. Social Science Electronic Publishing, 2001, 53(10): 299-321.

⑥ 高传胜，刘志彪. 生产者服务与长三角制造业集聚和发展——理论、实证与潜力分析[J]. 上海经济研究，2005，(8): 35-42.

效路径,有利于企业向价值链中的高端环节攀升,促进企业升级。

现有企业升级的研究较多关注企业产品或活动的附加值(J. Humphrey 和 H. Schmitz,2000;R. Kaplinsky 和 J. Readman,2001)[①]。本研究发现企业升级的范畴不只是体现为附加值的提升,降低成本、"低碳运作、提升环保标准"本质上是企业投入产出比率和生产效率的提高,因而也是企业升级的有效路径。本研究中"低碳运作、提升环保标准"开放式编码达到 41 条。企业采用有利于节约资源和保护环境的新设备、新工艺和新技术,改变发展初期高投入、高消耗的粗放经营方式,实现升级。

通过构建战略联盟和新型竞合关系进行升级,其开放式编码达到 42 条,但是现有文献没有给以足够重视。合作研发是中小 OEM 厂商构建研发能力、提升技术水平的有效手段(杨桂菊,2010)[②]。我国台湾地区的经验表明,企业可以推动产业上中下游体系或跨领域的企业合作研发,加强和大学、研究机构联系,共同开发研究项目,加快新产品开发,实现企业升级。战略联盟和新型竞合关系,属于新增路径并且是本研究的成果。

5. 对所删除的四种升级模式(包括 J. Humphrey 和 H. Schmitz 所提出的升级模式)的解释与探讨

在问卷预测试阶段,企业升级路径的维度中的功能升级、跨产业升级、收购 OBM 企业品牌、"分拆重组、OEM/ODM/OBM 方式并存"四种路径题项,因为因子负载不足 0.50 和跨载荷超过 0.40 而被删除。其中:功能升级、跨产业升级是 J. Humphrey 和 H. Schmitz(2000;2002)所提出的四种升级模式中的两种。现对其被删除的相关的原因作如下探讨。首先需要指出,J. Humphrey 和 H. Schmitz(2000;2002)虽然提出了四种升级模式,但是并没有进行实证研究。

功能升级是企业获得新的功能或放弃现有的功能,以增加其业务的总体技巧内容,比如从生产环节向设计和营销等利润丰厚的环节跨越(J. Humphrey 和 H. Schmitz,2000)。通过功能升级,企业可以降低生产专业化中的劣势,带来更多持久而稳定的竞争力(E. Giuliani,C. Pietrobelli,等,2005)[③]。但同时不能忽视的是,阻止企业进行功能升级的障碍有两类:购买商能力和资源条件(H. Schmitz,2004)。在目前发达国家主导和支配的全球价值链治理框架下,发达国家厂商会紧紧抓住最高附加值环节,而只把低附加值环节转让,并会在技术、品牌等多个环节上对本土企业的升级行为设置障碍(H. Schmitz,2004;梅丽霞、王缉慈,2009)[④],防止核心技术知识向我国企业专业转移,例如,进行技术封锁、不断提高技术标准使我国制造型企业疲于进行流程升级和产品升级,而无法进行功能升级。即使一些发展中国家也尽力在欧美市场发展品牌和建立自己的营销渠道,但往往因

---

① Kaplinsky R, Readman J. Integrating SMEs in global value chains: towards partnership for development[J]. Vienna Unido, 2001.

② 杨桂菊. 代工企业转型升级:演进路径的理论模型——基于 3 家本土企业的案例研究[J]. 管理世界,2010, (6):132-142.

③ Giuliani E, Pietrobelli C, Rabellotti R. Upgrading in global value chains: lessons from Latin American clusters[J]. World Development, 2005, 33(4):549-573.

④ Schmitz, H. Local enterprises in the global economy: issues of governance and upgrading, Edward Elgar, 2004,(6):37-70.

梅丽霞,王缉慈. 权力集中化、生产片断化与全球价值链下本土产业的升级[J]. 人文地理,2009,(4):32-37.

为投资巨大而不可持续(H. Schmitz,2004)。在这种情况下,企业转型升级往往会存在路径依赖(杨桂菊,2012),[①]企业难以获得核心技术,进一步阻碍技术能力和自主创新能力的提高,无法进行功能升级。

跨产业升级是从一个产业链条转换到另一个产业链条的升级方式(R. Kaplinsky和M. Morris,2001),一般这种转换都来源于突破性创新(蒋兰陵,2010)[②]。本研究样本企业大多是中小企业,缺乏资本实力,也缺乏创新所需要的资源。另外,中小企业嵌入全球价值链中进行竞争,被锁定在低附加值的状态,从一种产业向另一种产业转换的成本非常大,也难于进行企业跨产业升级。因此,跨产业升级的维度未能保留。

对一些企业来说,"分拆重组、OEM/ODM/OBM方式并存"的方式没有被实证支持具有一定的合理性。虽然可以延续企业在OEM制造方面的优势,但这同时也意味着,企业要进行生产、研发、品牌的三重投入和三重管理。如企业进行ODM意味着,若想生成技术升级,则研发和设计能力的加强需要企业巨额投入。进行OBM则意味着创立品牌,筹建营销网络和渠道,同样需要巨大的资源投入,这不仅容易分散精力和资源,还容易承担巨大的品牌风险、研发风险和生产经营风险。本研究样本大多都是中小企业,就其规模、资源和能力而言,要进行分拆、平衡OEM/ODM/OBM的投入,存在很大的困难,因此限制了以"分拆重组,OEM/ODM/OBM方式并存"方式进行升级的可能性。同样,收购OBM企业品牌对中小企业来说存在资源约束的问题,也阻碍了企业通过收购OBM企业品牌进行升级的进程。

(二)研究局限及未来研究方向

尽管本研究对现有企业升级路径理论是一个有益的补充,并且对促进企业进行升级实践也具有一定的参考价值,但仍然还存在一些不足。首先,量表开发过程中预测试和复测样本较小的问题。本研究初测样本量为112个,而复测样本为237个,样本规模并不够大。其次,在样本的地区选择也存在一定的不足之处,未来研究可增加我国其他地区的制造型企业样本,以提升研究结果的适用性,使研究结论更加可信。最后,本研究的目的在于开发一套可靠有效的企业升级路径量表并加以检验。将来的研究除了加强理论的探讨与提升之外,还可以进一步研究企业升级路径的前因变量(如影响因素)和结果变量(如企业升级效果)等之间的关系。

---

① 杨桂菊. 中小代工企业研发联盟构建与治理的实证研究[J]. 科研管理,2012,33(4):155-162.
② 蒋兰陵. 配套产业链的链条升级模式分析——基于江苏省样本配套企业的调查统计[J]. 中国科技论坛,2010,(4):46-52.

专题十九 "规模经济"还是"规模经济性"

——对《新帕尔格雷夫经济学大辞典》中的词条名"Economies and Diseconomies of Scale"汉译的商榷以及对方维规博士《"经济"译名溯源考》的一点补充

一、问题的提出

(1)《新帕尔格雷夫经济学大辞典》对词条名"Economies and Diseconomies of Scale"的不正确翻译——"规模经济与规模不经济。"权威的《新帕尔格雷夫经济学大辞典》中有"Economies and Diseconomies of Scale"的词条,并做了详细的解释。[①] 但是,本专题第二部分已指出,该辞典将词条"Economies and Diseconomies of Scale"译为"规模经济与规模不经济",当是不正确翻译或误译。

(2) 国内论著中对"Economies of Scale"以及其他相关术语的误译、误用。"Economy"("经济")一词从自引入中国来至少有180多年。然而,正是因为对Economy一词本身的词义的确立及其与汉语相应词汇对应上存在不明确之处,使与"Economy"有关的误译、误用频频发生。这些广泛的误译、误用表现在以下几方面。

(1) 对"Economies of Scale"的误译。因对"Economy"词义的混淆而引起的误译、误用,并造成学术含义不清的例子莫过于对外来术语"Economies of Scale"的翻译和使用与之相关的术语误译、误用。

笔者于2006年8月8日对中国学术期刊网的相关文献进行了检索,其结果如下:全文内容中含有"规模经济"一词而不含"规模经济性"的文章有129 751篇,全文内容中含有"规模经济性"一词的有4 429篇。标题中含有"规模经济"而不含"规模经济性"一词的文章有1 121篇,标题中含有"规模经济性"一词的文章仅20篇;关键词中含有"规模经济"而不含"规模经济性"一词的文章有1 684篇,关键词中含有"规模经济性"一词的文章仅32篇;摘要中含有"规模经济"一词而不含"规模经济性"的文章有4 701篇,摘要中含有"规模经济性"一词的文章仅150篇,如表19-1所示。

表19-1 中国学术期刊网有关规模经济与规模经济性的文章的统计

检索范围	标题	关键词	摘要	全文
规模经济	1 121	1 684	4 701	129 751
规模经济性	20	32	150	4 429

资料来源:笔者根据中国学术期刊网相关资料制表。注:截至2006年8月8日的检索。

---

① 新帕尔格雷夫经济学大辞典[M].北京:经济科学出版社,1992:84-88.

而在国内一些经济学著作中,不同作者有的使用"规模经济",或使用"规模经济性"的情况甚为普遍。例如,检索表明,有作者以"企业规模经济"作为博士论文或专著的题目,一些有名的出版社出版的译著也采用了"规模经济"作为译著的标题。也有作者使用"规模经济性"作为专著的题目或术语。此外,文献检索也表明,甚至有同一作者对"规模经济"与"规模经济性"不作区分,在题目中使用"规模经济性"一词,而在正文中使用"规模经济"的情况。

"economies of scale"作为学术专门术语几乎可见于西方 MBA 课程中每一本"管理经济学"(managerial economics)教材,或"企业经济学"("business economics"),"公司经济学"("economics of the firm")教材,并往往是作为其中章、节的标题。例如,"cost functions and economies of scale"。然而,严重的问题在于,我国大多数的 MBA "管理经济学"教材(包括翻译、编著与自编)中,将"Economies of Scale"译为"规模经济",或用为"规模经济",远远超过译作或用作"规模经济性"的数量。在笔者书架上 10 多本翻译或编著的"管理经济学"教材中,几乎都使用了"规模经济"作为"Economies of Scale"的译语,或专门术语。

(2) 包括对名著的翻译在内的与"economies of scale"误译、误用有关的其他例子。因对"economy"词义的混淆并与"economies of scale"的误译、误用相关的其他例子包括将"economies of scope"译为"范围经济",将"economies of speed"译为"速度经济",将"economies of network"译为"网络经济"等。包括香港信报的发行人、专栏作者林行止(留学英国剑桥工业学院,主修经济学)也将"economies of scale"译为"范围经济"。①

类似术语的不同翻译可见于美国企业史学家[美]小艾尔弗雷德·D.钱德勒的两本名著。在由商务印书馆出版的译著:*The Visible Hand*②(《看得见的手》)中有关术语的译文为:"生产率的提高和单位成本的降低(通常总是把它等同于规模的经济性)主要是来自通过能力在数量上和速度上的增加,而不是由于工厂或设备在规模上的扩大。这种经济性主要来自对工厂内材料流动的结合和协调的能力,而不是工厂内工作的更趋专业化和进一步分工"。③ 而由中国社会科学出版社出版的钱德勒的另一著作——*Scale and Scope: The Dynamics of Industrial Capitalism*,却被译为《企业规模经济、范围经济:工业资本主义的原动力》。④

以上文献检索表明,在国内一些经济学论文、著作、教材中,对"economies of scale"作

---

① 林行止. 经济学家[M]. 北京:社会科学文献出版社,2002:26.

② Alfred D. Chandler. The visible hand the managerial revolution in American business, The Belknap Press of Harvard University Press Cambridge, Massachusetts and London, England.

③ Alfred D. Chandler, Jr., The Visible Hand The Managerial Revolution in American Business, The Belknap Press of Harvard University Press Cambridge, Massachusetts and London, England. P. 281。钱德勒的原文为:"Increases in productivity and decreases in unit costs(often identified with economies of scale)resulted far more from the increases in the volume and velocity of throughput than from a growth in the size of the factory or plant. Such economies came more from the ability to integrate and coordinate the flow of materials through the plant than from greater specialization and subdivision of the work within the plant".

④ [美]小艾尔弗雷德·D·钱德勒. 企业规模经济与范围经济:工业资本主义的原动力[M]. 中国社会科学出版社,1999.

为学术术语的广泛存在用为"规模经济"与用为"规模经济性"的混淆。而且用为"规模经济"的远比使用"规模经济性"的情况为多。然而,本文第二部分的分析表明是"规模经济性"而不是"规模经济"才是对"economies of scale"的正确使用。因此对"economies of scale"误译、误用远远多于正确使用。并且这些混淆、误译、误用多年来并未得到关注与探讨,严重影响了我国经济学研究水平的提高。

本专题第二部分拟从"economies of scale"的翻译入手,讨论 economy 词义的界定、确立与正确选取。

二、"规模经济性"——"economies of scale"的正确翻译

查《朗文当代高级英语辞典》,所列出"economy"的词义只有两个。第一词义为"节约、节省";第二词义为"经济体制、经济情况"。但是这两个词义差之千里。前者主要与微观经济问题有关,包括消费、消费行为、企业投入与产出有关的问题等;后者则与宏观经济问题有关,包括总体经济、区域经济、经济制度、经济情况、经济(特征)、经济组织等。因此,在具体的翻译、语句中必须明确区分。

查《COBUILD 英汉双解词典》,"economy"作为名词有三种汉语表达词义:①经济、经济制度;②经济情况;③节约、节省(包括时间、精力、语言上的节省),其举例为"Economy is careful spending or the careful use of things in order to save money"①。以上三种汉语表达词义也可归结为本文所确立的两个基本词义。

笔者首次接触"economies of scale",是在 20 世纪 80 年代初在国外攻读 MBA 时。当时所用管理经济学(managerial economics)教材为汤普森(Arthur A·Thompson)的公司经济学(economics of the firm),其中第 8 章为"Cost Functions and Economies of Scale"。而在"管理经济学"课程的参考书 Readings in Managerial Economics 中选入了诺贝尔经济学奖获得者乔治·斯蒂格勒(Geoge J. Stigler,1958)的著名论文 Economies of Scale。斯蒂格勒(1958)在论文中这样对"economies of scale"加以定义②:"规模经济性是关于所正确选择的所有生产投入组合的规模与企业产出率之间的关系的理论"。③ 从斯蒂格勒(1958)"规模经济性"的定义明确认定"economies of scale"是与成本有关的概念,因此,其中"economy"的复数"economies"的词义应取"节约""节省"。

《新帕尔格雷夫经济学大辞典》中将对"Economies and Diseconomies of Scale"定义译为:"考虑在既定的(不变的)技术条件下,生产一单位单一的或复合产品的成本,如果在某一区间生产的平均成本递减(或递增),那么,就可以说这里有规模经济(或规模不经济)"。据此定义同样可以认定"economies and diseconomies of scale"是与成本有关的概

---

① 查《COBUILD 英汉双解词典》[Z].上海:上海译文出版社,2002.595.

② 斯蒂格勒的原文为:The theory of the economies of scale is the theory of the relationship between the scale of use of a properly chosen combination of all productive services and the rate of output of the enterprise. Thomas Joseph Coyne,W. Warren Haynes,Dale K. Osborne:Managerial Economics Business Publications,INC. Dallas,Texas 75243 Lrwin-Dorsey Limited Georgetown,Ontario L7G 4B3

③ 毛蕴诗.公司经济学[M].大连:东北财经大学出版社,2006:178.

念,因此其中"economy"的复数"economies"的词义应取为"节约""节省"。

笔者于1983年回国内大学经济管理系任教,时将斯蒂格勒的著名论文"The Economies of Scale",以"规模经济性"为题译出,刊登于内部刊物《经济与管理研究》1984年第4期。1994年笔者的著作《公司经济学》[①]第八章采用了"规模经济性"作标题,并引用了斯蒂格勒(1958)"规模经济性"的定义。

笔者将"Economies of Scale"翻译为"规模经济性",将其中的economy(economies)词义取为"节约""节省",即《朗文当代高级英语辞典》中的两个词义的第一词义。这里economies为economy的复数,有"多种节约、节省"或"多方面的节约、节省"之意;而"economies of scale"中"scale"的词义可为标准、等级、级别,标度、刻度,比例、规模、程度、范围等,结合斯蒂格勒的原文应译为"规模"。同时注意到economy是以复数形式economies出现,因此"economies of scale"可直译为:"与规模有关的多种节约"或"与规模有关的多方面的节省",考虑到汉语的特点和准确表达,进一步译为"规模经济性"。

本专题第二部分所说对美国企业史学家小艾尔弗雷德·D.德勒两本名著书名的翻译,商务印书馆的译法是正确的,相反,如果选用"economy"的第二项词义,即"经济体制、经济情况",将"economies of scale"译为"规模经济",不仅未能体现原著、原文的含义,同时在汉语的理解上也会带来模糊与不清。应当特别指出的是,经济学论著中频繁出现的"economies of scale""economies of scope""economies of speed""economies of network"等术语其中的"economy"均是以复数形式"economies"出现的。如果将诸如"economies of scale""economies of speed"译为"规模经济""速度经济"而不是"规模经济性""速度经济性",这不仅在词义上解释不通,而且无法解释"economy"的复数"economies"的含义。

三、结论与讨论

(1) 英文中一词多义甚为普遍,但"economy"作为外来语并作为名词在汉语中可确立两个基本词义。第一项词义为"节约""节省";第二项词义为"经济体制""经济情况""经济(特征)""经济组织"。在汉语的使用中,这两个词义差别很大。前者与微观经济行为、活动有关,后者与宏观经济行为有关。然而,特别应该注意的是,"economy"作为形容词时意为"经济的""便宜的"。例如,"economy class"(经济舱)中的"economy"的词性为形容词"经济的"。这种将汉语中的形容词"经济的"与名词的"节约""节省"混淆,也是造成误译的原因之一。

(2)《新帕尔格雷夫经济学大辞典》中的词条名"economies and diseconomies of scale"的汉译——"规模经济与规模不经济"是不正确的,正确的译语为:"规模经济性与规模不经济性"。

(3) "economies of scale"是一个外来语。文献检索表明,对"economies of scale",以及与此相关的经济学术语的误译、误用广泛存在于我国的学术论著、权威刊物,存在于对

---

① 毛蕴诗.公司经济学[M].大连:东北财经大学出版社,2006:178.

国外名著的翻译,且这些混淆、误译、误用多年来并未得到关注与探讨,严重影响了我国经济学研究水平的提高。其主要原因在于对"economy"的基本词义未能把握。而根源则在于外文水平与专业水平未精。

(4)"economy"所对应的译语——"经济"是一外来语。但是,作为汉语本身的"经济"却不是外来语。中国汉语文字源远流长,"经济"一词可于古代文献中找到出处,而且远远早于其作为外来语引入中国180多年。在《辞海》中列出了"经济"的4个汉语词义。第一个用法为"经世济民;治理国家",语出杜甫诗《上水遣怀》"古来经济才,何事独罕有",《宋史·王安石传论》"以文章节行高一世,而尤以道德经济为己任"其词义有"管理"之意;第二项词义为"节约"。第三项词义为"社会生产关系的总和"。第四项词义为"一个国家国民经济的总称"。① 事实上,《辞海》中的第一项词义"管理"现在已几乎不用了,后三项词义则可归结为本文所确立的两个基本词义。

(5)此外,方维规博士曾在《"经济"译名溯源考——是"政治"还是"经济"》一文(以下简称"方文")中,提及翻译之难:"翻译一事,其难不一。或有学业未精,不能通西国深奥之文义者。"②甚至认为"中西语言的翻译是很困难的:从某种意义上说,这里存在的语言鸿沟甚或是无法逾越的"。

笔者也赞同"方文"所谈到的翻译的困难之处,但是并不认为其所说"中西语言的翻译……存在的语言鸿沟甚或是无法逾越的"。"方文"一开头就提出:"有一种假设,认为世界上的各种语言是由相互对应的同义词组成的,并视之为编纂辞典的基础。这种假设并不完全令人信服;在不同的语言中,真正对应的同义词只有很小一部分。"的确在《牛津现代高级英汉双解词典》③中,英文词义与汉语词汇的准确对应仍未完全解决,但是通过回到原文或借助原文辞典中的例句是可以得到解决的。例如,翻译的是管理论著中的"contingency approach"时,"Contingency"在辞典中列为"偶然""偶然性",译为"偶然性学派"当然不通。但是根据辞典中的例句"We have a contingency plan ready when……"根据专业知识,译为"权变学派"、权宜学派、"应变学派"既能准确体现英文含义又符合汉语表达方式。④ 为此建议在辞典中"contingency"的汉语表达增加一个词义:"权变""权宜""应变"。可见,在英汉辞典中英文词汇与汉语词汇的对应是一不断完善的过程,随着不断的积累,编纂辞典的基础也会变得厚实。

时下学风浮躁,译风亦不正,译林混乱,误译、错译比比皆是,挂名译校者随处可寻。于是使许多误译得以流传,以误传误,贻害广远。此外,一些学者缺乏严谨的治学态度,对一些关键性术语不加思索地引用、采用。对"economy""economies of scale"的误译、误用,实为一典型例证。为此不仅要提高外文水平与专业水平,而且要有严谨的治学态度,形成良好的学术环境。

---

① 辞海[Z].上海辞书出版社,1980:1164.
② 方维规."经济"译名溯源考——是"政治"还是"经济"[J].中国社会科学,2003,3:178.
③ 牛津现代高级英汉双解词典[Z].北京:商务印书馆,1988:250. Oxford advanced learner's dictionary of current English with Chinese translation, Oxford University Press,1988.
④ 毛蕴诗.公司经济学[M].大连:东北财经大学出版社,2006:226.

参 考 文 献

1. Arthur W B. Competing technologies, increasing returns and lock-in by historical events[J]. Economic Journal, 1989,99(1),116-131.
2. Arthur W B. Increasing returns and the new world of business[J]. Harvard Business Review, 1996, (7-8).
3. David P, S Greenstein. The Economics of Compatibility Standards: An Introduction to Recent Research[J]. Economics of Innovation and New Technology,1990.
4. Hill C W. Establishing a standard: competitive strategy and technological standards in winner-take-all industries[J]. Academy of Management Executive, 1997,11(2): 725.
5. Jeffrey L Funk. Global competition between and within standards[M]. Palgrave Macmillan publisher, 2002.
6. Katz M, Sharpiro C. Systems competition and network efforts[J]. Journal of Economic Perspectives, 1994,8(2): 93-115.
7. Katz M, Sharpio C. Network externalities, competition and compatibility[J]. The American Economic Review, 1985,75(3): 424-440.
8. Morris, C R, Ferguson C H. How architecture wins the technology wars[J]. Harvard Business Review,1993, 71: 86-96.
9. Rosenkopf L, Metiu A, George V P. From the bottom up? Technical committee activity and alliance formation[J]. Administrative Science Quarterly, 2001,46(4),748-772.
10. Suarez, Fernando. Battles for technological dominance: an integrative framework[J]. Research Policy, 2004,33: 271-286.
11. Shapiro C, H Varian. Information rules[M]. Boston: Harvard Business School Press,1999.
12. Shapiro C. Setting compatibility standards: Co-operation or collusion? [M]. In R Dreyfuss, D Zimmerman, H First. (Eds.) Expanding the boundaries of intellectual property New York, NY: Oxford University Press,2007: 81-102.
13. Thomas A. Cooperative strategy and technology standards-setting: A study of U. S. wireless telecommunications industry standards development[D]. PhD. Dissertation,The George Washington University, 2005.
14. A. Thompson Jr. Economics of the firm: theory and practice [M]. Third Edition. Prentice Hall,1981.
15. Aharoni Y. The foreign investment decision process [M]. Boston: Harvard Business School Press, 1959.
16. Alfred D Chandler. The visible hand: The management revolution in American business[M]. The Belknap Press of Harvard University Press Cambridge, 1977.
17. Ansoff. Diversified strategy[J]. Harvard Business Review, 1957.
18. Barlett C A. Multinational structure change: evolution versus reorganization[M]. in otterbec, L. (ed.), the Management of Headquarters-Subsidiary Relationships in Multinational Corporations, Aldershot, Hants. Gower, 1981: 121-145.
19. Bartlett C A, Ghoshal S. Managing across borders: the transnational solution [M]. Boston: Harvard Business School Press, 1989.

20. Blackman C R. Convergence between telecommunications and other media: how should regulation adapt? [J]. Telecommunications Policy,1998,22(3): 163-170.
21. Bowman E, H Singh. Overview of corporate restructuring: Trends and consequences[M]. In L. Rock, R. H. Rock. (eds.)Corporate Restructuring. McGraw-Hill. New York,1990.
22. Buckley P J, Casson M C. The economic theory of the multinational enterprise: selected papers[M]. London: Macmillan, 1985.
23. Buckley P J. The limits of explanation: testing the international theory of the multinational enterprises[J]. Journal of International Business Studies, 1985,19(2): 181-193.
24. Buckley P, M Casson. The future of the multinational enterprise[M]. New York: Holmes & Meier, 1976.
25. Cassano J. The link between corporate strategy, organization, and performance[A]. in Babian H, H Glass. eds. Handbook of Business Strategy: 1987/1988 Yearbook[C]. Boston: Warren, Gorham, and Lamont, 1987.
26. Dülfer E. Internationales management[M]. München: Oldenbourg, 1997.
27. Dunning, J. The theory of international production[M]. in F Khosrow. (ed.)International Trade, New York: Taylor & Francis, 1989.
28. Egelhoff W G, Strategy and structure in multinational corporations: a revision of the stopford and wells model[J]. Strategic Management Journal, 1988,(9): 1-14.
29. Fayerweather J. International management: a conceptual framework[M]. New York: McGraw Hill, 1969.
30. Fredrickson J W. Strategic process: questions and recommendations[J]. Academy of Management Review, (8): 565-575.
31. Gambardella, Alfonso, Torrisi, Salvatore. Does technological convergence imply convergence in markets? Evidence from the electronics industry[J]. Research Policy. 1998,27(5): 445.
32. George J Stigler. The economies of scale[J]. The Journal of Law and Economics,1958,1(10): 54.
33. Geringer J, L Herbert. Control and performance of international joint ventures[J]. Journal of International Business Studies, 1989: 235-254.
34. Ghoshal S, Bartlett C A. Creation, adoption anddiffusion of innovations by subsidiaries of multinational corporations[J]. Journal of International Business Studies, 1988,19(3): 365-388.
35. Goold M, K Luchs. Why diversify? four decades of management thinking[J]. Academy of Management Executive,1993, (7): 7-25.
36. Greenstein S,Khanna T. What does industry mean? [M]. in Yoffie ed. , Competing in the age of digital convergence, U. S. The Presedent and Fellows of Harvard Press,1997.
37. Hayek. New studies in philosophy, politics, economics and the history of ideas[M]. Routledge & Kegan Paul, 1978.
38. Hayek F A. The meaning of competition[M]. in Hayek F A. ed. . Individualism and Economic Order, London: Routledge Kegan Paul,1976.
39. Hayek F A. Economics and knowledge[J]. Economica,1937,4(13).
40. Hedlund G. The hypermodern MNC: a heterarchies: new approaches? [J]. Human Resource Management, 1981,25: 9-36.
41. Hitt M A, Ireland R D. Building competitive strength in international markets[J]. Long Range Planning,1987,20(1): 115-122.

42. Hofer C D. Schendel, strategy formulation: analytical concepts[M]. St Paul, MI: West, 1978.
43. Hymer, Stephen H. The international operations of national firms: A study of direct foreign investment[M]. Cambridge, MA, MIT Press, 1976.
44. Jianwen Liao, Ann Arbor. Corporate restructuring during the 1980s: an empirical investigation of its antecedents and consequences[J]. UMI Dissertation Services, c1996 viii, 175 p; 22.
45. Johnson J H. An empirical analysis of the integration-responsiveness framework: US construction equipment industry firms in global competition[J]. Journal of International Business Studies, 1995, 26(3): 621-635.
46. Joseph W Bartlett. Corporate restructurings, reorganizations, and Buyout, John Wiley and Sons INC, 1991.
47. Kathandaraman, Prabakar, David T Wilson. The future of competition. [J]. Industrial Marketing Management, 2001, 30(4): 379-389.
48. Kindlegerger, Charles P. American business abroad [M]. New Haven, Yale University Press, 1969.
49. Kirzner. Competition and entrepreneurship[M]. Chicago: University of Chicago Press, 1973.
50. Kirzner I M. Market theory and the price system[M]. Princeton, NJ: D. Van Nostrand, 1963.
51. Kirzner. Discovery and the capitalist process [M]. Chicago: University of Chicago Press, 1985.
52. Kobrin S. An empirical analysis of the determinants of global integration, Strategic Management Journal, 1991(12): 17-31.
53. Kumar B. Globale wettbewerbstrategien für den europäischen Markt[M]. in M Haller, K Bleicher, E Breuchlin, M Haller, H J Pleitner, R Wunderer, A Zünd. (eds) Globasisierung der Wirtschaft, Bern: Hauptverlag, 1993: 49-76.
54. Leontiades, J., Going global-global vs national strategies, Long Range Planning, Vol 19(6), pp. 96-104, 1986
55. LindJ. Convergence: history of term usage and lessons for firm strategies[R]. Stockholm School of Economics, Center for Information and Communications Research 2004.
56. Longman Dictionary of Contemporary English, Longman Group, 1978.
57. Lucas, R., 1988, "On the Mechanics of Economic Development."Journal of Monetary Economics, 22(1): 3-42
58. MarthaA, Garcia-Murillo and MacInnesI. FCC organizational structure and regulatory convergence [J]. Telecommunications Policy, 2001, (25): 431-452.
59. Martinez, J. I., J. C. Jarillo, Co-ordination demands of international strategies, Journal of International Business Studies, Vol 22(3), 1991, 419-444.
60. Michael E. Porter, The competitive advantage of nations, Harvard business review, March-April 1990.
61. Michael E. Porter, why U. S. business is falling behind; Fortune, Apr 28, 1986, 255-258.
62. Millington, A., B Bayliss, Internationalization and the success of UK transnational manufacturing operations, Management International Review, Vol 37(3), 1977, 199-221.
63. Mises, 1949, Human Action: A Treatise on Economics, New Haven: Yale University Press.
64. Mises, L. von., 1936, Socialism: An Economic and Sociological Analysis, London: Jonathan Cape.
65. Muller, Milton. (1997), Telecom Policy and Digital Convergence, Hong Kong: City University of Hong Kong Press.

66. N M Tichy and S S herman. Control your desting or someone else will, Dell Publishing, 1993.
67. Ono, R. and Aoki, K(1998). Convergence and new regulatory frameworks, Telecommunications Policy, Vol. ,22(10): 817-838.
68. Quinn J B. Strategies for change: logical incrementalism[M]. Homewood, IL: Irwin, 1980.
69. R Cyert, March. Behavioral theory of the firm[M]. Englewoods, 1963.
70. Ramanujam V, P Varadarajan. Research on corporate diversification: a hypothesis[J]. Strategic Management Journal, 1989, (10/6): 523-551.
71. Richard A Bettis, Michael A Hitt. The new competitive landscape[J]. Strategic Management Journal, 1995, (16): 7-19.
72. Rmarris. The economics theory of managerial capitalism[M]. London, 1994.
73. Robert C Ronstadt, Enterpreneurship[M]. Lord Publishing Co, 1984.
74. Rolf Bühner, Abdul Rasheed, Joseph Rosentein, Corporate restructuring patterns in the US and Germany: a comparative empirical investigation[J]. Management International Review, 1997, 37: 319-338.
75. Romer P. Increasing returns and long-run growth[J]. Journal of Political Economy, 1986, 94(5): 1002-1137.
76. Roth K, Morrison A J. An empirical analysis of the integration-responsiveness frame work in global industries[J]. Journal of International Business Studies, 1990, 21(4): 541-564.
77. Rozenzweig P M, J V Singh. Organizational environments and the multinational enterprise[J]. Academy of Management Review, 1991, 16(2): 340-361.
78. Rugman A, Girod S. Retail multinationals and globalization: The evidence is regional[J]. European Management Journal, 2003, 21(1): 24.
79. Rugman A, Hodgetts R. The end of global strategy[J]. European Management Journal, 2001, 19(4): 333-343.
  Rugman A, Brain C. The regional nature of the world's banking sector[J]. Multinational Business Review, 2004, 12(3): 5-23.
80. Rugman A, Verbeke A. Towards a theory of regional multinationals: a transaction cost economics approach[J]. Management International Review, 2005, 45(1): 5-18.
81. Rugman A, Collinson. Multinational enterprises in the new Europe: are they real global? [J]. Organizational Dynamics, 2005, 34(3): 25.
82. Rugman A. The regional solution: Triad strategies for multinationals[J]. Business Horizons, 2003, 46(6): 3.
83. Rugman A, Collinson S. The regional nature of the world's automotive sector[J]. European Management Journal, 2004, 22(5): 471.
84. S Nickell. The Performance of Companies[M]. Oxford Blackwell, 1995.
85. Shiva Ramu. Restructuring and break-ups: corporate growth through divestitures[M]. Spin-offs, Split-up and Swaps, Sage Pubns, 1999.
86. Taggart J. An evaluation of the integration-responsiveness framework: MNC manufacturing subsidiaries in the UK[J]. Management International Review, 1997, 37(4): 541-564.
87. Useem M. Executive defense: shareholder power and corporate reorganization[M]. Cambridge, MA: Harvard University Press, 1993.
88. Young A. Increasing returns and economic progress[J]. Economic Journal, 1928, 38: 527-542.

89. Brach J, Kappel R. Global value chains, technology transfer and local firm upgrading in Non-OECD countries[M]. GIGA Working Paper, 2009.

90. Ernst D. Pathyways to innovation the global networks conomy: Asian upgrading strategies in the electronics industry[M]. Working Paper, 2003.

91. Gereffi G. International trade and industrial upgrading in the apparel commodity chain[J]. Journal of International Economics, 1999, 48(1): 37-70.

92. Humphrey J, Schmitz H. Governance and upgrading: linking industrial cluster and global value chain research[M]. IDS Working Paper 120, Brighton: Institute of Development Studies, 2000.

93. Humphrey J, Schmitz H. How does insertion in global value chains affect upgrading in industrial clusters?[J]. Regional Studies, 2002, 36(9): 27-101.

94. Kaplinsky R, Morris M. A handbook for value chain research[M]. Report Prepared for IDRC, 2001.

95. [英]伊特韦尔,等.新帕尔格雷夫经济学大辞典[M].陈岱孙,董辅礽,罗元明,等,编译.北京:经济科学出版社,1992.

96. [芬]斯塔凡·布鲁恩,莫斯·沃伦.诺基亚传奇——从芬兰到世界[M].桑凛,译.北京:机械工业出版社,2001.

97. [美]阿兰·鲁格曼.全球化的终结[M].常志霄,沈群红,熊义志,译.北京:生活·读书·新知三联书店,2001.

98. [美]阿林·杨格.报酬递增与经济进步[M].贾根良,译.经济社会体制比较.1996,2.

99. [美]安纳利·萨克森宁.地区优势[M].曹蓬,等,译.上海:上海远东出版社,1999.

100. [美]彼得·德鲁克.创新与企业家精神[M].彭志华,译.海口:海南出版社,2000.

101. [美]彼得·德鲁克.大变革时代的管理[M].赵干城,译.上海:上海译文出版社,1999.

102. [美]布里安·阿瑟.收益递增和两个商业世界[J].刘云鹏,译.经济导报,2000,(3).

103. [美]戴维·莫谢拉.权力的浪潮——全球信息技术的发展与前景(1964—2010)[M].高铦,高戈,高多,译.北京:社会科学文献出版社.2002:9.

104. [美]丹尼·罗德瑞克.全球化走得太远了吗?[M].熊贤良,何蓉,译.北京:北京出版社,2000.

105. [美]吉姆·卡尔顿.苹果公司兴衰内幕[M].朱贵冬,杨芳,等,译.北京:新华出版社,1999.

106. [美]加尔布雷思.新工业国家[M].何欣,译.台北:台湾编译馆,1972.

107. [美]克里斯托弗·A.巴特利特,苏曼特·高沙尔.跨边界管理——跨国公司经营决策[M].2版.马野青,译.北京:人民邮电出版社,2002.

108. [美]罗杰斯·拉森.硅谷热[M].范国鹰,等,译.北京:经济科学出版社,1985.

109. [美]玛格丽特·M.布莱尔.所有权与控制(1995)[M].张荣刚,译.北京:中国社会科学出版社,1999.

110. [美]帕拉哈拉德,伊夫·多茨.跨国公司使命:寻求经营本地化与全球一体化之均衡[M].王文彬,译.北京:华夏出版社,2001.

111. [美]普拉哈拉德,哈麦尔.为赢得未来而竞争[M]//哈佛商业评论精粹译丛.北京新华信商业风险管理有限公司,译校,北京:中国人民大学出版社,2004.

112. [美]汤姆·彼得斯,罗伯特·沃特曼.追求卓越[M].戴春平,译.北京:中央编译出版社,2003.

113. [美]小艾尔弗雷斯·D.钱德勒.看得见的手(中译本)[M].重武,译.北京:商务印书馆,1997.

114. [美]小艾尔弗雷斯·D.钱德勒.战略与结构:美国工业企业史的若干篇章[M].孟昕,译.昆明:云南人民出版社,2002.

115. [美]肖尼思·阿罗.信息经济学(中译本)[M].何宝玉,等,译.北京:北京经济学院出版社,1989.

116. [美]约瑟夫·斯蒂格利茨.全球化的另一面[J].徐龙华,译.国际金融研究,2002,(5).
117. [日]吉原英樹.多国籍企業の中国への企業進出[J].国民経済雑誌,神戸大学経済経営学会,1997,176,(5):1-13.
118. [日]今井贤一,小宫隆太郎.现代日本企业制度[M].陈晋,等,译.北京:经济科学出版社,1995.
119. [日]青木昌彦.硅谷模式的信息与治理结构[J].黄广明,译.经济社会体制比较,2000,(1).
120. [日]水野隆德.美国经济为什么持续强劲[M].杨廷梓,译.北京:华夏出版社,2000.
121. [英]哈耶克.个人主义与经济秩序[M].邓正来,译.北京:生活·读书·新知三联书店,2003.
122. [英]哈耶克.经济、科学与政治:哈耶克思想精粹[M].南京:江苏人民出版社,2000.
123. [英]哈耶克.自由宪章[M].杨玉生,冯兴元,陈茅,等,译.北京:中国社会科学出版社,1998.
124. [英]约翰·H.邓宁.全球化经济若干反论之调和[J].杨长春,译.国际贸易问题,1996,(3).
125. 艾迪生·维斯理.朗文当代高级英语辞典[M].朱原,王白石,编译.北京:商务印书馆,1998.
126. 蔡来兴.全球500强[M].上海:上海人民出版社,1999.
127. 董艳玲.网络经济对传统经济理论的挑战[J].西藏发展论坛,2002,(6).
128. 方维规."经济"译名溯源考——是"政治"还是"经济"[J].中国社会科学,2003,(3).
129. 郭吴新.世界经济发展中的多极化趋势[J].武汉大学学报(社会科学版),1990.
130. 胡汉辉,邢华.产业融合理论以及对我国发展信息产业的启示[J].中国工业经济,2003,(2).
131. 贾根良.报酬递增经济学,回顾与展望(二)[J].南开经济研究,1999,(1).
132. 马维刚.世界经济500强启示录[M].广州:广东旅游出版社,2000.
133. 毛蕴诗,程艳萍.美国企业竞争力超过日本企业之探究[J].南开管理评论,2001,(4).
134. 毛蕴诗,戴黎燕.从美日企业在世界500强的变动看其竞争力消长[J].首都经济贸易大学学报,2006,(3).
135. 毛蕴诗,戴勇.经济全球化与经济区域化的发展趋势与特征研究[J].经济评论,2006,(4).
136. 毛蕴诗,耿薇.基于时间因素的竞争优势分析[J].经济理论与经济管理,2006,(9).
137. 毛蕴诗,蓝定.技术进步与行业边界模糊——企业战略反应与政府相关政策[J].中山大学学报(社会科学版),2006,(4).
138. 毛蕴诗,李敏,袁静.跨国公司在华经营策略[M].北京:中国财政经济出版社,2005.
139. 毛蕴诗,李新家,彭清华.企业集团——扩展动因、模式与案例[M].广州:广东人民出版社,2000.
140. 毛蕴诗,梁永宽.以产业融合为动力促进文化产业发展[J].经济与管理研究,2006,(7).
141. 毛蕴诗,欧阳桃花,戴勇.中国优秀企业成长与能力演进——基于案例的研究[M].北京:中国财政经济出版社,2005.
142. 毛蕴诗,孙景武,杜慕群,曾国军.世界五百强的特征及其对中国企业的启示[J].中山大学学报(社会科学版),2002,(5).
143. 毛蕴诗,汪建成.大企业集团扩展路径的实证研究——对广东40家大型重点企业的问卷调查[J].学术研究,2002,(8).
144. 毛蕴诗,王欢.企业重构与竞争优势[J].南开管理评论,1999,(4).
145. 毛蕴诗,王彤.全球公司重构与我国企业战略重组[J].中山大学学报(社会科学版),2000,(5).
146. 毛蕴诗,吴瑶.基于时间因素的竞争与丰田生产方式解析[J].现代管理科学,2007,(3).
147. 毛蕴诗,周燕.硅谷机制与企业高速成长——再论企业与市场之间的关系[J].管理世界,2002,(6).
148. 毛蕴诗.20世纪80年代以来的全球公司重构:背景与动因[J].学术研究,2004,(11).
149. 毛蕴诗.多元化经营三维模型及多元化经营的几个命题[J].中山大学学报(社会科学版),2004,(6).
150. 毛蕴诗.范围紧缩为特征的公司重构与我国企业战略重组[J].管理世界,2000,7(4).

151. 毛蕴诗.公司经济学[M].大连：东北财经大学出版社,2002.
152. 毛蕴诗.公司重构的企业制度比较——以美国、日本、德国公司为例[J].学术研究,2005,(6).
153. 毛蕴诗.公司重构与企业持续成长路径[J].中山大学学报(社会科学版),2005,(5).
154. 毛蕴诗.跨国公司在华投资策略[M].北京：中国财政经济出版社,2005.
155. 毛蕴诗.论企业与市场的关系[J].中山大学学报(社会科学版),1999,(6).
156. 毛蕴诗.企业家与职业经理特征识别模型——经济转型期中国企业家与职业经理的识别例证[J].学术研究,2003,(4).
157. 毛蕴诗.全球公司重构——案例研究与中国企业战略重组[M].大连：东北财经大学出版社,2004.
158. 毛蕴诗.现代公司理论及其形成背景——兼论企业家与职业经理的区别[J].学术研究,2000,(1).
159. 庞艳桃.论知识经济时代的收益递增规律[J].现代管理科学,2005,(1).
160. 企业家精神研究组.日本人企业家精神[M].北京：中国经济出版社,2001.
161. 瑞士洛桑国际管理开发研究院.世界竞争力报告[M].20世纪90年代各年版.
162. 宋德昌.网络经济的边际收益递增律刍议[J].武汉理工大学学报,2004,(12).
163. 谭清美,李宗植.新经济与传统经济比较研究[J].科学管理研究,2002,(8).
164. 王建安.报酬递增条件下的技术竞争——为什么VHS制式盒式录像机占领了市场[J].科研管理,1996,(9).
165. 王瑞伟.对知识经济中"收益递增规律"的认识[J].华南理工大学学报(社会科学版),2001,(2).
166. 王廷惠.知识的发现与重复利用、专业化和收益递增——经济增长的一种解释[J].经济评论,2005,(2).
167. 王巍.质疑边际报酬递减规律——网络信息产业的边际收益递增现象分析[J].经济工作导刊,2002,(07).
168. 乌家培.网络经济及其对经济理论的影响[J].学术研究,2000,(1).
169. 谢冰.浅析知识经济中边际报酬递增规律[J].科技情报开发与经济,2006,(12).
170. 徐水尚.论网络经济的边际递增规律[J].科技与产业,2006,(04).
171. 许军.巨大的反差——20世纪末的美国经济与日本经济[M].北京：商务印书馆,2003,(9).
172. 许倩.知识经济冲击传统经济学[J].理论经纬,2003,(4).
173. 薛誉华.区域化：全球化的阻力[J].世界经济,2003,(2).
174. 原国家体改委经济体制改革研究院,等.中国国际竞争力发展报告(1999)[M].北京：中国人民大学出版社,1999.
175. 朱良瑞.在中日系企业的经营に関する調查と分析[J].经营研究(大阪市立大学),2000,50(3):121-143.
176. 迈克尔·科索马罗,理查德·赛尔比.微软的秘密[M].程化,等,译.北京：北京大学出版社,1996.
177. 毛蕴诗.公司经济学前沿专题[M].2版.大连：东北财经大学出版社,2007.
178. 谭劲松,林润辉.TD-SCDMA与电信行业标准竞争的战略选择[J].管理世界,2006,(6).
179. 熊红星.网络效应、标准竞争与公共政策[M].上海：上海财经大学出版社,2006.
180. 王万山.微软的标准攻略[J].科学与管理,2005,(1).
181. 李太勇.网络效应与标准竞争战略分析[J].外国经济与管理,22(8).
182. 王成昌.企业技术标准竞争与标准战略研究[D].武汉理工大学博士学位论文,2004.
183. 李波.基于网络效应的标准竞争模式研究[D].浙江大学博士学位论文,2004.
184. 余江,方新,韩雪.通信产品标准竞争中的企业联盟动因分析[J].科研管理,25(1).
185. 李太勇.中国第三代移动通信标准竞争[J].中国工业经济,2001,(4).

186. 陈标杰. 碟机标准之争的背后[J]. IT 经理世界, 2005, (1).
187. 金雪梅, 王忠友. 从微软一案看信息产业的竞争、垄断与技术创新[N]. 中国信息导报, 2000, (6).
188. 毛蕴诗, 罗顺均. 企业跨产业升级研究——基于核心技术深化和应用领域拓展视角[J]. 学术研究, 2013(9).
189. 毛蕴诗, 王华. 基于行业边界模糊的价值网分析模式——与价值链模式的比较[J]. 中山大学学报(社会科学版), 2008, (1).
190. 毛蕴诗, 温思雅. 基于产品功能拓展的企业升级研究[J]. 学术研究, 2012, (5).
191. 毛蕴诗, 吴瑶. 企业升级路径与分析模式研究[J]. 中山大学学报(社会科学版), 2009, (1).
192. 施振荣. 再造宏碁[M]. 上海: 上海远东出版社, 1996.
193. 曹阳. 大学技术转移模式研究——发明者行为视角分析[J]. 重庆大学学报(社会科学版), 2011, (17).
194. 陈一青. 技术商品价格问题研究[M]. 北京: 航空工业出版社, 1992.
195. 程群, 江卫东. 论我国高新技术企业股权激励与人力资本定价[J]. 科技进步与对策, 2005, (22).
196. 管军, 申兵, 邓九生. 上市高新技术企业核心人员股权激励方案创新模式研究[J]. 商业研究, 2006, (4).
197. 刘彦. 技术商品价格与技术资产评估[M]. 北京: 经济科学出版社, 1996.
198. 刘彦蕊, 丁明磊, 管孟忠. 科研事业单位技术类无形资产入股问题探析[J]. 科学学研究, 2015, (33).
199. 毛蕴诗, 周燕. 硅谷机制与企业高速成长——再论企业与市场之间的关系[J]. 管理世界, 2012, (6).
200. 谭斌昭. 民营高科技企业的股权激励[J]. 企业经济, 2001, (3).
201. 肖宝, 顾新, 王涛. 不同转化方式下科研人员参与收益分配研究[J]. 科学管理研究, 2016, (34).
202. 杨瑞龙. 国有企业股份制改造的理论思考[J]. 经济研究, 1995, (2).
203. 银路, 邵云飞, 成红. 中小型高科技企业的一般股权和技术股权激励研究[J]. 科学管理研究, 2004, (22).
204. 应韵. 基于核心竞争力的高新技术企业股权激励研究——以阿里巴巴为例[J]. 财会通讯, 2016, (35).
205. 于林, 赵士军, 李真. 高科技外资企业知识型员工股权激励研究——以 ATC(中国)公司为例[J]. 中国人力资源开发, 2010, (12).
206. 喻昕. 技术市场信息不对称问题研究[J]. 情报科学, 2011, (4).
207. 袁建昌. 技术型人力资本分享企业剩余索取权与剩余控制权的制度安排[J]. 科学管理研究, 2005, (23).
208. 张晨宇, 李金林, 李萱. 技术商品定价的实物期权方法研究[J]. 北京理工大学学报, 2007, (27).
209. 张丽. 基于技术创新视角的股权激励方案分析与改进——以中青宝、常山药业、晨光生物、富春环保为例[J]. 管理现代化, 2016, (36).
210. 张梅青, 裴琳琳. 期权定价理论在技术商品定价中的应用探讨[J]. 北京交通大学学报(社会科学版), 2003, (2).
211. 张文英. 技术商品与技术市场[M]. 上海: 上海社会科学院出版社, 1989.
212. 张肖飞, 张摄, 李欣. 高新技术企业股权激励对公司绩效影响的案例研究——大华股份 vs 远光软件[J]. 财会通讯, 2016, (30).
213. 赵捷, 张杰军, 汤世国. 科技成果转化中的技术入股问题研究[J]. 科学学研究, 2011, (29).
214. 周德英, 李富强. 技术市场的几个问题——近年来关于技术市场问题讨论概述[J]. 数量经济技经济研究,1989,(5).
215. Baglieri E, Chiesa V, Grando A, Manzini R. Evaluating intangible assets: the measurement of r&d performance[J]. Ssrn Electronic Journal. 2000.
216. Dixit A K, Pindyck R S. Investment under uncertainty[M]. Princeton, USA the Princeton University Press,1994.
217. Grenadier S R, Weiss A M. Investment in technological innovations: an option pricing approach [J]. Social Science Electronic Publishing,1997,44(3):397-416.
218. Grunenwald J P, Vernon T T. Pricing decision making for high-technology products and services [J]. Journal of Business & Industrial Marketing,1988,3(1):61-70.
219. Molhova M. Information asymmetry on the technology markets: the role of patents[J]. Economic Alternatives,2014.
220. Walker G, Weber D. A transaction cost approach to make-or-buy decisions[J]. Administrative Science Quarterly, 1984,29(3):373-391.
221. Wolf C. A theory of nonmarket failure: framework for implementation analysis[J]. The Journal of Law and Economics, 1979,22(1):107-139.

附录 A 如何制订研究计划

在研究的各个阶段,系统的计划能带来很多好处。表附 2-1 代表了一个研究程序,这些问题的提出也许是模糊和无联系的,也许它们只是存在研究者的心中。但其目的是找到一个现实的行动计划,这个计划有具体的目标,只有充分地考虑了资源及其限制,计划中的目标实现的可能性才能增强。以下介绍的是:题目分析和研究建议。

表附 2-1 研 究 程 序

部 分	题目分析(2~3 页)	研究建议(10~15 页)
概括	无	有
假设或研究目标	有	有
已有的研究成果	有	有
可能得出结论的价值	有	有
研究中可能采用的方法和途径	有	有
详尽的计划	无	有
提供章节要点	无	有

一般认为,从事研究工作的学生都要进行这两个报告。对于其他层次的学生,制订计划就足够了。题目分析和研究建议是进行的一块基石,尤其是当导师和学生对研究达成共识时尤其如此。

经验表明,导师和其他人提出研究中需要考虑的问题对学生很有利。在前期改变研究方向比在后期改变更好,然而一些学生不愿意在论文中对导师提出的这些问题进行考虑。

1. 题目分析

题目分析是概括一个或更多潜在可能接受的题目特征的最好方式。题目分析在长度上应该不超过两三页,并且按照表附 2-1 中的每个部分加以仔细考虑而不是只考虑其中一部分。

在研究的早期阶段,一些学生尤其关注的是"假设"。西蒙(1968 年)把"假设"解释成"试图解释或预测一个现象的观点"(这区别于"理论",它是有内在联系的完整的思想体系)。如果一个新奇的假设得到验证,这就会成为积累的知识,随后吸引研究者们证明另一个合适的假设。在许多情况下,研究并非仅仅用来证明一些琐碎的假设。因此,化学家可以提出一种染料能够提供某种伪装的效果,但这作为一个研究客体而言这只是感性的。毫无疑问,应该提出更多的假设。因此,革新的研究方式可以根据组织的大小和研究开发部门的管理类型来一并提出假设。一般来说,专业的研究应避免过于细节化。用丰富的实验来证明一个假设通常更好一些。

当进行学位论文时,分析题目的研究价值意义重大,题目分析的内容不仅仅包括研究的内在价值、对称性及范围。以上关于研究准备的观点如果能为这个领域的权威所赞同,将会更有说服力。

如果不止一个题目被学生及其导师认为是可以接受的,最终的选择将取决于学生对题目和可能采取方法的重要性认识。一些学生对有更高研究价值的题目(当然研究风险也更大)反映积极,另一些学生则希望增大完成计划的可能性,而选择相应的题目。

对于那些把题目分析作为计划阶段一个必要部分的学生,也许希望能用一定的模式指导研究的方法,这在附录 A 中可以找到。

2. 研究建议

题目分析应该包括促成该项研究的充分信息,而研究建议应该被看作满足研究需要、促成研究者技能增长、增加研究者掌握的资料和资源的文件。学生们以为,写出研究建议,实际上就好像达成了一个关于研究的协议。其实,研究建议极有可能需要提炼,甚至不止一次。

最终建议也许有 10~15 页。关于题目分析和研究建议中共同的部分,应该对主要部分和可能方法进行详细分析。学生们在研究和写作中会积累更多的参考资料,但是直到结束阶段,他都应该使自己及导师感到满意,因为他对以前及现在所做的工作了如指掌。另外要保证新颖,评估研究结果的价值是一个重要的因素。因此,在研究建议中,按照参考资料和目录进行的优先研究就不难理解了。

在研究建议中,应该说明研究中所用方法的细节。在大量的方法中,这表明这项研究是否是可行的。"研究的可行性"一节中提到的五个因素,在研究建议中应该被提到。因此,叙述中应该提及如下内容:采样的结构和方法,所需设备的类型和研究中所用的方法。这是研究建议中最难写的一部分,因此一定要求助于有关专家。当然,这儿不可避免地还存在需要解决的问题。但是,学生必须自问:"面对研究中存在的不确定性因素,我敢于继续研究吗?"有时,这种回答只能是否定的。比如说,提出并不能保证研究论文价值的建议是荒唐的。然而,一个对计算机某种语言熟悉的学生采用另一种计算机语言进行研究却是有道理的。虽然在计划中考虑结合研究建议的要求只是一部分,但学生学会习惯于在供其任意使用的时间里按计划从事很重要。这样一个时间表在开始制订计划时对学生是非常有用的。

在写作部分,应该包括同研究计划一样的细节。以下这个涉及博士题目的例子说明,研究计划的各个部分是有标准和逻辑结构形式的。

(1) 介绍部分。说明存在的一般性问题、特殊问题、题目的重要性、前期研究、得出结论的方法、限制条件和关键假设、研究者的主要贡献。

(2) 说明过去做了什么。就是全面浏览之前的研究,如果这些研究比较少,可以结合文章的第一章,如果前期进行了大量的研究,最好将其分成几个部分。这些部分是很重要的,因为它提供了该论文的研究背景,并说明该学生进行的研究是紧扣论文,而不是重复以前的工作。

（3）描述研究的方法。一章或更多章可以用作说明研究方法。例如：这些部分可以说明一下拟合模型、数据收集、度量技术、实验或分析的历史现状。这一部分从根本上回答了研究是如何进行的。

（4）研究结果。提供用以上方法得出的结果：提供数据，说明概念结构，提炼历史分析，解释比较研究。

（5）分析结果。根据论文的类型，分析也可以在以前的章节中论及。这是论文的关键部分，因为它解释了从数据和隐含的结论中导出的结论。

（6）概括并下结论。论文要根据得出的结论和这些结论的主要贡献进行概括。对未来研究的建议也应简要说明。

制订研究计划的目的不应该忘记，它不应该关注研究的程序，而应该更关注如何进行选择。虽然导师应该鼓励学生提出研究计划，但做出决策对学生来说十分重要，学生还应主动安排同导师和其他建议者的见面会，会议如能达成一致可使学生充满自信地进行研究，如果在会议中不能形成一致意见，在修改计划时大量的建设性意见应被吸纳，以使在下一次见面会上计划能顺利通过。（本附录参考英国 Creanfield University 的博士生培养计划）

对"通论性文章"的反省①

记得去年曾到沪上，向一位学者组约一本论述于佛教与中国文学关系的书稿。在先生家四壁皆书，先生表示自己无意撰写此类著作。我知道先生在这方面造诣很深，因此百般邀请，但先生坚辞。后来偶然碰到先生的一位博士，说起此事后他提醒我说，你不了解先生，先生的学术信念是拒绝写通论性质的文章，听到这我才恍然大悟。

稿约自然没有成，却引发我一直思考起"通论性文章"这一问题。

何谓"通论性文章"？恐怕无法也不必求得一个严格的定义。大体而言，我们通常会联想到学术论著中的体系建构、宏观研究、概而论之、全方位描述之类。重要的是，在"通论性文章"这一问题的背后，有着许多值得现代学人深思的东西。

昔日学术大师的一些做法可以当作我们思考这一问题的参照。现代国学大师——陈寅恪，出经入史，旁通淹识，罕见匹俦，这在近年的"陈寅恪热"中逐渐为人所知。但检索其身后百万余言的珠玉文字，竟然几乎没有通论性文章。按照海外学人余英时先生在《陈寅恪的学术精神和晚年心境》一文中所述："陈先生一生从不写通论性的文字（《与刘叔雅教授国文试题书》和《冯友兰中国哲学史审查报告》不能算是正式论文），所以他可以说完全没有世俗的声名，不像梁启超、胡适、冯友兰、郭沫若那样在中国变成了几乎是家喻户晓的姓名。"在陈寅恪生前，中国学界一直翘首以待陈寅恪写出通论性的中国通史或中国文化史，挚友吴宓就曾经劝陈寅恪撰写一部中国文化史——以陈寅恪的学识和经历而论，近百年来他是最有资格担当此任的学人。但最终他并没有拿出这类体系性的著述，以致20世纪70年代末陈寅恪遗稿未公开时海内外学界竟纷纷猜测他肯定留下了此类著述。说起来，晚年的危厄固然是一个缘由，但实际上——更主要的还是由于他对小中见大、细察深思的学术方法与信念的一贯坚持。早年他应刘文典之请为清华中文系出招生试题，竟是对对子这样的小玩意，一时引得群起诘难。晚年他埋首研究陈端生、柳如是两个无名女子，写出《论〈再生缘〉》与《柳如是别传》。一代史学巨擘穷十余年之功，动用千余种资料孜孜于如此专题个案，也曾引得许多人大惑不解。其实，在陈寅恪个案考据性文学的背后，盖有深意存焉。以小见大、反对空疏是其重要的学术原则之一。如此看来，没有留下通论性文字，就谈不上是这位国学大师的遗憾了。

再说当代"文化昆仑"钱钟书先生，其海涵地负之学问，令世人惊叹仰止。"然而，说也奇怪，这样一位博学深思的学者竟没有写出一部有系统的理论著作，而只发表此类似札记、随笔性质的书和单篇论文，惹得浅见的人认为'这些鸡零狗碎的小东西不成气候'。他们不知道不轻易写'有系统的理论书'是钱钟书先生早在几十年前就已决定了的，那时有一位好心的同学劝他写一本文学概论之类的书，结果遭到了拒绝。他说过，那种书'好多

---

① 张国功. 对"通论性文章"的反省[N]. 人民政协报, 1999-01-01.

是陈言加空话'，即使写得较好的也'经不起历史的推徙消蚀'，只有'一些个别见解还为后世所采取而流传'。"（郑朝宗《但开风气不为师》）郑朝宗不愧是钱先生的老朋友，这番话当是知人之论。从通观宋元明清至20世纪末诗人诗话的《谈艺录》，到纵论上古至唐典籍的《管锥编》，钱钟书采用的都是"锥指管窥"、左右连源的笔记体，以数千则繁杂具体的札记在古今中外文化的汪洋大海中沿波讨源。在《管锥编》序文中他甚至自谦地将自己的东西"或庶比木屑竹头尔"。贴近现象个体、避免空疏结构是钱钟书学术活动的一贯主张。"我想探讨的；只是历史上具体的文艺鉴赏和评判。"（《中国诗和中国画》）在今天，仍有许多好大喜功的浅薄学人，指责钱钟书未能超越传统学术的支离破碎、学无体系，认为钱钟书只是对某一学科有很深造诣并且在细节上有较大贡献，把这种"知识积累型"的学看作当今中国文化的代表，是"中国文化的一大悲哀"。应该说，这是对钱先生学问的无知。在《管锥编》中论述严可均所辑《全上古三代秦汉三国六朝文》时钱钟书曾希望，"拾穗靡遗，扫叶都尽，网罗理董，俾求全征献名实相符，犹有待于不耻支离事业之学士焉"。"不耻支离"是钱钟书全部学术文化活动的起点。他不相信有一个确切的理论可以穷极现象界，因此他对理论保持一种深刻的怀疑。柯灵先生对钱钟书选择笔记体这种"落伍"的形式从事著述有着高度评价："钱氏以最经济曼妙的文学，凝取长年累月的心得，将浩浩如长江的古籍经典，点化评析、萃于一编，正是量体裁衣、称身惬意的形式，更便于流传久远，嘉惠后人。"（《促膝闲话钟书君》）

　　长期以来，学界流行着太多的"通论性文学"。对于"通论性文字"的价值，自然不能一概而论地加以否定和抹杀。但陈寅恪、钱钟书等先生的做法，却明白无误地向后人启示：真正的大学问其实并不一定就要高谈阔论、搭大架子，流传久远的东西，往往是那些实在朴素的东西，只是有点显得落伍迂腐了，恐怕是没几个人听得进去的。有段时期学术规范化讨论成为学界的热点。总体而言，空疏无物是今日学界致命的病症。前些日子，《中华读书报》发表彭锦华先生的文章《著书立说"八股"谈》，批评当今学界里流行《A学概论》之类的内容空泛形式死板的现代八股文。没过几天，又看到批评家周政保先生在该报呼唤"批评的着陆"，他说，频频地举起"建构体系"的大旗，搞一些逻辑演绎的文字游戏，开口"世纪"闭口"宏观"，空洞地高谈阔论，而不下功夫对作家作品进行理解，这"免不了结人以大帽子底下的弱不禁风之感"，"究竟能宏观到怎样的程度，其中的可靠性有几成，大约是不能想象的"。可以看出，学术的泡沫仍在四处泛滥飘浮。读到这些文字，我尤其心有戚戚焉。

　　在今天，除了很少一些老学者以外，几乎没有人有拒绝"通论性文字"的定力。喷薄的才华和理论的雄心使大多数学人无比热衷于通论、体系性的表达，我想我没有反对别人制造流行的通论性文字的权利，但我有权利对它保持反省和警惕，我格外怀念近数百年来由顾炎武、陈寅恪、钱钟书等人接续的"大手笔写小文章"的优秀传统。

教师服务

感谢您选用清华大学出版社的教材！为了更好地服务教学，我们为授课教师提供本书的教学辅助资源，以及本学科重点教材信息。请您扫码获取。

» 教辅获取

本书教辅资源，授课教师扫码获取

» 样书赠送

企业管理类重点教材，教师扫码获取样书

 清华大学出版社

E-mail: tupfuwu@163.com
电话: 010-83470332 / 83470142
地址: 北京市海淀区双清路学研大厦 B 座 509

网址: http://www.tup.com.cn/
传真: 8610-83470107
邮编: 100084

资源与服务

感谢您使用清华大学出版社的教材。为了便于您了解后续的服务和配套资源，请您扫描以下二维码。

一、教辅资源

本书配套资源，包括电子教案和相关素材。

二、样书赠送

本科教学资源，教材使用教师，可扫码或发邮件申请赠送样书。

清华大学出版社

E-mail: tupfuwu@163.com
电话: 010-83470236/83470142
地址: 北京市海淀区双清路学研大厦B座505

邮编: 100084
传真: 8610-83470107
网址: http://www.tup.com.cn/